Grommas
Bartels

Rechnungswesen
für Verwaltungsfachangestellte
Ausgabe A: Kommunalverwaltung

Grommas
Bartels

Rechnungswesen
für Verwaltungsfachangestellte

Ausgabe A: Kommunalverwaltung

 Merkur Verlag Rinteln

Wirtschaftswissenschaftliche Bücherei für Schule und Praxis

Begründet von Handelsschul-Direktor Dipl.-Hdl. Friedrich Hutkap †

Verfasser:

Dipl.-Hdl. **Dieter Grommas**
Professor an der Niedersächsischen Fachhochschule
für Verwaltung und Rechtspflege
Fachbereich Allgemeine Verwaltung – Staatliche Abteilung Hildesheim –

Dipl.-Verwaltungswirt (FH) **Günter Bartels**
Bereichsleiter bei der Stadt Hildesheim im Fachbereich Finanzen,
nebenamtlicher Fachlehrer beim Niedersächsischen Studieninstitut Hannover

10. Auflage 1999

© 1982 by MERKUR VERLAG RINTELN

Gesamtherstellung:
MERKUR VERLAG RINTELN Hutkap GmbH & Co. KG, 31735 Rinteln

ISBN 3-8120-**0430**-5

Vorbemerkung zur 9. Auflage

Überlegungen zu **neuen Steuerungsmodellen** in der Kommunalverwaltung prägen gegenwärtig sowohl die verwaltungswissenschaftliche Diskussion als auch die Verwaltungspraxis. Zu nennen sind hier Stichworte wie:

- **Dienstleistungsbetrieb Verwaltung,**
- **dezentrale Ressourcenverantwortung,**
- **Output-Steuerung.**

Veränderungen in der Verwaltungspraxis, die sich an damit verbundenen Zielvorgaben orientieren, sind mit weitgehenden Folgen für das Haushalts- und Rechnungswesen der Kommunen verbunden.

Mit der 9. Auflage dieses Buches werden die auf diesem Hintergrund in Niedersachsen veränderten Rechtsgrundlagen einbezogen. Zu nennen ist hier vor allem die:

Verordnung über die Aufstellung und Ausführung des Haushaltsplans der Gemeinden (Gemeindehaushaltsverordnung – GemHVO) vom 17. März 1997.

Gleichzeitig werden die Neuerungen, die die **NGO vom 1. April 1996** gebracht hat, einbezogen.

In einem Exkurs am Ende des Buches wird exemplarisch dargestellt, welche Auswirkungen neue Steuerungsmodelle auf das Rechnungswesen haben können.

Hildesheim, im Herbst 1997   Die Verfasser

Vorbemerkung zur 10. Auflage

Mit der 10. Auflage dieses Buches werden einige Aktualisierungen vorgenommen, so werden vor allem

- die Änderungen einbezogen, die sich durch die **Einführung des Euro** und

- durch die Erhöhung der Mehrwertsteuer von 15 auf 16%

ergeben haben.

Hildesheim, im Sommer 1999

Zum Inhalt dieses Buches

Dieses Lehrbuch umfaßt in fünf Kursen das Verwaltungsrechnen, Grundlagen der Statistik und den Kernbereich des Finanz- und Rechnungswesens der Gemeinden und Landkreise.

Grundlage für die Stoffauswahl ist der „Rahmenlehrplan für den Ausbildungsberuf Verwaltungsfachangestellter" (Beschluß der Kultusministerkonferenz vom 1. Juni 1979).

Neben dem „Haushalts- und Kassenwesen" werden das Verwaltungsrechnen, Grundlagen der Statistik und der Buchführung der gemeindlichen Wirtschaftsbetriebe einbezogen.

Für das Haushalts- und Kassenwesen werden die gesetzlichen Grundlagen für Niedersachsen zugrunde gelegt. Vielfach wird auf Abweichungen zu den gesetzlichen Grundlagen von Nordrhein-Westfalen verwiesen. Bedingt durch den gleichartigen Aufbau des kommunalen Haushalts- und Kassenwesens kann dieses Lehrbuch auch in anderen Bundesländern sinnvoll eingesetzt werden.

Parallel zu diesem Buch – das sich vorwiegend an die Auszubildenden in der Kommunalverwaltung wendet – ist 1986 das Lehrbuch „Rechnungswesen für Verwaltungs- und Justizfachangestellte Ausgabe B: Verwaltung des Bundes und der Länder" erschienen.

Die beiden Bücher sind so aufgebaut, daß sie in gemischten Klassen (Auszubildende kommunaler und staatlicher Ausbildungsbehörden) parallel eingesetzt werden können.

Die Ausgabe B enthält zusätzlich justizbezogene Aufgaben und ist daher und durch die Vermittlung des staatlichen Haushaltswesens für den Einsatz in Justizfachklassen geeignet.

Zur Arbeit mit diesem Buch

Zur **Einführung** in die jeweilige Problematik sind den einzelnen Themengebieten *Ausgangssituationen* vorangestellt.

Die **Erarbeitung des Lehrstoffs** erfolgt durch:
- die *Lösung von Beispielsaufgaben* mit ausführlicher *Darstellung des Lösungswegs* (Kurse I und II),
- die *Erläuterung wesentlicher Rechtsgrundlagen anhand von Beispielen* aus der Praxis des kommunalen Haushalts- und Kassenwesens (Kurse III und IV),
- die *Lösung von Grundproblemen des Rechnungswesens* der gemeindlichen Wirtschaftsbetriebe (Kurs V).

Dem **Lernen und Wiederholen** dienen die herausgehobenen *Merksätze* und die zusammenfassenden *Schaubilder*.

Die **Festigung des Lehrstoffs** und die eigene *Überprüfung des Lernerfolgs* sollen die *Fragen und Übungsaufgaben* ermöglichen.

Wir wünschen Ihnen bei der Arbeit mit diesem Buch viel Erfolg. Wenn Sie durch Anregungen zur Verbesserung dieses Lehrbuchs beitragen wollen, schreiben Sie uns bitte über den Verlag.

Inhaltsverzeichnis

KURS II   Einführung in die Statistik

KURS III   Grundlagen des Haushaltswesens

KURS IV Grundlagen des Kassenwesens

KURS V Grundlagen der Buchführung der gemeindlichen Wirtschaftsbetriebe

---

**EXKURS: Auswirkungen neuerer Steuerungssysteme in der
Kommunalverwaltung auf das Haushalts- und Rechnungswesen**

---

1 Dreisatzrechnen

> **Situation:**
>
> Herr Paulsen, Mitarbeiter der Stadt S., ist beauftragt, Vorschläge für Maßnahmen zur Begrenzung des Anstiegs der Kosten des städtischen Fuhrparks zu machen.
>
> Bei der Ausführung dieser Aufgabe will Herr P. unter anderem den durchschnittlichen Verbrauch je 100 km der eingesetzten Pkw ermitteln. Im vergangenen Jahr haben diese Fahrzeuge insgesamt eine Fahrleistung von 147 950 km erbracht. Die Aufzeichnungen ergeben, daß der gesamte Benzinverbrauch dafür 17 754 l betrug.
>
> Herr P. will außerdem errechnen, wieviel km zu gleichen Benzinkosten gefahren werden können, wenn der Benzinpreis tatsächlich wie erwartet von 1,44 DM im Durchschnitt des vergangenen Jahres auf 1,60 DM ansteigt.
>
> Schließlich will Herr P. feststellen, auf wieviel km die gesamte Fahrleistung begrenzt werden müßte, wenn bei einer Senkung des Durchschnittsverbrauchs je 100 km um 1 l die erwartete Benzinpreissteigerung eintritt.

1.1 Einfacher Dreisatz

1.1.1 Einfacher Dreisatz mit geradem Verhältnis

> **Beispiel:**
>
> Aus der geschilderten Situation ergibt sich zunächst die folgende Aufgabenstellung:
>
> Die Pkw des städtischen Fuhrparks haben im vergangenen Jahr bei einer Fahrleistung von 147 950 km einen gesamten Benzinverbrauch von 17 754 l gehabt.
>
> Wieviel l wurden durchschnittlich je 100 km verbraucht?

A. Lösung mit Hilfe der Schlußrechnung

Lösungsweg:

1. Aus den Angaben der Aufgabe ist zunächst ein formgerechter Ansatz zu erstellen.

   - Gleichartige Bezeichnungen stehen untereinander.

   - Die gesuchte Größe steht am Ende des Fragesatzes.

Lösung:

I. Ansatz

Für 147 950 km wurden 17 754 l verbraucht. (Bedingungssatz)
Für   100 km wurden   x l verbraucht. (Fragesatz)

II. Schlußrechnung

2. Von der „gegebenen
   Mehrheit"
   (hier: 147 950 km)
   wird auf die „Einheit"
   geschlossen.

① für 147 950 km   17 754 l   17 754

② für 1 km wieviel l?
   mehr oder weniger? $\dfrac{17\,754}{147\,950}$
   weniger, nämlich der 147 950 te Teil

3. Von der „Einheit" (hier:
   1 km) wird auf die „gesuchte Mehrheit" (hier:
   100 km) geschlossen.

③ für 100 km wieviel l?
   mehr oder weniger als für 1 km?
   mehr, nämlich 100 mal mehr $\dfrac{17\,754 \cdot 100}{147\,950}$
   als für 1 km

4. Der Lösungsbruch-
   strich ist auszurechnen.

III. Ausrechnung

$$x = \frac{17\,754 \cdot 100}{147\,950} = \underline{\underline{12}}$$

IV. Ergebnis

5. Das Ergebnis der Rech-
   nung ist festzuhalten.

Die Pkw des städtischen Fuhrparks haben im vergangenen
Jahr auf 100 km im Durchschnitt 12 l verbraucht.

Schlußrechnung:	Schließe von der	„gegebenen Mehrheit" ①
	über die	„Einheit" ②
	auf die	„neue Mehrheit". ③

Prüfe bei jedem Schritt, ob er zu einer Erhöhung oder
Verringerung führt.

B. Lösung mit Hilfe einer Verhältnisgleichung

Lösungsweg: *Lösung:*

1. Bei diesem Lösungsweg
   ist zunächst zu prüfen,
   ob es sich in der Auf-
   gabenstellung um ein
   „gerades" oder „unge-
   rades" Verhältnis der
   Bezugsgrößen zueinan-
   der handelt.

   je mehr km   desto mehr Benzin

   Verändern sich die Be-
   zugsgrößen „in der
   gleichen Richtung", so
   handelt es sich um ein
   gerades Verhältnis.

   gerades Verhältnis

2. Bei geraden Verhält-
   nissen können wir quo-
   tientengleiche Zahlen-
   paare bilden.

   $$\frac{x}{100} = \frac{17\,754}{147\,950}$$

   x verhält sich zu 100
   wie 17 754 zu 147 950

3. Die Verhältnisgleichung
   ist nach x aufzulösen.

   $$x = \frac{17\,754 \cdot 100}{147\,950}$$

4. Der Lösungsbruchstrich
   ist auszurechnen.

   $$x = \underline{12}$$

5. Das Ergebnis der Rech-
   nung ist festzuhalten.

Die Pkw des städtischen Fuhrparks haben im vergangenen
Jahr auf 100 km im Durchschnitt 12 l Benzin verbraucht.

Übungsaufgaben

1. Berechnen Sie jeweils den Benzinverbrauch auf 100 km.
   Fahrleistung: 128 km (844 km, 3 540 km)
   Gesamtverbrauch: 12,4 l (93,7 l, 1 297 l)

2. Für das Gymnasium des Landkreises M. wurden 28 Tageslichtprojektoren zum Gesamtpreis von 11 998,00 DM angeschafft. Für die Kreisberufsschule werden 31 Tageslichtprojektoren benötigt. Wieviel muß der Landkreis dafür ausgeben?

3. Die Stadt P. hat bisher 7 Müllfahrzeuge eingesetzt. Wieviel Fahrzeuge müssen mehr eingesetzt werden, wenn durch Eingemeindungen statt 30 247 Haushalte jetzt 38 889 Haushalte in der Stadt entsorgt werden müssen?

4. Die variablen Kosten der Schülerbeförderung der Stadt H. haben im vergangenen Jahr 1 005 573,00 DM bei 218 Schultagen betragen. Das laufende Jahr hat 224 Schultage. Mit welchen Kosten ist unter sonst gleichen Bedingungen zu rechnen?

5. Ein Autofahrer fährt in 25 Minuten 30 km. Wieviel km legt er bei gleicher Geschwindigkeit in 37 (11 bzw. 45) Minuten zurück?

6. In Wiesbaden wurde als gemeinsame Einrichtung des Bundes und der Länder die „Kriminologische Zentralstelle" errichtet. Die laufenden Kosten tragen Bund und (alte) Länder je zur Hälfte.

   Nehmen Sie an, daß die Verteilung der auf die Bundesländer entfallenden Teile nach der Einwohnerzahl erfolgt.

   Der Anteil Niedersachsens ist bei 7 284 000 Einwohnern im Haushaltsjahr mit 98 800,00 DM festgesetzt.

   Berechnen Sie die Anteile für Nordrhein-Westfalen (rd. 17 104 000 Einwohner), Hessen (rd. 5 661 000 Einwohner) und Bayern (rd. 11 221 000 Einwohner)!

7. Im Haushaltsplan des Landes Niedersachsen sind im Kapitel „Ordentliche Gerichte und Staatsanwaltschaften" beim Titel 516 03 Dienstkleidungszuschüsse (Aufwandsentschädigungen) 185 000,00 DM veranschlagt. Der „Kopfsatz" beträgt jährlich 300,00 DM. Kostensteigerungen zwingen zu einer Erhöhung auf 330,00 DM. Auf wieviel DM muß der Ansatz im Folgejahr erhöht werden, wenn die Zahl der Beamten unverändert bleibt?

1.1.2 Einfacher Dreisatz mit ungeradem Verhältnis

Beispiel:

Aus der am Beginn des Kapitels geschilderten Ausgangssituation kann folgende Aufgabenstellung abgeleitet werden:

Dem städtischen Fuhrpark der Stadt S. steht für den Kauf von Bezin für die Pkw ein bestimmter Betrag zur Verfügung. Bei einem Benzinpreis von 1,44 DM im vergangenen Jahr konnten damit 147 950 km gefahren werden.

Wieviel km können im kommenden Jahr bei gleichbleibenden Gesamtkosten gefahren werden, wenn der Benzinpreis auf 1,60 DM je l steigt?

A. Lösung mit Hilfe der Schlußrechnung

Lösungsweg:

1. Aus den Angaben der Aufgabe ist zunächst ein formgerechter Ansatz zu erstellen.
   – Gleichartige Bezeichnungen stehen untereinander.
   – Die gesuchte Größe steht am Ende des Fragesatzes.

2. Von der „gegebenen Mehrheit" (hier: 1,44 DM je l) wird auf die „Einheit" geschlossen.

3. Von der „Einheit" (hier: 1,00 DM) wird auf die „gesuchte Mehrheit" (hier: 1,60 DM je l) geschlossen.

4. Der Lösungsbruchstrich ist auszurechnen.

5. Das Ergebnis der Rechnung ist festzuhalten.

Lösung:

I. Ansatz

Bei 1,44 DM je l können 147 950 km gefahren werden (Bedingungssatz)

Bei 1,60 DM je l können   x   km gefahren werden (Fragesatz)

II. Schlußrechnung

① bei 1,44 DM je l 147 950 km   147 950

② bei 1,00 DM je l wieviel km?
   mehr oder weniger?   147 950 · 1,44
   mehr, nämlich das 1,44fache

③ bei 1,60 DM je l wieviel km?
   mehr oder weniger als bei 1,00 DM je l? $\dfrac{147\,950 \cdot 1,44}{1,60}$
   weniger, nämlich der 1,6te Teil

III. Ausrechnung

$$x = \frac{147\,950 \cdot 1,44}{1,60} = \underline{\underline{133\,155}}$$

IV. Ergebnis

Bei einem Benzinpreis von 1,60 DM je l können bei gleichen Gesamtkosten für Benzin 133 155 km gefahren werden.

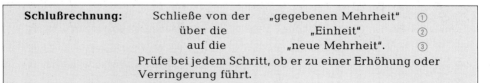

Schlußrechnung: Schließe von der   „gegebenen Mehrheit" ①
                     über die   „Einheit" ②
                     auf die   „neue Mehrheit". ③
Prüfe bei jedem Schritt, ob er zu einer Erhöhung oder Verringerung führt.

B. Lösung mit produktgleichen Zahlenpaaren

Lösungsweg: *Lösung:*

1. Bei diesem Lösungsweg ist zunächst zu prüfen, ob es sich in der Aufgabenstellung um ein „gerades" oder „ungerades" Verhältnis der Bezugsgrößen zueinander handelt.

   Verändern sich die Bezugsgrößen „in entgegengesetzter Richtung", so handelt es sich um ein ungerades Verhältnis.

je höher der	desto geringer darf
	(bei gleichen Gesamtkosten)
Benzinpreis	die Zahl der gefahrenen km sein

ungerades Verhältnis

2. Bei ungeraden Verhältnissen können wir produktgleiche Zahlenpaare aufstellen.

3. Die Produktgleichung ist nach x aufzulösen.

4. Der Lösungsbruchstrich ist auszurechnen.

5. Das Ergebnis der Rechnung ist festzuhalten.

Gesamtkosten bei Gesamtkosten bei
1,44 DM je l $=$ 1,60 DM je l

$$1,44 \cdot 147\,950 = 1,60 \cdot x$$

$$x = \frac{1,44 \cdot 147\,950}{1,60}$$

$$x = 133\,155$$

Bei einem Benzinpreis von 1,60 DM je l können bei gleichen Gesamtausgaben für Benzin 133 155 km gefahren werden.

> je mehr – desto weniger
> je weniger – desto mehr
>
> ungerades Verhältnis
> bilde eine Produktgleichung

Übungsaufgaben

1. Der Vorrat an Kreidestücken der Gesamtschule in S. reicht bei einem Tagesverbrauch von 120 Stück für 84 Tage. Wie lange reicht der Vorrat, wenn täglich nur 108 Stück verbraucht werden?

2. 3 Angestellte der Gemeinde L. benötigen zum Sortieren der Lohnsteuerkarten nach Straßen und Hausnummern 12 Stunden. Wieviel Angestellte müssen eingesetzt werden, um die Arbeit in 9 Std. zu bewältigen?

3. Der Lebensmittelvorrat des Altenheims der Stadt R. reicht für die 52 Bewohner 12 Tage. Wie lange reicht der Vorrat, wenn 9 Bewohner dazukommen?

4. Zum Belegen des Fußbodens der Aula der Kreisberufsschule sind 600 Platten von 20 cm x 20 cm erforderlich. Wieviel Stück werden gebraucht, wenn nur Platten 30 cm x 30 cm lieferbar sind?

5. Zum Ausheben eines Kanalisationsgrabens benötigen 3 gleichartige Bagger 54 Stunden. In welcher Zeit kann die Arbeit geschafft werden, wenn 2 entsprechende Bagger mehr eingesetzt werden?

6. Im zentralen Schreibdienst des Amtsgerichts H. benötigt eine Schreibkraft für ein umfangreiches Gutachten 3 Std. und 40 Min. Sie schafft 260 Anschläge pro Minute. Wie lange würde eine andere Schreibkraft unter sonst gleichen Bedingungen benötigen, die nur 220 Anschläge pro Minute schreibt?

7. Der Einzelplan des Justizministers eines Landes enthält den Titel „Entschädigung für ehrenamtliche Bewährungshelfer". Der hier ausgewiesene Betrag ergibt sich bei einer monatlichen Entschädigung von 100,00 DM für durchschnittlich 160 eingesetzte Bewährungshelfer für die Betreuung je eines Probanden. Wieviel Probanden könnten betreut werden, wenn die Entschädigung auf 80,00 DM monatlich gekürzt (auf 125,00 DM angehoben) würde?

1.2 Zusammengesetzter Dreisatz

Beispiel:

Die Pkw der Stadtverwaltung der Stadt S. haben im vergangenen Jahr eine Fahrleistung von 147 950 km erbracht. Der Durchschnittsverbrauch je 100 km belief sich dabei auf 12 Liter. Für den Liter Benzin mußte 1,44 DM bezahlt werden.

Auf wieviel km muß die gesamte Fahrleistung begrenzt werden, wenn die gesamten Benzinkosten gleichbleiben sollen, der Benzinpreis je Liter auf 1,60 DM steigt, der Durchschnittsverbrauch je 100 km aber gleichzeitig um 1 l gesenkt werden kann?

Lösung mit Hilfe der Schlußrechnung

Lösungsweg:

1. Aus den Angaben der Aufgabe ist zunächst ein formgerechter Ansatz zu erstellen.
   - Gleichartige Bezeichnungen stehen untereinander.
   - Die gesuchte Größe steht am Ende des Fragesatzes.

2. Zur Lösung des zusammengesetzten Dreisatzes wird der Ansatz zunächst in einzelne einfache Dreisätze „aufgelöst". (Dreisatz I hier rot, Dreisatz II hier grün gekennzeichnet).

Lösung:

I. Ansatz

Bei 12 l Durchschnittsverbrauch und 1,44 DM je l 147 950 km (Bedingungssatz)

Bei 11 l Durchschnittsverbrauch und 1,60 DM je l   x   km (Fragesatz)

| 12 l | | 1,44 DM | 147 950 km |
| 11 l | | 1,60 DM | x   km |

II. Schlußrechnung

① bei 12 l Durchschnittsverbrauch je 100 km   147 950 km   147 950

② bei 1 l Durchschnittsverbrauch je 100 km wieviel km? mehr oder weniger? mehr, nämlich 12 mal mehr   147 950 · 12

③ bei 11 l Durchschnittsverbrauch je 100 km? mehr oder weniger als bei 1 l? weniger, nämlich der 11. Teil $\dfrac{147\,950 \cdot 12}{11}$

3. Zunächst wird für den ersten Dreisatz (hier rot gekennzeichnet) über die „Einheit" auf die „gesuchte Mehrheit" geschlossen (vgl. einfacher Dreisatz).

4. Im Anschluß daran wird, als Erweiterung des ersten Lösungsbruchstrichs, für den 2. Dreisatz (hier grün gekennzeichnet) über die „Einheit" auf die „gesuchte Mehrheit" geschlossen.

5. Der Lösungsbruchstrich ist auszurechnen.

6. Das Ergebnis der Rechnung ist festzuhalten.

④ bei einem Preis von 1,44 DM je l

$$\frac{147\,950 \cdot 12}{11}$$

⑤ bei einem Preis von 1,00 DM je l wieviel km? mehr oder weniger? mehr, nämlich 1,44 mal mehr

$$\frac{147\,950 \cdot 12 \cdot 1,44}{11}$$

⑥ bei einem Preis von 1,60 DM je l wieviel km? mehr oder weniger als bei 1,00 DM je l? weniger, nämlich der 1,60te Teil

$$\frac{147\,950 \cdot 12 \cdot 1,44}{11 \cdot 1,60}$$

III. Ausrechnung

$$x = \frac{147\,950 \cdot 12 \cdot 1,44}{11 \cdot 1,60} = \underline{145\,260}$$

IV. Ergebnis

Bei einem Durchschnittsverbrauch von 11 l je 100 km und einem Benzinpreis von 1,60 DM je l müßte die gesamte Fahrleistung bei gleichen Gesamtkosten auf 145 260 km begrenzt werden.

Der zusammengesetzte Dreisatz ist in einzelne einfache Dreisätze aufzulösen. Für jeden Dreisatz ist von der „gegebenen Mehrheit" über die „Einheit" auf die „gesuchte Mehrheit" zu schließen. Prüfe bei jedem Schritt, ob er zu einer Erhöhung oder Verringerung führt.

Achtung! In einem zusammengesetzten Dreisatz können gerade und ungerade Dreisätze kombiniert sein!

Übungsaufgaben

1. Die Stadt P. baut eine neue Stadthalle. Zwei Säle sollen mit Fußbodenplatten ausgelegt werden. Der Saal 1 ist 36 m lang und 20 m breit. Er wird mit Platten zu 4,32 DM je Stück ausgelegt. Es entstehen Kosten von 19 440,00 DM. Wie hoch sind die Kosten für den Saal 2, der 22 m lang und 16 m breit ist? Hier sollen Platten zu 5,04 DM je Stück verlegt werden.

2. Im zentralen Schreibdienst der Stadtverwaltung der Großstadt M. benötigen 3 Schreibkräfte zur Abschrift einer Vorlage für den Stadtrat 3 Std. und 20 Min. Die Vorlage hat 125 000 Anschläge. Die Schreibkräfte schreiben 240 Anschläge je Min. Wieviel Zeit benötigen 2 Schreibkräfte unter den gleichen Bedingungen (gleiche Pausen usw.) für eine Arbeit mit 100 000 Anschlägen bei einer Leistung von 200 Anschlägen je Minute?

3. Ein 405 m langer, 50 cm tiefer und 40 cm breiter Kabelgraben wurde von 10 Arbeitern in 6 Tagen bei achtstündiger Arbeitszeit pro Tag ausgehoben. Wie viele Arbeiter sind notwendig, wenn unter sonst gleichen Bedingungen ein 900 m langer, 60 cm tiefer, 45 cm breiter Graben in 8 Tagen bei neunstündiger Arbeitszeit täglich fertiggestellt werden soll?

4. Die Aktenablage wird in Teilen des Amtsgerichts P. umgestellt. Durch Verwendung anderer Ordner können statt ca. 220 Seiten jetzt 360 Seiten abgelegt werden. Bisher wurden pro Jahr 124 Ordner benötigt. Um wieviel kann diese Zahl vermindert werden, wenn gleichzeitig angenommen wird, daß die Anzahl der abzulegenden Seiten um $^1/_8$ zunimmt?

5. Verfahren vor dem Verwaltungsgericht O. dauerten in der Vergangenheit durchschnittlich 12,8 Monate. Wie ändert sich die Bearbeitungszeit, wenn die Zahl der Fälle um $1/8$ und die Anzahl der Stellen bei diesem Verwaltungsgericht um $1/12$ zunimmt?

Vermischte Dreisatzaufgaben

1. Der Vorrat an Milch und Kakao des Kindergartens der Gemeinde R. reicht für 41 Kinder 14 Tage. Wie lange reicht der Vorrat, wenn 15 Kinder den Kindergarten verlassen, weil sie in Zukunft zur Schule gehen und gleichzeitig 9 Kinder neu aufgenommen werden?

2. Die Hundesteuer der Stadt H. soll von 84,00 DM auf 108,00 DM pro Hund und Jahr angehoben werden. Zur Zeit sind 2 417 Hundebesitzer (jeweils für einen Hund) steuerpflichtig. Es ist zu erwarten, daß einige Hundebesitzer aufgrund der Anhebung ihren Hund verkaufen. Wieviel Hundebesitzer müssen weiterhin steuerpflichtig sein, damit trotz der Abmeldungen die Gesamteinnahmen aus dieser Steuer nicht zurückgehen?

3. Bei der Aufnahme von Adressen von 980 Stammlieferanten in die Datenverarbeitungsanlage des Landkreises R. haben 5 Angestellte 4 Tage lang täglich 6 Stunden zu arbeiten. Wieviel Tage benötigen 2 Angestellte, wenn weitere 735 Stammlieferanten bei einer täglichen Arbeitszeit von 5 Stunden aufzunehmen sind?

4. Die 36 Busse der Stadtwerke haben 2 088 Sitzplätze. Wieviel Sitzplätze stehen zur Verfügung, wenn 5 weitere gleichartige Busse angeschafft werden?

5. Der Vorrat an Kaffee in der Kantine des Rathauses reicht jeweils 21 Tage, wenn im Durchschnitt 48 Mitarbeiter der Stadtverwaltung in der Kantine Kaffee trinken. Eine andere Pausenregelung führt dazu, daß in Zukunft nur 36 Mitarbeiter in die Kantine gehen, um Kaffee zu trinken. Wie lange reicht der Vorrat jetzt?

6. Das Stadtbauamt schreibt folgende Arbeiten aus:

   Auf einer 450 m langen Strecke sollen in spätestens 20 Tagen 2 m tief in der Erde liegende Gasrohre durch neue ersetzt werden. Nach Berechnung des Bauamtes sind dazu etwa 12 Arbeiter bei täglich 10stündiger Arbeitszeit erforderlich. Den Auftrag soll die Firma erhalten, die am schnellsten fertig werden kann. Zwei Firmen bewerben sich:

   A beschäftigt 15 Arbeiter bei einer täglichen Arbeitszeit von 8 Stunden.
   B beschäftigt 18 Arbeiter bei einer täglichen Arbeitszeit von $7^1/2$ Stunden.

   Welche Zeit benötigen die Unternehmen, und wer bekommt den Zuschlag?

7. Das Sozialamt der Stadt zahlte bisher an 6 200 Hilfeempfänger „Hilfe in besonderen Lebenslagen". Der Gesamtbetrag belief sich auf 12 856 320,00 DM. Wie ändern sich die Gesamtausgaben, wenn im Folgejahr – bei gleicher durchschnittlicher Leistung pro Hilfeempfänger – 25 Hilfeempfänger dazu kommen?

8. Die Gemeindeverwaltung zahlt an eine Gebäudereinigungsfirma für das regelmäßige Putzen der Fenster am Rathaus vierteljährlich 4 860,00 DM. Die Fensterfläche beträgt 96,5 m^2. Der Erweiterungsbau enthält Fenster mit einer Gesamtfläche von 15,5 m^2. Wieviel ist in Zukunft vierteljährlich zu zahlen?

9. Zum Bau einer Sporthalle sind bei der Aushebung eines Grabens von 60 m Länge, 3 m Breite und 4 m Tiefe 8 Arbeiter bei täglich 10stündiger Arbeitszeit 3 Tage beschäftigt. Wieviel Tage würde man bei 8stündiger Arbeitszeit pro Tag brauchen, um einen Graben von 30 m Länge, 6 m Breite und 2 m Tiefe durch 10 Arbeiter ausheben zu lassen?

10. Die Stadtwerke AG vermieten Werbeflächen an ihren 26 Bussen. Sie erhalten dafür regelmäßig 1 378,00 DM.

    a) Auf wieviel DM steigen die regelmäßigen Gesamteinnahmen, wenn an drei weiteren Bussen Werbeflächen vermietet werden?

    b) Wie ändern sich die Gesamteinnahmen, wenn gleichzeitig pro Bus 12,00 DM mehr verlangt werden?

11. Ein Eilzug schafft eine Strecke von 30 km fahrplanmäßig in 18 Minuten. Mit welcher Geschwindigkeit kann er eine $1^1/_2$minütige Verspätung einholen?

12. Das Wirtschaftsgeld einer Hausfrau reicht normalerweise 30 Tage, wenn sie täglich 36,00 DM ausgibt. Wie lange käme sie mit ihrem Geld aus, wenn sie 40,00 DM ausgeben würde?

13. Während der Normalbelastungszeit werden im Wasserwerk 4 Pumpen eingesetzt, um stündlich 20 844 l in das Rohrleitungssystem zu pumpen. In Spitzenzeiten werden stündlich 36 477 l benötigt. Wieviel Pumpen müssen zusätzlich eingesetzt werden?

14. Zur Bearbeitung von 16 000 Anträgen auf Lohnsteuerjahresausgleich waren im vorigen Jahr 22 Finanzbeamte eingesetzt, die, bei einer 8stündigen Arbeitszeit täglich, 43 Arbeitstage benötigten. In diesem Jahr wurden 18 250 Anträge eingereicht, und es stehen 24 Beamte täglich $7^1/_2$ Stunden zur Verfügung. Wie lange wird der letzte Antragsteller voraussichtlich warten müssen?

15. Bei dem Titel 526 01 im Kapitel „Justizvollzugsanstalten" waren im vergangenen Haushaltsjahr u. a. Entschädigungen der Anstaltsbeiräte veranschlagt. Die Sitzungspauschale beträgt 20,00 DM. Wenn jeweils 5 Teilnehmer unterstellt werden, können 380 Sitzungen stattfinden. Für das Folgejahr ist von einer Erhöhung der Pauschale auf 22,50 DM auszugehen, gleichzeitig muß die Zahl der Teilnehmer auf durchschnittlich 6 erhöht werden. Auf wieviel Sitzungen muß reduziert werden, wenn der Haushaltsansatz unverändert bleiben soll?

16. Im Amtsgerichtsbezirk P. wurden im vergangenen Jahr bei 52 Konkurs- und Vergleichsanträgen 5 Verfahren eröffnet. Wieviel eröffnete Verfahren sind zu erwarten, wenn bei gleichem Verhältnis von Anträgen zu eröffneten Verfahren 116 Konkurs- und Vergleichsanträge gestellt werden?

2 Währungsrechnen

2.1 Vorinformationen zum Währungsrechnen mit dem Euro

Seit dem 1. Januar 1999 ist der Euro gemeinsame Währung in den „Euroländern". Für das Währungsrechnen gelten die „Euroländer" als Inland und alle anderen als Ausland.

EUROLÄNDER = Inland	andere LÄNDER = Ausland
Belgien/Luxemburg	z.B. USA
Finnland	Kanada
Frankreich	Australien
Irland	Japan
Italien	Dänemark
Niederlande	Griechenland
Österreich	Großbritannien
Portugal	Schweiz
Spanien	Tschechien

Während einer Übergangszeit vom 1. Januar 1999 bis 31. Dezember 2001 bestehen die bisherigen Landeswährungen in den „Euroländern" weiter als gesetzliche Zahlungsmittel.

Der Wert der Währungen der elf „Euroländer" zum Euro und damit mittelbar auch der Wert der Währungen dieser Länder untereinander wurde für die Übergangszeit durch die Europäische Zentralbank (EZB) unwiderruflich festgesetzt. Diese Umrechnungskurse sind dem nebenstehenden Schaubild zu entnehmen.

Nationale Währungseinheiten	
40,3399	Belgische Francs
1,95583	Deutsche Mark
5,94573	Finnmark
6,55957	Französische Francs
2,20371	Holländische Gulden
0,787564	Irische Pfund
1936,27	Italienische Lire
40,3399	Luxemburgische Francs
13,7603	Österreichische Schilling
200,482	Portugiesische Escudos
166,386	Spanische Pesetas

Der Euro ist da!

Feststehende Kurse für die Umrechnung der 11 Teilnehmer-Währungen in Euro (ab 1.1.1999)

= 1 Euro

© Erich Schmidt Verlag

ZAHLENBILDER

715 538

Situation:

Die Stadt H. hat eine Städtepartnerschaft mit der Stadt A. in Tschechien. Anläßlich der 1000-Jahr-Feier der Partnerstadt fährt eine Jugendgruppe der Stadt H. in die Partnerstadt, um dort an den Feierlichkeiten teilzunehmen.

Die Stadt H. übernimmt die Übernachtungskosten für die Jugendgruppe in Höhe von 477 000 Kč (tschechische Kronen) und gewährt jedem Teilnehmer ein Taschengeld in Höhe von 20,00 DM in bar.

Devisen und Noten		
	Noten (DM) Ank./Verk.	1 Euro Geld/Brief
USA (1 US $)	1,601/1,712	1,1767/1,1827
Kanada (1 kan $)	1,016/1,13	1,8018/1,8138
Australien (1 austr.$)	0,962/1,092	1,899/1,919
Japan (100 Yen)	1,092/1,482	133,51/133,99
Dänemark (100 dkr)	25,07/27,42	7,4301/7,4701
Griechenland (100 Dr)	0,608/0,688	324,05/330,05
Großbritannien (1 £)	2,683/2,887	0,7107/0,7147
Norwegen (100 nkr)	24,766/23,086	8,8627/8,9910
Polen (100 Zloty)	4,064	4,0435/4,0915
Schweden (100 skr)	19,43/21,73	9,4532/9,5012
Schweiz (100 sfr)	119,476/122,85	1,613/1,617
Tschechien (100 Kč)	4,8/6,05	34,675/35,475

Es soll festgestellt werden, mit welchem DM-Betrag (bzw. mit welchem Euro-Betrag) das Konto der Stadt belastet wird, wenn die Übernachtungskosten überwiesen werden, und mit wieviel Kč Taschengeld jeder Teilnehmer rechnen kann, wenn die 20,00 DM in der Bundesrepublik umgetauscht werden.

Außerdem will das Ensemble des Stadttheaters GmbH der Stadt H. eine Gastspielreise durch Frankreich unternehmen. Für diese Gastspielreise werden 22 500 FF in bar benötigt.

Am Tag der Überweisung bzw. des Umtauschs gelten die Kurse der abgebildeten Kurstabelle bzw. die Umrechnungskurse aus dem Schaubild aus den Vorinformationen zum Währungsrechnen.

Die abgebildete Kurstabelle (siehe Ausgangssituation) zeigt vier unterschiedliche Kurse für tschechische Kronen. Es ist zunächst zu klären,
- was die ausgewiesenen Kurse aussagen und
- welche Kurse für die geforderten Umrechnungen entscheidend sind.

Kurse geben in der hier **für den Euro** angewandten Art die Kursnotierung **(Mengennotierung)** an, **welchen Betrag in ausländischer Währung** (hier z.B. tschechische Kronen) **man für einen bestimmten Betrag der inländischen Währung** (hier Euro) erhält bzw. bezahlen muß.

Die Banken berechnen unterschiedliche Preise für den Kauf bzw. Verkauf des Euro. Der **Einkaufspreis der Bank für einen Euro, der Geldkurs,** ist geringer als der **Verkaufspreis der Bank, der Briefkurs.** Der Preisunterschied dient der Bank zur Deckung der Kosten und als Gewinn.

Kurse geben in der hier **für die Noten** angewandten Art der Kursnotierung **(Preisnotierung)** an, **welchen Betrag in inländischer Währung (hier DM) man für einen bestimmten Betrag (1 oder 100 Einheiten) der ausländischen Währung** erhält bzw. bezahlen muß.

Bei den Angaben für den Euro im Schaubild in den Vorinformationen handelt es sich nicht um schwankende Kurse mit unterschiedlichen An- und Verkaufspreisen, sondern um Umrechnungs„kurse", die von der EZB festgesetzt sind und in gleicher Weise für beide Richtungen der Umrechnung gelten.

Bei den Kursangaben ist zu unterscheiden zwischen **Devisen** und **Sorten** (Noten/Münzen).

Devisen sind **unbare Zahlungsmittel** (Buchgeld) wie Schecks, Wechsel und Überweisungen in ausländischer Währung. Die Devisenkurse ergeben sich aufgrund von Angebot und Nachfrage an den Devisenbörsen. Die Kursnotierungen erfolgen in der oben kurz erläuterten Form der Mengennotierung.

Sorten sind **bare Zahlungsmittel** (Noten und Münzen). Die Sortenkurse werden von den Banken in Abhängigkeit von der Marktlage festgesetzt, so daß die in der Zeitung ausgewiesenen Kurse lediglich Orientierungswerte darstellen. Die Kursangaben für Noten erfolgen zum Teil (so auch in der Ausgangssituation) in der Weise, daß angegeben wird, wieviel DM für eine oder 100 Einheiten der ausländischen Währung zu zahlen sind bzw. bei Ankauf durch die Bank von dieser der Bank ausgezahlt werden **(Preisnotierung).**

Mengennotierungen

Der Kurs gibt an, welchen **Betrag in ausländischer Währung** man **für einen bestimmten Betrag der inländischen Währung (hier 1 Euro)** erhält bzw. bezahlen muß. Diese Form der Notierung ist der Regelfall. Sie wurde in der Tabelle der Ausgangssituation für die Devisenkurse angewandt.

Preisnotierung

Der Kurs gibt an, welchen **Betrag in inländischer Währung (hier DM)** man **für einen bestimmten Betrag der ausländischen Währung (1 oder 100 Einheiten)** erhält oder bezahlen muß. Diese Form der Notierung wurde in der Tabelle der Ausgangssituation für die Noten (Sorten) angewandt.

2.2 Umrechnung von Devisen in Deutschland in eine ausländische Währung (nicht Euroland)

Beispiel:

Aus der geschilderten Ausgangssituation ergibt sich folgende Aufgabenstellung:

Mit wieviel DM (Euro) wird das Konto der Stadt H. für eine Überweisung von 477 000 tschechischen Kronen (Kč) belastet?

Lösung:

Die Kurstabelle (siehe Ausgangssituation) zeigt für Kč folgende Kurse:

	Noten (DM) Ank./Verk.	**1 Euro** Geld/Brief
Tschechien	4,8 / 6,05	34,675 / 35,475

Da im vorliegenden Beispiel eine **Überweisung** (Buchgeld) in ausländischer Währung zu erfolgen hat und die Bank von der Stadt Euro kauft, um dafür tschechische Kronen herzugeben, ist der Ankaufskurs der Bank der Geldkurs für 1 Euro, der als Preis zugrunde gelegt wird.

Der ausgewiesene Kurs besagt: **1 Euro wird für 34,675 Kč angekauft.**

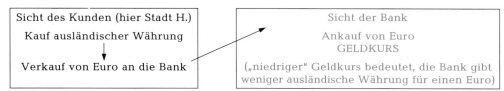

Sicht des Kunden (hier Stadt H.)	Sicht der Bank
Kauf ausländischer Währung	Ankauf von Euro GELDKURS
Verkauf von Euro an die Bank	(„niedriger" Geldkurs bedeutet, die Bank gibt weniger ausländische Währung für einen Euro)

Betrachtungsstandpunkt ist der An- und Verkauf eines Euro durch die Bank. Die Bank kauft bzw. verkauft Euro und der Kurs gibt an, wieviel Einheiten der ausländischen Währung sie für einen Euro zahlt (Geldkurs) bzw. verlangt (Briefkurs).

Die Lösung kann mit Hilfe der Schlußrechnung (Dreisatz) gefunden werden.

I. Ansatz

$$34{,}675 \text{ Kč} \;\widehat{=}\; 1 \text{ Euro}$$
$$477\,000 \text{ Kč} \;\widehat{=}\; x \text{ Euro}$$

II. Schlußrechnung ① für 34,675 Kč $\qquad\qquad\qquad 1$

② für 1 Kč
weniger, nämlich der 34,675 te Teil $\dfrac{1}{34{,}675}$

③ für 477 000 Kč
mehr, nämlich 477 000 mal mehr $\dfrac{1 \cdot 477\,000}{34{,}675}$

III. Ausrechnung $x = \dfrac{1 \cdot 477\,000}{34{,}675} = 13\,756{,}31$

IV. Ergebnis Für die Überweisung von 477 000 Kč werden dem Konto der Stadt H. 13 756,31 Euro belastet, soweit das Konto in Euro geführt wird.

Dieser Betrag in Euro ist noch mit Hilfe des Dreisatzes unter Anwendung der festen Umrechnungskurse in DM umzurechnen, wenn das Konto in DM geführt wird.

Es gilt: 1 Euro = 1,95583 DM
13 756,31 Euro =   x   DM $\qquad x = 13\,756{,}31 \cdot 1{,}95583 = 26\,905{,}00$

Das Konto der Stadt H. wird mit 26 905,00 DM belastet, wenn es in DM geführt wird.

Übungsaufgaben

1. Ein deutsches Unternehmen hat an diverse Unternehmen im Ausland die folgenden Beträge zu überweisen:

   a) 5 348 dkr dänische Kronen
   b) 1 820 £ Pfund Sterling
   c) 4 237 US $ US-Dollar

   d) 980 sfr Schweizer Franken
   e) 8 790 Yen japanische Yen

2. Der Insolvenzverwalter eines in Insolvenz befindlichen Unternehmens stellt fest, daß sich im Forderungsbestand noch Forderungen in ausländischer Währung befinden, die in den nächsten Wochen auf das Konto des Unternehmens überwiesen werden. Mit wieviel DM (Euro) kann der Insolvenzverwalter rechnen?

   a) 24 580 Dr griechische Drachmen
   b) 4 720 kan $ kanadische Dollar
   c) 12 420 skr schwedische Kronen

   d) 6 580 Yen japanische Yen
   e) 44 680 Kč tschechische Kronen

2.3 Umrechnung von Sorten in Deutschland in eine ausländische Währung (nicht Euroland)

> **Beispiel:**
>
> Die Ausgangssituation ergibt folgende Aufgabe:
> Wieviel tschechische Kronen erhält man beim Umtausch von 20,00 DM (Bargeld)?

Lösung:

Die Kurstabelle (siehe Ausgangssituation) zeigt für tschechische Kronen folgende Kurse:

	Noten (DM)	**1 Euro**
	Ank./Verk.	Geld/Brief
Tschechien	4,8 / 6,05	34,675 / 35,475

Im Beispiel sollen 20,00 DM in Kronen (Noten/Münzen) umgetauscht werden. Die Bank berechnet für den **Verkauf** von **Sorten** einen **Kurs** von 6,05. Bei dem **hier** ausgewiesenen Kurs handelt es sich um eine **Preisnotierung.**

> Der ausgewiesene Kurs besagt: **100 tschechische Kronen kosten 6,05 DM.**

Mit Hilfe der Schlußrechnung (Dreisatz) soll ermittelt werden, wieviel Kč für 20,00 DM erworben werden können.

I. Ansatz

$$6,05 \text{ DM} \triangleq 100 \text{ Kronen}$$
$$20,00 \text{ DM} \triangleq \text{x Kronen}$$

II. Schlußrechnung

① für 6,05 DM $\qquad\qquad\qquad\qquad$ 100

② für 1,00 DM
weniger, nämlich der 6,05 te Teil $\qquad \dfrac{100}{6,05}$

③ für 20,00 DM
mehr, nämlich das 20 fache $\qquad \dfrac{100 \cdot 20}{6,05}$

III. Ausrechnung $\qquad x = \dfrac{100 \cdot 20}{6,05} = 330,58$

IV. Ergebnis $\qquad$ Für 20,00 DM erhalten wir 330,58 tschechische Kronen.

24

Übungsaufgaben

1. Nach einer Urlaubsreise durch Europa wechselt jemand die folgenden Notenbeträge am Bankschalter in DM.

   a) 200 dkr dänische Kronen   d) 400 nkr norwegische Kronen
   b) 2 500 Dr griechische Drachmen   e) 80 £ englische Pfund
   c) 250 sfr Schweizer Franken

2. In der Schweiz ist eine Autobahngebühr in Höhe von 30 sfr zu zahlen. Wieviel DM benötigt ein Bundesbürger, der durch die Schweiz nach Italien fahren möchte, wenn er gerade die erforderlichen 30 sfr zum Kauf der Plakette von seiner Bank erwerben möchte? (Kurs siehe Tabelle)

3. Der Insolvenzverwalter eines in Insolvenz befindlichen Unternehmens stellt bei der Ermittlung der Insolvenzmasse fest, daß sich im Vermögen u. a. 2 500 dkr (dänische Kronen) in bar und ein im Ausland fälliger Scheck über 2 381 £ (Pfund Sterling) befinden. Mit wieviel DM tragen diese Vermögensgegenstände zur Insolvenzmasse bei, wenn die Kurse in der Tabelle der Ausgangssituation zugrunde gelegt werden?

4. Die Zeitschrift „BRIGITTE" kostet in Schweden 25 skr, in der Schweiz 5,20 sfr und in Großbritannien 2,50 £. Berechnen Sie die Preise in DM beim Umtausch in der Bundesrepublik in Bargeld nach den Werten der Tabelle in der Ausgangssituation!

2.4 Umrechnung von Währungen zwischen „Euroländern"

Vorbemerkung:

Bis zum 1. Januar 2002 steht noch kein Euro-Bargeld zur Verfügung, daher werden bis dahin zwischen EWU-Ländern Sorten (ausländisches Bargeld) benötigt. Dieses Bargeld wird zu den von der EZB festgesetzten Umrechnungskursen gehandelt. Unterschiede zwischen Ankaufs- und Verkaufskursen existieren hier nicht. Die Banken berechnen beim Umtausch allerdings Gebühren für ihre Dienstleistung.

Die festgesetzten Wertverhältnisse sind in der entsprechenden Tabelle in der Ausgangssituation enthalten.

> **Beispiel:**
> Die Ausgangssituation ergibt folgende Aufgabe:
> Wieviel DM werden benötigt, um 22 500 FF in bar zu erhalten?

Lösung:

Die Tabelle in der Ausgangssituation liefert die folgenden Informationen:

1 Euro =	1,95583 DM
1 Euro =	6,55957 FF

   daraus folgt:

6,55957 FF	=	1 Euro	=	1,95583 DM
6,55957 FF		=		1,95583 DM

Lösung mit Hilfe der Schlußrechnung:

I. Ansatz

$$6,55957 \text{ FF} \; \triangleq \; 1,95583 \text{ DM}$$
$$22500 \text{ FF} \; \triangleq \; x \quad \text{DM}$$

II. Schlußrechnung ① für 6,55957 FF   1,95583

                ② für 1,00 FF
weniger, nämlich der 6,55957te Teil $\dfrac{1,95583}{6,55957}$

                ③ für 22500 FF
mehr, nämlich 22500 mal mehr $\dfrac{1,95583 \cdot 22500}{6,55957}$

III. Ausrechnung $x = \dfrac{1,95583 \cdot 22500}{6,55957} = 6708,70$

IV. Ergebnis   Für 22500 FF müssen 6708,70 DM gezahlt werden.[1]

Übungsaufgaben

1. Nach einer Urlaubsreise durch Europa wechselt jemand die folgenden Notenbeträge am Bankschalter in DM.

   a) 2000 belgische Francs   d)   80 holländische Gulden
   b) 2500 spanische Peseten   e) 1260 österreichische Schilling
   c)   900 französische Francs

2. Der Insolvenzverwalter eines in Insolvenz befindlichen Unternehmens stellt bei der Ermittlung der Insolvenzmasse fest, daß sich im Vermögen u. a. auch 4350 französische Francs und 8400 luxemburgische Francs befinden. Mit wieviel DM tragen diese Vermögensgegenstände zur Insolvenzmasse bei?

3. Aus einer Erbschaft erhält eine deutsche Stiftung die folgenden Beträge:
   360000 österreichische Schilling,
     22000 holländische Gulden und
   134000 Finnmark.

4. Für den Erwerb eines in Deutschland hergestellten „Pkw der Mittelklasse" sind zu zahlen: in Deutschland 37500 DM, in Italien 35800000 Lira und in Luxemburg 726000 Francs. Wo sollten Sie diesen Pkw erwerben?

---

1 Von der Berücksichtigung von Gebühren, die hier anfallen und die gesondert in Rechnung gestellt werden, wird hier abgesehen.

3 Verteilungsrechnen

Situation:

In der Stadt N. sind die Kosten der Datenverarbeitungsanlage auf die Einzelpläne und Abschnitte des Haushaltsplans entsprechend der Nutzung der Anlage zu verteilen.

Herr Edler ist Mitarbeiter der Kämmerei der Stadt. Er muß die Kostenanteile, die den einzelnen Verwaltungszweigen angelastet werden, ermitteln.

Ihm liegen folgende Informationen vor:

Insgesamt sind durch die Nutzung der Anlage Kosten in Höhe von 690 000,00 DM entstanden.

Die EDV-Anlage wurde im letzten Jahr von der Finanzverwaltung 525 Stunden, der Schulverwaltung 175 Stunden und vom Ordnungsamt 350 Stunden genutzt. Die Kosten sollen entsprechend dieser Nutzungsdauer verteilt werden.

Von der Zeit, die die Schulverwaltung in Anspruch genommen hat, entfiel auf die Grund- und Hauptschulen $^1/_2$, auf die Realschulen $^1/_5$, auf das Gymnasium $^1/_4$ und auf die allgemeine Schulverwaltung die restliche Zeit.

Innerhalb der Finanzverwaltung wurde die Anlage vom Steueramt doppelt so lange in Anspruch genommen wie von der Kämmerei; die Kasse nutzte die Anlage dreimal so lange wie das Steueramt. Da Steueramt und Kämmerei durch ihre Nutzung der Anlage die Arbeit der Kasse wesentlich erleichtert haben, soll der Kasse zusätzlich zu ihrem Kostenanteil nach der Nutzungsdauer ein Betrag von 39 000,00 DM angelastet werden.

Beispiel 1:

Die Gesamtkosten der EDV-Anlage der Stadt N. in Höhe von 690 000,00 DM sind entsprechend der Nutzungsdauer auf die Finanzverwaltung (525 Stunden), die Schulverwaltung (175 Stunden) und das Ordnungsamt (350 Stunden) zu verteilen.

Lösungsweg:

① Aufstellen einer „Lösungstabelle" und Eintragen der Beteiligten.

② Eintragen der Verteilungsgrundlage.

③ Feststellen des Verteilungsverhältnisses durch Kürzen mit dem größten gemeinsamen Teiler (hier: 175).

④ Addition der Teile.

⑤ Berechnung des Anteils für ein Teil (Gesamtbetrag : Gesamtzahl der Teile).

Lösung:

Beteiligte ①	Verteilungs-grundlage ②	Verteilungs-verhältnis ③	Anteile
Finanz-verwaltung	525 Std.	3 Teile	345 000,00 DM
Schulver-waltung	175 Std.	1 Teil	115 000,00 DM ⑦
Ordnungs-amt	350 Std.	2 Teile	230 000,00 DM
Summe	1 050 Std.	6 Teile ④	690 000,00 DM
		1 Teil ⑤ 690 000 : 6	115 000,00 DM ⑥

⑥ Berechnung der Anteile (Anzahl der Teile je Beteiligte, multipliziert mit dem Anteil pro Teil).

⑦ Kontrolle durch Addition der Anteile (die Summe der Anteile muß bei richtiger Lösung den Gesamtbetrag ergeben).

Übungsaufgaben

1. Die Steuereinnahmen der Stadt H. in Höhe von 110 497 000,00 DM verteilen sich auf die folgenden Steuerarten: Grundsteuer, Gewerbesteuer, Anteil an der Einkommensteuer, Getränkesteuer im Verhältnis 12 : 48 : 38 : 2.

2. Drei Angestellte der Gemeinde P. haben eine Toto-Tippgemeinschaft gebildet. Sie gewinnen 11 840,00 DM. Der Gewinn soll nach den Einzahlungen verteilt werden. Fritz L. hat 6,00 DM eingezahlt, Paula S. zahlte 8,00 DM und Peter T. 4,00 DM.

3. Drei Gemeinden errichten gemeinsam eine Sporthalle für 1 347 360,00 DM. Die Kosten sollen von den Gemeinden im Verhältnis ihrer Einwohnerzahl aufgebracht werden. Gemeinde A hat 8 620 Einwohner, Gemeinde B hat 3 280 Einwohner und Gemeinde C 4 140 Einwohner.

4. In einem Entwicklungsland wird Mehl an die Bevölkerung verteilt. In einem kleinen Dorf wohnen drei Familien. 675 kg Mehl sollen nach der Zahl der Familienmitglieder verteilt werden. Die erste Familie hat 6, die zweite 8 und die dritte 4 Mitglieder.

5. Der gesamte Betriebsertrag der Stadtwerke AG in Höhe von 91 821 150,00 DM verteilt sich auf Strom, Gas, Wasser im Verhältnis 5 : 3 : 1.

6. Eine Samtgemeinde hat in drei kleinen Ortschaften eine neue Wasserversorgung aufgebaut. Die Gesamtkosten betragen 584 292,75 DM. Die Kosten sollen nach der Zahl der Zapfstellen verteilt werden. Ort A hat 123, B 504 und Ort C 228 Zapfstellen.

7. Die Reisekosten eines Anwalts betragen 360,00 DM. Da diese Reise mehreren Geschäften gleichzeitig diente, sind die Kosten nach dem Verhältnis der Kosten zu verteilen, die bei gesonderter Ausführung der einzelnen Geschäfte entstanden wären. Die „Einzelkosten" betragen für Geschäft A 90,00 DM, B 180,00 DM, C 240,00 DM und D 290,00 DM.

8. Die Kosten einer in Baden-Württemberg eingerichteten Zentralstelle zur Vorbereitung und Koordinierung der Verfolgung nationalsozialistischer Verbrechen sollen auf die Bundesländer nach der Einwohnerzahl verteilt werden. Die Gesamtkosten betragen 2 505 300,00 DM. Nehmen Sie die Verteilung der Kosten unter Berücksichtigung der folgenden Einwohnerzahlen vor:

Schleswig-Holstein	2 595 000	Rheinland-Pfalz	3 702 000
Hamburg	1 626 000	Baden-Württemberg	9 619 000
Niedersachsen	7 284 000	Bayern	11 221 000
Bremen	674 000	Saarland	1 065 000
Nordrhein-Westfalen	17 104 000	Hessen	5 661 000

Anmerkung: Die Kosten werden nur von den „alten" Bundesländern getragen.

Beispiel 2:

Der Schulverwaltung sind an Kosten für die EDV-Anlage der Stadt N. 115 000,00 DM anzulasten.

Von der Zeit, die die Schulverwaltung die Anlage genutzt hat, entfallen gemäß der Ausgangssituation am Beginn des Kapitels $1/2$ auf die Grund- und Hauptschulen, $1/5$ auf die Realschulen, $1/4$ auf das Gymnasium und der Rest auf die allgemeine Schulverwaltung. Wieviel ist den einzelnen Schulzweigen anzulasten?

Lösungsweg:

① Aufstellen einer „Lösungstabelle" und Eintragen der Beteiligten.

② Eintragen der Verteilungsgrundlage.

③ Feststellen des Verteilungsverhältnisses. Dazu muß zunächst das kleinste gemeinsame Vielfache gesucht werden (hier: 20). Die Brüche sind dann auf den gemeinsamen Nenner (20) zu erweitern. Der fehlende Bruchteil ist als „Rest" zu ergänzen (hier für die allgemeine Schulverwaltung $1/20$).

Durch erneutes Multiplizieren der Brüche mit dem kleinsten gemeinsamen Vielfachen (hier: 20) werden aus den Brüchen die ganzen Zahlen des Verteilungsverhältnisses.

④ Addition der Teile.

⑤ Berechnung des Anteils für ein Teil (Gesamtbetrag geteilt durch Gesamtzahl der Teile).

⑥ Berechnung der Anteile (Anzahl der Teile je Beteiligte multipliziert mit dem Anteil pro Teil).

⑦ Kontrolle durch Addition der Anteile (die Summe der Anteile muß bei richtiger Lösung den Gesamtbetrag ergeben).

Lösung:

Beteiligte ①	Verteilungs- grundlage ②	Verteilungs- verhältnis ③	Anteile
Grund- und Hauptschulen	$\frac{1}{2}$	$\frac{10}{20}$ 10 Teile	57 500,00 DM
Realschulen	$\frac{1}{5}$	$\frac{4}{20}$ 4 Teile	23 000,00 DM
Gymnasium	$\frac{1}{4}$	$\frac{5}{20}$ 5 Teile	⑦ 28 750,00 DM
allgemeine Schulverwaltung	Rest	$\frac{1}{20}$ 1 Teil	5 750,00 DM
Summe		20 Teile ④	▼ 115 000,00 DM
		1 Teil 115 000 : 20 ⑤	5 750,00 DM

⑥

Übungsaufgaben

1. Das Stadttheater der Stadt O. soll erweitert werden. Die Gesamtkosten betragen 1 680 000 DM. An den Kosten beteiligen sich das Land mit $^1/_3$, der Kreis mit $^1/_4$, und die Stadt muß den Rest aufbringen. Wieviel zahlen die Beteiligten?

2. Der Betriebsertrag der Stadtwerke aus Wasser, Gas und Strom verteilt sich wie folgt: Strom $^5/_8$, Gas $^1/_4$, Wasser der Rest in Höhe von 9 925 000,00 DM. Wie hoch ist der Ertrag aus Strom und Gas sowie der gesamte Betriebsertrag? (Achtung bei der Zuordnung des gegebenen Wertes!)

3. Die Gemeinden A, B, C und D sind gemeinsam Träger eines Zweckverbandbetriebes. Die Kosten in Höhe von 649 200,00 DM sind wie folgt aufzuteilen: Gemeinde A trägt $^1/_6$, B $^1/_5$, C $^1/_3$ und D den Rest.

4. Eine Tippgemeinschaft gewann im Lotto 53 680,00 DM. Der Gewinn wird entsprechend der Einlage verteilt. Petra R. erhält $^1/_8$, Gisela S. $^1/_4$, Paul P. $^1/_5$ und Christa B. den Rest. Wieviel DM erhält jeder?

5. 3 Gemeinden bauen gemeinsam ein Regenrückhaltebecken für 690 000,00 DM. Die Baukosten sollen nach dem Vertrag wie folgt aufgebracht werden: Gemeinde A = $^1/_3$; Gemeinde B = $^1/_6$; Gemeinde C = $^4/_{15}$. Den Rest trägt der Landkreis.

6. Die Beamten, die bei der Stadtverwaltung S. arbeiten, setzen sich wie folgt zusammen: Beamte auf Zeit $^1/_{30}$, Beamte des höheren Dienstes $^1/_{10}$, Beamte des gehobenen Dienstes $^1/_2$. Der Rest von 99 Beamten ist im mittleren Dienst.

7. Die Samtgemeinde S. erhebt von den Mitgliedsgemeinden eine Samtgemeindeumlage. Die Gemeinde S trägt $^1/_2$, die Gemeinde E $^1/_{10}$, die Gemeinde W $^1/_8$, die Gemeinde A trägt 25 000,00 DM. Wieviel beträgt die Umlage insgesamt, und wieviel tragen die einzelnen Mitgliedsgemeinden?

8. Das Hauptamt der Stadt hat Büromaterial von 4 Firmen erhalten. Die Firma A liefert $^1/_5$, B $^1/_4$, C $^3/_8$ und D den Rest. Der Gesamteinkauf belief sich auf 4 760,00 DM.

9. Entsprechend einem Gerichtsurteil soll ein Unfallschaden zu $^2/_5$ von A und zu $^3/_5$ von B getragen werden. Berechnen Sie die Anteile bei einem Gesamtschaden von 4 385,00 DM!

10. Eine Erbschaft ist wie folgt zu verteilen: Oma Else $^1/_4$, Tante Elke $^1/_8$, Opa Hermann $^1/_4$, Tante Rosemarie $^1/_8$, Cousine Anke $^1/_{12}$, Cousine Britta $^1/_{12}$ und Cousin Knut den Rest in Höhe von 13 330,00 DM. Ermitteln Sie die Erbschaft und die Anteile der einzelnen Erben!

Beispiel 3:

Die Finanzverwaltung der Stadt N. muß 345 000,00 DM der Kosten der EDV-Anlage tragen. Diese Kosten sind für die Jahresrechnung auf das Steueramt, die Kasse und die Kämmerei zu verteilen.

Vom Steueramt wurde die Anlage doppelt so lange in Anspruch genommen wie von der Kämmerei. Die Kasse nutzte die EDV-Anlage dreimal so lange wie das Steueramt. Der Kasse soll außerhalb der Verteilung nach der Nutzungsdauer ein Betrag von 39 000,00 DM angelastet werden (vgl. Ausgangssituation).

Lösungsweg:

① Aufstellen einer „Lösungstabelle" und Eintragen der Beteiligten.

② Feststellen des Verteilungsverhältnisses. Dazu muß zunächst das Verhältnis der Beteiligten ohne Berücksichtigung der Anteile, die außerhalb des eigentlichen Schlüssels den Beteiligten zugeordnet werden (hier 39 000,00 DM für die Kasse), ermittelt werden. Dabei ist es häufig günstig, bei dem Beteiligten zu beginnen, der am wenigsten bekommt (hier Kämmerei = 1 Teil). Danach sind die ,Sonderverteilungen' zu berücksichtigen.

③ Berechnung des Anteils für ein Teil. Zunächst ist festzustellen, wieviel – unabhängig von der Sonderverteilung – auf die Summe der Teile entfällt (hier 345 000 – 39 000 = 306 000). Der verbleibende Betrag ist durch die Anzahl der Teile zu dividieren.

④ Berechnung der Anteile (Anzahl der Teile je Beteiligte multipliziert mit dem Anteil pro Teil + (–) Sonderverteilungen).

⑤ Kontrolle durch Addition der Anteile (die Summe der Anteile muß bei richtiger Lösung den Gesamtbetrag ergeben).

Lösung:

Beteiligte ①	Verteilungsverhältnis ②	Anteile
Steueramt	2 Teile	68 000,00 DM
Kämmerei	1 Teil	⑤ 34 000,00 DM
Kasse	6 Teile + 39 000,00 DM	243 000,00 DM
Summe	9 Teile + 39 000,00 DM	345 000,00 DM
	9 Teile ③	345 000 − 39 000
	9 Teile	306 000,00 DM
	1 Teil	34 000,00 DM

Bei allen Verteilungsrechnungsaufgaben kann neben der hier dargestellten kaufmännischen Form der Lösung auch der algebraische Lösungsweg zum richtigen Ergebnis führen. Vor allem bei dem dritten dargestellten Typ der Verteilungsrechnung bietet sich der algebraische Lösungsweg an.

Algebraische Lösung

Für einen Anteil (hier für den kleinsten) wird x als Platzhalter eingesetzt. Es erhalten dann: die Kämmerei x
das Steueramt 2x
die Kasse 6x + 39 000

Die Summe der Anteile entspricht dem insgesamt zu verteilenden Betrag.

$$x + 2x + 6x + 39\,000 = 345\,000$$
$$9x = 345\,000 - 39\,000$$
$$9x = 306\,000$$
$$\underline{x = 34\,000}$$

Setzt man für x den ermittelten Wert ein, so erhält man wie bei der kaufmännischen Lösung das folgende Ergebnis:

Der Kämmerei sind 34 000,00 DM anzulasten,
dem Steueramt sind 68 000,00 DM anzulasten,
der Kasse sind 243 000,00 DM anzulasten.

Übungsaufgaben

1. Die Zuschüsse an Sportvereine der Samtgemeinde R. sollen nach der Zahl der Mitglieder verteilt werden. Verein A hat 2,5 mal soviel Mitglieder wie der Verein C, der Verein B hat die Hälfte der Zahl der Mitglieder des Vereins C. Der Sportverein D hat das Vierfache an Mitgliedern des Vereins B. Weil der Verein A in besonderer Weise den Breitensport fördert, soll ihm zusätzlich ein Betrag von 5 000,00 DM zur Verfügung gestellt werden. Insgesamt werden an Zuschüssen 80 000,00 DM an die Vereine gezahlt. Wieviel bekommt jeder Verein?

2. Von einem Lottogewinn in Höhe von 6 300,00 DM erhält Petra doppelt soviel wie Karin, Ilona bekommt dreimal soviel wie Petra. Wieviel bekommt jeder?

3. Die Stadtbücherei verzeichnete im vergangenen Jahr 194 900 Ausleihungen. Auf Belletristik entfielen zweimal soviel wie auf Sachbücher, auf Sachbücher 1,5mal soviel wie auf Kinderbücher + 100 Ausleihungen, auf Kunstbücher die Hälfte der Ausleihungen von Kinderbüchern − 200 und auf sonstige Bücher doppelt so viel wie auf Kinderbücher. Wie hoch waren die jeweiligen Ausleihungen?

4. Herr Krause macht sein Testament. Er verfügt darin über sein Barvermögen von 120 000,00 DM wie folgt: Der älteste Sohn hat Studienbeihilfen in Höhe von 25 000,00 DM erhalten. Die älteste Tochter hat eine Aussteuer im Wert von 13 000,00 DM bekommen. Das jüngste der vier Kinder soll nur $^3/_4$ von dem erhalten, was der dritte Sohn bekommt. Wieviel erhält jedes Kind, wenn die Vorausleistungen angerechnet werden?

5. Vier Angestellte haben insgesamt 850 Akten zu bearbeiten. A schafft dreimal soviel wie B, D schafft 80 weniger als B, und der Angestellte C bearbeitet halb soviel wie A + 20 Akten. Wieviel hat jeder geschafft?

6. 3 800,00 DM sollen unter 4 Personen so verteilt werden, daß jede nächste Person 300,00 DM mehr bekommt als die vorhergehende.

7. Im Bundesland X (93 Ordentliche Gerichte) sind 4 mal soviel Landgerichte wie Oberlandesgerichte vorhanden. Die Anzahl der Amtsgerichte übersteigt das 6 fache der Anzahl der Landgerichte um 6. Wieviel Amtsgerichte, Landgerichte und Oberlandesgerichte gibt es im Bundesland X?

8. Die bekanntgewordenen Einbruchdiebstähle eines Jahres (227 300) verteilen sich auf Einbrüche in Geldinstitute, Büro- und Diensträume sowie Wohnungen wie folgt: Geldinstitute $^1/_{100}$ der Einbrüche in Wohnungen, Einbrüche in Büro- und Diensträume das 70 fache der Einbrüche in Geldinstitute − 130. Wie verteilen sich die Einbruchdiebstähle?

4 Prozentrechnen

Situation:

Im Vorbericht zum Haushaltsplan der Stadt H., der die Aufgabe hat, einen Überblick über den Stand und die Entwicklung der Haushaltswirtschaft der Stadt zu geben, sollen einige Einnahme- und Ausgabearten in ihrer Entwicklung und ihrem Anteil am Gesamthaushalt verglichen werden.

Es soll z.B. die Entwicklung der Ausgaben bei den Einzelplänen „Schulen" und „Soziale Sicherung" gegenübergestellt werden.

	Einzelplan „Schulen"	Einzelplan „Soziale Sicherung"
Ausgabeansatz im laufenden Jahr	16,0 Mio. DM	62,5 Mio. DM
Ausgabeansatz im folgenden Jahr	18,0 Mio. DM	64,5 Mio DM
Ausgabesteigerung	2,0 Mio. DM	2,0 Mio. DM

Außerdem sollen in einem Schaubild die Einnahme- und Ausgabearten des Verwaltungshaushalts gegenübergestellt werden.

Die entsprechende Übersicht ist fast fertiggestellt. Sie ist so zu vervollständigen, daß jeweils der DM-Betrag in Mio. DM und der prozentuale Anteil der Einnahme- bzw. Ausgabeart aus dem Schaubild zu entnehmen ist.

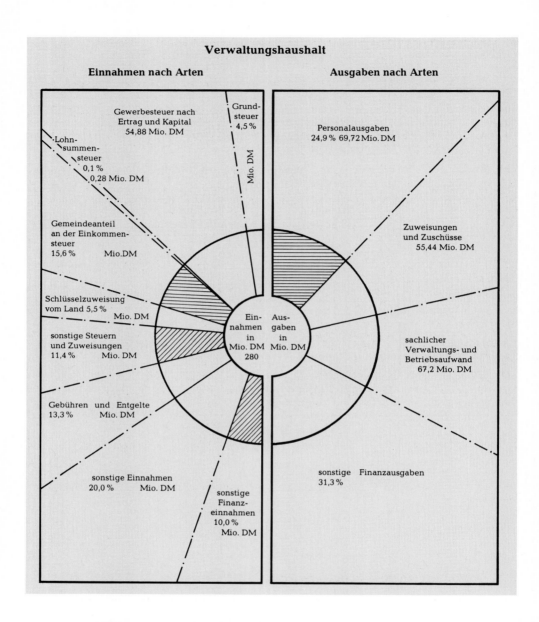

Verwaltungshaushalt

Einnahmen nach Arten

Ausgaben nach Arten

Gewerbesteuer nach
Ertrag und Kapital
54,88 Mio. DM

Grund-
steuer
4,5 %

Lohn-
summen-
steuer
0,1 %
0,28 Mio. DM

Mio. DM

Personalausgaben
24,9 % 69,72 Mio. DM

Gemeindeanteil
an der Einkommen-
steuer
15,6 %   Mio.DM

Zuweisungen
und Zuschüsse
55,44 Mio. DM

Schlüsselzuweisung
vom Land 5,5 %
               Mio. DM

sonstige Steuern
und Zuweisungen
11,4 %   Mio. DM

Ein-
nahmen
in
Mio. DM
280

Aus-
gaben
in
Mio. DM

sachlicher
Verwaltungs- und
Betriebsaufwand
67,2 Mio. DM

Gebühren und Entgelte
13,3 %   Mio. DM

sonstige Einnahmen
20,0 %   Mio. DM

sonstige
Finanz-
einnahmen
10,0 %
Mio. DM

sonstige Finanzausgaben
31,3 %

4.1 Einführung in die Prozentrechnung

In der Ausgangssituation wurden die Ausgabesteigerungen zweier Einzelpläne gegenübergestellt. Die Steigerung der Ausgabeansätze ist in beiden Einzelplänen („Schulen"
und „Soziale Sicherung") dem Betrag nach gleich (2,0 Mio. DM).

Im Verhältnis zu den Ausgabeansätzen im laufenden Jahr („Schulen" = 16 Mio. DM;
„Soziale Sicherung" = 62,5 Mio. DM) ist die Steigerung jedoch bei dem Einzelplan
„Schulen" höher als die Steigerung im Einzelplan „Soziale Sicherung".

34

Um die Steigerungen vergleichen zu können, müssen die Steigerungsraten im Verhältnis zum Ausgabeansatz im laufenden Jahr quantifiziert werden. Als Vergleichszahl wird 100 gewählt. Es wird ermittelt, um wieviel DM der Ausgabeansatz auf jeweils 100,00 DM (pro 100 − lat.: pro centum) des „alten Haushaltsansatzes" gestiegen ist.

Einzelplan „Schulen"	Einzelplan „Soziale Sicherung"
auf 16 000 000 DM kommen 2 000 000 DM	auf 62 500 000 DM kommen 2 000 000 DM
auf 100 DM kommen x DM	auf 100 DM kommen x DM

Da hier ein gerades Verhältnis der Bezugsgrößen zueinander vorliegt, kann die Lösung mit Hilfe quotientengleicher Zahlenpaare (vgl. Einfacher Dreisatz mit geradem Verhältnis) gefunden werden. Die Aufgabe könnte ebenfalls als Schlußrechnung „über 1" gelöst werden.

$$\frac{x}{100} = \frac{2\,000\,000}{16\,000\,000} \qquad\qquad \frac{x}{100} = \frac{2\,000\,000}{62\,500\,000}$$

$$x = \frac{2\,000\,000 \cdot 100}{16\,000\,000} = \underline{12,5} \qquad\qquad x = \frac{2\,000\,000 \cdot 100}{62\,500\,000} = \underline{3,2}$$

12,50 DM Steigerung pro 100 DM   3,20 DM Steigerung pro 100 DM
Die Steigerung beträgt 12,5 %   Die Steigerung beträgt 3,2 %

Die Steigerung im Einzelplan „Schulen" (12,5 %) ist im Verhältnis zum Ansatz des laufenden Jahres höher als die entsprechende Steigerung im Einzelplan „Soziale Sicherung" (3,2 %).

In der Prozentrechnung unterscheidet man die folgenden drei Größen:

12,5 %	von	16 000 000 DM	sind	2 000 000 DM
Prozentsatz		Grundwert		Prozentwert
p		g		w

Sind zwei dieser drei Größen gegeben, so kann die fehlende Größe berechnet werden.

4.2 Berechnung des Prozentwertes

Beispiel:

Die Übersicht über den Verwaltungshaushalt (VwH) der Stadt H., die bei der Ausgangssituation abgebildet ist, zeigt:

Die erwarteten Gesamteinnahmen des VwH der Stadt betragen 280 Mio. DM; davon entfallen auf die Grundsteuer 4,5 %. Wieviel DM Einnahme aus der Grundsteuer erwartet die Stadt H.?

Gegeben: Grundwert (g) = 280 Mio. DM   Gesucht: Prozentwert (w) = ?
Prozentsatz (p) = 4,5 %

A. Lösung mit Hilfe der Schlußrechnung (über 1 %)

100	%	≙	280 Mio. DM
4,5	%	≙	x Mio. DM

① 100 % ≙ 280

② 1 % ≙ $\dfrac{280}{100}$

③ 4,5 % ≙ $\dfrac{280 \cdot 4,5}{100}$

B. Lösung mit einer Verhältnisgleichung (quotientengleiche Zahlenpaare)

x Mio. DM	≙	4,5 %
280 Mio. DM	≙	100 %

$$\frac{x}{4,5} = \frac{280}{100} \Big/ \cdot 4,5$$

$$x = \frac{280 \cdot 4,5}{100}$$

$$x = \frac{280 \cdot 4,5}{100} = \underline{\underline{12,6}}$$

Die Stadt erwartet 12,6 Mio. DM Einnahmen aus der Grundsteuer.

Ersetzt man die Größen des Lösungsbruchstrichs durch die entsprechenden Platzhalter, ergibt sich die Formel zur Berechnung des Prozentwertes.

$$\text{Prozentwert} = \frac{\text{Grundwert} \cdot \text{Prozentsatz}}{100}$$

$$w = \frac{g \cdot p}{100}$$

Übungsaufgaben

1. Sie erhalten 2 % (3 %) Skonto bei den folgenden Rechnungsbeträgen:

a)	28,00 DM	d)	140,00 DM	g)	44,00 DM
b)	53,00 DM	e)	1 300,00 DM	h)	120,00 DM
c)	12,00 DM	f)	850,00 DM	i)	300,00 DM

   Rechnen Sie im Kopf über 1 %.

2. Sie erhalten bei verschiedenen Firmen unterschiedliche Rabattsätze für eine Ware im Preis von 40,00 DM (50,00 DM, 120,00 DM):

a)	3 %	d)	10 %	g)	20 %
b)	5 %	e)	12 %	h)	25 %
c)	8 %	f)	15 %	i)	30 %

   Rechnen Sie im Kopf über 1 %.

3. Rechnen Sie mit Hilfe der Formel:

a)	$3^1/_2$	%	von	3 146,00 DM	e)	79,4	%	von	483,50 DM
b)	7	%	von	322,60 DM	f)	112	%	von	93,00 DM
c)	15	%	von	84,20 DM	g)	170	%	von	147,00 DM
d)	35	%	von	2 483,00 DM	h)	320	%	von	840,00 DM

Die Berechnung des Prozentwertes ist besonders einfach, wenn der Prozentsatz Teiler von 100 ist.

Beispiel:	*Lösung:*
$33^1/_3$% von 540,00 DM	$540 : 3 = 180$
$\dfrac{33^1/_3}{100} = \dfrac{1}{3}$	$33^1/_3$% von 540,00 DM $\cong$ 180,00 DM

Merken Sie sich die folgenden „bequemen Prozentsätze":

1	%	=	$^1/_{100}$	des Grundwertes		10	%	=	$^1/_{10}$	des Grundwertes
2	%	=	$^1/_{50}$	des Grundwertes		$12^1/_2$	%	=	$^1/_8$	des Grundwertes
$2^1/_2$	%	=	$^1/_{40}$	des Grundwertes		$16^2/_3$	%	=	$^1/_6$	des Grundwertes
$3^1/_3$	%	=	$^1/_{30}$	des Grundwertes		20	%	=	$^1/_5$	des Grundwertes
4	%	=	$^1/_{25}$	des Grundwertes		25	%	=	$^1/_4$	des Grundwertes
5	%	=	$^1/_{20}$	des Grundwertes		$33^1/_3$	%	=	$^1/_3$	des Grundwertes
$6^1/_4$	%	=	$^1/_{16}$	des Grundwertes		50	%	=	$^1/_2$	des Grundwertes
$6^2/_3$	%	=	$^1/_{15}$	des Grundwertes		$66^2/_3$	%	=	$^2/_3$	des Grundwertes
$8^1/_3$	%	=	$^1/_{12}$	des Grundwertes		75	%	=	$^3/_4$	des Grundwertes

4. Berechnen Sie mit Hilfe der „bequemen Prozentsätze":

   a) $3^1/_3$% von 750,00 DM
   b) 75 % von 280,00 DM
   c) $12^1/_2$% von 272,00 DM
   d) $6^1/_4$% von 112,00 DM

   e) $8^1/_3$% von 304,80 DM
   f) $66^2/_3$% von 68,40 DM
   g) $2^1/_2$% von 3 132,00 DM
   h) $33^1/_3$% von 37,80 DM

5. Ermitteln Sie die fehlenden Prozentwerte für die Übersicht über den Verwaltungshaushalt der Stadt H. (siehe Ausgangssituation)!

6. Wir erhalten eine Rechnung über 21 Tageslichtprojektoren für die Realschule der Stadt. Der Preis pro Stück beträgt 928,00 DM. Wir erhalten zunächst einen Mengenrabatt von 10%, außerdem vom Restbetrag einen Behördenrabatt von 12,5%. Schließlich dürfen wir uns 3% Skonto abziehen. Wie hoch ist der Überweisungsbetrag?

7. Die Stadtwerke haben im vergangenen Jahr aus der Versorgung der Bevölkerung mit Strom, Gas und Wasser insgesamt Erträge in Höhe von 91 821 150,00 DM erzielt. Davon entfallen auf Strom 51%, auf Gas 32,5%, auf Wasser der Rest.

8. Die Gemeinde P. erhält die beiden folgenden Angebote für identische elektrische Schreibmaschinen:

   Angebot A: 1 480,00 DM abzüglich 12,5% Behördenrabatt, abzüglich 2% Skonto
   Angebot B: 1 590,00 DM abzüglich 15% Behördenrabatt, abzüglich 3% Skonto

   Welches Angebot ist günstiger?

9. Die Gemeinde R. hat nichtbevorrechtigte Forderungen an ein Unternehmen, das in Konkurs gegangen ist. Die Konkursquote wurde auf 28% festgesetzt. Die Forderung beträgt 4 827,00 DM. Wieviel DM erhält die Gemeinde?

10. Der Gewerbesteuermeßbetrag der Weingroßhandlung Süffig beläuft sich auf 1 430,00 DM. Wie hoch ist die Gewerbesteuerschuld, wenn der Gewerbesteuersatz 385% beträgt?

11. Die Gebühren für den Einsatz des Notarztwagens des städtischen Krankenhauses innerhalb des Stadtgebietes betragen bisher 208,00 DM. Sie werden um 25 % angehoben. Welcher Betrag ist jetzt pro Einsatz zu entrichten?

12. Wieviel schulpflichtige Einwohner hat die Samtgemeinde S.?

    Gemeinde A   5 400 Einwohner   davon 15   % Schulpflichtige
    Gemeinde B   2 200 Einwohner   davon 11   % Schulpflichtige
    Gemeinde C   1 280 Einwohner   davon 12,5 % Schulpflichtige

13. Die Schuldenlast der Stadt H. pro Kopf der Bevölkerung belief sich im vergangenen Jahr auf 2 124 DM. In diesem Jahr ist sie um 3,4 % höher. Welche Höhe hat sie erreicht?

14. Die Rücklagen des Landkreises D. betrugen im vergangenen Jahr 4 320 000,00 DM. In diesem Jahr sind sie um 7,5 % geringer. Über welche Rücklagen verfügt der Kreis?

15. Der Vermögenshaushalt der Stadt M. beläuft sich auf 126,2 Mio. DM.
    Bei den Einnahmen entfallen auf:

Umschuldungen	8 %	Veräußerungserlöse	
Kreditaufnahmen	38 %	und sonstige Einnahmen	9 %
Zuweisungen	27 %	Zuführung vom Verwaltungs-	
Beiträge	8,5 %	haushalt	9,5 %

    Berechnen Sie die DM-Beträge für die Einnahmearten!

16. Im Amtsgerichtsbezirk H. wurden 114 Konkursanträge gestellt. Nur in $16^2/_3$ % aller Fälle kam es zur Eröffnung des Verfahrens. Wieviel eröffnete Verfahren gab es in diesem Jahr?

17. Für den Einzelplan des Justizministeriums ist im Stellenplan ausgewiesen, daß bis zu 5 % der Stellen des höheren, des gehobenen und des mittleren Dienstes im Bedarfsfall mit mehreren Richtern bzw. Beamten in Teilzeitbeschäftigung besetzt werden dürfen. Wieviel Stellen sind das bei 5 308 Richtern bzw. Beamten?

18. Der Ansatz für den Erwerb von Geräten im Kapitel „Ordentliche Gerichte und Staatsanwaltschaften" beträgt im Haushaltsjahr 843 800,00 DM. Es entfallen davon auf Textverarbeitungsanlagen 47,4 %, auf Registraturanlagen 29,6 %, auf den Ausbau der Mikroverfilmung 11,5 %, auf eine Kuvertiermaschine 3,2 % und auf die Ausstattung von Sitzungssälen 8,3 %. Ermitteln Sie die Anteile in DM!

19. Von den in einem Jahr in Strafgerichtsprozessen verurteilten Personen (693 499) entfielen z. B. auf:

Straftaten im Straßenverkehr	37 %
Diebstahl und Unterschlagung	22,7 %
Betrug, Untreue, Urkundenfälschung	12,9 %
Körperverletzung (auch schwere)	4,6 %

    Ermitteln Sie die absoluten Zahlen zu den verschiedenen Delikten!

4.3 Berechnung des Prozentsatzes

Beispiel:

Die Übersicht über den Verwaltungshaushalt (VwH) der Stadt H. (siehe Ausgangssituation) zeigt, daß mit Einnahmen aus der Gewerbesteuer nach Ertrag und Kapital in Höhe von 54,88 Mio. DM gerechnet wird.

Die erwarteten Gesamteinnahmen des VwH betragen 280 Mio. DM. Wieviel % der erwarteten Gesamteinnahmen resultieren aus der Gewerbesteuer?

Gegeben: Grundwert (g) = 280 Mio. DM   Gesucht: Prozentsatz (p) = ?
Prozentwert (w) = 54,88 Mio. DM

A. Lösung mit Hilfe der Schlußrechnung

B. Lösung mit einer Verhältnisgleichung (quotientengleiche Zahlenpaare)

$$280 \quad \text{Mio. DM} \quad \triangleq \quad 100\,\%$$
$$54,88 \ \text{Mio. DM} \quad \triangleq \quad x\ \%$$

① $280 \quad \text{Mio. DM} \quad \triangleq \quad 100$

② $1 \quad \text{Mio. DM} \quad \triangleq \quad \dfrac{100}{280}$

③ $54,88 \ \text{Mio. DM} \quad \triangleq \quad \dfrac{100 \cdot 54,88}{280}$

$$x\ \% \quad \triangleq \quad 54,88 \ \text{Mio. DM}$$
$$100\,\% \quad \triangleq \quad 280 \quad \text{Mio. DM}$$

$$\frac{x}{54,88} = \frac{100}{280} \quad / \cdot 54,88$$

$$x = \frac{100 \cdot 54,88}{280}$$

$$x = \frac{100 \cdot 54,88}{280} = \underline{\underline{19,6}}$$

19,6 % der gesamten erwarteten Einnahmen des Verwaltungshaushalts der Stadt H. sind Einnahmen aus der Gewerbesteuer nach Ertrag und Kapital.

Ersetzt man die Größen des Lösungsbruchstrichs durch die entsprechenden Platzhalter, ergibt sich die Formel zur Berechnung des Prozentsatzes.

$$\text{Prozentsatz} = \frac{100 \cdot \text{Prozentwert}}{\text{Grundwert}}$$

$$p = \frac{100 \cdot w}{g}$$

Übungsaufgaben

1. Ermitteln Sie die fehlenden Prozentsätze für die Übersicht über den Verwaltungshaushalt der Stadt H. (siehe Ausgangssituation)!

2. Im folgenden Schaubild sind die Ausgaben des Verwaltungshaushalts des Landkreises H. nach Einzelplänen dargestellt. Tragen Sie in das Kreisdiagramm die prozentualen Anteile der Ausgaben der Einzelpläne ein!

Ausgaben 195 243 000 DM

Aufgliederung nach Einzelplänen

0	Allgemeine Verwaltung	12 808 900 DM
1	Öffentliche Sicherheit und Ordnung	9 801 300 DM
2	Schulen	33 469 100 DM
3	Wissenschaft, Forschung, Kulturpflege	5 207 800 DM
4	Soziale Sicherung	68 321 300 DM
5	Gesundheit, Sport, Erholung	6 986 900 DM
6	Bau- und Wohnungswesen, Verkehr	8 635 600 DM
7	Öffentliche Einrichtungen, Wirtschaftsförderung	9 831 000 DM
8	Wirtschaftliche Unternehmen, allgemeines Grund- und Sondervermögen	260 200 DM
9	Allgemeine Finanzwirtschaft	39 920 900 DM

3. Die Wahlen zum Deutschen Bundestag am 27. Oktober 1998 haben folgende Wahlergebnisse erbracht (Angaben in Mio.):

Wahlberechtigte	60,8
Wähler	49,9
gültige Zweitstimmen	49,3
davon	
SPD	20,16
CDU/CSU	17,85
Grüne	3,30
F.D.P.	3,06
PDS	2,51
Sonstige	2,42

Ermitteln Sie die Wahlbeteiligung in %, den Anteil an ungültigen Zweitstimmen in %, die Anteile der Parteien in %!

4. Die Samtgemeinde S. erhebt eine Samtgemeindeumlage in einer Gesamthöhe von 1 000 000,00 DM. Davon tragen die einzelnen Gemeinden folgende Beiträge: Gemeinde A: 163 428,00 DM, B 168 228,00 DM, C 103 815,00 DM, D 425 591,00 DM, E 138 938,00 DM. Errechnen Sie die Anteile in %!

5. Die Hundesteuer der Stadt R. soll von 84,00 DM auf 108,00 DM angehoben werden. Um wieviel % wird die Steuer angehoben?

6. Das Gehalt des Beamten R. belief sich bisher auf 2 415,14 DM. Die Gehaltserhöhung beträgt 149,74 DM. Um wieviel % wurde das Gehalt angehoben?

7. a) Bestimmen Sie die prozentualen Anteile der einzelnen Steuerarten an den Gesamteinnahmen!

   b) Um wieviel Prozent übersteigen die Einnahmen aus der Lohn- und Einkommensteuer die Einnahmen der Mehrwertsteuer?

   c) Die gesamten Ausgaben der öffentlichen Haushalte beliefen sich 1996 auf 1 964,2 Mrd. DM. Zu wieviel Prozent konnten diese aus Steuern finanziert werden?

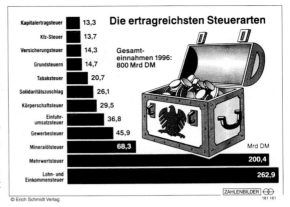

Die ertragreichsten Steuerarten

Steuerart	Mrd DM
Kapitalertragsteuer	13,3
Kfz-Steuer	13,7
Versicherungsteuer	14,3
Grundsteuern	14,7
Tabaksteuer	20,7
Solidaritätszuschlag	26,1
Körperschaftsteuer	29,5
Einfuhrumsatzsteuer	36,8
Gewerbesteuer	45,9
Mineralölsteuer	68,3
Mehrwertsteuer	200,4
Lohn- und Einkommensteuer	262,9

Gesamteinnahmen 1996: 800 Mrd DM

© Erich Schmidt Verlag ZAHLENBILDER 181 161

8. Die Gemeinde F. hatte an eine Unternehmung eine privatrechtliche Forderung in Höhe von 3 824,00 DM. Das Unternehmen hat ein Insolvenzverfahren beantragt. Die Gemeinde bekommt vom Insolvenzverwalter 1 223,68 DM. Wie hoch ist die Insolvenzquote?

9. Die gesamten Steuereinnahmen der Stadt in Höhe von 99,3 Mio. DM verteilen sich auf die verschiedenen Steuern wie folgt:

   1. Gewerbesteuer nach Ertrag und Kapital   42,6 Mio. DM
   2. Gemeindeanteil an der Einkommensteuer   42,5 Mio. DM
   3. Grundsteuer A und B   12,6 Mio. DM
   4. sonstige Gemeindesteuern   1,6 Mio. DM

   Wieviel Prozent entfallen auf die einzelnen Steuern?

10. Die Ausgaben der Stadtverwaltung für Heizkosten haben sich gegenüber dem Vorjahr von 2 288 846,00 DM auf 2 928 700,00 DM erhöht. Um wieviel Prozent sind die Ausgaben für Heizung gestiegen?

11. Die Gerichtsgebühr für das gerichtliche Mahnverfahren ergibt sich aus der abgebildeten Tabelle.

    Ermitteln Sie die prozentuale Gebühr für die folgenden Hauptforderungen:

    a) 200,00 DM
    b) 500,00 DM
    c) 990,00 DM
    d) 2 500,00 DM
    e) 19 800,00 DM
    f) 44 000,00 DM

Wert der Hauptforderung bis	Gerichtsgebühr	Wert der Hauptforderung bis	Gerichtsgebühr	Wert der Hauptforderung bis	Gerichtsgebühr
600	25,--	8 000	102,50	30 000	237,50
1 200	35,--	9 000	110,--	35 000	260,--
1 800	45,--	10 000	117,50	40 000	282,50
2 400	55,--	12 000	132,50	45 000	305,--
3 000	65,--	14 000	147,50	50 000	327,50
4 000	72,50	16 000	162,50		
5 000	80,--	18 000	177,50	über	siehe
6 000	87,50	20 000	192,50	50 000	Gerichtskostengesetz
7 000	95,--	25 000	215,--		

Alle Angaben in DM
Gebühren für alte Bundesländer gültig ab 1.1.95

12. Das Arbeitseinkommen ist zur Zeit (1993) unpfändbar, wenn es nicht mehr als 1 209,00 DM monatlich beträgt.

    Gewährt der Schuldner aufgrund einer gesetzlichen Verpflichtung Personen eines bestimmten Personenkreises Unterhalt, so erhöht sich dieser Betrag um 468,00 DM für die erste und um 351,00 DM für die zweite Person.

    Wieviel % beträgt die jeweilige Erhöhung?

13. Die Zwangsvollstreckungen (insbesondere Lohnpfändungen) haben sich im Amtsgerichts-
    bezirk E. im vergangenen Jahr von 5 528 auf 5 756 erhöht. Errechnen Sie die prozentuale
    Steigerung!

14. Nach dem Gegenstand des Verfahrens differenziert, stellte sich der Geschäftsanfall bei den
    Amtsgerichten (Strafgerichte) wie folgt dar:

    Verbrechen 6 307 / Vergehen 765 899 / Ordnungswidrigkeiten 684 342

    Ermitteln Sie die prozentualen Anteile!

4.4 Berechnung des Grundwertes

Beispiel:

Die erwarteten Personalausgaben der Stadt H. betragen 69,72 Mio. DM (siehe Übersicht in
der Ausgangssituation). Das entspricht 24,9 % der Gesamtausgaben des Verwaltungshaushalts (VwH) des Jahres. Wieviel DM betragen die geplanten Gesamtausgaben des
VwH?

Gegeben: Prozentwert (g) = 69,72 Mio. DM   Gesucht: Grundwert (w) = ?
          Prozentsatz (p) = 24,9 %

A. Lösung mit Hilfe der Schlußrechnung   **B. Lösung mit einer Verhältnisgleichung**
                                                  (quotientengleiche Zahlenpaare)

$$24,9 \ \% \ \triangleq \ 69,72 \text{ Mio. DM}$$
$$100 \ \% \ \triangleq \ x \text{ Mio. DM}$$

$$x \text{ Mio. DM} \ \triangleq \ 100 \ \%$$
$$69,72 \text{ Mio. DM} \ \triangleq \ 24,9 \%$$

① $24,9 \ \% \ \triangleq \ 69,72$

② $1 \ \% \ \triangleq \ \dfrac{69,72}{24,9}$

$$\frac{x}{100} = \frac{69,72}{24,9} \ / \ \cdot 100$$

③ $100 \ \% \ \triangleq \ \dfrac{69,72 \cdot 100}{24,9}$

$$x = \frac{69,72 \cdot 100}{24,9}$$

$$x = \frac{69,72 \ \cdot \ 100}{24,9} = \underline{\underline{280}}$$

Die geplanten Gesamtausgaben des VwH der Stadt H. betragen 280 Mio. DM.

Ersetzt man die Größen des Lösungsbruchstrichs durch die entsprechenden Platzhalter, ergibt sich die Formel zur Berechnung des Grundwertes.

$$\text{Grundwert} = \frac{\text{Prozentwert} \cdot 100}{\text{Prozentsatz}}$$
$$g = \frac{w \cdot 100}{p}$$

Übungsaufgaben

1. Ab Januar des nächsten Jahres steigt der Kubikmeterpreis für Frischwasser in der Gemeinde S. um 0,20 DM. Das entspricht einer Steigerung um $16^2/_3\%$. Wie hoch war der Preis pro m^3 bisher und wie hoch wird er in Zukunft sein?

2. Die Ausgaben der Stadt für das Haus der Jugend wurden im letzten Jahr um 36 800,00 DM gesenkt, das entsprach einer Kürzung um 5,3%. Wieviel wurde vorher und wieviel wird jetzt für das Haus der Jugend ausgegeben?

3. Die privaten Ersparnisse sind von 1994 bis 1998 um 22 Mrd. DM (= 8,23%) gestiegen. Wie hoch waren sie 1994 und wie hoch 1998?

4. Die Gemeindeverwaltung überweist an eine Büromaterialgroßhandlung eine Rechnung unter Abzug von 3% Skonto. Der Skontoabzug beträgt 28,20 DM. Wie hoch war der Rechnungsbetrag?

5. Die Investitionen der Stadt wurden im Vorjahr zu 45% aus Krediten finanziert. Die Kreditaufnahme belief sich auf 49,3 Mio. DM. Wie hoch waren die gesamten Investitionsausgaben?

6. Wie hoch sind Netto- und Bruttopreis eines neuen Pkw, wenn die Mehrwertsteuer (16%) 4 074,40 DM beträgt?

7. Der Erfolgsplan des Städtischen Krankenhauses weist aus, daß im Folgejahr 29 892 000,00 DM an Personalausgaben anfallen werden. Das entspricht einem Anteil von 52,8%. Wie hoch sind die erwarteten Gesamtaufwendungen?

8. Das Stadttheater erhält Zuschüsse von der Stadt, vom Kreis und vom Land. Stadt und Kreis zahlen je 32%. Das Land zahlt den restlichen Zuschuß in Höhe von 3 068 532,00 DM. Wie hoch ist die Summe der Zuschüsse und wieviel zahlen Stadt und Kreis?

9. 39% der Beamten, die bei der Stadt O. beschäftigt sind, sind im mittleren Dienst tätig. Das sind 117 Beamte. Wieviel Beamte arbeiten bei der Stadt O.?

10. Nach Angaben der Deutschen Bundesbank waren im Mai des Jahres 23,6% des gesamten Zahlungsmittelbestandes (Münzen + Papiergeld + Buchgeld) in der Bundesrepublik in Form von Papiergeld im Umlauf. Das waren 74,8 Mrd. DM. Wie hoch ist der gesamte Zahlungsmittelbestand?

11. Im Amtsgerichtsbezirk R. hat die Zahl der im Handelsregister eingetragenen Einzelunternehmen und Personengesellschaften im Laufe eines Jahres um 4% (= 48 Firmen) abgenommen. Wieviel der entsprechenden Firmen waren zu Beginn und am Ende des Jahres registriert?

12. Für die Niederschrift über die Bestellung einer Hypothek berechnet ein Notar Gebühren und Schreibauslagen. Die Rechnung weist 16% MWSt = 28,00 DM aus. Wie hoch waren Netto- und Bruttobetrag der Rechnung?

13. Der pfändbare Betrag beträgt nach einer Tabelle zu § 850c ZPO bei Unterhaltspflicht für 2 Personen bei einem bestimmten Einkommen 388,80 DM. Dieser Betrag entspricht 12,96% des Einkommens. Wie hoch ist der monatliche Nettolohn des entsprechenden Arbeitnehmers?

14. Nach Jugendstrafrecht wurden in einem Jahr Strafen und Maßnahmen im folgenden Umfang verhängt:

Jugendstrafe 9,281 %, das entspricht 11 685 Strafen
Zuchtmittel (z. B. Arrest, Verwarnung …) 80,27 %
Erziehungsmaßregeln (z. B. Erteilung von Weisungen) 10,45 %

Berechnen Sie die Gesamtzahl der Strafen bzw. Maßnahmen und die Anzahl der verhängten Zuchtmittel bzw. Erziehungsmaßregeln.

4.5 Prozentrechnen vom vermehrten und verminderten Grundwert

Situation:

Ein Mitarbeiter der Pressestelle der Stadt P. soll für eine Veröffentlichung eine Übersicht über die Entwicklung der Zuschüsse an Verbände und Vereinigungen erstellen.

Ihm liegen folgende Daten vor:

Verband bzw. Vereinigung	Zuschuß im laufenden Jahr	Veränderung gegenüber dem Vorjahr
Kulturring	89 600,00 DM	+ 12 %
Jugendverbände	496 800,00 DM	− 8 %
Volkshochschule	546 000,00 DM	+ 5 %
Verkehrsverein	149 730,00 DM	− 7 %

Um die Tabelle aussagefähiger zu gestalten, möchte er auch die Zuschüsse des Vorjahres und die Veränderung in DM ausweisen.

4.5.1 Prozentrechnen vom vermehrten Wert

Beispiel:

Der Zuschuß der Stadt P. an den Kulturring beträgt in diesem Jahr nach einer Steigerung um 12 % 89 600,00 DM. Wie hoch war der Zuschuß im Vorjahr? Um wieviel wurde er angehoben?

Lösung:

Die Steigerung (12%) wurde vom Zuschuß des Vorjahres berechnet. Der Zuschuß des Vorjahres entspricht daher 100%. Der neue Zuschuß (89 600,00 DM) also 112%.

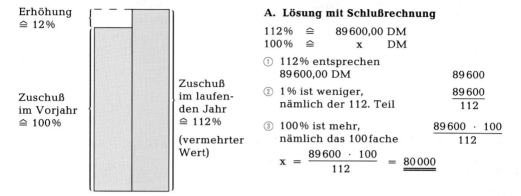

Erhöhung
≙ 12%

Zuschuß
im Vorjahr
≙ 100%

Zuschuß
im laufen-
den Jahr
≙ 112%
(vermehrter
Wert)

A. Lösung mit Schlußrechnung

112% ≙ 89 600,00 DM
100% ≙ x DM

① 112% entsprechen
89 600,00 DM   89 600

② 1% ist weniger,
nämlich der 112. Teil $\dfrac{89\,600}{112}$

③ 100% ist mehr,
nämlich das 100 fache $\dfrac{89\,600 \cdot 100}{112}$

$$x = \frac{89\,600 \cdot 100}{112} = \underline{\underline{80\,000}}$$

B. Lösung mit einer Verhältnisgleichung (quotientengleiche Zahlenpaare)

x DM ≙ 100%
89 600 DM ≙ 112%

$$\frac{x}{100} = \frac{89\,600}{112}$$

$$x = \frac{89\,600 \cdot 100}{112}$$

$$x = \underline{\underline{80\,000}}$$

Im vergangenen Jahr wurde an den Kulturring ein Zuschuß in Höhe von 80 000,00 DM gezahlt.

Die Steigerung kann jetzt als Differenz zwischen neuem und altem Zuschuß ermittelt werden (89 600 − 80 000 = 9 600). Die Steigerung beträgt 9 600,00 DM.[1]

4.5.2 Prozentrechnen vom verminderten Wert

Beispiel:

Der Zuschuß der Stadt P. an die Jugendverbände der Stadt beträgt in diesem Jahr nach einer Kürzung um 8% 496 800,00 DM. Wie hoch war der Zuschuß im Vorjahr? Um wieviel DM wurde er gekürzt?

---

1 Es kann mit beiden Lösungswegen auch zunächst die Steigerung ermittelt werden. Der Ansatz würde dann wie folgt aussehen: 112% ≙ 89 600 DM
                          12% ≙ x DM.

Lösung:

Die Kürzung (8%) wurde vom Zuschuß des Vorjahres berechnet. Der Zuschuß des Vorjahres entspricht daher 100%. Der neue Zuschuß (496 800,00 DM) also 92%.

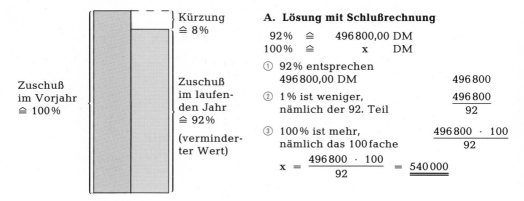

A. Lösung mit Schlußrechnung

$$92\% \; \hat{=} \; 496\,800,00 \; \text{DM}$$
$$100\% \; \hat{=} \; x \quad \text{DM}$$

① 92% entsprechen
496 800,00 DM   496 800

② 1% ist weniger, $\dfrac{496\,800}{92}$
nämlich der 92. Teil

③ 100% ist mehr, $\dfrac{496\,800 \; \cdot \; 100}{92}$
nämlich das 100fache

$$x \; = \; \frac{496\,800 \; \cdot \; 100}{92} \; = \; 540\,000$$

B. Lösung mit einer Verhältnisgleichung (quotientengleiche Zahlenpaare)

$$x \quad\quad \text{DM} \; \hat{=} \; 100\%$$
$$496\,800 \quad \text{DM} \; \hat{=} \; 92\%$$

$$\frac{x}{100} \; = \; \frac{496\,800}{92}$$

$$x \; = \; \frac{496\,800 \; \cdot \; 100}{92}$$

$$x \; = \; 540\,000$$

Im vergangenen Jahr wurde an die Jugendverbände der Stadt ein Zuschuß in Höhe von 540 000,00 DM gezahlt.

Die Kürzung kann jetzt als Differenz zwischen neuem und altem Zuschuß ermittelt werden (540 000 − 496 800 = 43 200). Die Kürzung beträgt 43 200,00 DM.[1]

Übungsaufgaben

1. Die Tabelle in der Ausgangssituation kann aufgrund der beiden ermittelten Werte jetzt wie folgt ergänzt werden.

Verband bzw. Vereinigung	Zuschuß im laufenden Jahr	Zuschuß im vergangenen Jahr	Veränderung in DM	Veränderung in %
Kulturring	89 600,00 DM	80 000,00 DM	+ 9 600,00	+ 12%
Jugendverbände	496 800,00 DM	540 000,00 DM	− 43 200,00	− 8%
Volkshochschule	546 000,00 DM			+ 5%
Verkehrsverein	149 730,00 DM			− 7%
Summe	1 282 130,00 DM			

Setzen Sie die noch fehlenden Werte ein!

---

1 Es kann mit beiden Lösungswegen auch zunächst die Kürzung ermittelt werden. Der Ansatz würde dann wie folgt aussehen: 92% $\hat{=}$ 496 800 DM
                          8% $\hat{=}$ x   DM.

2. Ein Beamter der Besoldungsgruppe A 8 erhält nach einer Gehaltserhöhung um 4,8 % ein Gehalt von 3 374,46 DM. Wie hoch war sein altes Gehalt?

3. Für einen Schreibtisch für die Kreisberufsschule zahlt der Landkreis nach Abzug von $12^1/_2$ % Rabatt und 3 % Skonto 814,80 DM.
   a) Wie hoch war der ursprüngliche Preis?
   b) Wieviel Mehrwertsteuer ist im endgültigen Preis enthalten? (Steuersatz 16 %)

4. Die Einnahmen der Stadt S. aus allgemeinen Zuweisungen haben sich im vergangenen Jahr wie folgt verändert:

Einnahmequelle	Höhe im laufenden Jahr in Mio. DM	Veränderung gegenüber dem Vorjahr
Schlüsselzuweisungen	14,9	− 16 %
Bedarfszuweisungen	0,2	− $33^1/_3$ %
Auftragsangelegenheiten	8,3	+ $10^2/_3$ %

Wie hoch waren die entsprechenden Einnahmen im Vorjahr?

5. Die Einwohnerzahl des Landkreises A. ist im vergangenen Jahr um 1,2 % zurückgegangen. Es wohnen jetzt 279 110 Einwohner in diesem Landkreis. Um wieviel hat sich die Einwohnerzahl im vergangenen Jahr verringert?

6. Ein pensionierter Beamter erhält jetzt 65 % seiner letzten Dienstbezüge als Pension. Monatlich werden ihm netto (abzüglich 221,20 DM Lohn- und Kirchensteuer) 1 618,40 DM ausgezahlt. Wie hoch waren seine letzten Dienstbezüge?

7. Ein Fotokopiergerät der Stadtwerke wurde in den vergangenen 4 Jahren mit jeweils $16^2/_3$ % vom Anschaffungswert abgeschrieben. Das Gerät steht heute mit 1 120,00 DM in den Büchern. Wie hoch waren die Anschaffungskosten?

8. Die Personalausgaben betragen lt. Sammelnachweis 1 im kommenden Jahr 46 339 400,00 DM. Gegenüber dem Planansatz des Vorjahres bedeutet das eine Steigerung um 7,2 %. Die vom Land bekanntgegebenen Orientierungsdaten gehen von einer Steigerung der Personalkosten von 6 % aus.
   a) Wie hoch war der Ansatz im Vorjahr?
   b) Welche Personalausgaben wären veranschlagt worden, wenn man die Orientierungsdaten zugrunde gelegt hätte?

9. Ein Pfändungs- und Überweisungsbeschluß zeigt, daß sich die Forderung durch festgesetzte Kosten, Zinsen, Auslagenpauschale usw. insgesamt gegenüber der Hauptforderung um 62 % auf 1 652,40 DM erhöht hat. Wie hoch war die Hauptforderung?

10. Im Einzelplan des Justizministers werden im Kapitel „Ordentliche Gerichte und Staatsanwaltschaften" bei dem Titel „Entschädigungen an Beschuldigte in Strafsachen" 6 % mehr als im vorigen Haushaltsjahr veranschlagt. Der Ansatz dieses Jahres beträgt 6 148 000,00 DM. Bestimmen Sie den Ansatz des Vorjahres und den Umfang der Steigerung!

11. Die Anzahl der Insolvenzen in der Bundesrepublik Deutschland (früheres Bundesgebiet) ist von 1970 auf 1980 um 117,58 % und von 1980 auf 1990 um 45,20 % gestiegen. 1990 gab es 13 271 Insolvenzen. 1996 lag die Zahl der Insolvenzen um 73,9 % über der Anzahl von 1990. Berechnen Sie die Anzahl für die Jahre 1970, 1980 und 1996!

Vermischte Übungsaufgaben zur Prozentrechnung

1. Die schwierige Haushaltslage der Stadt N. erzwingt für das Folgejahr einige Kürzungen bei den Ausgaben und Anhebungen bei Gebühren und Gemeindesteuern.

   a) Die Zuschüsse an Sportverbände und Vereine beliefen sich im vergangenen Jahr auf 522 600,00 DM. Sie sollen um 5,4 % gekürzt werden. In welcher Höhe werden sie im nächsten Jahr veranschlagt?

   b) Die Gebühren für Krankentransporte innerhalb der Stadt sollen pro Einsatz von 65,00 DM auf 82,00 DM angehoben werden. Wieviel % beträgt die Steigerung?

   c) Die Abwassergebühren sollen um 0,32 DM je m³ angehoben werden. Das entspricht einer Steigerung von 14,95 %. Wie hoch war die Abwassergebühr vorher und wie hoch wird sie in Zukunft sein?

2. a) Ermitteln Sie den Anteil der Energieträger am Primärenergieverbrauch 1950 und 2000 in Mio. t SKE!

   b) Um wieviel %-Punkte und um wieviel % wird der Steinkohleverbrauch nach der vorliegenden Prognose von 1950 auf 2000 zurückgehen?

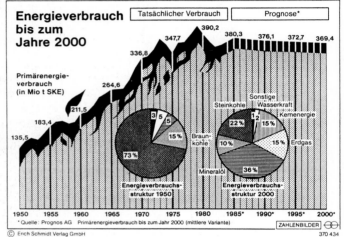

3. a) Wie hoch war das Bruttosozialprodukt 1990 und 1993, und wie hoch wird es 1996 sein?

   b) Um wieviel % steigt das Steueraufkommen von 1990 auf 1996 und um wieviel % das Bruttosozialprodukt?

   c) Auf wieviel Mrd. DM müßte 1996 das Steueraufkommen begrenzt werden, damit die Steuerquote nicht zunimmt?

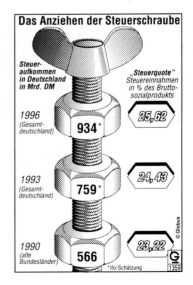

48

4. Eine Zeitung meldet: „Mit 549 Unternehmenszusammenschlüssen war das vergangene Jahr ein Rekordjahr der Konzentration. Die Zahl der Zusammenschlüsse war um 22 % größer als im Vorjahr". Wieviel Unternehmenszusammenschlüsse waren im Vorjahr zu verzeichnen?

5. Die Investitionen der Stadt wurden wie folgt finanziert: Kredite 47,7 Mio. DM, Beiträge 11,2 Mio. DM, Zuweisungen und Zuschüsse 34,1 Mio. DM, Veräußerungserlöse und sonstige Einnahmen 11 Mio. DM, Eigenmittel vom Verwaltungshaushalt 1,1 Mio. DM. Ermitteln Sie die prozentualen Anteile.

6. Die Einnahmen der Stadt aus den verschiedenen Steuern haben sich wie folgt entwickelt:

Steuer	Einnahmen im Berichtsjahr	Steigerung	Einnahmen im Vorjahr
Grundsteuer A u. B	13 463 264,50 DM	1,5 %	
Gewerbesteuer	49 047 570,00 DM	3 %	
Gemeindeanteil an der Einkommensteuer	35 750 500,00 DM	6,2 %	
sonstige Gemeindesteuern	1 615 320,00 DM	0,8 %	

7. Ein Inspektor in der 4. Dienstaltersstufe erhält nach dem Stand 1998 ein Grundgehalt (ohne Ortszuschlag) von 3 587,97 DM, das sind 18,97 % des Grundgehaltes eines Staatssekretärs im Bundesbereich (B 11). Wie hoch ist das Grundgehalt eines Staatssekretärs?

8. a) Um wieviel %-Punkte und um wieviel % steigen die Zinsausgaben des Bundes nach der vorliegenden Berechnung von 1992 bis 1997?

   b) Wie hoch sind die Steuereinnahmen des Bundes in den Jahren 1992, 1994 und 1996?

   c) Um wieviel % ist die Zinslast stärker gestiegen als die Steuereinnahmen?

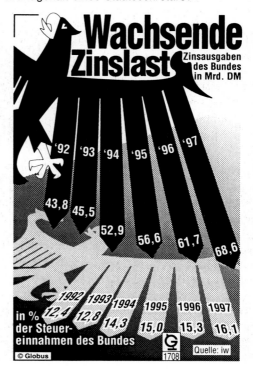

Wachsende Zinslast
Zinsausgaben des Bundes in Mrd. DM

'92 '93 '94 '95 '96 '97

43,8 45,5 52,9 56,6 61,7 68,6

in % der Steuereinnahmen des Bundes
1992 1993 1994 1995 1996 1997
12,4 12,8 14,3 15,0 15,3 16,1

© Globus 1708   Quelle: iw

4 Grommas/Bartels – ISBN 3-8120-0430-5

9. Die Tabelle auf der Folgeseite zeigt als Teil I des Gesamtplans des Bundeshaushalts 1998 die Haushaltsübersicht. Die Aufgaben sind mit Hilfe dieser Tabelle zu lösen.

   a) Berechnen Sie jeweils den prozentualen Anteil der vier ausgabenstärksten Einzelpläne an den Gesamtausgaben!

   b) Um wieviel % übersteigen die Ausgaben des Einzelplans 11 (Bundesministerium für Arbeit und Sozialordnung) die des Einzelplans 14 (Bundesministerium der Verteidigung)?

   c) Die Einnahmen des Einzelplans 08 übersteigen die Ausgaben dieses Einzelplans um 14,94 %. Wie hoch sind die Einnahmen des Bundesministeriums der Finanzen?

   d) Berechnen Sie die prozentuale Veränderung der Ausgaben der Einzelpläne 05, 08 und 32 von 1997 auf 1998!

   e) Wieviel DM betragen die Einnahmen des Epl. 60 Allgemeine Finanzverwaltung 1997 und 1998, wenn sie 1997 bei 77,43 % der Ausgaben und 1998 bei 80,77 % der Gesamtausgaben lagen?

   f) Die Einnahmen des Einzelplans 12 sind von 1997 auf 1998 um 6,411 % gestiegen. Sie betragen lt. Plan 1998 = 2 348 322 000 DM. Wie hoch waren die entsprechenden Einnahmen 1997 und zu wieviel % konnten sie jeweils die Ausgaben decken?

10. Die Tabelle auf der Folgeseite zeigt als Teil I des Gesamtplans des Bundeshaushalts 1998 die Haushaltsübersicht. Die Aufgaben sind mit Hilfe dieser Tabelle zu lösen.

   a) Wie hoch ist der Anteil der Personalausgaben an den gesamten Ausgaben des Bundes 1998?

   b) Welches sind die vier Einzelpläne, die den höchsten prozentualen Anteil bei den Personalausgaben aufweisen?

   c) Wie hat sich die prozentuale Investitionsquote (Anteil der Investitionen an den Gesamtausgaben) von 1997 auf 1998 verändert?

   d) Der Schuldendienst hatte – bezogen auf die gesamten Einnahmen des Bundes aus „Steuern und steuerähnlichen Abgaben" – 1997 einen Anteil von 16,26 %. 1998 betrug dieser Anteil 17,02 %. Wie hoch waren die Einnahmen aus Steuern 1997 und 1998, und um wieviel DM hätten sie höher ausfallen müssen, damit die Quote hätte gehalten werden können?

Gesamtplan

Ausgaben

Teil I: Haushaltsübersicht

Epl.	Bezeichnung	Personalausgaben 1998 1000 DM	Sächliche Verwaltungsausgaben 1998 1000 DM	Militärische Beschaffungen Anlagen usw. 1998 1000 DM	Schuldendienst 1998 1000 DM	Zuweisungen u. Zuschüsse (ohne Investitionen) 1998 1000 DM	Ausgaben für Investitionen 1998 1000 DM	Besondere Finanzierungsausgaben 1998 1000 DM	Summe Ausgaben 1998 1000 DM	Summe Ausgaben 1997 1000 DM	gegenüber 1997 mehr (+) weniger (−) 1000 DM	Epl.
1	2	3	4	5	6	7	8	9	10	11	12	13
01	Bundespräsident und Bundespräsidialamt	18659	9715			6740	8151	−902	42363	31751	+ 10612	01
02	Deutscher Bundestag	595923	197992			133671	60283	−10728	977141	905703	+ 71438	02
03	Bundesrat	17813	8305			352	704	−574	26600	26359	+ 241	03
04	Bundeskanzler und Bundeskanzleramt	114525	832703			42668	10135	−3875	996156	547806	+ 448350	04
05	Auswärtiges Amt	1180191	267498			1923428	201151	−39957	3532311	3583288	− 50977	05
06	Bundesministerium des Innern	4001530	1190545			2652766	985969	−130119	8700691	8629172	+ 71519	06
07	Bundesministerium der Justiz	417957	134367			31201	117248	−9523	691250	706243	− 14993	07
08	Bundesministerium der Finanzen	3242504	1159785			2413141	1142055	−68830	7888655	7905755	− 17100	08
09	Bundesministerium für Wirtschaft	794516	341810			11755724	3483712	−230025	16145737	16507381	− 361644	09
10	Bundesministerium für Ernährung, Landwirtschaft und Forsten	405765	136236			9826500	1179216	−10353	11537364	11795268	− 257904	10
11	Bundesministerium für Arbeit und Sozialordnung	240411	111820			14746437	2568998	−6029	150379637	144374557	+ 6005080	11
12	Bundesministerium für Verkehr	1948396	2489405			18518232	19691522	−57074	42590481	44072841	− 1482360	12
13	Bundesministerium für Post und Telekommunikation								344020	344020	−	13
14	Bundesministerium für Verteidigung	23968983	5636448	14705260		2008589	424523	−64319	46679484	46290307	+ 389177	14
15	Bundesministerium für Gesundheit	260791	170837			204720	86700	−4895	718153	725576	− 7423	15
16	Bundesministerium für Umwelt, Naturschutz und Reaktorsicherheit	250433	286206			89195	592652	−6078	1212408	1085132	+ 127276	16
17	Bundesministerium für Familie, Senioren, Frauen und Jugend	2412003	65589			9200885	44761	−2978	11720260	11988733	− 268473	17
19	Bundesverfassungsgericht	21490	3713				4106	−338	28971	29513	− 542	19
20	Bundesrechnungshof	73531	19412			9518	14735	−1183	116013	77186	+ 38827	20
23	Bundesministerium für wirtschaftliche Zusammenarbeit und Entwicklung	54969	26294			1620522	5965139	−1349	7665575	7650979	+ 14596	23
25	Bundesministerium für Raumordnung, Bauwesen und Städtebau	120767	268337			5264617	5597854	−2520	11249055	10970789	+ 278266	25
30	Bundesministerium für Bildung, Wissenschaft, Forschung und Technologie	131451	40088			9665745	5294142	−203005	14928421	14818458	+ 109963	30
32	Bundesschuld	35168	362995		56490422	21300080	3908375	−2377	82094663	79672832	+ 2421831	32
33	Versorgung	12051175				4153422			16204617	15859996	+ 344721	33
60	Allgemeine Finanzverwaltung	113200	241470	70000		13562851	6755377	−68904	20673994	16235455	+ 4438539	60
	Summe Haushalt 1998	**52472151**	**14001570**	**14775260**	**56490422**	**261849024**	**58137508**	**−925935**	**456800000**		**+ 11965000**	
	Summe Haushalt 1997	53129905	14436203	13825956	53706374	258335239	58679708	−7278385		444835000		
	gegenüber 1997 −mehr(+)weniger(−)	−657754	−434633	+949304	+2784048	+3513785	−542200	+6352450				

51

4.6 Exkurs: Promillerechnen

Wählt man als Vergleichszahl nicht 100 wie bei der Prozentrechnung (%), sondern 1 000, so spricht man von der Promillerechnung (‰ = „Vomtausendrechnung"). Tausend als Vergleichszahl zu wählen, ist besonders in den Fällen vorteilhaft, in denen der Prozentsatz sehr klein würde.

Prozentrechnen % Vergleichszahl 100		Promillerechnen ‰ Vergleichszahl 1 000
Grundwert	≙	Grundwert
Prozentwert	≙	Promillewert
Prozentsatz	≙	Promillesatz

Beispiel:

Die Ausgaben des Verwaltungshaushalts der Stadt H. betragen im laufenden Jahr 280 000 000,00 DM. Wie hoch sollen dann die Verfügungsmittel des Bürgermeisters und des Gemeindedirektors höchstens sein, wenn sie in der Regel 0,5 ‰ der Ausgaben des Verwaltungshaushalts nicht überschreiten sollen?[1]

Gegeben: Grundwert = 280 000 000,00 DM   Gesucht: Promillewert = ?
          Promillesatz = 0,5 ‰

Lösung:

Die Lösung kann wie bei der Prozentrechnung ermittelt werden.

A. Lösung mit Hilfe der Schlußrechnung (über 1 ‰)

B. Lösung mit einer Verhältnisgleichung (quotientengleiche Zahlenpaare)

1 000 ‰	≙	280 000 000 DM		x DM	≙	0,5 ‰
0,5 ‰	≙	x DM		280 000 000 DM	≙	1 000 ‰

① 1 000 ‰ ≙ 280 000 000

$$\frac{x}{0,5} = \frac{280\,000\,000}{1\,000}$$

② 1 ‰ ≙ $\dfrac{280\,000\,000}{1\,000}$

③ 0,5 ‰ ≙ $\dfrac{280\,000\,000 \cdot 0,5}{1\,000}$

$$x = \frac{280\,000\,000 \cdot 0,5}{1\,000}$$

$$x = \frac{280\,000\,000 \cdot 0,5}{1\,000} = \underline{140\,000}$$

Die Verfügungsmittel des Bürgermeisters und des Gemeindedirektors sollen höchstens 140 000,00 DM betragen.

Als Formel zur Berechnung des Promillewertes ergibt sich:

$$\text{Promillewert} = \frac{\text{Grundwert} \cdot \text{Promillesatz}}{1\,000}$$

---

1 Die Verwaltungsvorschriften zum § 11 Gemeindehaushaltsverordnung besagen: „Verfügungsmittel sollen i.d.R. 0,5 vom Tausend (‰) der Ausgaben des Verwaltungshaushalts nicht überschreiten."

Die Formeln zur Berechnung von Promillesatz und Grundwert können parallel zu den Formeln der Prozentrechnung ermittelt werden. Sie lauten:

$$\text{Promillesatz} = \frac{1\,000 \cdot \text{Promillewert}}{\text{Grundwert}}$$

$$\text{Grundwert} = \frac{1\,000 \cdot \text{Promillewert}}{\text{Promillesatz}}$$

Übungsaufgaben

1. Errechnen Sie die jeweils fehlende Größe!

	Grundwert	Promillesatz	Promillewert
a)	175 800,00 DM	0,5 ‰	?
b)	68 480,00 DM	2,4 ‰	?
c)	972 000,00 DM	0,3 ‰	?
d)	94 800,00 DM	?	71,10 DM
e)	12 483 000,00 DM	?	9 362,25 DM
f)	324 500,00 DM	?	1 947,00 DM
g)	?	1,5 ‰	17,40 DM
h)	?	0,8 ‰	1 245,00 DM
i)	?	0,5 ‰	123 000,00 DM

2. In der Stadt P. gelten folgende Hebesätze für die Grundsteuer:

Grundsteuer A (für land- und forstwirtschaftliche Betriebe)   250 % (300 %)
Grundsteuer B (für bebaute und unbebaute Grundstücke)   350 % (420 %)

Berechnen Sie die Grundsteuer für folgende Einheitswerte:

a) Einfamilienhaus   68 000,00 DM (112 000,00 DM)
b) Zweifamilienhaus   148 500,00 DM (233 000,00 DM)
c) Land- und forstwirtschaftlicher Betrieb 656 000,00 DM (428 500,00 DM)
d) Gewerbebetrieb   186 000,00 DM (1 348 000,00 DM)

Zusatzinformation:
Für die Berechnung der Grundsteuer gilt:
Grundsteuer   = Steuermeßbetrag · Hebesatz
Steuermeßbetrag = Einheitswert · Steuermeßzahl

Die Steuermeßzahlen betragen:
a) für land- und forstwirtschaftliche Betriebe   6 ‰
b) für unbebaute und bebaute Grundstücke 3,5 ‰
    (Ausnahmen: Einfamilienhäuser für die ersten 75 000,00 DM des Einheitswertes 2,6 ‰
    und für den Rest 3,5 ‰ / Zweifamilienhäuser 3,1 ‰)

3. In der Gemeinde S. wurde die Obergrenze für die Verfügungsmittel 0,5 ‰ der Ausgaben des Verwaltungshaushalts voll ausgeschöpft. Die Verfügungsmittel belaufen sich auf 1 850,00 DM. Wie hoch sind die Ausgaben des Verwaltungshaushalts?

4. Für das Berufsschulzentrum des Landkreises R. wird eine Feuerversicherung abgeschlossen. Die Versicherungssumme beträgt 1 200 000,00 DM. Die Prämie beträgt 960,00 DM (1 440,00 DM). Errechnen Sie den Prämiensatz!

5. Ein landwirtschaftlicher Betrieb zahlt 2 180,00 DM Grundsteuer. Ermitteln Sie den Einheits-wert (Steuermeßzahl 6 ‰, Hebesatz 250 %)!

6. Die Jahresprämie einer Versicherung beträgt einschl. 5,00 DM Gebühr und einschl. 5 % Versicherungsteuer 95,30 DM. Wie hoch ist die Versicherungssumme bei einem Prämiensatz von 0,8 ‰?

7. In einem Jahr wurden in der Bundesrepublik 4 291 975 Straftaten bekannt.
   a) Von den Straftaten waren 245 Geld- und Wertzeichenfälschungen (§§ 146, 148 f. StGB). Ermitteln Sie den Promillesatz dieser Straftat!
   b) Ca. 0,155 ‰ der Straftaten waren fahrlässige Tötungen (§ 222 StGB). Ermitteln Sie die Zahl dieser Straftaten!

8. Von den erledigten Eheverfahren eines Jahres hatten 6 ‰ (= 797) einen Gebührenstreitwert von mehr als 100 000 DM. Wieviel Eheverfahren wurden in diesem Jahr erledigt?

5 Zinsrechnen

Zinsen sind der Preis für die befristete Überlassung von Kapital. So zahlen z. B. Banken für Gelder, die bei ihnen angelegt sind, Zinsen. Sie verlangen Zinsen für Kredite, die sie an Kreditnehmer (private Haushalte, Unternehmen, öffentliche Haushalte ...) ver-geben.

Die Höhe der Zinsen hängt ab von: – der Höhe des Kapitals,
   – der Höhe des Zinssatzes,
   – dem Zeitraum der Überlassung des Kapitals.

Die Zinsrechnung stellt eine Anwendung der Prozentrechnung unter Einbeziehung der Zeit dar.

Die Größen in der Prozentrechnung und der Zinsrechnung

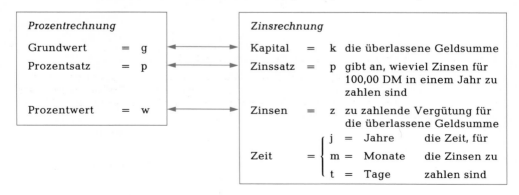

5.1 Berechnung der Zinsen

Situation:

Zur Finanzierung eines Erweiterungsbaues des Städtischen Krankenhauses der Stadt K. muß ein Kredit über 7 000 000,00 DM aufgenommen werden. Der Kredit ist nach Ablauf von 5 Jahren einschließlich Zinsen zurückzuzahlen. Der Kredit wird nicht zu Beginn der Baumaßnahme in einer Summe benötigt. Er wird in Teilbeträgen entsprechend dem Baufortschritt aufgenommen.

Die Teilbeträge, die aufgenommen werden, gehen aus der folgenden Übersicht hervor:

1992	31.12.	1.	Kreditrate für den Kauf des Erweiterungs-grundstücks	1 100 000,00 DM
1993	30.09.	2.	Kreditrate für Zahlungen an verschiedene Bauunternehmen	2 300 000,00 DM
1994	17.05.	3.	Kreditrate für Abschlußzahlungen an Bauunternehmen usw.	3 600 000,00 DM
1997	31.12.		Rückzahlung des Gesamtkredits einschl. 8% Zinsen	?

5.1.1 Berechnung von Jahreszinsen

Beispiel 1:

Der erste Teilbetrag des Kredits (siehe Ausgangssituation) 1 100 000,00 DM wird für die Dauer von 5 Jahren aufgenommen. Der Zinssatz beträgt 8%. Wie hoch sind die Zinsen für diesen Teilbetrag?

Gegeben: Kapital (k) = 1 100 000,00 DM   Gesucht: Zinsen (z) = ?
Zinssatz (p) =   8%
Zeit   (j) =   5 Jahre

Lösung mit Hilfe der Schlußrechnung (zusammengesetzter Dreisatz)

Der Zinssatz gibt an, wieviel DM Zinsen je 100,00 DM Kapital in einem Jahr zu zahlen sind. Konnte die Lösung bei der Prozentrechnung mit Hilfe eines einfachen Dreisatzes gefunden werden, so ist bei der Zinsrechnung, durch die Einbeziehung der Zeit als weiterer Größe, ein zusammengesetzter Dreisatz erforderlich.

I. Ansatz

Für 100,00 DM sind in 1 Jahr 8,00 DM Zinsen zu zahlen
Für 1 100 000,00 DM sind in 5 Jahren x DM Zinsen zu zahlen

II. Schlußrechnung

① Für 100,00 DM sind 8,00 DM zu zahlen $\quad\quad 8$

② Für 1,00 DM ist weniger (der 100ste Teil) zu zahlen $\quad \dfrac{8}{100}$

③ Für 1 100 000,00 DM ist mehr als für 1,00 DM zu zahlen (1 100 000 mal so viel) $\quad \dfrac{8 \cdot 1\,100\,000}{100}$

in soweit entspricht die Zinsrechnung der Prozentrechnung

- -

④ Für 1 100 000,00 DM sind in einem Jahr zu zahlen $\quad \dfrac{8 \cdot 1\,100\,000}{100}$

⑤ in 5 Jahren ist mehr zu zahlen (das 5 fache) $\quad \dfrac{8 \cdot 1\,100\,000 \cdot 5}{100}$

Erweiterung durch Einbeziehung des Faktors „Zeit"

III. Ausrechnung

$$z = \frac{8 \cdot 1\,100\,000 \cdot 5}{100} = \underline{\underline{440\,000}}$$

IV. Ergebnis

Für 1 100 000,00 DM Kapital sind bei einem Zinssatz von 8 % in 5 Jahren 440 000,00 DM Zinsen zu zahlen.

Ersetzt man die Größen im Lösungsbruchstrich $\quad z = \dfrac{8 \cdot 1\,100\,000 \cdot 5}{100} \quad$ durch die

entsprechenden Platzhalter, ergibt sich die Formel zur Berechnung der Jahreszinsen:

$$z = \frac{k \cdot p \cdot j}{100}$$

$$\text{Zinsen} = \frac{\text{Kapital} \cdot \text{Zinssatz} \cdot \text{Jahre}}{100}$$

5.1.2 Berechnung von Monatszinsen

Beispiel 2:

Der zweite Teilbetrag des Kredits (siehe Ausgangssituation) über 2 300 00,00 DM wird für die Zeit vom 30.09.1993 bis zum 31.12.1997 aufgenommen. Das sind 4 Jahre und 3 Monate. Der Zinssatz beträgt 8 %. Wie hoch sind die Zinsen für 4 Jahre und 3 Monate?

Gegeben: Kapital (k) = 2 300 000,00 DM Gesucht: Zinsen (z) = ?
Zinssatz (p) = 8 %
Zeit (j) = 4 Jahre
(m) = 3 Monate

Lösung:

Die Zinsen für die 4 Jahre können nach der Formel zur Berechnung der Jahreszinsen errechnet werden:

$$z = \frac{k \cdot p \cdot j}{100}$$

$$z = \frac{2\,300\,000 \cdot 8 \cdot 4}{100}$$

$$z = 736\,000$$

Berechnung der Zinsen für 3 Monate:

① Aus der Prozentrechnung ergibt sich: für 2 300 000,00 DM sind bei 8 % in einem Jahr (12 Monate) $\dfrac{2\,300\,000 \cdot 8}{100}$

$\dfrac{2\,300\,000 \cdot 8}{100}$ DM Zinsen zu zahlen.

② Für einen Monat ist der 12. Teil zu zahlen: $\dfrac{2\,300\,000 \cdot 8}{100 \cdot 12}$

③ Für 3 Monate ist das 3fache wie für einen Monat zu zahlen: $\dfrac{2\,300\,000 \cdot 8 \cdot 3}{100 \cdot 12}$

$$z = \frac{2\,300\,000 \cdot 8 \cdot 3}{100 \cdot 12} = 46\,000$$

Für 2 300 000,00 DM Kapital sind bei einem Zinssatz von 8 % in 3 Monaten 46 000,00 DM Zinsen zu zahlen. Für den gesamten Zeitraum von 4 Jahren und 3 Monaten sind 782 000,00 DM (736 000,00 DM + 46 000,00 DM) Zinsen zu zahlen.

Ersetzt man die Größen im Lösungsbruchstrich $z = \dfrac{2\,300\,000 \cdot 8 \cdot 3}{100 \cdot 12}$ durch die

entsprechenden Platzhalter, ergibt sich die Formel zur Berechnung der Monatszinsen:

$$z = \frac{k \cdot p \cdot m}{100 \cdot 12}$$

$$\text{Zinsen} = \frac{\text{Kapital} \cdot \text{Zinssatz} \cdot \text{Monate}}{100 \cdot 12}$$

5.1.3 Berechnung von Tageszinsen

Beispiel 3:

Der dritte Teilbetrag des Kredits (siehe Ausgangssituation) über 3 600 000,00 DM wird für die Zeit vom 17. 05. 1994 bis zum 31. 12. 1997 aufgenommen. Das sind 3 Jahre, 7 Monate und 13 Tage. Der Zinssatz beträgt 8 %. Wie hoch sind die Zinsen für diesen Zeitraum?

Gegeben: Kapital (k) = 3 600 000,00 DM   Gesucht: Zinsen (z) = ?
          Zinssatz (p) =   8 %
                   (j) =   3 Jahre
          Zeit   (m) =   7 Monate
                   (t) =   13 Tage

Lösung:

Die Zinsen für die 3 Jahre und die 7 Monate können mit Hilfe der bereits entwickelten Formeln für die Jahreszinsen bzw. die Monatszinsen berechnet werden.

Jahreszinsen:

$$z = \frac{k \cdot p \cdot j}{100} = \frac{3\,600\,000 \cdot 8 \cdot 3}{100} = \underline{\underline{864\,000}}$$

Monatszinsen:

$$z = \frac{k \cdot p \cdot m}{100 \cdot 12} = \frac{3\,600\,000 \cdot 8 \cdot 7}{100 \cdot 12} = \underline{\underline{168\,000}}$$

Tageszinsen:

① Aus der Prozentrechnung ergibt sich: für 3 600 000,00 DM sind bei 8 % in einem Jahr (360 Tage) $\dfrac{3\,600\,000 \cdot 8}{100}$ DM Zinsen zu zahlen.

$$\frac{3\,600\,000 \cdot 8}{100}$$

② Für einen Tag ist der 360. Teil zu zahlen:

$$\frac{3\,600\,000 \cdot 8}{100 \cdot 360}$$

③ Für 13 Tage ist das 13fache wie für einen Tag zu zahlen:

$$\frac{3\,600\,000 \cdot 8 \cdot 13}{100 \cdot 360}$$

$$z = \frac{3\,600\,000 \cdot 8 \cdot 13}{100 \cdot 360} = \underline{\underline{10\,400}}$$

Für 3 600 000,00 DM Kapital sind bei einem Zinssatz von 8 % in 13 Tagen 10 400,00 DM Zinsen zu zahlen. Für den gesamten Zeitraum von 3 Jahren, 7 Monaten und 13 Tagen sind 1 042 400,00 DM (864 000,00 DM + 168 000,00 DM + 10 400,00 DM) Zinsen zu zahlen.

Ersetzt man die Größen im Lösungsbruchstrich $z = \dfrac{3\,600\,000 \cdot 8 \cdot 13}{100 \cdot 360}$ durch die

entsprechenden Platzhalter, ergibt sich die Formel zur Berechnung der Tageszinsen:

$$z = \frac{k \cdot p \cdot t}{100 \cdot 360}$$

$$\text{Zinsen} = \frac{\text{Kapital} \cdot \text{Zinssatz} \cdot \text{Tage}}{100 \cdot 360}$$

Exkurs: Berechnung der Tage in der Zinsrechnung

Die Berechnung der Tage in der Zinsrechnung wird in verschiedenen Ländern unterschiedlich gehandhabt.

In Deutschland gelten in der kaufmännischen Praxis folgende Regeln:
- **der erste Tag** (Tag der Hingabe des Kapitalbetrags) **wird** bei der Berechnung der Zinstage **nicht mitgerechnet;**
- **der letzte Tag** (Tag der Rückzahlung des Kapitalbetrages) **wird** bei der Berechnung der Zinstage **mitgerechnet;**
- **das Jahr** wird mit **360 Zinstagen** gerechnet;
- **der Monat** wird mit **30 Zinstagen** gerechnet
  (**Ausnahme:** der Februar wird nur dann mit 30 Tagen gerechnet, wenn die Berechnung der Zinstage über den Februar hinausgeht; geht die Verzinsung bis „Ende Februar", so wird er mit 28 bzw. 29 Zinstagen gerechnet). Siehe hierzu Übungsaufgabe 1.

Die Berechnung der Zinstage erfolgt nicht in allen Ländern und nicht für alle Formen von Krediten in der hier für die kaufmännische Praxis in Deutschland dargestellten Art und Weise.

Die „**Französische Zinsrechnung**" geht von 360 Tagen im Jahr aus, berechnet aber die einzelnen Monate genau. Diese Methode wird z.B. eingesetzt in Frankreich, Italien, Spanien, Belgien und in Deutschland für ganz bestimmte Kredite wie z.B. LZB-Diskont, Lombardzinsberechnung, **Eurokredite.**

Die „**Englische Zinsrechnung**" geht von 365 (366) Tagen und genauen Monatstagen aus. Diese Methode wird z.B. eingesetzt in Großbritannien, USA, Kanada und unter Privatleuten in Deutschland (vgl. auch Exkurs 5.2 zur Bürgerlichen Zinsrechnung).

Übungsaufgaben

1. Berechnen Sie die Zinstage:

   a) 10.02.−14.04.   e) 08.09.−Ende Februar   h) 02.10.−31.12.
   b) 12.03.−25.08.   (Schaltjahr)   i) 05.04.−02.03. n.J.
   c) 28.02.−05.03.   f) 05.11.−19.12   j) 07.07.−11.11.
   d) 07.05.−03.01. n.J.   g) 01.01.−05.03. n.J.

2. Berechnen Sie jeweils die Zinsen für die ausgeliehenen Beträge (auf die Berechnung von Zinseszinsen wird hier zunächst verzichtet, vgl. Abschnitt 6)!

	Kapitalbetrag	Zinssatz	Zeit
a)	5 600,00 DM	6 %	3 Jahre
b)	25 400,00 DM	$4^{1}/_2$%	$4^{1}/_2$ Jahre
c)	17 380,00 DM	$7^{1}/_2$%	11 Monate
d)	890,00 DM	8 %	4 Jahre und 3 Monate
e)	11 200,00 DM	$3^{3}/_4$%	128 Tage
f)	2 840,00 DM	4 %	2 Jahre 4 Monate 22 Tage

3. Die Stadt P. hat im vergangenen Jahr mehrfach Kassenkredite in Anspruch genommen. Wieviel Zinsen hat die Stadt insgesamt für die Kassenkredite zu zahlen?

Kreditbetrag	Zinssatz	Zeit
85 000,00 DM	$10^{1}/_2$%	28.02.−15.03.
120 000,00 DM	$10^{1}/_2$%	05.05.−26.05.
90 000,00 DM	11 %	07.08.−03.09.
230 000,00 DM	$11^{1}/_2$%	11.10.−24.10
70 000,00 DM	$11^{1}/_4$%	25.10.−07.11.

4. Ein Beamter hat am 04.04.1993 zum Kauf eines Autos einen Kredit über 4 800,00 DM aufgenommen, den er am 11.01.1994 einschließlich $12^1/_2$% Zinsen zurückzahlt. Wie hoch ist die Rückzahlung?

5. Die Stadtwerke AG fordern von säumigen Kunden 6% Verzugszinsen. Wieviel stellt sie den Kunden zum 30.06. in Rechnung?

    Kunde A   180,20 DM, fällig am 08.05.
    Kunde B   220,30 DM, fällig am 12.05.
    Kunde C   90,70 DM, fällig am 14.05.

6. Die Gemeinde P. kauft am 07.05. ein Haus, das mit drei Hypotheken belastet ist.

    Hypothek 1   über 20 000,00 DM zu $5^3/_4$%
    Hypothek 2   über 15 000,00 DM zu $6^1/_4$%
    Hypothek 3   über 12 000,00 DM zu $6^1/_2$%

Wieviel Hypothekenzinsen muß sie am Jahresende zahlen?

7. Der Angestellte P. Müller hat eine Stereo-Anlage für 3 280,00 DM erworben. Zahlungsbedingungen: bei sofortiger Zahlung 3% Skonto, Ziel 30 Tage. Er hat zur Zeit nur 1 880,00 DM bar zur Verfügung. In 20 Tagen steht ihm jedoch der Restbetrag auch zur Verfügung. Er könnte für die Zwischenzeit einen Bankkredit zu 11% aufnehmen. Lohnt sich die Aufnahme des Kredits, um Skonto auszunutzen? Wieviel DM kann er sparen?

8. Ein Sparer legt am 04.08. auf seinem Sparbuch 1 480,00 DM an. Über wieviel verfügt er am 31.12. bei einem Zinssatz von $4^1/_2$%?

9. Für den Bau einer Turnhalle nimmt die Gemeinde F. folgende Kredite auf:

    220 000,00 DM am 17.01.1993 zu 8   %
    160 000,00 DM am 23.06.1993 zu $8^1/_2$%
     90 000,00 DM am 04.03.1994 zu 9   %

Wie hoch ist die Rückzahlung am 31.12.1995?

10. Die Gemeindekasse hatte an einigen Tagen im Monat August folgende Beträge in der Kasse gehalten, die zur Aufrechterhaltung der Liquidität nicht erforderlich gewesen wären.

Wieviel Zinsen sind der Gemeinde entgangen, wenn sie die Gelder zu $4^1/_2$% auf dem Bankkonto hätte halten können?

    07.08.–12.08.   11 500,00 DM
    15.08.–21.08.   14 400,00 DM   24.08.–27.08. 8 000,00 DM

11. Die Gemeinde S. stundet einem Bauherrn die Erschließungsbeiträge in Höhe von 14 800,00 DM, die am 01.04. fällig waren, zu einem Zinssatz von 7%.

    Zahlung am 15.05.   4 800,00 DM
    Zahlung am 31.07.   4 000,00 DM
    Zahlung am 15.08.   3 000,00 DM
    Zahlung am 30.09.   der Rest einschließlich aller Zinsen.

Wie hoch ist die Zahlung am 30.09.?

12. In einem „Antrag auf Bestimmung eines Termins zur Abgabe der eidesstattlichen Versicherung nach § 807 ZPO" nach erfolgloser Zwangsvollstreckung sind folgende Forderungen ausgewiesen:

    Hauptsumme   1 200,00 DM   Kosten des Mahnverfahrens 192,09 DM
    8% Zinsen seit 01.05.   4% aus diesen Kosten seit 15.08.

Auf wieviel DM beläuft sich die Gesamtforderung am 15.09., wenn weitere Kosten in Höhe von 48,40 DM zu berücksichtigen sind?

13. In einem Grundstückskaufvertrag vom 1. Oktober 1992 heißt es:

"Der Kaufpreisrest von 120 000,00 DM – hundertundzwanzigtausend Deutsche Mark – ist von heute an mit sieben vom Hundert jährlich zu verzinsen, die Zinsen sind halbjährlich nachträglich am 1. Januar und 1. Juli eines Jahres, erstmals am 1. Januar 1993 zu zahlen.

Die ganze Schuldsumme ist mit den Zinsen ohne Inverzugsetzung sofort einforderbar:

– bei Zahlungsverzug von mehr als vier Wochen,

..."

a) Wieviel DM Zinsen sind halbjährlich zu entrichten?

b) Wieviel kann der Verkäufer zum 20. Februar 1993 einfordern, wenn bis zu diesem Zeitpunkt noch keine Zahlung erfolgte?

14. In der „Forderungsanmeldung zum Konkursverfahren" der Likörfabrik Wippertrunk, die am 12.09. beim Amtsgericht R. eingeht, sind folgende Forderungen an die Getränkeexport GmbH ausgewiesen:

| laut Rechnung vom 16.06. Nr. 8342 | 1 648,00 DM |
| laut Rechnung vom 29.07. Nr. 9473 | 1 212,60 DM |

zuzüglich 8,5 % Zinsen aus 1 648,00 DM ab 16.07. und 8,5 % Zinsen aus 1 212,60 DM ab 29.08.

Wieviel Zinsen sind bis zum 10.10. fällig?

5.2 Exkurs: Bürgerliche Zinsrechnung

Abweichungen zwischen der bisher dargestellten kaufmännischen Zinsrechnung und der bürgerlichen Zinsrechnung nach dem BGB bestehen bei der Berechnung des Zeitraums der Verzinsung. Die Besonderheiten ergeben sich vor allem aus den §§ 186 ff. des Bürgerlichen Gesetzbuches (BGB).

§ 187 „**Fristbeginn** (1) Ist für den Anfang einer Frist ein Ereignis oder ein in den Lauf eines Tages fallender Zeitpunkt maßgebend, so wird bei der Berechnung der Frist der Tag nicht mitgerechnet, in welchen das Ereignis oder der Zeitpunkt fällt.

(2) Ist der Beginn eines Tages der für den Anfang einer Frist maßgebende Zeitpunkt, so wird dieser Tag bei der Berechnung der Frist mitgerechnet. . . . "

§ 188 „**Fristende** (1) Eine nach Tagen bestimmte Frist endigt mit dem Ablaufe des letzten Tages der Frist."

Der jeweilige **Monat** wird **mit genau berechneten Tagen** berücksichtigt, d.h. mit 28 Tagen (Februar/Schaltjahr 29), 30 oder 31 Tagen. Für ein Jahr ergeben sich daher 365 Tage (366 im Schaltjahr).

Beispiel:

Nach dem Vollstreckungsbescheid des Amtsgerichts hat der Schuldner an den Gläubiger u.a. folgende Beträge zu zahlen:

| 1. Hauptforderung | 380,50 DM |
| 2. 4 % Zinsen hieraus vom 24.06. bis 08.11. | 4,46 DM |

Lösung:

Weil hier der Verzinsungsbeginn durch die Benennung eines Tages festgelegt ist, zählt der 24.06. bei der Berechnung der Tage mit [§ 187 (2) BGB].

Der Verzinsungszeitraum beträgt hier:

$$z = \frac{k \cdot p \cdot t}{100 \cdot 365}$$

Juni	7 Tage
Juli	31 Tage
August	31 Tage
September	31 Tage
Oktober	8 Tage

107 Tage[1]

$$z = \frac{380,50 \cdot 4 \cdot 107}{100 \cdot 365} = \underline{4,46}$$

Beginnt die Verzinsungsfrist durch ein Ereignis – z.B. Schadensersatzanspruch aus einer begangenen strafbaren Handlung am 24.06. –, so ist nach § 187 (1) BGB der Tag des Ereignisses (24.06.) nicht mitzurechnen. Der Verzinsungszeitraum wäre dann 106 Tage.

Übungsaufgaben

1. Ein Pfändungs- und Überweisungsbeschluß weist eine Hauptforderung in Höhe von 830,00 DM und festgesetzte Kosten in Höhe von 342,80 DM aus. Die Hauptforderung ist seit dem 10.04., die festgesetzten Kosten sind seit dem 14.09. mit 4 % zu verzinsen. Wie hoch ist der Gesamtbetrag am 05.12., wenn an weiteren Kosten 48,77 DM zu zahlen sind?

2. Peter H. hat einen Schadensersatzanspruch aus einer Handlung am 04.10. gegenüber Karl K. in Höhe von 528,00 DM. Um wieviel erhöht sich der Anspruch durch Zinsen (Zinssatz 6 %) bis zum 08.01. des Folgejahres?

3. In einem Erbteilskaufvertrag wurde vereinbart: „Der Kaufpreis beträgt 88 500,00 DM. Er ist fällig innerhalb einer Woche, nachdem der Notar mitteilt, daß die Genehmigung nach dem GrdstVG eingegangen ist. Bei Zahlungsverzug hat der Verkäufer das Recht, 6 % p.a. zu verlangen."

   Die Genehmigung geht am 17.03. ein. Wieviel Zinsen kann der Verkäufer am 10.04. (20.03./27.05.) verlangen?

5.3 Berechnen von Kapital, Zinssatz und Zeit

Situation:

Die Einnahmen der Stadt A. gehen in diesem Jahr nur sehr zögernd ein. Gleichzeitig sind jedoch die Auszahlungen termingerecht zu leisten. Zur Überbrückung muß daher ein Kassenkredit aufgenommen werden. Es ist noch nicht genau abzusehen, wie hoch der Kreditbedarf sein wird und für welchen Zeitraum der Kassenkredit benötigt wird.

Zunächst wird ein Angebot der Stadtsparkasse über 270 000,00 DM für die Zeit vom 16.03. bis zum 06.04. eingeholt.

Die Stadtsparkasse fordert 9 % Zinsen. An Zinsen sind demnach

$$z = \frac{270\,000 \cdot 9 \cdot 20}{100 \cdot 360} = 1\,350,00 \text{ DM zu zahlen.}$$

Die B-Bank verlangt 8 % Zinsen. Wie hoch kann unter diesen Bedingungen die Kreditsumme sein, wenn ebenfalls von der Laufzeit 16.03. – 06.04. und von Zinszahlungen von 1 350,00 DM ausgegangen wird?

---

1 Nach kaufmännischer Berechnung 104 Tage.

Noch bevor der Kassenkredit aufgenommen wird, stellt sich heraus, daß wahrscheinlich ein Kredit in Höhe von 324 000,00 DM benötigt wird. Welcher Zinssatz müßte angeboten werden, wenn der Kredit für die Zeit vom 16.03.–06.04. aufgenommen werden soll und trotzdem nur 1 350,00 DM für Zinszahlungen zur Verfügung stehen?

Auf welchen Zeitraum müßte die Kreditaufnahme begrenzt werden, wenn eine besondere Entwicklung auf dem Kreditmarkt zu einer Steigerung des Zinssatzes auf 10 % führt, aber weiterhin ein wahrscheinlicher Kreditbedarf von 324 000,00 DM besteht und 1 350,00 DM für Zinszahlungen zur Verfügung stehen?

Zur Vorlage beim Kämmerer der Stadt muß ein Mitarbeiter der Kämmerei eine Übersicht über die verschiedenen angesprochenen Kreditmöglichkeiten erstellen. Die folgende Übersicht ist entsprechend zu vervollständigen:

	Kreditbetrag	Zinssatz	Zeit	Zinsen
Kreditbeispiel 1	270 000,00 DM	9 %	20 Tage	1 350,00 DM
Kreditbeispiel 2	☐	8 %	20 Tage	1 350,00 DM
Kreditbeispiel 3	324 000,00 DM	☐	20 Tage	1 350,00 DM
Kreditbeispiel 4	324 000,00 DM	10 %	☐	1 350,00 DM

5.3.1 Berechnen des Kapitals

Beispiel:

Gemäß der Ausgangssituation (Kreditbeispiel 2) ist zu ermitteln, wie hoch die Kreditsumme sein kann, wenn bei einem Zinssatz von 8 % ein Kredit für 20 Tage aufgenommen wird und die Zinszahlung 1 350,00 DM betragen soll.

Gegeben: Zinsen (z) = 1 350,00 DM   Gesucht: Kapital (k) = ?
          Zinssatz (p) =   8 %
          Zeit   (t) =   20 Tage

Lösungsweg:

① Ausgangspunkt ist die allgemeine Zinsformel zur Berechnung der Tageszinsen.

② Die Gleichung wird so umgeformt, daß die gesuchte Größe k allein auf einer Seite der Gleichung steht. Zu diesem Zweck wird zunächst die Gleichung mit 100 und mit 360 multipliziert und dann durch p und t dividiert.

Als Formel zur Berechnung des Kapitals (k) ergibt sich:

Lösung:

$$z = \frac{k \cdot p \cdot t}{100 \cdot 360}$$

$$z \cdot 100 \cdot 360 = k \cdot p \cdot t$$

$$\frac{z \cdot 100 \cdot 360}{p \cdot t} = k$$

$$k = \frac{z \cdot 100 \cdot 360}{p \cdot t}$$

$$Kapital = \frac{Zinsen \cdot 100 \cdot 360}{Zinssatz \cdot Tage}$$

③ Die gegebenen Werte sind in die Formel einzusetzen.

$$k = \frac{1350 \cdot 100 \cdot 360}{8 \cdot 20}$$

④ Der Lösungsbruchstrich ist auszurechnen.

$$k = 303\,750$$

Der Kassenkredit kann unter den gegebenen Bedingungen über 303 750,00 DM aufgenommen werden.

Übungsaufgaben

1. Ermitteln Sie den Kreditbetrag:

	Zinssatz	Zeit	Zinsen
a)	6 %	01.03.93−01.03.96	2 016,00 DM
b)	9 %	05.04.93−05.10.97	10 287,00 DM
c)	$7^1/_2$ %	06.05.93−06.04.94	2 389,75 DM
d)	$3^3/_4$ %	17.02.93−29.04.93	7,65 DM
e)	8 %	05.05.93−05.02.94	1 003,20 DM
f)	$3^1/_3$ %	04.10.93−28.12.93	155,40 DM

2. Einem Steuerzahler wurde die Gewerbesteuerschuld für 8 Monate gestundet. Entsprechend den Verwaltungsvorschriften zur Gemeindehaushaltsverordnung ist der gestundete Betrag in der Regel mit einem Zinssatz von 2 v. H. über dem Diskontsatz der Deutschen Bundesbank zu verzinsen. Der Diskontsatz beträgt zur Zeit $6^1/_2$ %. Wie hoch war die Steuerschuld, wenn der Steuerzahler 151,30 DM Zinsen zahlen muß?

3. Die 102 512 Einwohner der Stadt H. müssen bei einem durchschnittlichen Zinssatz von 9 % jährlich eine Zinslast von 184,41 DM pro Kopf tragen. Wie hoch ist der gesamte Schuldenstand der Stadt?

4. Auf eine Rechnung, die am 15.06. fällig war, mußten bei Zahlung am 20.07. bei 6 % 22,40 DM Verzugszinsen bezahlt werden. Über welchen Betrag lautete die Rechnung?

5. Der Angestellte der Gemeinde S. hat eine Anleihe der Bundesrepublik Deutschland zu einem Ausgabekurs von 100 % am 10.04. gekauft. Die Zinsen für die Zeit bis zum 31.12. des Jahres betragen bei einem Zinssatz von $10^3/_4$ % 279,50 DM. Für wieviel DM hat er Anleihen erworben?

6. Die Stadt will ein Wohn- und Geschäftshaus kaufen. Sie hat zum Ziel, daß sich das eingesetzte Kapital mit 7 % verzinst. Die monatlichen Mieteinnahmen betragen 3 800,00 DM. An Abgaben und Abschreibungen fallen jährlich 2 400,00 DM an. Für Reparaturen werden jährlich 10 % der Mieteinnahmen veranschlagt. Wieviel DM darf die Stadt maximal investieren?

7. In einem Vollstreckungsauftrag vom 05.06. heißt es u. a.:

   „2 a) 10 % Zinsen aus der Hauptforderung seit dem 08.02. bis heute   24,38 DM

   b)   4 % aus den Kosten seit dem 28.02. bis heute   1,33 DM"

   Berechnen Sie Hauptforderung und Kosten!

8. Ein Schuldversprechen lautet:

   „Ich verspreche dem K. die Zahlung von … DM und verpflichte mich, die Schuld vom 15. April ab mit $8^1/_4$ vom Hundert jährlich in vierteljährlichen nachträglichen Raten zum 2. Jan., 1. April, 1. Juli und 1. Oktober zu verzinsen. Wird eine Zinsrate nicht bis zum 7. Tage nach Fälligkeit gezahlt, ist das Kapital sofort fällig."

   Die Zinszahlung zum 1. Juli beträgt 189,75 DM.

   Berechnen Sie:
   a) die Schuldsumme,
   b) die regelmäßigen vierteljährlichen Zinsen!

5.3.2 Berechnen des Zinssatzes

Beispiel:

Entsprechend der Ausgangssituation (Kreditbeispiel 3) ist zu errechnen, wie hoch der Zinssatz sein darf, wenn für einen Kassenkredit über 324 000,00 DM für eine Laufzeit von 20 Tagen höchstens 1 350,00 DM für Zinszahlungen zur Verfügung stehen.

Gegeben:	Zinsen	(z)	=	1 350,00 DM	Gesucht: Zinssatz (p) = ?
	Kapital	(k)	=	324 000,00 DM	
	Zeit	(t)	=	20 Tage	

Lösungsweg:

① Ausgangspunkt ist die allgemeine Zinsformel zur Berechnung der Tageszinsen.

② Die Gleichung wird so umgeformt, daß die gesuchte Größe p allein auf einer Seite der Gleichung steht. Zu diesem Zweck wird zunächst die Gleichung mit 100 und mit 360 multipliziert und dann durch k und t dividiert.

Als Formel zur Berechnung des Zinssatzes (p) ergibt sich:

Lösung:

$$z = \frac{k \cdot p \cdot t}{100 \cdot 360}$$

$$z \cdot 100 \cdot 360 = k \cdot p \cdot t$$

$$\frac{z \cdot 100 \cdot 360}{k \cdot t} = p$$

$$p = \frac{z \cdot 100 \cdot 360}{k \cdot t}$$

$$Zinssatz = \frac{Zinsen \cdot 100 \cdot 360}{Kapital \cdot Tage}$$

③ Die gegebenen Werte sind in die Formel einzusetzen.

$$p = \frac{1\,350 \cdot 100 \cdot 360}{324\,000 \cdot 20}$$

④ Der Lösungsbruchstrich ist auszurechnen.

$$\underline{p = 7,5}$$

Der gesuchte Zinssatz darf unter den gegebenen Bedingungen höchstens 7,5 % betragen.

Übungsaufgaben

1. Berechnen Sie den Zinssatz:

	Kapital	Zeit	Zinsen
a)	33 600,00 DM	05.07. – 13.10.	457,33 DM
b)	90 000,00 DM	07.08. – 03.09.	715,00 DM
c)	632,50 DM	20.07. – 26.08.	5,69 DM
d)	4 684,00 DM	07.04. – 07.10.	105,39 DM
e)	39 960,00 DM	03.09. – 27.11.	310,80 DM
f)	792,00 DM	03.01. – 18.02.	8,91 DM

2. Der Angestellte Rainer S. hat am 10.06. 1 170,00 DM auf sein Sparbuch eingezahlt. Nachdem die Zinsen am 31.12. dem Sparguthaben zugeschrieben wurden, weist das Sparbuch 1 192,75 DM aus. Wieviel % Zinsen zahlt die Sparkasse?

3. Ein Kredit über 86 000,00 DM wird zu 98 % ausgezahlt. Der Zinssatz beträgt 9 %. Wie hoch ist die echte Verzinsung bei einer Laufzeit von 6 Monaten?

4. Einem Hausbesitzer wird die Zahlung der Erschließungsbeiträge in Höhe von 5 310,00 DM für die Zeit vom 01.03. bis zum 16.07. gestundet. Es wird ein Zinssatz gefordert, der entsprechend der Verwaltungsvorschrift zur Gemeindehaushaltsordnung um 2 vom Hundert über dem Diskontsatz der Deutschen Bundesbank liegt. Der Schuldner zahlt 159,30 DM Zinsen. Wie hoch ist der Diskontsatz zum Zeitpunkt der Stundung?

5. In der Tageszeitung finden Sie folgendes Kreditangebot: „Sofort Bargeld für Beamte und Angestellte des öffentlichen Dienstes. 8 % Zinsen und eine Bearbeitungsgebühr von 1 % der Kreditsumme". Wie hoch ist die wirkliche Verzinsung für 1 800,00 DM für die Zeit vom 17.02. – 17.05.?

6. Fritz P. ist Eigentümer eines Hauses im Werte von 310 000,00 DM. Darauf ruhen als 1. Hypothek 120 000,00 DM zu 5 % und als 2. Hypothek 60 000,00 DM zu 7 %. Die jährlichen Abgaben für Steuern usw. betragen 1 870,00 DM, für Reparaturen sind 1 430,00 DM anzusetzen. Die Mieterträge für das Jahr betragen 24 550,00 DM. Wie verzinst sich das angelegte Eigenkapital?

7. In einer Hypothekenbestellung heißt es: „Zur Sicherung der Darlehensforderung nebst Zinsen bestellt der Schuldner und Eigentümer für den Gläubiger an dem Grundbesitz ... eine Hypothek im Betrag von 45 000,00 DM mit ... v. Hundert Jahreszinsen für den vorstehend genannten Gläubiger." Der Schuldner zahlt vierteljährlich 843,75 DM Zinsen. Ermitteln Sie den Zinssatz!

8. „Im Grundbuch von S. Blatt 0452 ist zu Lasten des dort verzeichneten Grundstücks in Abt. III unter lfd. Nr. 3 für mich eine Grundschuld ohne Brief von 85 000,00 DM – i. W. fünfundachtzigtausend Deutsche Mark – eingetragen. Diese Grundschuld mit den Zinsen seit der Eintragung der Grundschuld (5. März) trete ich an P. Petersen ab."

Bis zum Jahresende sind 5 474,83 DM Zinsen angefallen. Welcher Zinssatz wurde vereinbart?

5.3.3 Berechnen der Tage

Beispiel:

Aus der Ausgangssituation ist folgende Aufgabe abzuleiten:

Für welchen Zeitraum kann ein Kredit über 324 000,00 DM bei 10 % Zinsen aufgenommen werden, wenn für die Zinszahlungen ein Betrag von 1 350,00 DM zur Verfügung steht?

Gegeben: Zinsen   (z) = 1 350,00 DM   Gesucht: Zeit (Tage t) = ?
          Kapital (k) = 324 000,00 DM
          Zinssatz (p) = 10 %

Lösungsweg:

① Ausgangspunkt ist die allgemeine Zinsformel zur Berechnung der Tageszinsen.

② Die Gleichung wird so umgeformt, daß die gesuchte Größe t allein auf einer Seite der Gleichung steht. Zu diesem Zweck wird zunächst die Gleichung mit 100 und mit 360 multipliziert und dann durch k und p dividiert.

Lösung:

$$z = \frac{k \cdot p \cdot t}{100 \cdot 360}$$

$$z \cdot 100 \cdot 360 = k \cdot p \cdot t$$

$$\frac{z \cdot 100 \cdot 360}{k \cdot p} = t$$

Als Formel zur Berechnung der Tage (t) ergibt sich:

$$t = \frac{z \cdot 100 \cdot 360}{k \cdot p}$$

$$\text{Tage} = \frac{\text{Zinsen} \cdot 100 \cdot 360}{\text{Kapital} \cdot \text{Zinssatz}}$$

③ Die gegebenen Werte sind in die Formel einzusetzen.

$$t = \frac{1\,350 \cdot 100 \cdot 360}{324\,000 \cdot 10}$$

④ Der Lösungsbruchstrich ist auszurechnen.

$$\underline{t = 15}$$

Der Kredit über 324 000,00 DM kann bei einem Zinssatz von 10 % und Zinszahlungen in Höhe von 1 350,00 DM für 15 Tage aufgenommen werden.

Übungsaufgaben

1. Berechnen Sie den Zeitraum, für den der Kredit gewährt wurde!

	Kreditbetrag	Zinssatz	Zinsen
a)	10 500,00 DM	4 %	63,00 DM
b)	22 200,00 DM	8 %	370,00 DM
c)	240 000,00 DM	$11^{1}/_{2}$ %	920,00 DM
d)	34 760,00 DM	$7^{1}/_{2}$ %	2 389,75 DM
e)	170,00 DM	$3^{3}/_{4}$ %	15,30 DM
f)	3 240,00 DM	9 %	16,20 DM

2. Wann wurde ein Darlehen von 128 000,00 DM aufgenommen, das am 17.06. einschließlich 6 % Zinsen mit 139 840,00 DM zurückgezahlt worden ist?

3. Ein Gläubiger erhielt aus einer Hypothek von 40 000,00 DM Zinsen in Höhe von 650,00 DM bei $6^{1}/_{2}$ %. Über welchen Zeitraum wurde abgerechnet?

4. Wann wurde der Kassenkredit über 54 000,00 DM einschließlich 1 485,00 DM Zinsen zurückgezahlt, der am 05.01. zu 11 % aufgenommen wurde?

5. Für welchen Zeitraum müssen 3 780,00 DM zu 10 % angelegt werden, damit sie ebensoviel Zinsen bringen wie 3 375,00 DM zu 12 % in der Zeit vom 03.02. bis 09.06.?

6. Ein Lieferant sendet der Gemeinde S. folgende Mahnung:

Rechnung, fällig am 15.07.	3 564,00 DM
+ 6 % Verzugszinsen	29,70 DM
= Forderungsbetrag zum 30.08.	3 593,70 DM

Prüfen Sie die Mahnung auf rechnerische Richtigkeit. Für wieviel Tage wurden Verzugszinsen berechnet? Über wieviel DM muß die Auszahlungsanordnung zum 30.08. lauten?

7. Eine Rechnung vom 18.07. über 1 468,40 DM enthält folgende Zahlungsbedingungen: Zahlbar innerhalb von 10 Tagen unter Abzug von 2 % Skonto, Ziel 30 Tage.

   a) Lohnt sich die Zahlung unter Abzug von 2 % Skonto, wenn zur Begleichung der Rechnung ein Kredit zu 12 % Zinsen aufgenommen werden müßte? Errechnen Sie auch den Finanzierungsgewinn bzw. -verlust!

   b) Welchem Zinssatz entspricht der Skontosatz?

5.4 Kaufmännische Zinsformel und summarische Zinsrechnung

Situation:

Durch das Versehen eines Mitarbeiters der Gemeinde W. wurde versäumt, die Rechnungen von zwei Lieferanten termingerecht zu begleichen.

Rechnungen der Firma A			Rechnungen der Firma B		
	Rechnungs-betrag	Fälligkeit		Rechnungs-betrag	Fälligkeit
Rechnung 1:	6 500,00 DM	27.02.	Rechnung 1:	1 430,50 DM	13.02.
Rechnung 2:	4 200,00 DM	05.03.	Rechnung 2:	915,80 DM	26.02.
			Rechnung 3:	1 600,00 DM	06.03.
			Rechnung 4:	843,20 DM	11.03.

Vereinbarungsgemäß sind bei verspäteter Zahlung Verzugszinsen in Höhe von 6 % zu zahlen. Zum 31.03. sollen die Forderungen der beiden Lieferanten beglichen werden.

Über wieviel DM ist die jeweilige Auszahlungsanordnung für den Gesamtbetrag (Rechnungsbeträge + Verzugszinsen) zu fertigen?

5.4.1 Rechnen mit der kaufmännischen Zinsformel

Beispiel:

Wieviel DM Verzugszinsen sind bei 6 % für 6 500,00 DM in 33 Tagen und 4 200,00 DM in 25 Tagen insgesamt zu zahlen? (Vgl. Ausgangssituation.)

Lösungsweg A: Rechnen mit der allgemeinen Zinsformel

$$z_1 = \frac{k \cdot \boxed{p} \cdot t}{100 \cdot \boxed{360}} = \frac{6500 \cdot \boxed{6} \cdot 33}{100 \cdot \boxed{360}} = \underline{\underline{35,75}}$$

$$z_2 = \frac{k \cdot \boxed{p} \cdot t}{100 \cdot \boxed{360}} = \frac{4200 \cdot \boxed{6} \cdot 25}{100 \cdot \boxed{360}} = \underline{\underline{17,50}}$$

An Verzugszinsen sind insgesamt 53,25 DM (35,75 + 17,50) zu zahlen. Die Auszahlungsanordnung für die Firma A (siehe Ausgangssituation) ist daher über 10 753,25 DM zu fertigen.

Lösungsweg B: Rechnen mit der kaufmännischen Zinsformel

In beiden Zinsberechnungen mit der allgemeinen Zinsformel (Lösungsweg A) wiederholt sich die Multiplikation mit $\boxed{\dfrac{6}{360}}$, das gibt uns die Möglichkeit, die Berechnung von Zinsen für verschiedene Kapitalbeträge bei gleichem Zinssatz zu vereinfachen.

$$z = \frac{k \cdot \boxed{p} \cdot t}{100 \cdot \boxed{360}} = \frac{k \cdot t}{100} \cdot \boxed{\frac{p}{360}}$$

① Da $\dfrac{p}{360}$ bei gleichem Zinssatz unverändert bleibt, kann für beide Kapitalbeträge zunächst die

$$\boxed{\text{Zinszahl } \# \quad = \quad \dfrac{k \cdot t}{100}}$$ ermittelt werden.

$$\dfrac{k \cdot t}{100} = \dfrac{6\,500 \cdot 33}{100} = 2\,145$$

$$\dfrac{k \cdot t}{100} = \dfrac{4\,200 \cdot 25}{100} = 1\,050$$

② Die Summe der Zinszahlen hier: 3 195 (2 145 + 1 050) wird dann mit $\dfrac{p}{360}$ multipliziert

$$3\,195 \cdot \dfrac{p}{360} = \underline{\underline{53,25}}$$

③ Die Rechnung kann weiter vereinfacht werden, wenn der Kehrwert von $\dfrac{p}{360}$ also $\dfrac{360}{p} = $ Zinsteiler eine ganze Zahl ergibt.

statt $\quad z = \text{Zinszahl} \cdot \dfrac{p}{360}$

$$z = 3\,195 \cdot \dfrac{6}{360} = \underline{\underline{53,25}}$$

jetzt $\quad z = \dfrac{\text{Zinszahl}}{\text{Zinsteiler}}$

Wir rechnen dann:

$$z = \dfrac{3\,195}{\dfrac{360}{6}} = \dfrac{3\,195}{60} = \underline{\underline{53,25}}$$

Als kaufmännische Zinsformel ergibt sich demnach:

$$\boxed{\text{Zinsen} \quad = \quad \dfrac{\dfrac{k}{100} \cdot t}{\dfrac{360}{p}} \quad = \quad \dfrac{\text{Zinszahl }(\#)}{\text{Zinsteiler }(Z_t)}}$$

Für die Berechnung der Zinszahlen $\#$ gilt:

- Zinszahlen ($\#$) sind ganze Zahlen. Ergeben sich bei der Berechnung der Zinszahl Dezimalzahlen, so ist zu runden, und zwar ab 0,5 zur nächst höheren ganzen Zahl.
- Bei der Berechnung der Zinszahlen bleiben die Pfennige der Kapitalbeträge unberücksichtigt.

Beispiel:

Kapital = 915,80; Zeit = 34 Tage; Zinssatz = 6 %

$$z = \dfrac{\text{Zinszahl}}{\text{Zinsteiler}} = \dfrac{\dfrac{k}{100} \cdot t}{\dfrac{360}{p}}$$

statt mit k = 915,80 rechnet man mit k = 915,00

$$z = \dfrac{\dfrac{915}{100} \cdot 34}{\dfrac{360}{6}} = \dfrac{9,15 \cdot 34}{60} = \dfrac{311}{60} = \underline{\underline{5,18}}$$

Diese Regelung dient der Vereinfachung der Rechnung. Durch den verstärkten Einsatz von Rechnern und Datenverarbeitungsanlagen gehen die Banken heute immer mehr dazu über, auch die Pfennige bei der Berechnung der Zinszahl einzubeziehen.

Tabelle wichtiger Zinsteiler:

Zinssatz (p)	1%	$1^1/_2$%	2%	$2^1/_2$%	3%	$3^3/_4$%	4%
Zinsteiler (Z_t)	360	240	180	144	120	96	90

Zinssatz (p)	$4^1/_2$%	5	6	$7^1/_2$%	8	9	10	12	15
Zinsteiler (Z_t)	80	72	60	48	45	40	36	30	24

Übungsaufgaben

1. Berechnen Sie die Zinszahl $\# = \dfrac{k}{100} \cdot t$

   a) $k =$ 390,40 DM $\quad t =$ 38 Tage
   b) $k =$ 744,55 DM $\quad t =$ 77 Tage
   c) $k =$ 523,00 DM $\quad t =$ 46 Tage
   d) $k =$ 21 580,00 DM $\quad t =$ 27 Tage
   e) $k =$ 3 410,60 DM $\quad t =$ 93 Tage

2. Berechnen Sie die Zinsen $\quad z = \dfrac{\#}{Z_t} = \dfrac{\#}{\frac{360}{p}}$

   a) $\# =$ 8 420 $\quad p =$ 4%
   b) $\# =$ 980 $\quad p =$ 12%
   c) $\# =$ 1 424 $\quad p =$ $7^1/_2$%
   d) $\# =$ 217 $\quad p =$ 5%
   e) $\# =$ 12 423 $\quad p =$ 9%

3. Berechnen Sie die Zinsen $\quad z = \dfrac{\text{Zinszahl}}{\text{Zinsteiler}} = \dfrac{\frac{k}{100} \cdot t}{\frac{360}{p}}$

   a) $k =$ 620,60 DM $\quad t =$ 27 Tage $\quad p =$ 5%
   b) $k =$ 1 870,40 DM $\quad t =$ 56 Tage $\quad p =$ $3^3/_4$%
   c) $k =$ 12 870,00 DM $\quad t =$ 33 Tage $\quad p =$ 8%
   d) $k =$ 310,56 DM $\quad t =$ 21 Tage $\quad p =$ 10%
   e) $k =$ 820,12 DM $\quad t =$ 83 Tage $\quad p =$ 15%

5.4.2 Die summarische Zinsrechnung

Beispiel:

Wieviel DM Verzugszinsen sind bei 6% zu zahlen, wenn die folgenden Rechnungen nicht termingerecht beglichen wurden und die Gesamtzahlung (Rechnungsbeträge zuzüglich Verzugszinsen) zum 31.03. angewiesen werden soll:

Rechnung 1 über 1 430,50 DM, fällig am 13.02.
Rechnung 2 über 915,80 DM, fällig am 26.02.
Rechnung 3 über 1 600,00 DM, fällig am 06.03.
Rechnung 4 über 843,20 DM, fällig am 11.03.

Da bei allen vier Rechnungen der gleiche Zinssatz für die Verzugszinsen gilt, ist hier die Anwendung der kaufmännischen Zinsformel vorteilhaft.

Lösungsweg:

① Eine Lösungstabelle ist einzurichten und die Kapitalbeträge sowie die Fälligkeiten sind einzutragen.

② Die Tage von der Fälligkeit bis zum Tag der Abrechnung sind zu ermitteln.

③ Die Zinszahlen ($\frac{k}{100}$ · Tage) sind zu errechnen.

④ Addition der Zinszahlen.

⑤ Die Division der Summe der # durch den Zinsteiler $\frac{360}{p}$ ergibt die Zinsen.

⑥ Der Gesamtbetrag der Zahlung (Summe der Kapitalbeträge + Zinsen) ist zu ermitteln.

Lösung: ①

Betrag	Fälligkeit	Tage bis 31.03. ②	Zinszahl # ③
1 430,50	13.02.	47	672
915,80	26.02.	34	311
1 600,00	06.03.	24	384
843,20	11.03.	19	160
4 789,50			④ 1 527
+ 25,45			
4 814,95			

⑥ $z = \dfrac{\text{Summe der \#}}{\text{Zinsteiler}}$

⑤ $z = \dfrac{1\,527}{60} = 25{,}45$

Ergebnis: Der Gesamtbetrag der Zahlung am 31.03. beträgt 4 814,95 DM.

Übungsaufgaben

1. Die Auszubildende zur Verwaltungsfachangestellten Karin S. hat im vergangenen Jahr auf ihr Sparbuch folgende Beträge eingezahlt. Wie hoch ist der Bestand am 31.12., wenn 3% Zinsen gezahlt werden?

Endbestand des Vorjahres	472,80 DM	Einzahlung am 05.05.	87,90 DM
Einzahlung am 14.01.	56,20 DM	Einzahlung am 17.07.	190,00 DM
Einzahlung am 28.02.	111,40 DM	Einzahlung am 11.12.	82,70 DM

2. Die Stadt O. hat im zweiten Halbjahr folgende Kassenkredite in Anspruch genommen:

17.07. bis 05.08.	83 400,00 DM	09.11. bis 21.11.	122 000,00 DM
12.09. bis 27.09.	142 000,00 DM	19.12. bis 30.12.	65 000,00 DM
14.10. bis 03.11.	212 500,00 DM		

Berechnen Sie die Zinsen summarisch! Der Zinssatz beträgt 9%.

3. Beim Kauf eines Grundstücks von der Gemeinde am 11.03. wurde Ratenzahlung vereinbart. Der Kaufpreis in Höhe von 325 000,00 DM (einschließlich Erschließungsbeiträge) wird wie folgt beglichen:

Zahlung am: 11.03.   125 000,00 DM
11.06.   40 000,00 DM
11.09.   40 000,00 DM
31.12.   60 000,00 DM
11.03. n. J.   60 000,00 DM

Wie hoch ist die Zahlung am 11.03. des nächsten Jahres, wenn neben der letzten Rate (60 000,00 DM) auch die insgesamt angefallenen Zinsen überwiesen werden? Zinssatz 5 %.

4. Der Beamte Peter W. hat am 14.03. einen Bausparvertrag abgeschlossen. Er zahlte bei Abschluß des Vertrages neben der Abschlußgebühr einen Betrag von 300,00 DM ein. Die monatliche Rate von 125,00 DM wird zum 30. jeden Monats von seinem Gehalt einbehalten und der Bausparkasse überwiesen. Wie hoch ist der Stand seines Kontos am 31.12., wenn eine Sonderzahlung am 17.08. 850,00 DM und ein Zinssatz von 3 % zu berücksichtigen sind?

5. Einem Grundbesitzer in der Stadt P. wird die Zahlung der Erschließungsbeiträge gestundet. Die Zahlung in Höhe von 3 840,00 DM war am 15.06. fällig. Es wird folgender Stundungsplan aufgestellt:

Zahlung am: 15.07.   Betrag: 840,00 DM
31.07.   1 000,00 DM
30.09.   1 000,00 DM
30.11.   1 000,00 DM

Wieviel DM Zinsen hat der Schuldner am 30.11. bei einem Zinssatz von 8 % zusätzlich zu der letzten Rate zu zahlen?

6. Zum Konkursverfahren der Firma Bergengrün GmbH wurden von verschiedenen Gläubigern folgende Forderungen angemeldet:

Hauptforderungen zuzüglich 8 % Zinsen

lt. Rechnung vom 26.01.   2 320,40 DM   Zinsen ab 26.02.
lt. Rechnung vom 13.04.   8 828,00 DM   Zinsen ab 13.06.
lt. Rechnung vom 18.04.   11 810,00 DM   Zinsen ab 18.06.
lt. Rechnung vom 20.05.   4 344,90 DM   Zinsen ab 20.06.

Hauptforderungen zuzüglich 7,5 % Zinsen

lt. Rechnung vom 13.01.   940,40 DM   Zinsen ab 23.01.
lt. Rechnung vom 07.02.   6 220,30 DM   Zinsen ab 07.03.
lt. Rechnung vom 23.03.   2 280,00 DM   Zinsen ab 23.05.

Ermitteln Sie den Gesamtbestand der Forderungen einschl. Zinsen zum 01.10.! Rechnen Sie summarisch!

6 Zinseszinsrechnen

Werden die Zinsen für ein Kapital nicht ausgezahlt, sondern wie es bei Banken und Sparkassen üblich ist, in bestimmten Zeitabständen dem Anfangskapital zugeschlagen und dann ebenfalls verzinst, so ist das Kapital auf *Zinseszins* angelegt.

Situation:

Ein Einwohner der Stadt O. will begabte Sportler dieser Stadt fördern. Zu diesem Zweck möchte er eine Stiftung einrichten.

Er hat vorläufig an ein Stiftungskapital von 50 000,00 DM oder 60 000,00 DM gedacht. Nach jeweils 5 Jahren sollen die Zinsen einschließlich der Zinseszinsen an die drei besten Sportler der Stadt ausgezahlt werden. Der Spender will von einem Mitarbeiter der Stadt, die das Stiftungskapital verwalten soll, wissen, wieviel die drei Sportler bei einem Stiftungskapital von 50 000,00 DM bzw. 60 000,00 DM alle 5 Jahre erhalten würden.

Die Stadtsparkasse, bei der das Geld angelegt werden soll, zahlt für diese Anlage 6 % Zinsen.

Nachdem der Stifter das Ergebnis der Rechnung kennt, entscheidet er sich nach Ablauf der ersten 5 Jahre, die Zinsen und Zinseszinsen nicht auszuzahlen, sondern das Stiftungskapital zunächst auf 75 000,00 DM anwachsen zu lassen, um so den Auszahlungsbetrag zu vergrößern. In der Folgezeit soll dann alle 5 Jahre die Auszahlung der Zinsen und Zinseszinsen erfolgen.

Der Stifter will jetzt wissen, mit welchem Kapital die Stiftung ausgestattet werden muß, damit in 5 Jahren ein Kapital von 75 000,00 DM erreicht ist.

6.1 Aufzinsung einer Barsumme

Beispiel 1:

Auf wieviel DM belaufen sich Zinsen und Zinseszinsen, wenn ein Kapital von 50 000,00 DM (60 000,00 DM) 5 Jahre zu 6 % angelegt wird?

Lösungsweg A

Bei diesem Lösungsweg werden die Zinsen dem tatsächlichen Anfangskapital (50 000,00 DM) am Ende des ersten Jahres zugeschlagen. Im folgenden Jahr werden die Zinsen für den Gesamtbetrag (Anfangskapital + Zinsen des 1. Jahres) ermittelt und dem Kapital zugeschlagen usw.

Lösungsweg B

Bei diesem Lösungsweg wird nicht vom tatsächlichen Kapital ausgegangen. Es wird vielmehr ermittelt, wie sich ein Kapital von 1,00 DM bei dem gegebenen Zinssatz in der Laufzeit vermehrt. Das jeweils eingesetzte Kapital kann dann mit dem Wert, der sich für eine Mark ergibt, multipliziert werden.

50 000,00		Kapital am Anfang des ersten Jahres	(k_0)	1,00
3 000,00	+	6% Zinsen für das erste Jahr		0,06
53 000,00	=	Kapital am Ende des ersten Jahres	(k_1)	1,06
3 180,00	+	6% Zinsen für das zweite Jahr		0,0636
56 180,00	=	Kapital am Ende des zweiten Jahres	(k_2)	1,1236
3 370,80	+	6% Zinsen für das dritte Jahr		0,067416
59 550,80	=	Kapital am Ende des dritten Jahres	(k_3)	1,191016
3 573,05	+	6% Zinsen für das vierte Jahr		0,07146096
63 123,85	=	Kapital am Ende des vierten Jahres	(k_4)	1,26247696
3 787,43	+	6% Zinsen für das fünfte Jahr		0,07574862
66 911,28	=	Kapital am Ende des fünften Jahres	(k_5)	1,33822558

Das Anfangskapital von 50 000,00 DM wächst in 5 Jahren bei 6% Zins und Zinseszins auf 66 911,28 DM an. Zins und Zinseszins betragen also 16 911,28 DM (66 911,28 DM − 50 000,00 DM).

Bezogen auf die Aufgabe (siehe Ausgangssituation) bedeutet das, die Stiftung könnte alle 5 Jahre 16 911,28 DM an die 3 besten Sportler der Stadt auszahlen.

Da aus 1,00 DM in 5 Jahren bei 6% Zins und Zinseszins 1,33822558 DM werden, wachsen 50 000,00 DM auf 50 000 · 1,33822558 = 66 911,28 DM an.

Der Betrag, auf den 1,00 DM in n Jahren bei den jeweils gegebenen Zinssätzen anwächst, wird als Zinseszinsfaktor bezeichnet.

Die Ergebnisse der beiden Lösungswege stimmen überein. Das Endkapital nach 5 Jahren beträgt 66 911,28 DM.

Aus dem Lösungsweg B kann folgende Formel abgeleitet werden:

Endkapital	=	Anfangskapital	·	Zinseszinsfaktor
k_n	=	k_0	·	Zinseszinsfaktor

Der dargestellte Lösungsweg B hat den Vorteil, daß der ermittelte Zinseszinsfaktor für wechselnde Kapitalbeträge verwendet werden kann. So kann die aus der Ausgangssituation abzuleitende zweite Aufgabe (auf welchen Betrag wachsen 60 000,00 DM in 5 Jahren bei 6% Zinseszins) jetzt einfach gelöst werden:

Endkapital	=	Anfangskapital	·	Zinseszinsfaktor
k_5	=	k_0	·	Zinseszinsfaktor
k_5	=	60 000	·	1,33822558
k_5	=	80 293,53		

Der Zinseszinsfaktor wurde ermittelt, indem für 1,00 DM von Jahr zu Jahr errechnet wurde, auf welchen Betrag sie bei Zins und Zinseszins anwächst. Die Ermittlung der Zinseszinsfaktoren ist bei dieser Methode mit erheblichem Rechenaufwand verbunden.

Im folgenden wird eine Vereinfachung der Ermittlung des Zinseszinsfaktors dargestellt.

Lösungsweg:

① Das Kapital am Ende des ersten Jahres ist

② Es gilt $z = k_0 \cdot \dfrac{p}{100}$, daher gilt auch

③ Wird k_0 ausgeklammert, ergibt sich

Lösung:

① $k_1 = k_0 + z$

② $k_1 = k_0 + k_0 \cdot \dfrac{p}{100}$

③ $k_1 = k_0 (1 + \dfrac{p}{100})$

④ Ersetzt man $\frac{p}{100}$ durch i, kann man schreiben

④ $k_1 = k_0 (1 + i)$

⑤ k_2 errechnet sich aus dem Kapital am Ende des 1. Jahres (k_1) plus Zinsen des 2. Jahres. Die Zinsen des 2. Jahres sind $k_1 \cdot \frac{p}{100}$ bzw. $k_1 \cdot i$

⑤ $k_2 = k_1 + k_1 \cdot i$

⑥ Ersetzt man k_1 durch $k_0 (1 + i)$, siehe ④, so gilt

⑥ $k_2 = k_0 (1 + i) + k_0 (1 + i) i$

⑦ Wird $k_0 (1 + i)$ ausgeklammert, kann man schreiben

⑦ $k_2 = k_0 (1 + i) (1 + i)$

⑧ Das ist zugleich

⑧ $k_2 = k_0 (1 + i)^2$

⑨ Setzt man dieses Verfahren fort, ergibt sich für k_3

⑨ $k_3 = k_0 (1 + i)^3$

⑩ Als allgemeine Formel zur Berechnung von k_n kann schließlich abgeleitet werden:

$$k_n = k_0 (1 + i)^n$$

setzt man für $(1 + i) = q$
so gilt:

$$k_n = k_0 q^n$$

Die Zinseszinsfaktoren, die häufig benötigt werden, sind in entsprechenden Tabellen zusammengestellt.

Tabelle der Aufzinsungsfaktoren $q^n = (1 + i)^n$

$(i = \dfrac{p}{100}, \quad n = \text{Laufzeit in Jahren})$

n	2 %	3 %	3 ½ %	4 %	4 ½ %	5 %	5 ½ %	6 %	7 %	8 %	n
1	1,02	1,03	1,035	1,04	1,045	1,05	1,055	1,06	1,07	1,08	1
2	1,040.4	1,060.9	1,071.23	1,081.6	1,092.03	1,102.5	1,113.03	1,123.6	1,144.9	1,166.4	2
3	1,061.21	1,092.73	1,108.72	1,124.86	1,141.17	1,157.63	1,174.24	1,191.02	1,225.04	1,259.71	3
4	1,082.43	1,125.51	1,147.52	1,169.86	1,192.52	1,215.51	1,238.82	1,262.48	1,310.80	1,360.59	4
5	1,104.08	1,159.27	1,187.69	1,216.65	1,246.18	1,276.28	1,306.96	1,338.23	1,402.55	1,469.33	5
6	1,126.16	1,194.05	1,229.26	1,265.32	1,302.26	1,340.10	1,378.84	1,418.52	1,500.73	1,586.87	6
7	1,148.69	1,229.87	1,272.28	1,315.93	1,360.86	1,407.10	1,454.68	1,503.63	1,605.78	1,713.82	7
8	1,171.66	1,266.77	1,316.81	1,368.57	1,422.10	1,477.46	1,534.69	1,593.85	1,718.19	1,850.93	8
9	1,195.09	1,304.77	1,362.90	1,423.31	1,486.10	1,551.33	1,619.09	1,689.48	1,838.46	1,990.00	9
10	1,218.99	1,343.92	1,410.60	1,480.24	1,552.97	1,628.89	1,708.14	1,790.85	1,967.15	2,158.93	10
11	1,243.37	1,384.23	1,459.97	1,539.45	1,622.85	1,710.34	1,802.09	1,898.30	2,104.85	2,331.64	11
12	1,268.24	1,425.76	1,511.07	1,601.03	1,695.88	1,795.86	1,901.21	2,012.20	2,252.19	2,518.17	12
13	1,293.61	1,468.53	1,563.96	1,665.07	1,772.20	1,885.65	2,005.77	2,132.93	2,409.85	2,719.62	13
14	1,319.48	1,512.59	1,618.69	1,731.68	1,851.94	1,979.93	2,116.09	2,260.90	2,578.53	2,937.19	14
15	1,345.87	1,557.97	1,675.35	1,800.94	1,935.28	2,078.93	2,232.48	2,396.56	2,759.03	3,172.17	15
16	1,372.79	1,604.71	1,733.99	1,872.98	2,022.37	2,182.87	2,355.26	2,540.35	2,952.16	3,425.94	16
17	1,400.24	1,652.85	1,794.68	1,947.90	2,113.38	2,292.02	2,484.80	2,692.77	3,158.82	3,700.02	17
18	1,428.25	1,702.43	1,857.49	2,025.82	2,208.48	2,406.62	2,621.47	2,854.34	3,379.93	3,996.02	18
19	1,456.81	1,753.51	1,922.50	2,106.85	2,307.86	2,526.95	2,765.65	3,025.60	3,616.53	4,315.70	19
20	1,485.95	1,806.11	1,989.79	2,191.12	2,411.71	2,653.30	2,917.76	3,207.14	3,869.68	4,660.96	20
21	1,515.67	1,860.29	2,059.43	2,278.77	2,520.24	2,785.96	3,078.23	3,399.56	4,140.56	5,033.83	21
22	1,545.98	1,916.10	2,131.51	2,369.92	2,633.65	2,925.26	3,247.54	3,603.54	4,430.40	5,436.54	22
23	1,576.90	1,973.59	2,206.11	2,464.72	2,752.17	3,071.52	3,426.15	3,849.75	4,740.53	5,871.46	23
24	1,608.44	2,032.79	2,283.33	2,563.30	2,876.01	3,225.10	3,614.59	4,048.93	5,072.37	6,341.18	24
25	1,640.61	2,093.78	2,363.24	2,665.84	3,005.43	3,386.35	3,813.39	4,291.87	5,427.43	6,848.48	25
26	1,673.42	2,156.59	2,445.96	2,772.47	3,140.68	3,555.67	4,023.13	4,549.38	5,807.35	7,396.35	26
27	1,706.89	2,221.29	2,531.57	2,883.37	3,282.01	3,733.46	4,244.40	4,822.35	6,213.87	7,988.06	27
28	1,741.02	2,287.93	2,620.17	2,998.70	3,429.70	3,920.13	4,477.84	5,111.69	6,648.84	8,627.11	28
29	1,775.84	2,356.57	2,711.88	3,118.65	3,584.04	4,116.14	4,724.12	5,318.39	7,114.26	9,317.27	29
30	1,811.36	2,427.26	2,806.79	3,243.40	3,745.32	4,321.94	4,983.95	5,743.49	7,612.26	10,062.66	30

Mit Hilfe der Tabelle der Aufzinsungsfaktoren können jetzt problemlos die folgenden Aufzinsungsaufgaben gelöst werden.

$$k_n = k_0 \cdot \text{Tabellenwert}$$

Übungsaufgaben

1. Auf welche Beträge wachsen

   a)   4 200,00 DM in 12 Jahren bei 4 % Zinseszins
   b) 17 300,00 DM in   8 Jahren bei 8 % Zinseszins
   c)   950,00 DM in 20 Jahren bei $3^1/_2$ % Zinseszins
   d) 86 000,00 DM in   4 Jahren bei 5 % Zinseszins
   e)   200,00 DM in 18 Jahren bei 7 % Zinseszins

2. Ermitteln Sie die Aufzinsungsfaktoren!

   a)   5 Jahre   5 %   c) 15 Jahre $3^1/_2$ %   e) 4 Jahre 9 %
   b) 20 Jahre   7 %   d) 25 Jahre 8 %   f) 5 Jahre $6^1/_2$ %

3. Ein Angestellter des Landkreises S. hat bei der Bank am 31.12.1977 5000,00 DM angelegt. Der Zinssatz betrug ursprünglich $3^1/_2$%. Am 01.01.1983 wurde er auf 4% und am 01.01.1989 auf $4^1/_2$% angehoben. Seit dem 01.01.1993 beträgt er 4%. Über wieviel DM kann der Angestellte am Ende dieses Jahres verfügen? Die Zinsen werden dem Konto jeweils am Jahresende gutgeschrieben.

4. Zu wieviel % Zinseszinsen war ein Kapital von 10000,00 DM angelegt, das nach 4 Jahren einen Endbestand von 12624,80 DM erreicht hat? (Benutzen Sie die Tabelle!)

5. Eine später fällige Schuld von 24000,00 DM sollte bei 5% Zinseszins heute durch eine Zahlung von 17909,11 DM ausgeglichen werden. In wieviel Jahren wäre die Schuld fällig gewesen? (Benutzen Sie die Tabelle!)

6. Ein wohlhabender Beamter hinterläßt bei seinem Tode seinen 4 Kindern jeweils 6500,00 DM. Das Geld soll an die Kinder jeweils bei deren Hochzeit ausgezahlt werden. Peter heiratet nach 6 Jahren, Nina nach 12 Jahren, Dieter nach 9 Jahren und Christa nach 7 Jahren. Wieviel bekommen die Kinder jeweils bei ihrer Hochzeit ausgezahlt, wenn das Geld in festverzinslichen Wertpapieren zu 7% angelegt ist?

6.2 Abzinsung eines Endkapitals

Beispiel 2:

Wieviel DM müssen heute angelegt werden, damit in 5 Jahren bei 6% Zinseszins ein Stiftungskapital von 75000,00 DM zur Verfügung steht? (Vgl. Ausgangssituation)

Lösungsweg: *Lösung:*

① Ausgangspunkt der Berechnung ist die Zinseszinsformel:

$$k_n = k_0 \cdot q^n$$

② Zur Ermittlung des Anfangskapitals (Barwert) wird die Gleichung so umgeformt, daß k_0 allein auf einer Seite der Gleichung steht:

$$k_n = k_0 \cdot q^n \ / : q^n$$

$$k_0 = \frac{k_n}{q^n}$$

Als Formel zur Berechnung des Anfangskapitals (Barwert) ergibt sich:

$$k_0 = \frac{k_n}{q^n}$$

$$\text{Anfangskapital} = \frac{\text{Endkapital}}{\left(1 + \dfrac{\text{Zinssatz}}{100}\right)^{\text{Laufzeit in Jahren}}}$$

③ Die Werte der Aufgabe können in die Formel eingesetzt werden:

$$k_0 = \frac{75000}{(1,06)^5}$$

④ Der Lösungsbruchstrich ist auszurechnen:

$$k_0 = \frac{75000}{1,33822558} = \underline{56044,36}$$

Um in 5 Jahren bei 6% Zinseszins ein Kapital von 75000,00 DM zu erreichen, müssen heute 56044,36 DM eingesetzt werden.

Die ermittelte Formel zur Berechnung der Barwerte $k_0 = \dfrac{k_n}{q^n}$ kann wie folgt umgestellt werden: $k_0 = k_n \cdot \dfrac{1}{q^n}$

$\dfrac{1}{q^n}$ sind die Kehrwerte der Aufzinsungsfaktoren q^n, sie werden als Abzinsungsfaktoren bezeichnet. Auch für die wichtigsten Abzinsungsfaktoren gibt es entsprechende Tabellen.

Tabelle der Abzinsungsfaktoren $\dfrac{1}{q^n} = \dfrac{1}{(1 + i)^n}$

$\left(i = \dfrac{p}{100}, \quad n = \text{Laufzeit in Jahren} \right)$

n	2 %	3 %	3 ¹/₂ %	4 %	4 ¹/₂ %	5 %	5 ¹/₂ %	6 %	7 %	8 %	n
1	0,980.39	0,970.87	0,966.18	0,961.54	0,956.94	0,952.38	0,947.87	0,943.40	0,934.58	0,925.93	1
2	0,961.17	0,942.60	0,933.51	0,924.56	0,915.73	0,907.03	0,898.45	0,890.00	0,873.44	0,857.34	2
3	0,942.32	0,915.14	0,901.94	0,889.00	0,876.30	0,863.84	0,851.61	0,839.62	0,816.30	0,793.83	3
4	0,923.85	0,888.49	0,871.44	0,854.80	0,838.56	0,822.70	0,807.22	0,792.09	0,762.90	0,753.03	4
5	0,905.73	0,862.61	0,841.97	0,821.93	0,802.45	0,783.53	0,765.13	0,747.26	0,712.99	0,680.58	5
6	0,887.97	0,837.48	0,813.50	0,790.31	0,767.90	0,746.22	0,725.25	0,704.96	0,666.34	0,630.17	6
7	0,870.56	0,813.09	0,785.99	0,759.92	0,734.83	0,710.68	0,687.44	0,665.06	0,622.75	0,583.49	7
8	0,853.49	0,789.41	0,759.41	0,730.69	0,703.19	0,676.84	0,651.60	0,627.41	0,582.01	0,540.27	8
9	0,836.76	0,766.42	0,733.73	0,702.59	0,672.90	0,644.61	0.617.63	0,591.90	0,543.93	0,500.25	9
10	0,820.35	0,744.09	0,708.92	0,675.56	0,643.93	0,613.91	0,585.43	0,558.39	0,508.35	0,463.19	10
11	0,804.26	0,722.42	0,684.95	0,649.58	0,616.20	0,584.68	0,554.91	0,526.79	0,475.09	0,428.88	11
12	0,788.49	0,701.38	0,661.78	0,624.60	0,589.66	0,556.84	0,525.98	0,496.97	0,444.01	0,397.11	12
13	0,773.03	0,680.95	0,639.40	0,600.57	0,564.27	0,530.32	0,498.56	0,468.84	0,414.96	0,367.70	13
14	0,757.88	0,661.12	0,617.78	0,577.48	0,539.97	0,505.07	0,472.57	0,442.30	0,387.82	0,340.46	14
15	0,743.01	0,641.86	0,596.89	0,555.26	0,516.72	0,481.02	0,447.93	0,417.27	0,362.45	0,315.24	15
16	0,728.45	0,623.17	0,576.71	0,533.91	0,494.47	0,458.11	0,424.58	0,393.65	0,338.74	0,291.89	16
17	0,714.16	0,605.02	0,557.20	0,513.37	0,473.18	0,436.30	0,402.45	0,371.36	0,316.57	0,270.27	17
18	0,700.16	0,587.39	0,538.36	0,493.63	0,452.80	0,415.52	0,381.47	0,350.34	0,295.86	0,250.25	18
19	0,686.43	0,570.29	0,520.16	0,474.64	0,433.30	0,395.73	0,361.58	0,330.51	0,276.51	0,231.71	19
20	0,672.97	0,553.68	0,502.57	0,456.39	0,414.64	0,376.89	0,342.73	0,311.80	0,258.42	0,214.55	20
21	0,659.78	0,537.55	0,485.57	0,438.83	0,396.79	0,358.94	0,324.86	0,294.16	0,241.52	0,198.66	21
22	0,646.84	0,521.89	0,469.15	0,421.96	0,379.70	0,341.85	0,307.93	0,277.51	0,225.71	0,183.94	22
23	0,634.16	0,506.69	0,453.29	0,405.33	0,363.35	0,325.57	0,291.87	0,261.80	0,210.95	0,170.32	23
24	0,621.72	0,491.93	0,437.96	0,390.12	0,347.70	0,310.07	0,276.66	0,246.98	0,197.15	0,157.70	24
25	0,609.53	0,477.61	0,423.15	0,375.22	0,332.73	0,295.30	0,262.23	0,233.00	0,184.25	0,146.02	25
26	0,597.58	0,463.69	0,408.84	0,360.69	0,318.40	0,281.24	0,248.56	0,219.81	0,172.20	0,135.20	26
27	0,585.86	0,450.19	0,395.01	0,346.32	0,304.69	0,267.85	0,235.60	0,207.37	0,160.93	0,125.19	27
28	0,574.37	0,437.08	0,381.65	0,333.48	0,291.57	0,255.09	0,223.32	0,195.63	0,150.40	0,115.91	28
29	0,563.11	0,424.35	0,368.75	0,320.66	0,279.02	0,242.95	0,211.68	0,184.56	0,140.56	0,107.23	29
30	0,552.07	0,411.99	0,356.28	0,308.32	0,267.00	0,231.38	0,200.64	0,174.11	0,131.37	0,099.38	30

Mit Hilfe der Tabelle der Abzinsungsfaktoren können jetzt problemlos die folgenden Abzinsungsaufgaben gelöst werden.

$$k_0 = k_n \cdot \text{Tabellenwert}$$

Übungsaufgaben

1. Wieviel DM müssen heute angelegt werden, um unter den gegebenen Bedingungen die angegebenen Endkapitalien zu erhalten?

   a) in 5 Jahren bei 8   % Zinseszins 40 000,00 DM
   b) in 12 Jahren bei $5^1/_2$% Zinseszins 86 000,00 DM
   c) in 25 Jahren bei 4   % Zinseszins 46 000,00 DM
   d) in 8 Jahren bei $3^1/_2$% Zinseszins 9 000,00 DM
   e) in 10 Jahren bei 7   % Zinseszins 15 000,00 DM

2. Ermitteln Sie die Abzinsungsfaktoren!

   a) 15 Jahre 3%   d) 22 Jahre 6%
   b) 5 Jahre 8%   e) 3 Jahre 9%
   c) 7 Jahre $4^1/_2$%   f) 4 Jahre $2^1/_2$%

3. Wieviel muß ein Sparer am 01.01.1983 anlegen, um zur Jahrtausendwende über 50 000,00 DM zu verfügen? Zinssatz 6%.

4. Zur Finanzierung des Studiums soll die Tochter des Herrn P. zu ihrem 18. Geburtstag am 01.01. des Jahres 1998 über 36 000,00 DM verfügen. Wieviel muß der Vater anläßlich des 1. Geburtstages seiner Tochter einzahlen, wenn die Bank $4^1/_2$% Zinsen zahlt?

5. Der Auszubildende zum Verwaltungsfachangestellten Karl C. möchte in 14 Jahren eine Weltreise unternehmen. Wieviel muß er heute einzahlen, wenn er mit Kosten in Höhe von 12 000,00 DM rechnet und das Geld zu 8% anlegen kann?

6. Die Stadt H. will ein Grundstück verkaufen. Welches Angebot sollte die Stadt annehmen?

   a) Barzahlung 120 000,00 DM
   b) Barzahlung 60 000,00 DM und 75 000,00 DM in 4 Jahren
   c) Zahlung in 3 Jahren 138 000,00 DM
   d) Zahlung in einem Jahr 90 000,00 DM und in 5 Jahren 43 000,00 DM?
      Zinssatz 6%.

7 Tilgungsrechnen

Situation:

Die Großstadt D. nimmt zum Bau eines neuen Veranstaltungszentrums einen langfristigen Kredit über 2 000 000,00 DM auf. Der Kredit soll mit 8% verzinst und in 10 Jahresraten (Annuitäten) zurückgezahlt werden.

Die kreditgebende Bank ermöglicht zwei unterschiedliche Tilgungsformen. Bei der Tilgungsmöglichkeit I bleibt die Tilgungsrate konstant. Die Annuität (Tilgungsrate + Zinsrate) wird von Jahr zu Jahr geringer. Bei der Tilgungsmöglichkeit II bleibt die Annuität konstant. Die Tilgungsrate wächst um die ersparten Zinsen.

Ein Mitarbeiter der Stadtkämmerei soll für die beiden Tilgungsformen die Tilgungspläne erstellen, um so die unterschiedlichen Auswirkungen auf die Entwicklung der Schuldendienste der Stadt in den nächsten 10 Jahren zu ermitteln.

7.1 Tilgung mit konstanter Tilgungsrate

Beispiel:

Ein Kredit über 2 000 000,00 DM zu 8 % ist in 10 Jahresraten zu tilgen. Die Tilgungsrate soll konstant bleiben. Der Tilgungsplan ist zu erstellen.

Die Annuitäten, die jeweils am Jahresende zu begleichen sind, setzen sich aus:
1. dem Tilgungsanteil (Tilgungsrate) und
2. dem Zinsanteil (Zinsrate) zusammen.

Bei der Tilgung mit konstanter Tilgungsrate wird die Annuität von Jahr zu Jahr geringer, da die Zinsen, die von der geringer werdenden Restschuld zu ermitteln sind, abnehmen.

Lösungsweg:

Lösung:

① Der Tilgungsplan ist z.B. nach dem unten abgebildeten Muster einzurichten.

② Die gleichbleibende Tilgungsrate (T_k) ist zu errechnen und in den Tilgungsplan für alle Jahre einzusetzen:

$$T_k = \frac{k_0}{n} = \frac{2\,000\,000}{10} = 200\,000$$

③ Die jeweilige Zinsrate (z_1 bis z_n) ist zu errechnen und in den Tilgungsplan aufzunehmen:

$$z_1 = \frac{k_0 \cdot p}{100} = \frac{2\,000\,000 \cdot 8}{100} = 160\,000$$

$$z_2 = \frac{k_1 \cdot p}{100} = \frac{1\,800\,000 \cdot 8}{100} = 144\,000$$

$$\vdots \qquad \qquad \vdots$$

$$z_n = \frac{k_{n-1} \cdot p}{100} = \frac{200\,000 \cdot 8}{100} = 16\,000$$

④ Die Annuitäten sind aus der Addition von Tilgungsrate und Zinsrate zu ermitteln und im Plan zu ergänzen:

$$a_1 = T_k + z_1 = 200\,000 + 160\,000 = 360\,000$$
$$a_2 = T_k + z_2 = 200\,000 + 144\,000 = 344\,000$$

$$a_n = T_k + z_n = 200\,000 + 16\,000 = 216\,000$$

⑤ Die Kreditschuld am Ende des jeweiligen Jahres ist als Differenz aus der Kreditschuld zu Beginn des Jahres und der Tilgungsrate festzustellen und einzusetzen. Die Schuld am Ende des jeweiligen Jahres entspricht der Kreditschuld zu Beginn des Folgejahres.

$$k_1 = k_0 - T_k = 2\,000\,000 - 200\,000 = 1\,800\,000$$
$$k_2 = k_1 - T_k = 1\,800\,000 - 200\,000 = 1\,600\,000$$

$$k_n = k_{n-1} - T_k = 200\,000 - 200\,000 = 0$$

Tilgungsplan: Tilgung mit konstanter Tilgungsrate

Jahr	Kreditschuld zu Beginn des Jahres	Zinsrate	Tilgungsrate	Annuität	Kreditschuld am Ende des Jahres
1	2 000 000,00	160 000,00	200 000,00	360 000,00	1 800 000,00
2	1 800 000,00	144 000,00	200 000,00	344 000,00	1 600 000,00
3	1 600 000,00	128 000,00	200 000,00	328 000,00	1 400 000,00
4	1 400 000,00	112 000,00	200 000,00	312 000,00	1 200 000,00
5	1 200 000,00	96 000,00	200 000,00	296 000,00	1 000 000,00
6	1 000 000,00	80 000,00	200 000,00	280 000,00	800 000,00
7	800 000,00	64 000,00	200 000,00	264 000,00	600 000,00
8	600 000,00	48 000,00	200 000,00	248 000,00	400 000,00
9	400 000,00	32 000,00	200 000,00	232 000,00	200 000,00
10	200 000,00	16 000,00	200 000,00	216 000,00	0,00

Übungsaufgaben

1. Ein Beamter nimmt zum Bau eines Hauses ein Hypothekendarlehen in Höhe von 60 000,00 DM zu 5 % auf. Er möchte das Darlehen in 5 Jahren mit gleichbleibender Tilgungsrate tilgen. Erstellen Sie den Tilgungsplan!

2. Zum Bau eines Freizeitzentrums mit Badehalle und Eisbahn hat der Landkreis S. ein Darlehen über 1 500 000,00 DM aufgenommen. Das Darlehen soll bei $5^1/_2$ % in 6 Jahren mit gleicher Tilgungsrate getilgt werden. Erstellen Sie den Tilgungsplan!

3. Das Land hat für den Erweiterungsbau der Universitätsklinik eine Anleihe über 4 000 000,00 DM aufgenommen. Die Anleihe zu 6 % soll mit konstanter Tilgungsrate in 8 Jahren getilgt werden. Erstellen Sie den Tilgungsplan!

7.2 Tilgung mit konstanter Annuität

Beispiel:

Ein Kredit über 2 000 000,00 DM zu 8 % ist in 10 Jahresraten zu tilgen. Die Annuität (Tilgungsrate + Zinsrate) soll konstant bleiben. Der Tilgungsplan ist zu erstellen.

Bei Tilgung mit konstanter Annuität (Tilgungsrate + Zinsrate) kann die Tilgungsrate von Jahr zu Jahr um die „ersparten Zinsen" erhöht werden. Die „Zinsersparnis" ergibt sich, weil die Zinsen von der geringer werdenden Restschuld ermittelt werden.

Lösungsweg:

① Der Tilgungsplan ist z.B. nach dem unten abgebildeten Muster einzurichten.

② Die gleichbleibende Annuität kann nach folgender Formel berechnet werden:
(Die Ableitung dieser Formel ist auf Seite 83 dargestellt.)

Lösung:

$$a = \frac{k_0 \cdot q^n \cdot (q-1)}{(q^n - 1)}$$

$k_0 = $ Kreditbetrag $\quad q = 1 + i = 1 + \dfrac{p}{100}$

$$a = \frac{2 000 000 \cdot 1{,}08^{10} \, (1{,}08 - 1)}{(1{,}08^{10} - 1)}$$

$$a = 298 058{,}98$$

6 Grommas/Bartels – ISBN 3-8120-0430-5

③ Die Zinsrate für das 1. Jahr ist zu berechnen und einzusetzen:

$$z_1 = \frac{k_0 \cdot p}{100} = \frac{2\,000\,000 \cdot 8}{100}$$
$$z_1 = 160\,000$$

④ Die erste Tilgungsrate ergibt sich als Differenz aus der Annuität und der ersten Zinsrate:

$$T_1 = a - z_1 = 298\,058,98 - 160\,000$$
$$T_1 = 138\,058,98$$

⑤ Der Kreditbetrag am Ende des ersten Jahres (zugleich Kreditbetrag zu Beginn des 2. Jahres) ist:

$$k_1 = k_0 - T_1 = 2\,000\,000 - 138\,058,98$$
$$k_1 = 1\,861\,941,02$$

⑥ Für die Folgejahre gilt entsprechend:

$$z_n = \frac{k_{n-1} \cdot p}{100}$$
$$T_n = a - z_n$$
$$k_n = k_{n-1} - T_n$$

Tilgungsplan: Tilgung mit konstanter Annuität

Jahr	Kreditschuld zu Beginn des Jahres	Zinsrate	Tilgungsrate	Annuität	Kreditschuld am Ende des Jahres
1	2 000 000,00	160 000,00	138 058,98	298 058,98	1 861 941,02
2	1 861 941,02	148 955,28	149 103,70	298 058,98	1 712 837,32
3	1 712 837,32	137 026,99	161 031,99	298 058,98	1 551 805,33
4	1 551 805,33	124 144,43	173 914,55	298 058,98	1 377 890,78
5	1 377 890,78	110 231,26	187 827,72	298 058,98	1 190 063,06
6	1 190 063,06	95 205,04	202 853,94	298 058,98	987 209,12
7	987 209,12	78 976,73	219 082,25	298 058,98	768 126,87
8	768 126,87	61 450,15	236 608,83	298 058,98	531 518,04
9	531 518,04	42 521,44	255 537,54	298 058,98	275 980,50
10	275 980,50	22 078,44	275 980,50	298 058,94	0,00

Die Abweichung von 0,04 DM bei der letzten Annuität ergibt sich aus der Tatsache, daß bei der Ermittlung der Annuität und bei der Ermittlung der Zinsrate jeweils auf 2 Dezimalstellen gerundet wurde.

Vergleicht man die beiden dargestellten Tilgungsformen in ihren Auswirkungen auf den Haushalt der Stadt D. (vgl. Ausgangssituation), so ist festzustellen:

- die Tilgung mit konstanter Annuität führt zu einer gleichmäßigen Belastung des Gesamthaushalts (Verwaltungshaushalt + Vermögenshaushalt) der Stadt,
- die Tilgung mit konstanter Tilgungsrate führt zu einer gleichmäßigen Belastung des Vermögenshaushalts (Kredittilgung) und zu einer von Jahr zu Jahr geringer werdenden Belastung des Verwaltungshaushalts (Zinszahlungen),
- die Gesamtbelastung ist bei der Tilgung mit konstanter Tilgungsrate in den ersten Jahren höher als bei Tilgung mit konstanter Annuität und später geringer,
- die Summe der Zinszahlungen ist bei der Tilgung mit konstanter Tilgungsrate (880 000,00 DM Zinszahlungen) bei gleicher Gesamtlaufzeit geringer als bei der Tilgung mit konstanter Annuität (980 589,76 DM Zinszahlungen).

Ableitung der Formel zur Berechnung der gleichbleibenden Annuität

(1) Die Annuität (a) ist gleich der Summe der 1. Tilgungsrate (T_1) und den Zinsen des 1. Jahres ($z_1 = k_0 \cdot i$).

$$a \quad = T_1 + k_0 \cdot i \tag{1}$$

(2) Weil $q = 1 + i$ und damit $i = q - 1$ gilt auch:

$$a \quad = T_1 + k_0 (q - 1) \tag{2}$$

(3) Die Summe aller Tilgungsraten ergibt den Kreditbetrag:

$$k_0 \quad = T_1 + T_2 + T_3 + \ldots T_n \tag{3}$$

(4) Schwieriger ist die Ermittlung von T_1. T_2 läßt sich aus T_1 herleiten:

$$T_2 \quad = T_1 + \text{ersparte Zinsen}$$
$$T_2 \quad = T_1 + T_1 \cdot i = T_1 (1 + i)$$
$$T_2 \quad = T_1 \cdot q \tag{4}$$

(5) Auch T_3 kann durch T_1 ausgedrückt werden:

$$T_3 \quad = T_2 + T_2 \cdot i$$
$$T_3 \quad = T_1 \cdot q + T_1 \cdot q \cdot i$$
$$T_3 \quad = T_1 \cdot q (1 + i)$$
$$T_3 \quad = T_1 \cdot q^2 \tag{5}$$

(6) Dieses Verfahren kann bis T_n fortgesetzt werden, es ergibt sich dann:

$$T_n \quad = T_1 \cdot q^{n-1} \tag{6}$$

(7) Setzt man (4), (5) und (6) in (3) ein, gilt:

$$k_0 \quad = T_1 + T_1 \cdot q + T_1 \cdot q^2 + \ldots + T_1 \cdot q^{n-1} \tag{7}$$

(8) Zu dieser geometrischen Reihe kann die Summenformel ermittelt werden. Dazu ist zunächst die Reihe mit q zu multiplizieren.

$$k_0 \cdot q = T_1 \cdot q + T_1 \cdot q^2 + T_1 \cdot q^3 + \ldots + T_1 q^{n-1} + T_1 q^n \tag{8}$$
$$- k_0 \quad = T_1 + T_1 \cdot q + T_1 \cdot q^2 + T_1 \cdot q^3 + \ldots + T_1 q^{n-1} \tag{7}$$

(9) Dann ist (7) zu subtrahieren.

$$k_0 \cdot q - k_0 \quad = - T_1 + T_1 q^n \tag{9}$$

(10) Jetzt kann die Gleichung nach T_1 aufgelöst werden:

$$k_0 \cdot q - k_0 \quad = - T_1 + T_1 q^n$$
$$k_0 (q - 1) \quad = T_1 (q^n - 1)$$
$$T_1 \quad = \frac{k_0}{\dfrac{q^n - 1}{q - 1}} \tag{10}$$

(11) Es wird (10) in (2) eingesetzt:

$$a \quad = \frac{k_0}{\dfrac{q^n - 1}{q - 1}} + k_0 (q - 1) \tag{11}$$

(12) Die Gleichung (11) kann nun umgeformt werden. Die Gleichung wird

$$a \cdot \frac{q^n - 1}{q - 1} = k_0 + k_0 \frac{(q - 1)(q^n - 1)}{(q - 1)}$$

– mit $\dfrac{q^n - 1}{q - 1}$ multipliziert,

$$a \cdot \frac{q^n - 1}{q - 1} = k_0 (1 + q^n - 1)$$

– k_0 wird ausgeklammert,
– und die Gleichung wird durch $\dfrac{q^n - 1}{q - 1}$ dividiert.

Es ergibt sich die Formel zur Berechnung der Annuität:

$$a \quad = \frac{k_0 \cdot q^n (q - 1)}{(q^n - 1)}$$

Übungsaufgaben

1. Zum Bau eines Hauses wurde ein Kredit über 80 000,00 DM aufgenommen. Der Zinssatz beträgt 6 %. Erstellen Sie den Tilgungsplan für eine Tilgung in 5 Jahren mit konstanter Annuität!

2. Das Museum der Stadt H. muß grundlegend umgebaut werden. Es wird ein langfristiger Kredit über 400 000,00 DM aufgenommen. Dieser Kredit soll in 8 Jahren zurückgezahlt werden. Erstellen Sie den Tilgungsplan für die ersten 3 Jahre! Gehen Sie von gleichbleibenden Annuitäten und einem Zinssatz von 7 % aus!

3. Für den Bau einer Kreisberufsschule wird ein Darlehen über 1 600 000,00 DM zu 6 % aufgenommen. Das Darlehen soll in 8 Jahren mit gleichbleibender Annuität getilgt werden. Wie hoch ist die gesamte Zinsbelastung?

4. Ein Hypothekarkredit über 120 000,00 DM wurde zu folgenden Bedingungen aufgenommen: Zinssatz 6 %, Tilgung 2 % zuzüglich der ersparten Zinsen. Erstellen Sie den Tilgungsplan für die ersten 4 Jahre!

   Anmerkung: Hier ergibt sich die Annuität wie folgt:

   $$a = T_1 + z_1 = \frac{k_0 \cdot 2}{100} + \frac{k_0 \cdot 6}{100}$$

   $$a = \frac{120\,000 \cdot 2}{100} + \frac{120\,000 \cdot 6}{100} = 9\,600$$

5. Für den Bau eines neuen Verwaltungsgebäudes wird ein Kredit über 1 600 000,00 DM aufgenommen. Kreditbedingungen: Zinssatz 6,5 %, Tilgung 8 % zuzüglich ersparter Zinsen. Erstellen Sie den Tilgungsplan!

Anmerkung:

Bei Tilgungsdarlehen werden in einigen Fällen Verwaltungskostenbeiträge erhoben. Die Art und Weise der Berechnung dieser Beiträge ist unterschiedlich. Die Verwaltungsbeiträge werden:

- entweder von der Anleiheschuld berechnet, sie bleiben dann konstant über den Gesamtzeitraum der Tilgung;

- oder sie werden wie die Zinsen von der jeweiligen Restschuld ermittelt und daher von Jahr zu Jahr geringer.

   Die Ersparnis durch sinkende Verwaltungskostenbeiträge kann je nach Vereinbarung der Tilgungsrate zugeschlagen werden (gleichbleibende Annuität) oder nicht berücksichtigt werden (geringer werdende Annuität).

KURS II Einführung in die Statistik

In der Verwaltung, in der Wirtschaft, in der Wissenschaft aber auch im Privatleben gewinnen „Statistiken" immer mehr an Bedeutung. Sie sind gerade in öffentlich-rechtlichen Körperschaften häufig eine wesentliche Entscheidungshilfe.

Entscheidungen über den Einsatz knapper Mittel für den Schulbau können z.B. nur dann sinnvoll getroffen werden, wenn Statistiken verläßliche Daten über die Entwicklung der Schülerzahlen liefern. Die gesamte Haushaltsplanung ist ohne Steuerschätzungen, die auch auf statistischen Angaben aus der Vergangenheit beruhen, kaum denkbar.

So sammeln die Statistischen Ämter des Bundes, der Länder, Kreise und Gemeinden Daten der Vergangenheit und Gegenwart, um für Zukunftsentscheidungen geeignete Grundlagen zu gewinnen.

Die **beschreibende Statistik,** um die es hier geht, hat die Aufgabe, Massenerscheinungen zahlenmäßig zu erfassen, die **Grundgesamtheit** (= Menge aller statistischen Einheiten) nach bestimmten **Merkmalen** (= Eigenschaft einer statistischen Einheit) zu ordnen, charakteristische **Meßzahlen** zu ermitteln und die Ergebnisse in **Tabellen** und **Schaubildern** übersichtlich darzustellen, um damit Entscheidungsgrundlagen zur Verfügung zu stellen.

Situation:

Zur Festsetzung der Benutzungsgebühren für die Badehalle der Stadt K. soll neben der bereits vorliegenden Information über die Kosten dieser Einrichtung ein Überblick über die Nutzung der Badehalle sowie die Zusammensetzung des Benutzerkreises herangezogen werden.

Ein Verwaltungsangestellter der Stadt K. soll die geforderten Übersichten erstellen. Gefordert sind im einzelnen:

1. ein Überblick über die Entwicklung der Nutzung dieser Einrichtung,

2. Angaben über die Art und die Häufigkeit der Nutzung durch einen Benutzer,

3. eine Übersicht über die Zusammensetzung des Benutzerkreises nach Alter, Einkommen und Wohnort.

Lösungsweg:

Der Verwaltungsangestellte, der mit der Erhebung beauftragt ist, folgt bei seiner Arbeit den folgenden **Stufen statistischer Arbeit:**

    1   Datenerhebung
    1.1 Vorbereitung der Erhebung
    1.2 Organisation und Durchführung der Erhebung

    2   Datenaufbereitung
    2.1 Aufbereitung des Datenmaterials
    2.2 Darstellung der ermittelten Daten
    2.3 Ermittlung statistischer Meßzahlen

    3   Auswertung und Interpretation der Ergebnisse[1]

---

1 Hier werden nur 1. und 2. behandelt. Die Auswertung und die Interpretation stellen kein Problem der Statistik dar.

1 Datenerhebung

1.1 Vorbereitung der Erhebung

Ausgehend von den Zielen der Erhebung muß zunächst die Fragestellung der Untersuchung präzisiert werden.

Erstes Ziel der Erhebung ist es gemäß der Ausgangssituation, einen Überblick über die Entwicklung der Nutzung der Badehalle zu gewinnen. Bei der Präzisierung der Fragestellung hat der beauftragte Verwaltungsangestellte die Erhebungseinheit, die Zähleinheiten und den Erhebungszeitraum zu bestimmen. Die **Grundgesamtheit** (hier die Nutzung der Badehalle) ist räumlich, sachlich und zeitlich abzugrenzen.

Erhebungseinheit ist die gesamte Badehalle der Stadt K. einschließlich der bestehenden Nebeneinrichtungen: Sauna und Solarium (räumliche Abgrenzung). **Zähleinheiten** sind die einzelnen Nutzungen der drei Einrichtungen Schwimmhalle, Sauna und Solarium. Nimmt ein Benutzer mehrere Einrichtungen in Anspruch, so wird jede einzelne Nutzung erfaßt (sachliche Abgrenzung). **Erhebungszeitraum** sollen die vergangenen 5 Jahre sein, da unmittelbar vor diesem Zeitraum eine grundlegende Erweiterung der Badehalle stattgefunden hat und daher ältere Angaben nicht vergleichbar wären (zeitliche Abgrenzung).

In gleicher Weise sind auch die Fragestellungen der beiden weiteren Aufgaben (siehe Ausgangssituation) zu präzisieren.

Die Entwicklung der Zahl der Nutzungen soll in einer **Vollerhebung** erfaßt werden. Es sollen demnach alle Nutzungen im Untersuchungszeitraum erfaßt werden.

Aus Kostengründen wird bei der Feststellung der Art und Häufigkeit der Nutzung durch einen Benutzer sowie bei der Ermittlung der Zusammensetzung des Benutzerkreises auf eine Vollerhebung verzichtet.

Hier soll lediglich eine **Stichprobe** durchgeführt, ein ausgewählter Kreis von Benutzern befragt werden. Es wird also lediglich eine **Teilerhebung** (Auswahlerhebung) durchgeführt. Läßt die spätere Auswertung der Stichprobe sichere Schlüsse auf die Grundgesamtheit zu, so spricht man von einer repräsentativen Stichprobe. Problematisch ist allerdings die Auswahl der Elemente (hier Benutzer). Die Statistik kennt verschiedene Verfahren der Auswahl von Stichproben: Quotenverfahren und Zufallsverfahren.

Methoden der schließenden Statistik, die hier nicht behandelt wird, erlauben es aufgrund der Informationen über die Stichprobe, Aussagen über die Grundgesamtheit zu machen.

Der Verwaltungsangestellte könnte sich in unserem Beispiel für eine Zufallsstichprobe entscheiden und 200 zufällig ausgewählte Benutzer befragen, um Aussagen über die Zusammensetzung des Benutzerkreises zu gewinnen. Der Umfang der Stichprobe beträgt dann n = 200 Elemente.

Grundgesamtheit	=	Menge aller statistischen Einheiten der Untersuchung (im Beispiel = alle Benutzer)
Erhebungseinheit	=	Gegenstand der Untersuchung (im Beispiel = die Nutzung der Badehalle)
Zähleinheiten	=	einzelne Elemente der Grundgesamtheit (im Beispiel = die einzelnen Nutzungen)
Erhebungszeitraum	=	Zeitraum, für den die Daten ermittelt werden (im Beispiel = 5 Jahre)
Vollerhebung	=	Erfassung aller Elemente der Grundgesamtheit
Teilerhebung	=	Erfassung ausgewählter Elemente der Grundgesamtheit
Stichprobe	=	die ausgewählten Elemente der Grundgesamtheit, die erfaßt werden

1.2 Organisation und Durchführung der Erhebung

Zur Erfassung der Zahl der Nutzungen kann in unserem Beispiel auf vorhandene Daten der Badehalle zurückgegriffen werden. Es handelt sich somit um eine **Sekundärstatistik.**

Anders ist das bei der Erfassung der Häufigkeit der Nutzung sowie der Zusammensetzung des Benutzerkreises. Hier müssen die erforderlichen Daten z.B. durch eine Befragung der Benutzer primär (erstmals) gewonnen werden. Hier wird eine **Primärstatistik** erstellt.

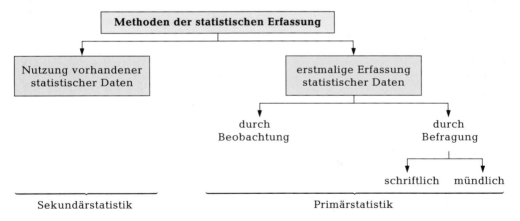

Für die Erstellung der Primärstatistik entscheidet sich der Verwaltungsangestellte in unserem Beispiel für eine schriftliche Befragung. Er muß daher zunächst einen Fragebogen erstellen.

Die interessierenden Merkmale (Art und Häufigkeit der Nutzung, Alter, Einkommen und Wohnort der Benutzer) sind ihm durch die Aufgabenstellung vorgegeben. Es handelt sich hier sowohl um **qualitative** als auch um **quantitative Merkmale.** Qualitative

Merkmale sind hier z. B. die Art der Nutzung oder der Wohnort der Benutzer. Als quantitative Merkmale sind die Häufigkeit der Nutzung, das Alter und das Einkommen der Benutzer zu erfassen.

Um die Befragung und die Auswertung möglichst einfach zu gestalten, sollen hier auf dem Fragebogen die denkbaren Merkmalsausprägungen vorgegeben werden.

Sehr geehrter Benutzer der Badehalle!

Die Stadtverwaltung der Stadt K. will sich einen Überblick über die Nutzung der Badehalle verschaffen.

Wir bitten Sie um Ihre Mithilfe.

Wenn Sie uns helfen wollen, kreuzen Sie bitte die für Sie zutreffenden Felder an. Bei Frage 1. b) bitte die entsprechende Anzahl eintragen.

1. a) Welche Einrichtung der Badehalle nutzen Sie heute?
(Es sind mehrere Antworten möglich)

Schwimmhalle ◯   Sauna ◯   Solarium ◯

1. b) Wie häufig nutzen Sie die Einrichtungen im Jahr ca.?

Schwimmhalle ◯   Sauna ◯   Solarium ◯

2. Wie alt (jung) sind Sie?

0 bis 10 Jahre ◯   21 bis 30 Jahre ◯   41 bis 50 Jahre ◯

11 bis 20 Jahre ◯   31 bis 40 Jahre ◯   51 bis 60 Jahre ◯

61 Jahre und älter ◯

3. Wie hoch ist Ihr monatliches Einkommen (netto)?

0 bis   500 DM ◯   1 001 bis 2 000 DM ◯   3 001 bis 4 000 DM ◯

501 bis 1 000 DM ◯   2 001 bis 3 000 DM ◯   4 001 und mehr ◯

4. Wo wohnen Sie?

In der Stadt K. ◯   Im Landkreis K. ◯   In einem anderen Landkreis ◯

. . . .

Herzlichen Dank!
Ihre Stadtverwaltung

Da aber nicht alle denkbaren Merkmalsausprägungen angegeben werden können, weil der Fragebogen dadurch zu unübersichtlich würde, werden bestimmte Klassen von Merkmalsausprägungen gebildet (z.B. beim Alter von 11−20 Jahren). Diese Klassierung führt zwar einerseits zu einem Informationsverlust, erleichtert aber andererseits die Auswertung wesentlich.

Bei der Erstellung von Fragebögen und der Durchführung von Befragungen sind die Datenschutzgesetze zu beachten. Da bei dieser Erhebung auf die Erfassung der Namen der Benutzer verzichtet wird, bestehen aus Datenschutzgründen hier keine Bedenken.

Mit Hilfe der Mitarbeiter der Badehalle wird in unserem Beispiel die Primärerhebung durchgeführt. Die Daten der Sekundärerhebung werden aus den Aufzeichnungen der Badehalle der Stadt K. entnommen.

Fragen und Übungsaufgaben

1. Welche Aufgaben hat die beschreibende Statistik?

2. Nennen Sie 5 statistische Angaben, auf die Sie in letzter Zeit gestoßen sind!

3. Nennen und erläutern Sie die Stufen statistischer Arbeit!

4. Suchen Sie in einer Tages- oder Wochenzeitung eine statistische Darstellung, und erläutern Sie für dieses Beispiel die Grundgesamtheit, die Erhebungseinheit, die Zähleinheiten und den Erhebungszeitraum.

5. Grenzen Sie die folgenden Begriffe gegeneinander ab:

   Vollerhebung   −   Teilerhebung
   Primärstatistik   −   Sekundärstatistik

6. Führen Sie eine Erhebung zur Zusammensetzung Ihrer Klasse nach Geschlecht, Alter und Wohnort durch!

2 Datenaufbereitung

2.1 Aufbereitung des Datenmaterials

Die Werte, die in unserem Beispiel als Sekundärstatistik ermittelt wurden (Entwicklung der Nutzung der Einrichtungen der Badehalle), können unmittelbar in Tabellen und Schaubilder übernommen bzw. rechnerisch ausgewertet werden. Eine besondere Aufbereitung ist nicht erforderlich.

Die Daten, die mit Hilfe des Fragebogens neu ermittelt wurden, sind jedoch zunächst aufzubereiten. Zu diesem Zweck wird ein Erhebungsbogen erstellt, in dem die Antworten aus den Fragebögen zusammengetragen werden.

Erhebungsbogen												
lfd. Nummer	Art der Nutzung			Häufigkeit der Nutzung			Altersklassen						
	SH	Sa	Sol	SH	Sa	Sol	0−10	11−20	21−30	31−40	41−50	51−60	61 u. älter
1	I			18	−	−		I					
2		I	I	25	15	15			I				
⋮													
200	I			8	−	8					I		

Die Aufbereitung der Befragungsergebnisse in einem **Erhebungsbogen erleichtert** zunächst **das Auszählen** der Ergebnisse (Strichliste), **ermöglicht die Kontrolle** der Ergebnisse und schafft wichtige **Grundlagen für** die spätere **Darstellung** und die rechnerische **Auswertung.**

Für das Auszählen selbst können verschiedene Zähltechniken angewandt werden: einfaches Abzählen, Strichlisten (卌 ||), Legeverfahren.

Bei größeren Erhebungen ist eine Auswertung häufig nur mit Hilfe von Datenverarbeitungsanlagen möglich. Für diesen Zweck müssen Befragungsergebnisse häufig verschlüsselt werden. Dabei wird bei der Datenaufbereitung den einzelnen Merkmalsausprägungen eine entsprechende Kennziffer beigelegt, z.B.:

Wohnort in der Stadt K.	= 1
Wohnort im Landkreis K.	= 2
Wohnort in einem anderen Landkreis	= 3

Alle denkbaren Kombinationen von Merkmalsausprägungen können auf diese Weise durch eine entsprechende Ziffernfolge wiedergegeben werden.

Die Ziffernfolge 2.1.3 würde den Benutzer z.B. wie folgt kennzeichnen:

1. Ziffer 2 = 11−20 Jahre alt
2. Ziffer 1 = Einkommen von 0−500 DM
3. Ziffer 3 = Wohnort außerhalb des Landkreises

Sollen die Ergebnisse einer Befragung in dieser Weise verschlüsselt werden, bietet es sich an, einen entsprechenden Erhebungsbogen II zu erstellen und die Schlüsselziffern zunächst hier einzutragen.

2.2 Darstellung der ermittelten Daten

Um die in der Erhebung (siehe Ausgangssituation) ermittelten Daten anschaulich darzustellen und damit besser nutzbar zu machen, sollen verschiedene statistische Darstellungsformen genutzt werden. Die Wahl der geeigneten Darstellungsform (Tabelle, Stabdiagramm, Flächendiagramme [z.B. Kreisdiagramm], Kurvendiagramm, Summenkurve, Kartogramm, Schaubild) hängt von der Art der Daten (quantitativ, qualitativ) und dem Ziel der Darstellung ab. Kommt es z.B. auf exakte und vollständige Information an, ist vor allem die Tabelle geeignet, stehen die Anschaulichkeit und die schnelle Erfassung der Daten im Vordergrund, kommen die verschiedenen Formen der grafischen Darstellung in Frage,

2.2.1 Tabellen

Beispiel:

Die in der Erhebung (siehe Ausgangssituation) ermittelten Daten über die Zahl der Benutzer der Badehalle (Schwimmhalle, Sauna, Solarium) der Stadt K. in den Jahren 1995−1999 sowie die Zusammensetzung des Benutzerkreises im letzten Quartal 1999 nach Monaten, Alter und Wohnort sollen in Tabellen dargestellt werden.

Lösung:

Die Entwicklung der Nutzung der Badehalle der Stadt K. in den vergangenen 5 Jahren kann in einer eingliedrigen Tabelle dargestellt werden.

Von einer eingliedrigen Tabelle spricht man, wenn nur eine Zahlenreihe bzw. Zahlenreihen einer Art dargestellt werden.

Den Grundaufbau von Tabellen zeigt die folgende Übersicht. Die wesentlichen Bestandteile der Tabelle sind aus dieser Übersicht zu entnehmen. Wichtig sind neben den Zahlen im Hauptteil der Tabelle die Überschrift, der Tabellenkopf, die Vorspalte und vor allem bei Sekundärstatistiken die Angabe der Quellen der Daten.

Beispiel für eine eingliedrige Tabelle

Benutzer der Badehalle in den Jahren 1995−1999				
Einrich-tung Jahr	Schwimm-halle	Sauna	Solarium	Summe
1995	62 580	8 114	3 760	74 454
1996	61 015	8 204	4 140	73 359
1997	67 312	8 688	5 412	81 412
1998	68 804	9 579	5 680	84 063
1999	68 769	9 214	6 222	84 205
Summe	328 480	43 799	25 214	397 493

Quelle: Aufzeichnungen der Badehalle der Stadt K.

Aufbau einer Tabelle

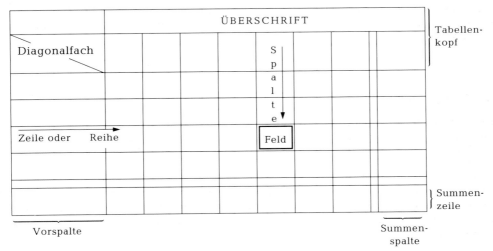

Quellenangabe: ...

Für die Darstellung der Zusammensetzung des Benutzerkreises im letzten Quartal 1999 nach Alter und Wohnort ist eine mehrgliedrige Tabelle erforderlich.

Die statistische Grundgesamtheit (hier alle Benutzer der Badehalle im letzten Quartal 1999) wird in diesem Beispiel nach einem zeitlichen Merkmal (Monate), einem sachlichen Merkmal (Alter) und einem räumlichen Merkmal (Wohnort der Benutzer) gegliedert und in einer kombinierten, mehrgliedrigen Tabelle wiedergegeben.

Beispiel für eine mehrgliedrige Tabelle

Benutzer der Badehalle der Stadt K. im letzten Quartal 1999
nach Monaten, Alter und Wohnort

Monat und Wohnort \ Alter	0−10	11−20	21−30	31−40	41−50	51−60	61 u. älter	Summe
Oktober								
Einwohner d. Stadt K.	420	1 263	872	647	599	112	78	3 991
Einw. d. Landkr. K.	143	641	456	255	183	66	11	1 755
Einw. anderer Landkr.	20	31	45	12	23	5	0	136
Gesamt	583	1 935	1 373	914	805	183	89	5 882
November								
Einwohner d. Stadt K.	470	1 148	760	636	608	223	75	3 920
Einw. d. Landkr. K.	118	715	612	328	189	44	28	2 034
Einw. anderer Landkr.	14	47	33	21	19	14	2	150
Gesamt	602	1 910	1 405	985	816	281	105	6 104
Dezember								
Einwohner d. Stadt K.	378	1 025	831	614	550	55	37	3 490
Einw. d. Landkr. K.	131	577	453	174	112	36	13	1 496
Einw. anderer Landkr.	18	38	17	22	14	8	4	121
Gesamt	527	1 640	1 301	810	676	99	54	5 107
Summe 4. Quartal 1999	1 805	5 414	3 915	3 039	1 914	694	312	17 093

Quelle: Aufzeichnungen der Badehalle der Stadt K. und eigene Erhebungen.

Tabellen eignen sich zur exakten und ausführlichen Wiedergabe statistischer Daten. Eine Tabelle sollte neben den Zahlen im Hauptteil der Tabelle enthalten:
- die Überschrift zur sachlichen, räumlichen und zeitlichen Kennzeichnung des Inhalts,
- den Tabellenkopf und die Vorspalte zur Angabe des Inhalts der einzelnen Spalten und Zeilen,
- die Summenspalte und die Summenzeile,
- die Angabe der Quellen, aus denen die Daten stammen.

Fragen und Übungsaufgaben

1. Welche Aufgabe hat ein Erhebungsbogen zur Aufbereitung von Datenmaterial?

2. Erläutern Sie den Unterschied zwischen einer eingliedrigen und einer mehrgliedrigen Tabelle!

3. Erstellen Sie eine Tabelle, aus der die Zusammensetzung Ihrer Klasse nach Alter und Geschlecht hervorgeht!

4. Die Steuereinnahmen der Stadt K. haben sich in den letzten 5 Jahren wie folgt entwickelt: 1995: Gewerbesteuer (G) 26,7; Gemeindeanteil an der Einkommensteuer (GE) 35,0; Grundsteuer AuB (GAB) 11,9; sonstige Gemeindesteuer (SG) 14,5; 1996: G 31,2; GE 35,4; GAB 11,4; SG 14,9; 1997: G 32,1 GE 35,8; GAB 13,5; SG 14,7; 1998: G 41,8; GE 40,8; GAB 12,7; SG 5,3; 1999: G 42,6; GE 42,5; GAB 12,6, SG 1,65 (Angaben in Mio. DM).

   Erstellen Sie für diese Angaben eine übersichtliche Tabelle!

5. Für den Vorbericht zum Haushaltsplan des Landkreises P. soll eine Tabelle der Entwicklung der wichtigsten Ausgabearten (in DM) erstellt werden. Aus den Haushaltsplänen der vergangenen Jahre konnten die entsprechenden Werte entnommen werden.

   Personalausgaben: 1995: 33 048 617, 1996: 36 765 098, 1997: 39 076 295, 1998: 38 915 909, 1999: 45 981 200;

   Sächlicher Verwaltungs- und Betriebsaufwand: 1995: 28 864 027, 1996: 39 223 513, 1997: 42 837 911, 1998: 45 501 172; 1999: 62 384 800;

   Zuweisungen und Zuschüsse: 1995: 11 059 186, 1996: 9 688 298, 1997: 6 690 539, 1998: 5 902 957, 1999: 7 299 700;

   Leistungen der Sozialhilfe: 1995: 30 753 703, 1996: 25 499 410, 1997: 27 278 375, 1998: 23 833 999, 1999: 31 055 000.

6. Stellen Sie in einer Tabelle die prozentualen Anteile der größten Parteien bei den Wahlen zum Deutschen Bundestag 1990, 1994 und 1998 sowie die Anzahl der Mandate dieser Parteien (SPD, CDU bzw. CSU, F.D.P., Grüne) übersichtlich dar!

   1990: SPD 33,5% und 239 Sitze, CDU/CSU 43,8% und 319 Sitze, F.D.P. 11,0% und 79 Sitze, Grüne/Bündnis 90 5,1% und 8 Sitze, PDS 2,4% und 17 Sitze.

   1994: SPD 36,4% und 252 Sitze, CDU/CSU 41,5% und 294 Sitze, F.D.P. 6,9% und 47 Sitze, Grüne/Bündnis 90 7,3% und 49 Sitze, PDS 4,4% und 30 Sitze.

   1998: SPD 40,9% und 298 Sitze, CDU/CSU 35,2% und 245 Sitze, F.D.P. 6,2% und 43 Sitze, Grüne/Bündnis 90 6,7% und 47 Sitze, PDS 5,1% und 36 Sitze.

2.2.2 Grafische Darstellungen

Tabellen sind besonders für die Wiedergabe ausführlicher und zugleich exakter Informationen geeignet. Kommt es jedoch eher auf eine anschauliche und einprägsame Vermittlung der Informationen an, so können grafische Darstellungen eine wertvolle Ergänzung zu Tabellen sein.

Häufig ist jedoch mit zunehmender Anschaulichkeit ein Verlust an Informationen bzw. eine geringere Genauigkeit der Information verbunden.

2.2.2.1 Stabdiagramme

Beispiel 1:

Die Nutzung der verschiedenen Einrichtungen der Badehalle der Stadt K. im Jahr 1999 soll in einem Stabdiagramm dargestellt werden. Grundlage der Darstellung sind die entsprechenden Daten der durchgeführten Erhebung (vgl. Ausgangssituation), die folgende Häufigkeitsverteilung ergeben hat.

Nutzung der Einrichtungen der Badehalle der Stadt K. im Jahr 1999

Einrichtung	Anzahl der Benutzer
Schwimmhalle	68 769
Sauna	9 214
Solarium	6 222

Lösung:

Der I. Quadrant des Koordinatensystems ist aufzuzeichnen. Auf der Basislinie (Abszisse) werden die Merkmalsausprägungen (Schwimmhalle, Sauna, Solarium) eingezeichnet. Auf der Senkrechten (Ordinate) werden die Häufigkeiten abgetragen.

Die Länge der Stäbe muß proportional zur Häufigkeit der Merkmalsausprägung sein. Die Häufigkeiten werden zu diesem Zweck in cm umgesetzt. Die Wahl des Umsetzungsverhältnisses (z. B. 10 000 Benutzer = 1 cm) ist von der Fragestellung einerseits und den gegebenen Bedingungen (z. B. Gesamtgröße der Darstellung) andererseits abhängig. Entscheidend ist, daß bei allen Merkmalsausprägungen das gleiche Umsetzungsverhältnis angewandt wird.

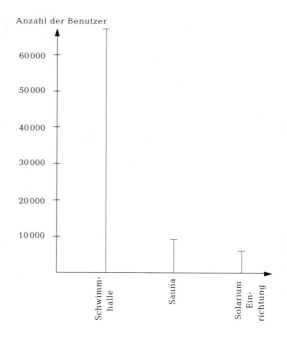

Beispiel 2:

Die Altersstruktur des Benutzerkreises der Badehalle im IV. Quartal 1999 ist in einem Stabdiagramm darzustellen.

(Vgl. Ausgangssituation und Tabelle 2 im Abschnitt 2.2.1)

Lösung:

In diesem Fall sind gruppierte Daten (z.B. Benutzer im Alter von 11–20 Jahren) gegeben. Daher ist es günstiger, nicht Geraden, sondern Rechtecke bei der Darstellung zu verwenden.

Die Breite der Rechtecke ist dabei proportional zur jeweiligen Gruppenbreite, die Länge proportional zu den Häufigkeiten. Gerade bei der Wiedergabe von Altersstrukturen wird häufig eine waagerechte Darstellung gewählt (z.B. Bevölkerungspyramiden). So soll auch hier verfahren werden.

Die Altersgruppen werden in der Senkrechten abgebildet. Dabei ist zu beachten, daß die letzte eine „offene Klasse" darstellt, da keine Obergrenze existiert, dem muß auch bei der Darstellung Rechnung getragen werden. Die Häufigkeiten werden in der Waagerechten abgetragen.

Der Maßstab ist hier: 1 cm = 1000 Personen

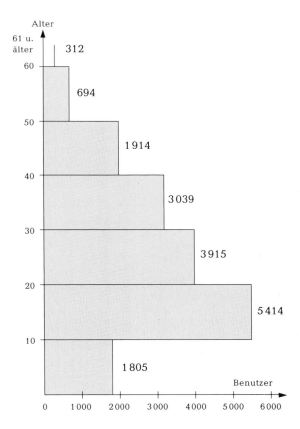

Sonderform: „Stapeldiagramm"

Eine Sonderform des Stabdiagramms stellt das „Stapeldiagramm" dar. Hier werden die Häufigkeiten nicht nebeneinander dargestellt, sondern aufeinander addiert.

Das Charakteristische des Stabdiagramms, die Proportionalität von Länge der Darstellung und Häufigkeit, bleibt aber auch hier erhalten. Diese Form ist besonders dazu geeignet, Zusammensetzungen von Grundgesamtheiten wiederzugeben, sie eignet sich nicht für die Darstellung zeitlicher Entwicklungen. Die Zusammensetzung der Einnahmen bzw. Ausgaben des Vermögenshaushalts einer Stadt nach Einnahme- und Ausgabearten kann anschaulich in einem „Stapeldiagramm" dargestellt werden (siehe S. 96).

95

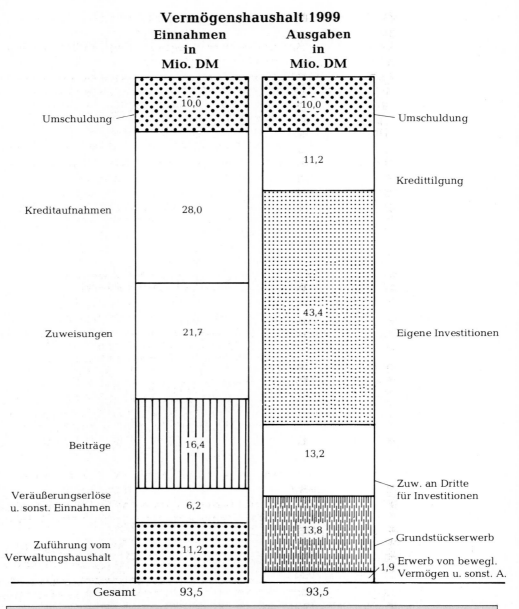

Vermögenshaushalt 1999

Einnahmen in Mio. DM		Ausgaben in Mio. DM
Umschuldung	10,0	10,0	Umschuldung
		11,2	Kredittilgung
Kreditaufnahmen	28,0		
Zuweisungen	21,7	43,4	Eigene Investitionen
Beiträge	16,4	13,2	Zuw. an Dritte für Investitionen
Veräußerungserlöse u. sonst. Einnahmen	6,2	13,8	Grundstückserwerb
Zuführung vom Verwaltungshaushalt	11,2	1,9	Erwerb von bewegl. Vermögen u. sonst. A.
Gesamt	93,5	93,5	

Bei Stabdiagrammen ist die Länge von Stäben (Geraden oder Rechtecken) proportional zu den darzustellenden Häufigkeiten.

Sie eignen sich für die Darstellung von Häufigkeiten qualitativer wie quantitativer Merkmale.

Die Sonderform des „Stapeldiagramms" ist für die Darstellung von Zusammensetzungen von Grundgesamtheiten geeignet.

Übungsaufgaben

1. Erstellen Sie ein Stabdiagramm zur Entwicklung der Ausgaben des Verwaltungshaushalts der Stadt P. von 1992 bis 1999 (Ausgaben in Mio. DM)!

1992	263,4	1996	303,1
1993	266,6	1997	317,0
1994	265,8	1998	331,2
1995	283,5	1999	336,2

2. Stellen Sie die Struktur der Wohnbevölkerung der Bundesrepublik nach dem Alter dar!

Alter	a) früheres Bundesgebiet		b) neue Länder	
	männlich	weiblich	männlich	weiblich
unter 1 bis unter 5	1 863,0	1 768,2	208,9	198,0
unter 5 bis unter 10	1 949,4	1 848,9	462,7	438,8
unter 10 bis unter 15	1 801,9	1 709,3	507,2	482,1
unter 15 bis unter 20	1 766,8	1 679,8	489,3	454,3
unter 20 bis unter 25	2 028,0	1 969,1	416,3	353,1
unter 25 bis unter 30	2 948,9	2 765,0	517,2	462,5
unter 30 bis unter 35	3 143,1	2 922,2	617,2	571,1
unter 35 bis unter 40	2 733,4	2 575,0	579,8	543,4
unter 40 bis unter 45	2 358,1	2 295,0	568,9	537,2
unter 45 bis unter 50	2 164,8	2 097,6	410,8	395,7
unter 50 bis unter 55	2 094,6	2 035,8	446,6	453,5
unter 55 bis unter 60	2 449,8	2 435,6	533,5	556,6
unter 60 bis unter 65	1 782,1	1 861,1	396,7	437,0
unter 65 bis unter 70	1 517,0	1 802,3	305,2	414,4
unter 70 bis unter 75	1 044,2	1 801,1	188,1	378,1
unter 75 bis unter 80	550,5	1 116,0	96,6	224,5
unter 80 bis unter 85	456,6	1 108,4	81,0	224,3
unter 85 bis unter 90	219,4	651,5	40,8	127,2
unter 90 bis unter 95	63,3	212,8	10,8	37,0
95 und älter	10,7	42,6	1,4	6,3

Quelle: Statistisches Jahrbuch für die Bundesrepublik Deutschland 1997, Angaben in 1 000

3. Stellen Sie die Verwendung des Bruttoinlandprodukts in Preisen von 1991 in den Jahren 1991, 1993, 1995 und 1996 jeweils in einem Stapeldiagramm dar! Quelle: Statistisches Jahrbuch 1997

Jahr	Bruttoinlandsprodukt insgesamt	Privater Verbrauch	Staatsverbrauch	Investitionen	Außenbeitrag
1991	2 853,60	1 630,33	556,72	668,82	− 2,27
1993	2 883,60	1 680,29	580,40	635,72	−12,81
1995	3 023,40	1 728,84	599,97	709,48	−14,89
1996	3 064,60	1 751,37	614,22	696,60	2,41

7 Grommas/Bartels − ISBN 3-8120-0430-5

2.2.2.2 Flächendiagramme

Beispiel:

Die Gesamtnutzung sowie die Art der Nutzung der Badehalle (Schwimmhalle, Sauna, Solarium) der Stadt K. in den Jahren 1996–1999 soll so dargestellt werden, daß sich die Häufigkeit in der Fläche der Darstellung widerspiegelt. Die entsprechende Erhebung hatte nebenstehende Tabelle ergeben.

Benutzer der Badehalle in den Jahren 1995–1999				
Einrichtung \ Jahr	Nutzung der Badehalle			
	Schwimmhalle	Sauna	Solarium	Summe
1995	62 580	8 114	3 760	74 454
1996	61 015	8 204	4 140	73 359
1997	67 312	8 688	5 412	81 412
1998	68 804	9 579	5 680	84 063
1999	68 769	9 214	6 222	84 205
Summe	328 480	43 799	25 214	397 493

Lösungsweg:

Zunächst ist die Form der Darstellung zu wählen. Es kommen z.B. in Frage: Quadrate, Rechtecke, Kreise. Hier soll die Darstellung im Rechteck- und im Kreisdiagramm erläutert werden.

Für die Umrechnung der Häufigkeiten in Flächengrößen muß der Maßstab festgelegt werden. Hier soll gelten:

$$10\,000 \text{ Benutzer} = 1 \text{ cm}^2.$$

Rechteckdiagramm:

Erfolgt die Darstellung in Rechtecken, so ist zunächst eine Kantenlänge festzulegen. Die zweite kann dann aus der gegebenen Fläche errechnet werden. (Werden gruppierte quantitative Merkmale dargestellt, so ist eine Kantenlänge durch die jeweilige Gruppenbreite vorbestimmt.)

Hier wird als erste Kantenlänge a = 2 cm vorgegeben.

Kreisdiagramm:

Für die Darstellung in Kreisen ist der jeweilige Radius (r) aus der gegebenen Fläche (F) zu ermitteln.

Weil der Vergleich der Flächen, besonders wenn die Werte wie hier eng beieinander liegen, schwierig ist, ergänzt man die Darstellung häufig durch Angabe der absoluten Werte in der Kreis- bzw. Rechteckfläche.

Lösung:

Umrechnung der Benutzerzahlen in Flächengrößen. Maßstab: 10 000 Benutzer = 1 cm^2

Jahr	Benutzer der Badehalle	Größe der Darstellung in cm^2 (F)
1995	74 454	7,45
1996	73 359	7,34
1997	81 412	8,14
1998	84 063	8,41
1999	84 205	8,42

Bestimmung der Kantenlängen der Rechtecke

$F = a \cdot b$

für a gilt hier: a = 2 daraus folgt für b:

$$b = \frac{F}{a}$$

Für 1995 ergibt sich:

$$b = \frac{7,45}{2} = \underline{3,725}$$

Bestimmung der Radien

$F = r^2 \cdot \pi$

daraus folgt für r:

$$r^2 = \frac{F}{\pi}$$

$$r = \sqrt[2]{\frac{F}{\pi}}$$

$$r = \sqrt[2]{\frac{7,45}{\pi}} = \underline{1,54}$$

Jahr	Flächen	Kantenlängen	Radien
1995	7,45 cm^2	a = 2 b = 3,725	1,54 cm
1996	7,34 cm^2	a = 2 b = 3,67	1,53 cm
1997	8,14 cm^2	a = 2 b = 4,07	1,61 cm
1998	8,41 cm^2	a = 2 b = 4,205	1,64 cm
1999	8,42 cm^2	a = 2 b = 4,21	1,64 cm

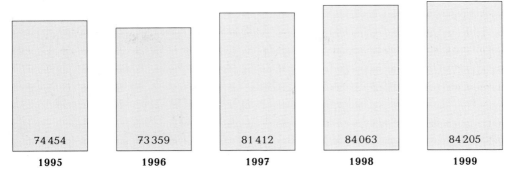

Benutzer der Badehalle der Stadt K. in den Jahren 1995–1999

74 454	73 359	81 412	84 063	84 205
1995	**1996**	**1997**	**1998**	**1999**

Die Berechnung der Radien für die Darstellung im Kreisdiagramm hat Werte von 1,53 bis 1,64 ergeben. Da die Unterschiede zwischen den einzelnen Radien so gering sind, daß die Abweichungen bei den Häufigkeiten mit dem bloßen Auge gar nicht erkennbar würden, ist diese Form der Darstellung für den darzustellenden Sachverhalt ungeeignet.

Kann das Ziel grafischer Darstellungen – die Veranschaulichung von statistischen Werten – so wie hier durch eine bestimmte Darstellungsform nicht erreicht werden, so ist zu prüfen, ob andere Darstellungsformen für den Sachverhalt besser geeignet sind (vgl. in diesem Fall 2.2.2.3 Kurvendiagramme).

Bei der Darstellung der Art der Nutzung der Badehalle (Schwimmhalle, Sauna, Solarium) sind nicht mehrere Gesamtmassen zu vergleichen, sondern die Anteile einzelner Teilmassen darzustellen. In diesem Fall ist die Gesamtfläche eines Rechtecks bzw. Kreises so aufzuteilen, daß die Teilflächen (Segmente) proportional zu den Teilmassen sind.

Die Aufteilung nach den Teilmassen Schwimmhalle, Sauna und Solarium soll exemplarisch für 1998 in einem Rechteckdiagramm und für 1999 in einem Kreisdiagramm dargestellt werden.

Für 1998 gilt:

Benutzerzahl insgesamt		84 063
davon:	Schwimmhalle (SH)	68 804
	Sauna (Sa)	9 579
	Solarium (So)	5 680

Für die Darstellung im Rechteck müssen die jeweiligen Teilflächen errechnet werden.

Als Maßstab gilt hier:

$5\,000$ Benutzer $= 1$ cm^2

Benutzerzahl		Flächen	Kantenlängen
		cm^2	cm
insg.	84 063	16,81	a = 4 b = 4,20
SH	68 804	13,76	a = 4 b = 3,44
Sa	9 579	1,91	a = 4 b = 0,48
So	5 680	1,14	a = 4 b = 0,28

Für 1999 gilt:

Benutzerzahl insgesamt		84 205
davon:	Schwimmhalle	68 769
	Sauna	9 214
	Solarium	6 222

Für die Darstellung in einer Kreisfläche sind die Winkelgrade der Segmente zu bestimmen. Das kann mit Hilfe des Dreisatzes geschehen:

$$84\,205 = 360° \text{ (Vollkreis)}$$
$$68\,769 = x°$$
$$x = \frac{360 \cdot 68\,769}{84\,205} = \underline{\underline{294}}$$

Benutzerzahl		Winkelgrade
insges.	84 205	360°
SH	68 769	294°
Sa	9 214	39°
So	6 222	27°

Nutzung der Badehalle im Jahr 1998

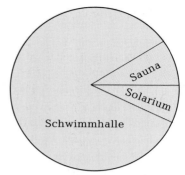

Nutzung der Badehalle im Jahr 1999

Bei Flächendiagrammen ist die Fläche (bzw. Teilfläche) eines Rechtecks oder Kreises proportional zu den darzustellenden Häufigkeiten.

Flächendiagramme dienen:

1. zum Vergleich zweier oder mehrerer Gesamtmassen durch flächenproportionale Gegenüberstellung von Rechtecken, Kreisen usw.,

2. zur Darstellung von Anteilen von Teilmassen an einer Gesamtmasse durch flächenproportionale Aufteilung der Fläche eines Rechtecks, Kreises usw.

Übungsaufgaben

1. Stellen Sie die Sitzverteilung im Bundestag 1990, 1994 und 1998 in verschiedenen Flächendiagrammen dar!

   a) Sitze der einzelnen Parteien 1994 in Rechteckdiagrammen.

   b) Sitze der einzelnen Parteien 1998 in Kreisdiagrammen.

   c) Anteile der einzelnen Parteien 1990 in einem Kreisdiagramm.

   Tabelle nach dem Statistischen Jahrbuch für die Bundesrepublik Deutschland

	Sitze insgesamt	davon SPD	davon CDU/CSU	davon F.D.P	davon Grüne/Bündnis 90	davon PDS
1990	662	239	319	79	8	17
1994	672	252	294	47	49	30
1998	669	298	245	43	47	36

2. Stellen Sie die Anteile der verschiedenen Finanzierungsarten bei der Finanzierung der Investitionen der Stadt A. in einem Rechteckdiagramm dar! Investitionen insgesamt 105,1 Mio. DM.

   Finanzierung durch: Kredite 47,7 Mio. DM, Beiträge 11,2 Mio. DM, Zuweisungen und Zuschüsse 34,1 Mio. DM, Veräußerungserlöse und sonstige Einnahmen 11,0 Mio. DM, Eigenmittel des Verwaltungshaushalts 1,1 Mio. DM.

3. Stellen Sie in einem Kreisdiagramm die Gliederung des privaten Verbrauchs in der Bundesrepublik dar!

   Nahrungsmittel, Getränke, Tabak 22 %; Kleidung, Schuhe 8 %; Wohnungsmiete 22 %; Strom, Gas, Brennstoffe 5 %; Möbel, Hausgeräte 8 %; Auto, Telefon 17 %; Körperpflege, Gesundheit 4 %; Bildung, Unterhaltung, Freizeit 11 %; Persönliche Ausstattung, Reisen 4 %.

   (Ausgaben eines mittleren Arbeitnehmerhaushalts im alten Bundesgebiet)

2.2.2.3 Kurvendiagramme

Beispiel:

Die Entwicklung der Benutzerzahlen der städtischen Badehalle der Stadt K. (vgl. Ausgangssituation) und die Art der Nutzung sollen in der zeitlichen Entwicklung dargestellt werden. Grundlage ist nebenstehende Tabelle.

Benutzer der Badehalle in den Jahren 1995–1999				
Einrichtung / Jahr	Nutzung der Badehalle			
	Schwimmhalle	Sauna	Solarium	Summe
1995	62 580	8 114	3 760	74 454
1996	61 015	8 204	4 140	73 359
1997	67 312	8 688	5 412	81 412
1998	68 804	9 579	5 680	84 063
1999	68 769	9 214	6 222	84 205
Summe	328 480	43 799	25 214	397 493

Lösung:

Auf der Basislinie (Abszisse) werden die Zeitwerte (Monate, Jahre) abgetragen. Gleiche Zeiträume sind durch gleiche Strecken wiederzugeben.

In der Senkrechten (Ordinate) werden die statistischen Meßzahlen (hier Benutzerzahlen) abgebildet. Zunächst sind die Schnittpunkte der entsprechenden Abszissen- und Ordinatenwerte zu kennzeichnen, anschließend werden die Punkte zu einer „Kurve" verbunden. Gelten die dargestellten Häufigkeiten für Zeiträume, so sind die Punkte über der Mitte des Zeitraums einzutragen. Die Verbindung von jeweils 2 benachbarten Punkten durch eine Gerade dient lediglich der Veranschaulichung der Entwicklungsrichtung. Aussagekraft haben nur die jeweiligen Punkte. Von besonderer Bedeutung ist die Wahl der Achsenmaßstäbe. Z.B.: 10 000 Benutzer = 5 cm, 1 Jahr = 1,5 cm. Veränderungen dieser Maßstäbe können das Erscheinungsbild der Kurve völlig verändern. Wird z.B. der Maßstab der Abszissenwerte „gestreckt", etwa 1 Jahr = 3 cm, dann erscheint die Kurve „flacher". Eine Vergrößerung des Maßstabs der Ordinatenwerte, z.B. 10 000 Benutzer = 10 cm, führt zu einem „steileren" Verlauf der Kurve.[1]

Die gezackte Linie am Anfang der beiden Achsen soll deutlich machen, daß man nicht mit dem Jahr 0 bei der Darstellung beginnt und die Wiedergabe der Besucherzahlen erst bei 70 000 einsetzt.

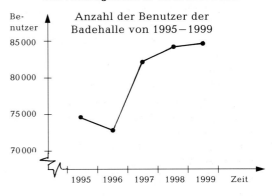

Kurvendiagramm in einfacher Form

Anzahl der Benutzer der Badehalle von 1995–1999

---

1 Probieren Sie diese Veränderungen aus!

Für Vergleichszwecke oder um die Zusammensetzung von Grundgesamtheiten zu verdeutlichen, können Zeitreihen aufeinander addiert (kumuliert) werden.

Im Beispiel zeigt die obere Kurve die Zahl der Benutzer der Badehalle insgesamt. Die Flächen zwischen den einzelnen Kurven verdeutlichen die jeweiligen Anteile der drei unterschiedlichen Einrichtungen (Solarium, Sauna und Schwimmhalle).

Sollen Abhängigkeiten zwischen zwei oder mehreren statistischen Größen im Zeitablauf dargestellt werden, so kann das ebenfalls in einem kombinierten Kurvendiagramm geschehen.

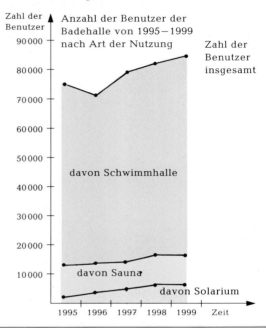

Kurvendiagramm in kombinierter Form

Kurvendiagramme eignen sich immer dann, wenn statistische Zahlen als eine Funktion der Zeit aufgefaßt werden, wenn die Zu- oder Abnahme einer statistischen Größe im zeitlichen Verlauf wiedergegeben werden soll. Mit kombinierten Kurvendiagrammen können Zusammensetzungen von Grundgesamtheiten in ihrer zeitlichen Veränderung und Abhängigkeiten von Zeitreihen verdeutlicht werden.

Übungsaufgaben

1. Erstellen Sie je ein Kurvendiagramm zu den Einnahmen und Ausgaben der öffentlichen Haushalte von 1950—1996! E = Einnahmen, A = Ausgaben in Mrd. DM.

1950	E	26,4	A	28,1				
1960	E	65,5	A	64,6	1989	E	1040,0	A 1053,2
1970	E	188,3	A	196,3	1990	E	1088,7	A 1141,4
1975	E	460,7	A	527,2	1991	E	1306,1	A 1411,8
1980	E	690,0	A	741,6	1992	E	1496,3	A 1618,7
1985	E	869,9	A	907,1	1993	E	1559,7	A 1693,9
1986	E	905,7	A	941,7	1994	E	1664,2	A 1778,4
1987	E	932,7	A	978,7	1995	E	1749,1	A 1856,7
1988	E	967,5	A	1021,1	1996	E	1753,5	A 1964,2

Anmerkung: Die Werte des Jahres 1991 sind mit den Jahren vorher nur eingeschränkt vergleichbar, nähere Erläuterungen siehe Statistisches Jahrbuch der Bundesrepublik 1997 S. 496. Die Werte bis 1991 beziehen sich auf das frühere Bundesgebiet, die Werte ab 1992 auf Deutschland.

2. Für den Vorbericht zum Haushaltsplan der Stadt K. ist ein Kurvendiagramm in kombinierter Form zu den Steuereinnahmen der Stadt zu erstellen.
   Zahlen siehe Übungsaufgabe 4 zum Kapitel 2.2.1.

3. Stellen Sie die Entwicklung der Bevölkerung der Bundesrepublik Deutschland insgesamt und differenziert nach „Früheres Bundesgebiet" und „Neue Länder und Berlin-Ost" für die Jahre 1986 bis 1996 in einem Kurvendiagramm dar!

Jahr	Früheres Bundesgebiet	Neue Länder und Berlin – Ost
1986	61 010	16 624
1987	61 077	16 641
1988	61 450	16 666
1989	62 063	16 614
1990	63 254	16 111
1991	64 074	15 910
1992	64 865	15 730
1993	65 534	15 645
1994	65 858	15 564
1995	66 156	15 505
1996	66 444	15 451

Quelle: Statistisches Jahrbuch 1997; Angaben in 1000

4. Erstellen Sie ein Kurvendiagramm zur abgebildeten Tabelle!

Erwerbstätige nach der Stellung im Beruf

Jahr	Selbständige u. mithelfende Familienangehörige	Arbeiter und Angestellte	Beamte
1991	3 424	30 632	2 507
1992	3 485	29 840	2 533
1993	3 533	29 139	2 543
1994	3 586	28 842	2 540
1995	3 622	28 680	2 529
1996	3 651	28 256	2 514

Quelle: Statistisches Jahrbuch 1997; Angaben in 1000

Summenkurven

Beispiel:

Die Erhebung der Einkommensverhältnisse von 200 erwachsenen Benutzern (18 Jahre und älter) der Badehalle der Stadt K. hat folgende Ergebnisse erbracht.

Gehaltsklasse	Häufigkeiten
0 – 500 DM	18
501 – 1 000 DM	33
1 001 – 2 000 DM	54
2 001 – 3 000 DM	58
3 001 – 4 000 DM	21
4 001 und mehr	16

Diese Ergebnisse sollen so in einem Kurvendiagramm dargestellt werden, daß aus der Kurve abgelesen werden kann, wieviel Benutzer jeweils weniger als einen bestimmten Betrag als Einkommen erzielen.

Um aus der Kurve ablesen zu können, wieviel Benutzer weniger als einen vorgegebenen Betrag verdienen, ist zunächst eine Tabelle mit den aufsummierten (kumulierten) Häufigkeiten zu erstellen.

Die Darstellung erfolgt im Koordinatensystem. Auf der waagerechten Achse sind die Gehaltsklassen abzutragen, in der Senkrechten die aufsummierten Häufigkeiten. Die aufsummierten Häufigkeiten müssen hier den oberen Klassengrenzen zugeordnet werden. Verbindet man die Punkte, die durch Klassenobergrenze und aufsummierter Häufigkeit bestimmt sind, erhält man eine „Summenkurve". Aus dieser Kurve kann jetzt z. B. abgelesen werden, wieviel Benutzer 2000,00 DM und weniger verdienen. Hier sind das 105 Benutzer.

Auch das Ablesen von Werten, die zwischen den Klassengrenzen liegen, ist möglich. Für 2500,00 DM gilt z. B., daß 134 Benutzer weniger als diesen Betrag verdienen. Man muß allerdings bedenken, daß die Zwischenwerte nur dann korrekt sind, wenn innerhalb einer Gehaltsklasse die Merkmalsausprägungen völlig gleichmäßig verteilt sind.

Gehaltsklasse	Häufigkeit	aufsummierte Häufigkeit
0 — 500	18	18
501 — 1 000	33	51
1 001 — 2 000	54	105
2 001 — 3 000	58	163
3 001 — 4 000	21	184
4 001 und mehr	16	200

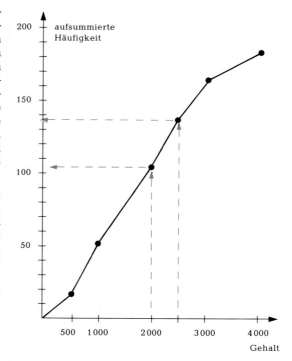

Summenkurven sind die Darstellungen aufsummierter Häufigkeiten in einem Kurvendiagramm.

Mit Hilfe von Summenkurven kann die Frage beantwortet werden, wieviel Elemente eine Merkmalsausprägung besitzen, die kleiner (größer) oder gleich einem bestimmten quantitativen Merkmalswert sind.

Übungsaufgaben

1. Erstellen Sie eine Summenkurve zur Zusammensetzung Ihrer Klasse nach dem Lebensalter!

2. Bei der Stadt R. sind 281 Beamte beschäftigt, die nach der Besoldungsordnung A ihr Gehalt bekommen. Sie verteilen sich wie folgt auf die einzelnen Besoldungsgruppen:

A 5: 12	A 8: 30	A 11: 45	A 14: 5
A 6: 17	A 9: 38	A 12: 18	A 15: 12
A 7: 45	A 10: 48	A 13: 9	A 16: 2

Erstellen Sie eine Summenkurve, aus der abzulesen ist, wie viele Beamte ein Grundgehalt von 3 700,00 DM (6 000,00 DM) und weniger erhalten!

Gehen Sie dabei vereinfachend davon aus, daß alle das Gehalt der 6. Dienstaltersstufe beziehen. Hier gelten folgende Grundgehälter (Werte gerundet):

A 5: 3 180,00 DM	A 8: 3 650,00 DM	A 11: 4 740,00 DM	A 14: 6 210,00 DM
A 6: 3 260,00 DM	A 9: 3 880,00 DM	A 12: 5 165,00 DM	A 15: 6 825,00 DM
A 7: 3 455,00 DM	A 10: 4 300,00 DM	A 13: 5 780,00 DM	A 16: 7 540,00 DM

2.2.2.4 Kartogramme und Schaubilder

Beispiel 1:

Die Herkunft der Benutzer der Badehalle der Stadt K. soll anschaulich dargestellt werden. Die Erhebung (vgl. Ausgangssituation) hat folgende Ergebnisse für den Monat Dezember 1999 erbracht:

Stadt K.	3 490 Benutzer	Landkreis S.	38 Benutzer
Lankreis K.	1 496 Benutzer	Landkreis H.	31 Benutzer
Landkreis O.	48 Benutzer	sonstige Landkreise	4 Benutzer

Lösung:

Für die **Darstellung räumlicher Merkmale** ist das **Kartogramm** geeignet. Ausgangspunkt ist eine für den Gegenstand der Darstellung geeignete Karte der politischen Grenzen (hier Kreisgrenzen) zu wählen. In die entsprechenden Regionen (Stadt bzw. Landkreis) wird die Häufigkeit eingetragen. Gerade bei Kartogrammen sind viele unterschiedliche Formen der Darstellung statistischer Grundgesamtheiten möglich. So werden Kartogramme häufig mit anderen Darstellungsformen kombiniert (vgl. Beispiel 2).

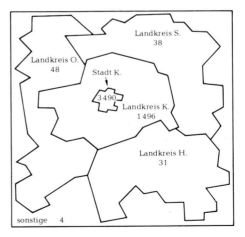

Das Kartogramm verdeutlicht die Einwohnerzahl einerseits durch Angabe der absoluten Zahl der Einwohner im jeweiligen Bundesland und andererseits durch eine Symboldarstellung unterschiedlicher Größe in Abhängigkeit von der Größe der Einwohnerzahl.

Schaubilder bieten als Darstellungsform einige Vorteile, sie sind durch die Verwendung von

Symbolen leicht verständlich, anschaulich und einprägsam. Zur Erreichung dieses Vorteils wird allerdings in Kauf genommen, daß exakte Information verlorengeht. Diese Form der Darstellung findet besonders dann Anwendung, wenn es darauf ankommt, statistische Werte für einen breiten Kreis von Betrachtern anschaulich darzustellen (z. B. in Zeitschriften).

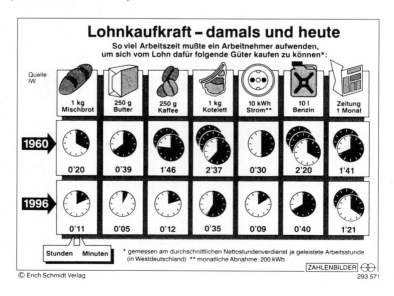

Übungsaufgaben

1. Stellen Sie die „Regionalen Unterschiede der Arbeitslosigkeit in der Bundesrepublik Deutschland im März 1999" dar.

   Arbeitslose nach Bundesländern März 1999

Schleswig Holstein	130 614	10,1 %	Bayern	428 150	7,2 %
Hamburg	88 317	11,0 %	Brandenburg	224 627	17,8 %
Niedersachsen	394 218	10,9 %	Mecklenburg-Vorpommern	173 101	19,4 %
Bremen	45 666	15,0 %	Nordrhein-Westfalen	858 693	10,7 %
Sachsen-Anhalt	281 385	21,1 %	Hessen	250 289	8,8 %
Sachsen	397 628	18,2 %	Rheinland-Pfalz	156 582	8,7 %
Thüringen	196 717	16,1 %	Saarland	51 185	11,1 %
Berlin	271 807	16,0 %	Baden-Württemberg	339 514	6,8 %

   Quelle: Online-Dienst der Bundesanstalt für Arbeit April 1999

2. Verdeutlichen Sie in der abgebildeten Karte die Einwohnerzahlen der Städte, Gemeinden und Samtgemeinden.

   Die Wahl der Darstellungsform bleibt Ihnen überlassen. Möglich wären z. B.: Stabdiagramme, Schaubild-Darstellungen, Farbschraffuren, ...

   Einwohnerzahlen der Städte, Gemeinden und Samtgemeinden

Alfeld (Leine)	22 371
Algermissen	7 451
Bad Salzdetfurth	14 309
Bockenem	11 512
Diekholzen	7 181
Elze	9 775
Giesen	9 331
Harsum	11 245
Hildesheim	106 098
Holle	6 751
Nordstemmen	12 604
Sarstedt	17 848
Schellerten	8 651
Söhlde	8 202
Samtgemeinde Gronau	14 997
Samtgemeinde Lamspringe	6 541
Samtgemeinde Sibbesse	6 548
Samtgemeinde Freden	5 820
Samtgemeinde Duingen	5 735

Landkreis Hildesheim insgesamt 292 970

2.3 Ermittlung statistischer Meßzahlen

Bei der grafischen Darstellung der gewonnenen Daten von Erhebungen wurden die umfangreichen Werte mit dem Ziel größerer Anschaulichkeit reduziert und aufbereitet.

Die rechnerische Auswertung stellt eine weitere Reduktion der Vielzahl der Daten auf bestimmte charakteristische Zahlenwerte dar. Ziel der weiteren Reduktion ist vor allem das Herausarbeiten typischer Eigenschaften der Grundgesamtheit und die Erleichterung von Vergleichen mehrerer Grundgesamtheiten. Die Kennzeichnung einer Grundgesamtheit durch statistische Meßzahlen ist allerdings immer mit einem weiteren Verlust an Informationen verbunden.

2.3.1 Mittelwerte: Median, Modus, arithmetisches Mittel

Beispiel:

In dem Fragebogen zur Erfassung der Nutzung der Badehalle der Stadt K. (vgl. Ausgangssituation und 1.2) wurde gefragt:

„Wie häufig nutzen Sie die Einrichtungen der Badehalle im Jahr ca.?"

Schwimmhalle ◯   Sauna ◯   Solarium ◯

Für die Sauna lauteten die Antworten von 15 Benutzern wie folgt:

3, 8, 26, 8, 4, 8, 14, 20, 12, 8, 3, 18, 10, 12, 12

Zu ermitteln sind der Median (Zentralwert), der Modus (häufigster Wert) und das arithmetische Mittel.

Lösung:

(1) Bestimmung des Median

Die Merkmalswerte sind der Größe nach zu ordnen.

Jeder Merkmalsausprägung ist eine Ordnungsnummer von 1 bis n aufsteigend zuzuordnen.

Als Median ist der Wert zu ermitteln, der die Häufigkeitsverteilung in zwei gleichgroße Teile trennt. Die Ordnungsnummer des Median (nicht der Zentralwert selbst) kann wie folgt errechnet werden[1]:

$$\text{Ordnungsnummer des Median} = \frac{n+1}{2} = \frac{15+1}{2} = \underline{8}$$

Die Merkmalsausprägung, die zu der Ordnungsnummer 8 gehört, stellt den Median dar. Der Median ist im Beispiel also 10.

(2) Bestimmung des Modus

Für alle Merkmalsausprägungen ist die Häufigkeit festzustellen.

Ordnungs-nummer	statistische Reihe der Größe nach geordnet	Häufig-keiten
1	3	⎫ 2
2	3	⎭
3	4	1
4	8	
5	8	4
6	8	
7	8	
8	10	1
9	12	
10	12	3
11	12	
12	14	1
13	18	1
14	20	1
15	40	1
		15
Median ≙ 10		
Modus ≙ 8		

---

[1] Bei einer geraden Anzahl von Merkmalsausprägungen nimmt man den Wert als Zentralwert, der in der Mitte der „beiden mittleren Werte" liegt. Wären im obigen Beispiel nur die ersten 14 Ausprägungen ermittelt worden, wäre der Zentralwert 9 (in der Mitte zwischen 8 und 10).

Die Ausprägung, die am häufigsten vertreten ist, bezeichnet man als Modus (häufigster Wert). Im Beispiel ist der Modus 8.

(3) Bestimmung des arithmetischen Mittels:

Zur Bestimmung des arithmetischen Mittels sind die $n = 15$ Merkmalswerte (x_1, x_2, ... x_{15}) zu addieren.

Die Summe ist durch die Anzahl der Merkmalswerte zu dividieren. Als Ergebnis erhält man das arithmetische Mittel $\bar{x}$ (lies „x quer").

einfaches Mittel

$$x_1 + x_2 + \ldots + x_n = \sum_{i=n}^{n} x_i$$

$$3+3+4+8+8+8+8+10+12+12+12+14$$
$$+18+20+40=180$$

$$\bar{x} = \frac{\sum_{i=1}^{n} x_i}{n}$$

$$\bar{x} = \frac{\sum_{i=1}^{15} x_i}{15} = \frac{180}{15} = \underline{\underline{12}}$$

(4) Bestimmung des arithmetischen Mittels:

Treten in einer Verteilung, wie im obigen Beispiel, Merkmalsausprägungen mehrfach auf, so kann das arithmetische Mittel wie folgt berechnet werden:

In der Lösungstabelle sind nur die unterschiedlichen Ausprägungen aufzuführen.

Den Merkmalsausprägungen (x_i) sind deren Häufigkeiten (f_i) zuzuordnen.

Das Produkt aus Ausprägung x_i und Häufigkeit f_i ist zu bilden: $x_i \cdot f_i$

Anschließend ist die Summe dieser Produkte durch die Summe der Häufigkeiten zu dividieren.

Als Ergebnis ergibt sich auch hier $\bar{x} = 12$. Das muß auch so sein, denn die Berechnung des gewogenen arithmetischen Mittels stellt lediglich eine vereinfachte Berechnungsmethode dar, die dann anzuwenden ist, wenn Merkmalsausprägungen mehrfach auftreten.

gewogenes Mittel

Ordnungs-nummer i	Merkmals-ausprägung x_i	Häufig-keit f_i	$x_i \cdot f_i$
1	3	2	6
2	4	1	4
3	8	4	32
4	10	1	10
5	12	3	36
6	14	1	14
7	18	1	18
8	20	1	20
9	40	1	40
		15	180

$$\bar{x} = \frac{\sum_{i=1}^{n} x_i \cdot f_i}{\sum_{i=1}^{n} f_i}$$

$$\bar{x} = \frac{\sum_{i=1}^{9} x_i \cdot f_i}{\sum_{i=1}^{9} f_i} = \frac{180}{15} = \underline{\underline{12}}$$

Mittelwerte:

Der **Median (Zentralwert)** ist der Wert, der in der Mitte einer geordneten statistischen Reihe liegt. Er teilt die Reihe in zwei gleichgroße Hälften.

Der **Modus** ist der Wert, der in einer statistischen Verteilung am häufigsten vorkommt.

Der **arithmetische Mittelwert** (umgangssprachlich: Durchschnittswert) wird nach folgender Formel berechnet:

einfaches arithmetisches Mittel $\quad \bar{x} = \dfrac{\sum\limits_{i=1}^{n} x_i}{n}$

Treten Merkmalsausprägungen mehrfach auf, kann die Berechnung auch nach folgender Formel erfolgen:

gewogenes arithmetisches Mittel $\quad \bar{x} = \dfrac{\sum\limits_{i=1}^{n} x_i \cdot f_i}{\sum\limits_{i=1}^{n} f_i}$

2.3.2 Streuungsmaße: Spannweite und mittlere Abweichung

Mit Hilfe der Mittelwerte allein kann eine statistische Masse häufig nur unzureichend beschrieben werden. Streuungsmaße können eine wertvolle Ergänzung darstellen. Das folgende Beispiel soll das verdeutlichen.

Beispiel:

Die Altersstruktur der Benutzer von Solarium und Schwimmhalle wurde ermittelt. Für je 10 Benutzer haben sich folgende Werte ergeben:

Alter von 10 Benutzern der Schwimmhalle		Alter von 10 Benutzern des Solariums	
1. 6 J.	6. 28 J.	1. 21 J.	6. 26 J.
2. 8 J.	7. 31 J.	2. 22 J.	7. 28 J.
3. 13 J.	8. 42 J.	3. 23 J.	8. 29 J.
4. 16 J.	9. 44 J.	4. 25 J.	9. 30 J.
5. 17 J.	10. 56 J.	5. 25 J.	10. 31 J.

In beiden Fällen ergibt sich als arithmetisches Mittel $\bar{x} = 26$. Das „Durchschnittsalter" der Benutzer ist also gleich. Trotzdem bietet die Zusammensetzung der beiden Benutzerkreise ein jeweils völlig unterschiedliches Bild. Bei den Benutzern des Solariums weichen die einzelnen Altersangaben nur sehr geringfügig vom Durchschnittsalter ab, sie sind wenig gestreut. Anders ist das beim Alter der Benutzer der Schwimmhalle. Es soll versucht werden, diese unterschiedlichen Strukturen durch Kennzahlen zu verdeutlichen.

Eine erste Information über die Streuung gibt der Unterschied zwischen der kleinsten und der größten Merkmalsausprägung. Diese Größe bezeichnet man als **Spannweite.**

Bei den Benutzern der Schwimmhalle beträgt die Spannweite:

$$56 - 6 = 50$$

Bei den Benutzern des Solariums
beträgt die Spannweite:

$$31 - 21 = 10$$

Die Spannweite gibt allerdings nicht immer eine sichere Information über die Streuung. Sie ist sehr stark von einzelnen Extremwerten abhängig, die das Bild verfälschen können. Wäre z.B. im obigen Fall nur ein einziger Benutzer des Solariums wesentlich älter (z.B. 71 Jahre) gewesen, so wäre der Eindruck entstanden, daß die Altersstruktur in beiden Fällen vergleichbar sei, denn die Spannweite wäre dann jeweils 50 gewesen.

> Die Spannweite gibt die Differenz zwischen dem größten und dem kleinsten Merkmalswert an.

Um die Abhängigkeit von einzelnen Extremwerten zu verringern, wird die **mittlere Abweichung** ermittelt. Ausgangspunkt für die Bestimmung ist ein Mittelwert. Wir wählen hier als Ausgangspunkt das arithmetische Mittel (auch der Zentralwert oder ein anderer Mittelwert wären möglich).

Für die Benutzer der Schwimmhalle ergibt sich:

$$\bar{x} = \frac{\sum\limits_{i=1}^{n} x_i}{n} = \frac{260}{10} = \underline{\underline{26}}$$

Für die Benutzer des Solariums
ergibt sich:

$$\bar{x} = \frac{\sum\limits_{i=1}^{n} x_i}{n} = \frac{260}{10} = \underline{\underline{26}}$$

Jetzt ist der Betrag der Differenz von jeder Merkmalsausprägung (x_i) zum Mittelwert ($\bar{x}$) zu ermitteln. Bei der Ermittlung des „Betrages" bleibt das Vorzeichen der Differenz unberücksichtigt. Man setzt zur Kennzeichnung zwei senkrechte Striche $|\,x_i - \bar{x}\,|$.

i	x_i	$|\,x_i - \bar{x}\,|$
1	6	20
2	8	18
3	13	13
4	16	10
5	17	9
6	28	2
7	31	5
8	42	16
9	44	18
10	56	30
		141

i	x_i	$|\,x_i - \bar{x}\,|$
1	21	5
2	22	4
3	23	3
4	25	1
5	25	1
6	26	0
7	28	2
8	29	3
9	30	4
10	31	5
		28

Als mittlere Abweichung (d) ermittelt man das arithmetische Mittel aller Beträge der Einzelabweichungen. Es ist also die Summe der Einzelabweichungen, dividiert durch die Anzahl der Einzelabweichungen.

$$d_1 = \frac{\displaystyle\sum_{i=1}^{n} |x_i - \bar{x}|}{n} = \frac{141}{10} = \underline{\underline{14,1}} \qquad d_2 = \frac{\displaystyle\sum_{i=1}^{n} |x_i - \bar{x}|}{n} = \frac{28}{10} = \underline{\underline{2,8}}$$

Das Ergebnis besagt:

Das Alter der Benutzer der Schwimmhalle weicht im Durchschnitt um 14,1 Jahre vom Mittelwert von 26 Jahren ab. Das Alter ist demnach stark gestreut, und der Mittelwert von 26 Jahren ist nicht sehr aussagekräftig.

Das Ergebnis besagt:

Das Alter der Benutzer des Solariums weicht im Durchschnitt um 2,8 Jahre vom Mittelwert von 26 Jahren ab. Die Altersstruktur ist also relativ ausgeglichen (geringe Streuung), und der Mittelwert ist relativ aussagekräftig.

Die „mittlere Abweichung" gibt Auskunft über die Streuung der Merkmalsausprägung innerhalb einer Grundgesamtheit. Sie gibt an, um wieviel die einzelnen Werte „im Durchschnitt" vom Mittelwert abweichen. Sie ist nach folgender Formel zu berechnen:

$$d = \frac{\displaystyle\sum_{i=1}^{n} |x_i - \bar{x}|}{n}$$

Weitere Streuungsmaße sind die Standardabweichung und die Varianz. Diese Streuungsmaße sollen hier nicht weiter behandelt werden. Sie können nach den folgenden Formeln berechnet werden:

$$\text{Standardabweichung:} \quad S = \sqrt{\frac{\displaystyle\sum_{i=1}^{n} (x_i - \bar{x})^2}{n}}$$

$$\text{Varianz:} \quad S^2 = \frac{\displaystyle\sum_{i=1}^{n} (x_i - \bar{x})^2}{n}$$

Übungsaufgaben

1. Die Altersstruktur Ihrer Klasse soll durch Mittelwerte verdeutlicht werden. Ermitteln Sie:
   a) den Median, b) den Modus und c) das arithmetische Mittel!
   Was besagen diese drei Werte?

2. Zur Erfassung der Arbeitsbelastung durch den Publikumsverkehr wurde in der Gemeindekasse der Samtgemeinde R. über einen Monat ermittelt, wieviel Besucher täglich die Gemeindekasse aufsuchten. Die Erhebung ergab für die 21 Tage des Untersuchungsmonats folgende Werte:

   18, 22, 16, 51, 9, 16, 14, 20, 11, 18, 14, 19, 53, 16, 17, 12, 21, 15, 22, 15, 13.

   Ermitteln Sie: a) den Median, b) den Modus und c) das arithmetische Mittel!
   Welche Tatsache begrenzt die Aussagekraft des arithmetischen Mittels?

3. Die Beamten, die bei der Stadt B. im Hauptamt tätig sind, erzielten im vergangenen Monat folgende Gehälter. Bestimmen Sie das arithmetische Mittel der Gehälter:

   4 045,75 DM / 3 377,17 DM / 2 949,70 DM / 3 401,39 DM / 3 076,41 DM / 2 384,75 DM / 2 770,59 DM / 2 192,66 DM / 2 432,13 DM / 1 913,36 DM / 1 851,46 DM / 1 660,85 DM.

   Welche Mittelwerte können hier sinnvoll ermittelt werden? Ermitteln Sie diese!

4. In welchen Fällen ist es sinnvoll, das gewogene arithmetische Mittel zu berechnen? Begründen Sie, warum das arithmetische und das gewogene arithmetische Mittel im Ergebnis gleich sein müssen!

5. Ermitteln Sie zu den Werten der Aufgaben 2. und 3. die Spannweite und die mittlere Abweichung!

6. In welchen Fällen ist es besonders wichtig, neben der Spannweite auch die mittlere Abweichung anzugeben? Begründen Sie Ihre Antwort!

2.3.3 Verhältniszahlen: Gliederungszahlen, Beziehungszahlen, Meßzahlen

Die Aussagekraft absoluter Zahlen ist häufig eingeschränkt, erst der Vergleich mit anderen Größen, also das Verhältnis zweier Größen zueinander, verdeutlicht Größenordnungen und macht Zusammenhänge deutlich.

Verhältniszahlen sind:

Gliederungszahlen,	sie geben Auskunft über das Verhältnis von Teilmassen zu der Gesamtmasse.
Beziehungszahlen,	sie geben Auskunft über das Verhältnis verschiedener Massen zueinander.
Meßzahlen,	sie geben Auskunft über das Verhältnis gleichartiger Massen zueinander.

Gliederungszahlen

Beispiel:

Die Altersstruktur der Benutzer der Badehalle der Stadt K. wurde im Rahmen einer Erhebung ermittelt (vgl. Ausgangssituation).

Für das 4. Quartal 1999 wurden die folgenden Werte festgestellt:

0−10 Jahre	1 805 Benutzer	41−50 Jahre	1 914 Benutzer
11−20 Jahre	5 414 Benutzer	51−60 Jahre	694 Benutzer
21−30 Jahre	3 915 Benutzer	61 J. u. älter	312 Benutzer
31−40 Jahre	3 039 Benutzer		

Die Angabe der absoluten Zahl der Benutzer in den einzelnen Altersgruppen allein ist nicht sehr aussagekräftig. So ist etwa die Aussage „5 414 Benutzer der Badehalle der Stadt K. sind zwischen 11 und 20 Jahre" zwar eine richtige Aussage, doch der Informationswert kann wesentlich verbessert werden, wenn erkennbar wird, welchen Anteil diese Altersgruppe an der gesamten Benutzerzahl ausmacht. Das kann erreicht werden, indem neben der Häufigkeit der Teilmasse (hier 5 414 Benutzer zwischen 11 und 20

8 Grommas/Bartels − ISBN 3-8120-0430-5

Jahre) angegeben wird, welchen Umfang die Gesamtmasse hat (hier insgesamt 17093 Benutzer). Anschaulicher ist die Größenordnung noch, wenn die Anteile in Prozent angegeben werden.

Als Gliederungszahlen sind die prozentualen Anteile der Altersgruppen an der Gesamtzahl der Benutzer zu ermitteln.

Die Errechnung von Gliederungszahlen stellt somit eine Anwendung der Prozentrechnung (Berechnung des Prozentsatzes) dar.

Die Formel zur Berechnung des Prozentsatzes lautete:

$$p = \frac{w \cdot 100}{g}$$

Angewandt auf das Beispiel ergibt sich: $\quad p = \frac{5414 \cdot 100}{17093} = \underline{31,67}$

Wir können jetzt sagen, 31,67 % der Benutzer der Badehalle sind zwischen 11 und 20 Jahren.

Für die anderen Altersgruppen kann die Relation zwischen Teilmasse und Gesamtmasse ebenfalls als Gliederungszahl nach der folgenden Formel ausgedrückt werden:

$$\text{Gliederungszahl} = \frac{\text{Teilmasse} \cdot 100}{\text{Gesamtmasse}}$$

Die Altersstruktur der Benutzer der Badehalle der Stadt K. stellt sich dann wie folgt dar:

0–10 Jahre	10,56 % der Benutzer	41–50 Jahre	11,20 % der Benutzer
11–20 Jahre	31,67 % der Benutzer	51–60 Jahre	4,06 % der Benutzer
21–30 Jahre	22,90 % der Benutzer	61 J. u. älter	1,83 % der Benutzer
31–40 Jahre	17,78 % der Benutzer		

> Gliederungszahlen geben Auskunft über das Verhältnis von Teilmassen zu einer Gesamtmasse. Sie sind nach folgender Formel zu berechnen:
>
> $$\text{Gliederungszahl} = \frac{\text{Teilmasse} \cdot 100}{\text{Gesamtmasse}}$$

Beziehungszahlen

Beispiel:

Der Stand der Schulden der Städte K., R., H. und S. sollen verglichen werden. Die Haushaltspläne dieser Städte zeigen jeweils den folgenden Gesamtschuldenstand:

Stadt	Stand der Schulden
K.	580 580 028,00 DM
R.	96 804 240,00 DM
H.	210 047 088,00 DM
S.	331 025 000,00 DM

Der Vergleich des Standes der Schulden ergibt, daß die Stadt K. mit Abstand am stärksten verschuldet ist. Dieser Vergleich kann jedoch so nicht befriedigen. Um den Schuldenstand wirklich vergleichen zu können, sind Informationen über die Größe der Städte einzubeziehen.

Die Größe wird in diesem Zusammenhang am besten durch die Zahl der Einwohner gemessen. Die Einwohnerzahlen betragen:

für die Stadt K. 346 822 Einwohner, für die Stadt R. 56 810 Einwohner, für die Stadt H. 102 512 Einwohner und für die Stadt S. 264 820 Einwohner.

Als **Beziehungszahl** kann jetzt der **Stand der Schulden je Einwohner** errechnet werden. Die Berichtsgröße „Summe der Schulden" wird zu der Basisgröße „Anzahl der Einwohner" in Beziehung gesetzt.

$$\text{Schulden je Einwohner} \quad = \quad \frac{\text{Summe der Schulden}}{\text{Anzahl der Einwohner}}$$

Für die 4 Städte ergibt sich:

$$\text{Stadt K.:} \quad \text{Schulden je Einwohner} \quad = \quad \frac{580\,580\,028}{346\,822} \quad = \quad 1\,674 \text{ DM/Einwohner}$$

$$\text{Stadt R.:} \quad \text{Schulden je Einwohner} \quad = \quad \frac{96\,804\,240}{56\,810} \quad = \quad 1\,704 \text{ DM/Einwohner}$$

$$\text{Stadt H.:} \quad \text{Schulden je Einwohner} \quad = \quad \frac{210\,047\,088}{102\,512} \quad = \quad 2\,049 \text{ DM/Einwohner}$$

$$\text{Stadt S.:} \quad \text{Schulden je Einwohner} \quad = \quad \frac{331\,025\,000}{264\,820} \quad = \quad 1\,250 \text{ DM/Einwohner}$$

Die Beziehungszahlen zeigen, daß die Stadt H., bezogen auf die Anzahl der Einwohner, am stärksten verschuldet ist.

Zu beachten ist, daß Beziehungszahlen immer zwei Benennungen aufweisen, nämlich die Maßeinheit der Berichtsgröße (hier DM) und die der Basisgröße (hier Einwohner).

Manchmal ist es schwierig, die geeignete Basisgröße zum Vergleich zu finden. Denkbar wäre im Beispiel auch die Größe der Stadt in km^2 gewesen. Da zwischen der Größe in km^2 und der Höhe der Schulden ein geringer ursächlicher Zusammenhang bestehen dürfte, ist die Angabe der Schulden je Einwohner aussagekräftiger. Die Wahl der Bezugsgröße hängt jedoch sehr stark von der jeweiligen Fragestellung ab. So kann etwa mit Blick auf die Zahlungsfähigkeit der Stadt unter Umständen auch die Höhe des Steueraufkommens der Stadt als Basisgröße herangezogen werden.

Beziehungszahlen sind vor allem für den Vergleich von Berichtsgrößen geeignet, die aus unterschiedlich großen Gesamtheiten stammen. Für die Berechnung gilt:

$$\text{Beziehungszahl} \quad = \quad \frac{\text{Berichtsgröße}}{\text{Basisgröße}}$$

Häufig ermittelte Beziehungszahlen sind z. B.:

- für die Bevölkerungsdichte: Einwohner je km^2
- für die Verkehrsdichte: Fahrzeuge je Stunde
- für die Ausstattung der Bevölkerung mit Gebrauchsgütern: Pkw je 100 Einwohner
  Fernseher je 100 Einwohner
- für die Arbeitsproduktivität: Produktionseinheiten je Arbeitnehmer

Meßzahlen

Beispiel:

Die Einnahmen der Stadt N. aus der Grundsteuer A und der Grundsteuer B sollen in ihrem Verhältnis zueinander betrachtet werden. Die Haushaltsrechnung der Stadt zeigt für die letzten 3 Jahre folgende Werte:

Steuer \\ Jahr	1997	1998	1999
Grundsteuer A	168 000,00 DM	202 000,00 DM	216 000,00 DM
Grundsteuer B	13 298 000,00 DM	12 520 000,00 DM	12 400 000,00 DM
Summe	13 466 000,00 DM	12 722 000,00 DM	12 616 000,00 DM

Um das Verhältnis der Einnahmen aus den beiden Steuerarten zu quantifizieren, wird die Höhe der Steuereinnahmen aus der Grundsteuer A in % der Einnahmen aus der Grundsteuer B ausgedrückt.

Für 1997 ergibt sich:

$$\frac{\text{Einnahmen aus der Grundsteuer A} \cdot 100}{\text{Einnahmen aus der Grundsteuer B}} = \frac{168\,000 \cdot 100}{13\,298\,000} = \underline{\underline{1{,}26}}$$

Die ermittelte Meßzahl 1,26 % gibt an, daß 1997 bei 100,00 DM Einnahmen aus der Grundsteuer B in der Stadt N. 1,26 DM Einnahmen aus der Grundsteuer A angefallen sind.

Zur Analyse zeitlicher Entwicklungen werden häufig „dynamische Meßzahlen" ermittelt, dabei wird der Wert des Berichtsjahres auf den Wert des Basisjahres bezogen (vgl. Auswertung von Zeitreihen).

Meßzahlen geben Auskunft über das Verhältnis gleichartiger Massen[1] zueinander. Sie sind nach folgender Formel zu berechnen:

$$\text{Meßzahl} = \frac{\text{Umfang der Masse 1} \cdot 100}{\text{Umfang der Masse 2}}$$

---

1 Von der „Gleichartigkeit" zweier Massen kann ausgegangen werden, wenn es möglich ist, beide Massen zu einer übergeordneten Gesamtmasse zusammenzufassen. Im Beispiel: Einnahmen aus der Grundsteuer A + Einnahmen aus der Grundsteuer B = Summe der Einnahmen aus der Grundsteuer.

Übungsaufgaben

1. Grenzen Sie gegeneinander ab, indem Sie die Unterschiede herausstellen:
   Gliederungszahlen – Beziehungszahlen – Meßzahlen.

2. Ermitteln Sie die Gliederungszahlen für die Auszubildenden in der Bundesrepublik Deutschland nach Ausbildungsbereichen im Jahr 1997.

Industrie und Handel	733 860	Öffentlicher Dienst	46 980
Handwerk	630 180	Freie Berufe	155 520
Landwirtschaft	37 260	Hauswirtschaft	12 960

   Quelle: Statistisches Jahrbuch für die Bundesrepublik Deutschland 1997
   Online-Dienst der Bundesanstalt für Arbeit April 1999

3. a) Verdeutlichen Sie die Zusammensetzung der Erlöse der Stadtwerke nach den einzelnen Bereichen!

Bereich	Erlöse in Tausend DM	Bereich	Erlöse in Tausend DM
Stromversorgung	51 792	Wasserversorgung	10 355
Gasversorgung	31 539	Verkehrsbetriebe	10 687

   b) Ermitteln Sie Meßzahlen für die Erlöse der Stadtwerke aus den Bereichen Gasversorgung, Wasserversorgung, Verkehrsbetriebe im Verhältnis zu den Erlösen aus der Stromversorgung!

4. a) Verdeutlichen Sie die Bevölkerungsdichte in den einzelnen Bundesländern!

   b) Errechnen Sie das Verhältnis der Arbeitslosen in den einzelnen Bundesländern zu der Anzahl der abhängig Beschäftigten im März 1999! (Multipliziert man die hier ermittelte Beziehungszahl mit 100, so erhält man die jeweilige Arbeitslosenquote.)

Bundesland	Fläche km^2	Bevölkerung in 1 000	abhängig Beschäftigte in 1 000	Arbeitslose (März 1999)
Baden-Württemberg	35 752,50	10 295	4 992,9	339 514
Bayern	70 550,87	11 954	5 946,5	428 150
Berlin	880,82	3 471	1 698,8	271 807
Brandenburg	29 478,73	2 539	1 261,9	224 627
Bremen	404,73	680	304,4	45 666
Hamburg	755,20	1 707	802,9	88 317
Hessen	21 114,45	5 994	2 844,2	25 289
Mecklenburg-Vorpommern	23 170,34	1 828	892,3	173 101
Niedersachsen	47 610,55	7 746	3 616,7	394 218
Nordrhein-Westfalen	34 077,70	17 847	8 025,2	858 693
Rheinland-Pfalz	19 846,50	3 963	1 799,8	156 582
Saarland	2 570,15	1 084	461,1	51 185
Sachsen	18 412,66	4 575	2 184,8	397 628
Sachsen-Anhalt	20 445,99	2 750	1 333,6	281 385
Schleswig-Holstein	15 770,50	2 717	1 293,2	130 614
Thüringen	16 171,12	2 511	1 221,8	196 717

   Quelle: Statistisches Jahrbuch für die Bundesrepublik Deutschland 1997
   Online-Dienst der Bundesanstalt für Arbeit April 1999

5. Errechnen Sie vier sinnvolle Verhältniszahlen aus den folgenden Angaben.
   Einwohner: 61 359 000 / rechtskräftig Verurteilte: 718 779 / Sozialhilfeempfänger: 2 095 000 / Ärzte: 135 711 / Gesamtausgaben der Länder und Gemeinden in Mio. DM: 334 997.

2.3.4 Auswertung von Zeitreihen

Situation:

Im Rahmen der Vorbereitungsarbeiten für die Erstellung des Haushaltsplans der Stadt H. soll für eine bessere Abschätzung der zu erwartenden Einnahmen der Stadt unter anderem eine Analyse der Entwicklung der Steuereinnahmen in den vergangenen 12 Jahren durchgeführt werden.

Die Aufzeichnungen der Stadt über die Steuereinnahmen zeigen folgendes Bild:

Steuereinnahmen der Stadt H. von 01 bis 12 in Mio. DM												
Jahr Steuerart	01	02	03	04	05	06	07	08	09	10	11	12
Gewerbesteuer Gemeindeanteil	47,6	49,0	52,0	40,6	42,0	44,2	56,2	64,4	51,6	55,9	60,0	60,0
Einkommensteuer	35,4	35,8	41,2	40,8	39,2	40,2	41,0	42,4	42,4	45,6	46,3	47,9
Grundsteuer A + B	11,4	13,5	12,7	13,0	13,5	14,6	14,2	15,3	15,5	16,0	16,6	16,9
sonstige Gemeindesteuern	14,9	14,7	5,4	2,0	2,4	2,4	2,5	2,6	2,9	3,0	3,3	3,0
	109,3	113,0	111,3	96,4	97,1	101,4	113,9	124,7	112,4	120,5	126,2	127,8

(Quelle: Haushaltsrechnungen der Stadt H.)

2.3.4.1 Rechnerische Auswertung von Zeitreihen

Beispiel:

Die Entwicklung der gesamten Steuereinnahmen der Stadt H. in den letzten 12 Jahren (vgl. Tabelle in der Ausgangssituation) soll mit Hilfe von Meßzahlen verdeutlich werden.

Dynamische Meßzahlen

Bei der Bestimmung von Meßzahlen wird das Verhältnis zweier gleichartiger Massen zueinander bestimmt und in Prozenten ausgedrückt (vgl. 2.3.3). Ist die Entwicklung innerhalb einer Zeitreihe durch Meßzahlen zu verdeutlichen, so werden die Werte der jeweiligen Berichtsjahre auf den entsprechenden Wert des Basisjahres bezogen.

Im obigen Beispiel wird das Jahr 01 als Basisjahr gewählt. Die Summe der Steuereinnahmen in den folgenden 11 Jahren wird dann auf dieses Basisjahr bezogen und in % der Steuereinnahmen des Basisjahres ausgedrückt.

Berechnung der Meßzahl für 02

Im Kapitel 2.3.3 wurde folgende Formel zur Berechnung von Meßzahlen ermittelt:

$$\text{Meßzahl} = \frac{\text{Umfang der Masse 1} \cdot 100}{\text{Umfang der Masse 2}}$$

118

Angewandt auf dieses Beispiel ergibt sich:

$$\text{Meßzahl} = \frac{\text{Steuereinnahmen 02 (Berichtsjahr)} \cdot 100}{\text{Steuereinnahmen 01 (Basisjahr)}}$$

$$\text{Meßzahl} = \frac{113{,}0 \cdot 100}{109{,}3} = \underline{\underline{103{,}4}}$$

Die Meßzahl besagt, daß die Steuereinnahmen 02 bezogen auf das Basisjahr 01 auf 103,4 % gestiegen sind. Die Steuereinnahmen haben sich also in einem Jahr um 3,4 % erhöht.

Ermittelt man auch die Meßzahlen für die folgenden Jahre bis 12, so ergibt sich folgende Reihe von Meßzahlen:

Steuereinnahmen der Stadt H. von 01 bis 12

Jahr:	01	02	03	04	05	06	07	08	09	10	11	12
Meßzahlen in %	100,0	103,4	101,8	88,2	88,8	92,8	104,2	114,1	102,8	110,2	115,5	116,9

Die Meßzahl des Jahres 12 besagt z. B., daß die Steuereinnahmen dieses Jahres um 16,9 % über den entsprechenden Einnahmen des Basisjahres 01 liegen. Zu beachten ist, daß der Grundwert der jeweiligen Prozentrechnung immer der Wert des Basisjahres ist; so besagt z. B. die Differenz zwischen den beiden Meßzahlen der Jahre 11 und 12 (116,9 – 115,5 = 1,4) nicht, daß die Steuereinnahmen von 11 auf 12 um 1,4 % gestiegen sind. Für eine Ermittlung der jährlichen Veränderungsrate müßte das jeweils unmittelbar vorangegangene Jahr als Basisjahr gewählt werden. Für 12 ergibt sich auf der Basis des Jahres 11 eine Meßzahl von 101,3, demnach sind die Steuereinnahmen also in diesem Jahr um 1,3 % gestiegen.

Anzumerken ist noch, daß bei der Wahl des Basisjahres für eine Reihe von Meßzahlen darauf zu achten ist, daß kein Jahr mit einer außergewöhnlichen Entwicklung (Krisenjahr, Boomjahr) herangezogen wird.

Indexzahlen

Soll nicht die Entwicklung eines einzelnen Merkmals in der Zeit, sondern die Entwicklung mehrerer zusammengehöriger Merkmale durch Verhältniszahlen ausgedrückt werden, so sind Indexzahlen zu ermitteln.

Die Behandlung von Indexzahlen bleibt hier auf die Berechnung des Preisindex nach Laspeyres begrenzt. Für die Berechnung anderer Indices (z. B. Mengenindex) und die Berechnung des Preisindex nach anderen Methoden (z. B. nach Paasche) wird auf die Fachliteratur zur Statistik verwiesen.[1]

---

1 Erläuterungen zu den verschiedenen Methoden der Berechnung findet man z. B. bei: Klaus Fischer, Grundlagen der Statistik, Wiesbaden 1980; oder bei Günter Buttler, Reinhold Stroh, Einführung in die Statistik, Reinbek bei Hamburg 1980.

Für jedes Gut des Warenkorbes könnte durch eine Meßzahl verdeutlicht werden, wie
sich die Preise dieses Gutes verändert haben. Nach der Formel zur Berechnung dynamischer Meßzahlen ergibt sich danach jeweils gerundet für Rindfleisch 114, für Eier 130,
für Apfelsaft 112 und für Brot 126. Die Meßzahlen für die einzelnen Güter des Warenkorbes weichen also erheblich voneinander ab. Würde man einen realistischen Warenkorb zusammenstellen, müßte man ein Vielfaches an Gütern einbeziehen. Die gewonnenen Meßzahlen würden dann ein unüberschaubares und uneinheitliches Bild der
Preisentwicklung ergeben. Eine theoretische Möglichkeit, die Preisveränderungen mit
einer einzigen Kennzahl zu verdeutlichen, wäre es, aus den gewonnenen einzelnen
Meßzahlen das arithmetische Mittel zu errechnen. Da aber die Bedeutung der verschiedenen Produkte im Warenkorb sehr unterschiedlich ist, würde diese Zahl das Bild verfälschen. Ein „wichtiges Gut", für das viel ausgegeben wird (im Beispiel: Rindfleisch mit
15,84), muß die Kennzahl natürlich stärker beeinflussen als ein „unwichtiges Gut", für
das weniger ausgegeben wird (im Beispiel: Eier 6 · 0,30 = 1,80). Bei der Berechnung der
entsprechenden Kennzahl muß also eine Gewichtung der einzelnen Produkte erfolgen.

Für die Berücksichtigung der verschiedenen Gewichte und die Berechnung der Indices
(Mehrzahl von Index) überhaupt gibt es verschiedene Methoden, die hier nicht alle
behandelt werden sollen.

Die Berechnung des Preisindex nach Laspeyres, die hier erläutert wird, geht davon aus,
daß die Verbrauchsmengen des Basisjahres (hier 1994) gleichbleiben.

Als Formel zur Berechnung des Preisindex nach Laspeyres ergibt sich:

$$\text{Preisindex} = \frac{\text{Summe d. Ausgaben für d. Güter d. Warenkorbes im Berichtsjahr} \cdot 100}{\text{Summe der Ausgaben für die Güter des Warenkorbes im Basisjahr}}$$

$$\text{Preisindex} = \frac{(15,84 \cdot 1 + 0,30 \cdot 6 + 1,34 \cdot 2 + 2,40 \cdot 2) \cdot 100}{(13,85 \cdot 1 + 0,23 \cdot 6 + 1,10 \cdot 2 + 1,90 \cdot 2)}$$

Preisindex = 118,32

Der berechnete Preisindex besagt, daß der Preis des ausgewählten Warenkorbs von
1994 bis 1999 von 100% auf 118,32% angestiegen ist.

Das Statistische Bundesamt berechnet regelmäßig für verschiedene Warenkörbe die Preisindices (vgl. z. B. Statistisches Jahrbuch 1997, S. 620 ff.). So werden z. B. ermittelt:

– Preisindex für die Lebenshaltung eines 4-Personen-Arbeitnehmerhaushalts mit mittlerem Einkommen,
– Preisindex für die Lebenshaltung eines 2-Personen-Haushalts von Rentnern und Sozialhilfeempfängern,
– Index der Einzelhandelspreise,
– Index der Erzeugerpreise gewerblicher Produkte usw.

Die zugrunde gelegten „Warenkörbe" werden dabei von Zeit zu Zeit angepaßt, wie das untenstehende Schaubild zeigt.

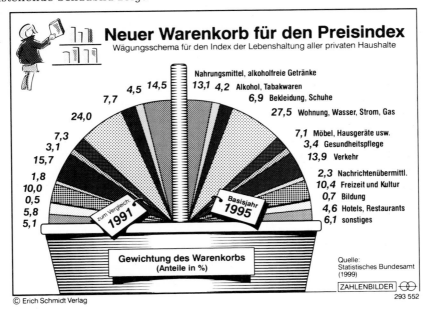

2.3.4.2 Bestimmungsfaktoren von Zeitreihen

Bei der Ermittlung von dynamischen Meßzahlen und Indexzahlen ging es darum, die Änderungen, die sich in einer bzw. mehreren Zeitreihen zeigen, zu quantifizieren. Um Entscheidungshilfen zu bekommen, ist es aber häufig wichtig, nicht nur das Maß der Veränderung zu erfassen, sondern auch Hinweise auf Ursachen von Veränderungen zu erhalten, um daraus für die Abschätzung zukünftiger Entwicklungen Anhaltspunkte zu gewinnen.

Beispiel:

Die Entwicklung der Steuereinnahmen der Stadt H. von 01 – 12 ist in bezug auf die Bestimmungsfaktoren der Veränderungen zu analysieren.

Steuereinnahmen der Stadt H. von 01 bis 12 in Mio. DM												
Steuerart ＼ Jahr	01	02	03	04	05	06	07	08	09	10	11	12
Gewerbesteuer	47,6	49,0	52,0	40,6	42,0	44,2	56,2	64,4	51,6	55,9	60,0	60,0
Gemeindeanteil Einkommensteuer	35,4	35,8	41,2	40,8	39,2	40,2	41,0	42,4	42,4	45,6	46,3	47,9
Grundsteuer A + B	11,4	13,5	12,7	13,0	13,5	14,6	14,2	15,3	15,5	16,0	16,6	16,9
sonstige Gemeindesteuern	14,9	14,7	5,4	2,0	2,4	2,4	2,5	2,6	2,9	3,0	3,3	3,0
	109,3	113,0	111,3	96,4	97,1	101,4	113,9	124,7	112,4	120,5	126,2	127,8

(Quelle: Haushaltsrechnungen der Stadt H.)

Damit die Einflußfaktoren, die die Entwicklung bestimmt haben, erkennbar werden, sollte die Zeitreihe zunächst in einem Kurvendiagramm dargestellt werden.

Steuer-
einnahmen
in Mio. DM

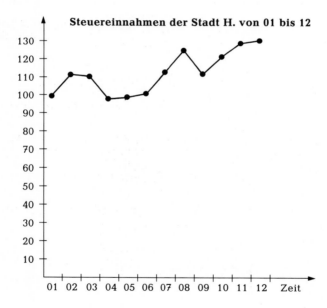

Steuereinnahmen der Stadt H. von 01 bis 12

2.3.4.2.1 Der Trend und seine Bestimmung

Betrachtet man die Entwicklung der Steuereinnahmen, die im Kurvendiagramm dargestellt ist, so ist festzustellen, daß die Steuereinnahmen jährlich mit unterschiedlichen Wachstumsraten zugenommen haben (Ausnahmen: Rückgang der Steuereinnahmen 03, 04 und 09).

Die allgemeine Grundlinie der zeitlichen Entwicklung ist im Beispiel eine kontinuierliche Zunahme der Steuereinnahmen gegenüber dem jeweiligen Vorjahr, die von zwei „Einbrüchen" in den Jahren 04 und 09 unterbrochen wurde.

Die Ursachen einer solchen Entwicklung können vielfältig sein. Bei der Entwicklung der Steuereinnahmen einer Stadt spielen z.B.

- die allgemeine Einkommensentwicklung,
- die Entwicklung der Einwohnerzahl,
- die Entwicklung der Art der Nutzung der Fläche der Stadt (wichtig für die Grundsteuer),
- die Entwicklung der Unternehmergewinne (wichtig für die Gewerbesteuer) derjenigen Unternehmen, die ihren Sitz in der Stadt haben

eine Rolle.

Die **langfristige Grundlinie einer Zeitreihe**, die unter Umständen durch viele Faktoren bestimmt ist, bezeichnet man als **Trend.**

Für die Abschätzung zukünftiger Entwicklungen ist es besonders wichtig, diese langfristige Grundlinie der Entwicklung (den Trend) zu erfassen. Es wurden daher rechnerische Methoden der Trendermittlung entwickelt.

Bestimmung des Trends: **„Methode der beiden Reihenhälften"**

1. Die Zeitreihe ist zunächst in zwei Hälften zu teilen.

Jahr:	01	02	03	04	05	06	07	08	09	10	11	12
Steuereinnahmen	109,3	113,0	111,3	96,4	97,1	101,4	113,9	124,7	112,4	120,5	126,2	127,8

untere Hälfte   obere Hälfte

2. Für die beiden Reihenhälften ist der arithmetische Mittelwert ($\overline{x}$) zu bestimmen.

$$\overline{x}_1 = \frac{109,3 + 113,0 + 111,3 + 96,4 + 97,1 + 101,4}{6}$$

$$\overline{x}_2 = \frac{113,9 + 124,7 + 112,4 + 120,5 + 126,2 + 127,8}{6}$$

3. Die Mittelwerte $\overline{x}$ sind in der grafischen Darstellung den jeweiligen zeitlichen Mittelpunkten zuzuordnen.

$$\overline{x}_1 = \underline{104,75} \qquad \overline{x}_2 = \underline{120,9}$$

zeitlicher Mittelpunkt 03/04   zeitlicher Mittelpunkt 09/10

4. Die beiden ermittelten Punkte können jetzt zur „Trendgerade" verbunden werden.

Punkt 1: (03/04 / 104,75)   Punkt 2: (09/10 / 120,9)

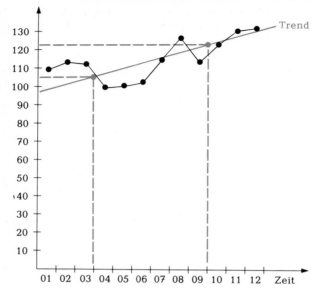

Steuereinnahmen der Stadt H. von 01 bis 12

Steuer-
einnahmen
in Mio. DM

Trend

Zeit

Da der arithmetische Mittelwert (vgl. 2.3.2) stark von Extremwerten beeinflußt wird, kann die Trendlinie unter Umständen durch einzelne extreme Werte verfälscht werden.

Ein weiteres Problem der Ermittlung des Trends nach dieser Methode stellt die Tatsache dar, daß auf diesem Weg stets nur ein gerader Trendverlauf ermittelt werden kann. Häufig kann eine zeitliche Entwicklung jedoch durch einen geraden Trendverlauf nicht hinreichend genau beschrieben werden. Mit Hilfe der „Methode der gleitenden Mittelwerte" zur Bestimmung des Trends versucht man, diesem Problem gerecht zu werden.

Bestimmung des Trends: „Methode der gleitenden Mittelwerte"

Beispiel:

Die Gewerbesteuereinnahmen der Stadt H. haben sich in den vergangenen 12 Jahren wie folgt entwickelt. Der Trend dieser Entwicklung soll bestimmt werden. Bei der Bestimmung des Trends sollen die regelmäßigen Schwankungen berücksichtigt werden.

Jahr:	01	02	03	04	05	06	07	08	09	10	11	12
Gewerbesteuerein- nahmen in Mio. DM:	47,6	49,0	52,0	40,6	42,0	44,2	56,2	64,4	51,6	55,9	60,0	60,0

Weil die regelmäßigen Schwankungen in der Trendlinie erkennbar sein sollen, scheidet die Methode der beiden Reihenhälften zur Ermittlung der Trendlinie aus (Gerade).

Trendermittlung nach der Methode der gleitenden Mittelwerte:

1. Für die Ermittlung der Trendwerte sind zunächst Teilperioden gleicher Länge festzulegen. Diese Perioden, z.B. 3 Jahre, sollen sich jeweils in gleicher Weise überlappen.

Teilperiode 1: 01, 02, 03
Teilperiode 2:   02, 03, 04
:
:

Teilperiode 9: 09, 10, 11
Teilperiode 10:   10, 11, 12

2. Für die 10 Teilperioden sind die Mittelwerte $\overline{x}_1$ bis $\overline{x}_{10}$ zu errechnen.

$$\overline{x}_1 = \frac{47,6 + 49,0 + 52,0}{3} = \underline{\underline{49,5}}$$

$$\overline{x}_2 = \frac{49,0 + 52,0 + 40,6}{3} = \underline{\underline{47,2}}$$

:
:

3. Die errechneten Mittelwerte (Trendwerte) werden anschließend den jeweiligen zeitlichen Mittelpunkten der Teilperioden zugeordnet und im Schaubild zur Trendlinie verbunden.

Jahr	Gewerbe-steuer-einnahmen	gleitender Mittel-wert
01	47,6	
02	49,0	$\overline{x}_1 = 49,5$
03	52,0	$\overline{x}_2 = 47,2$
04	40,6	$\overline{x}_3 = 44,9$
05	42,0	$\overline{x}_4 = 42,3$
06	44,2	$\overline{x}_5 = 47,5$
07	56,2	$\overline{x}_6 = 54,9$
08	64,4	$\overline{x}_7 = 57,4$
09	51,6	$\overline{x}_8 = 57,3$
10	55,9	$\overline{x}_9 = 55,8$
11	60,0	$\overline{x}_{10} = 58,6$
12	60,0	

Gewerbesteuereinnahmen der Stadt H. von 01–12

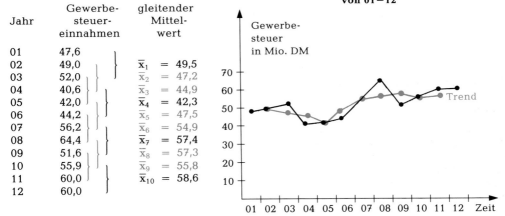

Für die Abschätzung der zukünftigen Entwicklung wirkt sich bei dieser Methode negativ aus, daß für die letzte(n) Teilperiode(n) kein Trendwert ermittelt wird.[1]

> Als Trend bezeichnet man die langfristige Grundlinie einer zeitlichen Entwicklung.
>
> Zur Bestimmung des Trends kommen je nach der Art des Verlaufs der zeitlichen Entwicklung
>
> 1. die Methode der beiden Reihenhälften,
> 2. die Methode der gleitenden Mittelwerte
>
> in Frage.

---

[1] Eine weitere Verfeinerung der Berechnung des Trends stellt die „Methode der kleinsten Quadrate" dar, die hier nicht behandelt wird.

2.3.4.2.2 Konjunkturschwankungen

Die Entwicklung der Steuereinnahmen ist unter anderem durch die gesamtwirtschaftliche Entwicklung mitbestimmt. Die wirtschaftliche Entwicklung einer Volkswirtschaft vollzieht sich normalerweise nicht gleichmäßig, es zeigen sich mehr oder weniger regelmäßige Auf- und Abwärtsbewegungen wirtschaftlicher Aktivität. Diese mittelfristigen Bewegungen bezeichnet man als „konjunkturelle Schwankungen".

Ein Konjunkturzyklus umfaßt vier Phasen: Aufschwung, Hochkonjunktur (Boom), Abschwung (Rezession) und Tiefstand (Depression).

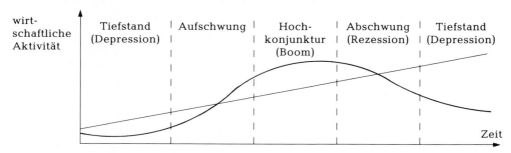

Der Einfluß dieser konjunkturellen Wellenbewegung auf die Steuereinnahmen wird im Beispiel besonders deutlich, wenn die Entwicklung der Gewerbesteuer betrachtet wird.

Die Gewerbesteuer nach Ertrag und Kapital ist wegen ihrer Abhängigkeit vom Ertrag der Unternehmen die Gemeindesteuer, die am stärksten von der gesamtwirtschaftlichen Entwicklung beeinflußt wird.

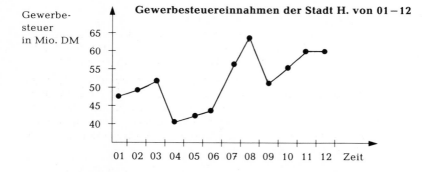

> Konjunkturschwankungen sind mittelfristige Schwankungen, die durch konjunkturelle Bewegungen der Wirtschaft verursacht werden.

2.3.4.2.3 Saisonschwankungen

Neben dem langfristigen Trend und den mittelfristigen Konjunkturschwankungen spielen bei vielen Zeitreihen auch regelmäßige kurzfristige Schwankungen eine Rolle. Diese z.B. durch Jahreszeiten, Feiertage, Ferienzeiten, ... regelmäßig innerhalb eines Jahres wiederkehrenden Bewegungen bezeichnet man als „Saisonschwankungen".

Im Beispiel (vgl. Ausgangssituation) sind es die in gleichen Abständen anfallenden Steuertermine, die innerhalb eines Jahres die beiden längerfristigen Einflüsse (Trend und Konjunktur) überlagern.

Auch diese Einflüsse müssen häufig bei der Planung öffentlicher Verwaltungen einbezogen werden. Im Beispiel beeinflussen sie zwar nicht, wie die längerfristigen Faktoren, die auf das Jahr ausgerichtete Haushaltsplanung, wirken sich aber entscheidend auf die Liquiditätsplanung der Kasse aus.

Die saisonalen Schwankungen werden im folgenden Schaubild, in dem die monatlichen Gewerbesteuereinnahmen der Stadt H. in den Jahren 11 und 12 dargestellt sind, deutlich.

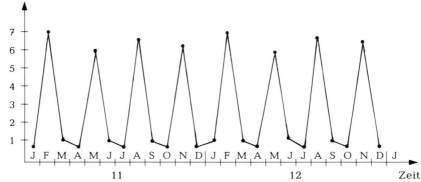

Saisonschwankungen sind regelmäßige kurzfristig (innerhalb eines Jahres) wiederkehrende Einflüsse.

2.3.4.2.4 Irreguläre Einflüsse

Die drei bisher dargestellten Einflüsse (Trend, Konjunktur, Saison) waren durch ihre Regelmäßigkeit gekennzeichnet. Hinzu kommen einmalige oder unregelmäßige Schwankungen, die als irreguläre Einflüsse oder Restkomponente bezeichnet werden.

Im Beispiel der dargestellten Steuereinnahmen (vgl. Tabelle in der Ausgangssituation) zeigen sie sich etwa in den abrupt abnehmenden Einnahmen aus der Lohnsummensteuer (03/04). Ursache ist hier eine Gesetzesänderung, die zur Abschaffung der Lohnsummensteuer führte. Im Zusammenhang mit den Steuereinnahmen wären weitere denkbare Einflüsse z.B. die Änderung von Steuerhebesätzen oder die plötzliche Änderung der Einwohnerzahl durch Eingemeindungen.

Im Bereich der öffentlichen Verwaltung sind es häufig Gesetzesänderungen, die als irreguläre Einflüsse auf Zeitreihen wirken. Bei wirtschaftlichen Zeitreihen können z.B. außergewöhnliche Witterungsverhältnisse, Streiks, politische Änderungen in Abnehmerländern oder ähnliches Ursache für irreguläre Entwicklungen sein.

Als irreguläre Einflüsse bezeichnet man alle einmaligen oder unregelmäßigen Einflußfaktoren auf statistische Zeitreihen.

Faßt man die herausgearbeiteten Bestimmungsfaktoren von statistischen Zeitreihen zusammen, so ergeben sich für viele Zeitreihen, die für die Verwaltung von Bedeutung sind (vor allem für die wirtschaftlich bestimmten Reihen) folgende vier Einflußfaktoren, deren Zusammenwirken letztlich den tatsächlichen Verlauf der Zeitreihen bestimmt.

Bestimmungsfaktoren von statistischen Zeitreihen:		
1. **Trend**	=	die **langfristige Grundlinie** einer zeitlichen Entwicklung.
2. **Konjunkturschwankungen**	=	**mittelfristige Schwankungen,** die durch konjunkturelle Bewegungen verursacht werden.
3. **Saisonschwankungen**	=	regelmäßig **kurzfristig** (innerhalb eines Jahres) **wiederkehrende Einflüsse.**
4. **Irreguläre Einflüsse**	=	alle **einmaligen** oder **unregelmäßig wiederkehrenden Einflußfaktoren.**

Übungsaufgaben

1. Das **Bruttosozialprodukt** in Preisen von 1985 hat sich nach den Angaben des Statistischen Jahrbuchs der Bundesrepublik 1992 bis 1991 wie folgt entwickelt:

   Angaben in Mrd. DM (früheres Bundesgebiet)

1980	1733,8	1983	1748,4	1986	1874,4	1989	2046,8
1981	1735,7	1984	1802,0	1987	1902,3	1990	2138,7
1982	1716,5	1985	1834,5	1988	1971,8	1991	2205,9

   Nach den Angaben des Online-Dienstes des Statistischen Bundesamtes ergaben sich ab 1992 für das **Bruttoinlandsprodukt** folgende Werte:

1992	3075,6	1993	3154,9	1994	3320,3	1995	3459,0
1996	3523,5	1997	3624,0	1998	3758,1		

   a) Ermitteln Sie die Meßzahlen für die zeitliche Entwicklung!
   b) Stellen Sie die Entwicklung in einem Kurvendiagramm dar!
   c) Bestimmen Sie den Trend nach der Methode der beiden Reihenhälften!
   d) Bestimmen Sie den Trend nach der Methode der gleitenden Mittelwerte!
   e) Erläutern Sie an diesem Beispiel die Bestimmungsfaktoren der zeitlichen Entwicklung bei wirtschaftlichen Zeitreihen!

2. Die Anzahl der Arbeitslosen und der offenen Stellen in der Bundesrepublik (früheres Bundesgebiet) hat sich nach den Angaben des Statistischen Bundesamtes wie folgt entwickelt:

Jahr	Arbeitslose	offene Stellen	Jahr	Arbeitslose	offene Stellen
1984	2265559	87929	1992	1808310	237116
1985	2304014	109996	1993	2270349	183388
1986	2228004	153866	1994	2555967	211689
1987	2228788	170690	1995	2564900	211158
1988	2241556	188621	1996	3965000	327000
1989	2037781	251415	1997	4384000	337000
1990	1883147	313604	1998	4279000	422000
1991	1689365	331390			

   a) Ermitteln Sie die Meßzahlen für die zeitliche Entwicklung!
   b) Stellen Sie die Entwicklung in einem Kurvendiagramm dar!
   c) Bestimmen Sie den Trend nach der Methode der beiden Reihenhälften!
   d) Bestimmen Sie den Trend nach der Methode der gleitenden Mittelwerte!
   e) Erläutern Sie an diesem Beispiel die Bestimmungsfaktoren der zeitlichen Entwicklung bei wirtschaftlichen Zeitreihen!
   f) Wenn Angaben für einzelne Monate gegeben wären, welcher Einflußfaktor auf statistische Zeitreihen würde dann zusätzlich erkennbar?

   Quelle: ab 1996 Monatsbericht der Deutschen Bundesbank, März 1999, S. 60

Situation:

Zu Beginn der Ausbildung bei der Stadt H. wird die Auszubildende Christa Berger in der Kämmerei der Stadt ausgebildet.

Sie bekommt hier die Haushaltssatzung und den Haushaltsplan der Stadt vorgelegt. Bei der Beschäftigung mit diesem umfangreichen Zahlenwerk ergeben sich für die Auszubildende folgende Fragen und Probleme:

- Warum plant eine Stadt so ausführlich die Ausgaben und Einnahmen für das folgende Jahr? (Siehe dazu Abschnitt 1 und 2)
- Welche Einnahmen und Ausgaben fallen eigentlich bei kommunalen Haushalten an? (Siehe dazu Abschnitt 3)
- Was ist eine Haushaltssatzung und was ein Haushaltsplan und wie kommen beide zustande? (Siehe dazu Abschnitt 4.1 und 4.2)
- Wie ist das umfangreiche Zahlenwerk „Haushaltsplan" aufgebaut? (Siehe dazu Abschnitt 4.3)
- Welche wichtigen Regeln muß man bei der Aufstellung dieses Planes beachten? (Siehe dazu Abschnitt 4.4)
- Was kann man unternehmen, wenn sich im Laufe des Haushaltsjahres wichtige Änderungen ergeben und der Plan nicht wie erwartet verwirklicht werden kann? (Siehe dazu Abschnitt 5 und 6)

1 Notwendigkeit und Zweck der Haushaltsplanung bei privaten und öffentlichen Haushalten

Sowohl private Haushalte und private Unternehmen als auch öffentliche Haushalte planen ihre „Haushaltswirtschaft". Ziele und Methoden der Planung sind jedoch sehr unterschiedlich.

1.1 Private Haushalte

Ziel der Planung in einem privaten Haushalt ist eine möglichst große Bedürfnisbefriedigung der Mitglieder des Haushalts. Grundlagen der Planung sind bei einem privaten Haushalt:

1. das Nettoeinkommen des Haushalts,
2. die Bedürfnisse der Mitglieder des Haushalts nach ihrer Dringlichkeit (Existenzbedürfnisse, Kulturbedürfnisse, Luxusbedürfnisse),
3. die Güter (Sachgüter und Dienstleistungen), die auf dem Markt verfügbar sind und die Preise dieser Güter.

Auf der Grundlage dieser Informationen kann ein privater Haushalt seinen „Haushaltsplan" erstellen. Er könnte wie folgt aufgebaut sein:

I. Einkommen	
Netto-Einkommen des Ehemannes	2 140,— DM
+ Netto-Einkommen der Ehefrau	1 600,— DM
= gesamtes Netto-Einkommen	3 740,— DM
II. Verbrauchsausgaben	
1. Wohnungsmiete	740,— DM
+ 2. Nebenkosten (Strom, Gas, Heizung)	240,— DM
+ 3. Nahrungs- und Genußmittel	880,— DM
+ 4. Kleidung und Schuhe	320,— DM
+ 5. sonstige Ausgaben für den Haushalt	120,— DM
+ 6. Kosten des Pkw	410,— DM
+ 7. Kosten für Information und Unterhaltung (Fernsehen, Zeitung, Telefon . . .)	110,— DM
+ 8. Körper- und Gesundheitspflege	80,— DM
+ 9. Sonstiges	340,— DM
= gesamte Verbrauchsausgaben	3 240,— DM
III. Sparen	
gesamtes Einkommen	3 740,— DM
− gesamte Verbrauchsausgaben	3 240,— DM
= Sparen	500,— DM

1.2 Private Unternehmen

Ziel privater Unternehmen ist in der Regel die Erzielung eines möglichst hohen Gewinns. Zur Erreichung dieses Zieles werden auch in privaten Unternehmen „Pläne" erstellt.

Auf der Grundlage von Informationen aus der Vergangenheit, die die Buchführung des Unternehmens liefert und unter Berücksichtigung von Zukunftserwartungen werden:

– zur Prognose des Gewinns zukunftsbezogene **Aufwands- und Ertragsrechnungen**,

– zur Liquiditätsvorsorge Finanzpläne **(Einnahme-Ausgaberechnungen)** und

– zur wirtschaftlichen Gestaltung des Beschaffungs-, Produktions- und Absatzprozesses zukunftsorientierte **Kosten- und Leistungsrechnungen**

durchgeführt.

Wie die privaten Haushalte sind auch die privaten Unternehmen nicht zu einer Planung gezwungen. Handels- und steuerrechtliche Vorschriften (HGB, AO usw.) verpflichten private Unternehmen lediglich dazu, nach Abschluß des Rechnungsjahres Erträge und Aufwendungen darzustellen (Gewinn- und Verlustrechnungen) und Vermögen, Schulden und Reinvermögen (Bilanz) nachzuweisen.

Anders ist das bei öffentlichen Haushalten.

130

1.3 Öffentliche Haushalte

Bund, Länder und Gemeinden sind verpflichtet, für jedes Haushaltsjahr einen Haushaltsplan aufzustellen. Der Haushaltsplan zeigt auf, welche Einnahmen voraussichtlich erzielt werden und in welcher Höhe Ausgaben vorgenommen werden dürfen.

Hauptziel des privaten Haushalts ist eine möglichst große Bedürfnisbefriedigung und für Unternehmen der Privatwirtschaft die Erreichung eines möglichst hohen Gewinns.

Für Gemeinden ist dagegen als Hauptziel festgelegt, daß die Haushaltswirtschaft so zu planen und zu führen ist, daß von der Finanzlage her keine Beeinträchtigung der von der Gemeinde wahrgenommenen Aufgaben eintritt. Das gilt vor allem für die Pflichtaufgaben (Schulen, Sozialhilfe . . .), aber faktisch auch weitgehend für die freiwilligen Aufgaben (Grünanlagen, Theater . . .). Dies ist nur gewährleistet, wenn auch langfristig die Einnahmen zur Deckung der Ausgaben ausreichen.

Private Haushalte und Unternehmen sind in ihrer Planung frei, es existieren keine gesetzlichen Regelungen, die sie bei der Gestaltung ihrer Planung binden. Die Haushaltswirtschaft der öffentlichen Haushalte hingegen ist durch gesetzliche Vorschriften weitgehend geregelt. Ziel dieser Vorschriften ist es, die Verwaltung zu einer vorausschauenden Planung zu veranlassen und die Planung mit den politischen Zielvorstellungen zu koordinieren.

2 Rechtsgrundlagen für die kommunale Haushaltswirtschaft

Die Regelung des kommunalen Haushaltsrechts fällt in die Gesetzgebungshoheit der Bundesländer. Dementsprechend hat jedes Bundesland gesonderte gesetzliche Bestimmungen für das kommunale Haushaltsrecht erlassen. Da die Länder bei ihrer Gesetzgebung aber von einem gemeinsam erarbeiteten Musterentwurf ausgingen, sind die Bestimmungen der einzelnen Länder zum kommunalen Haushaltsrecht weitgehend identisch. Auch der gesetzessystematische Aufbau ist gleichartig. In Niedersachsen regeln im wesentlichen folgende Bestimmungen die kommunale Haushaltswirtschaft:

I. Gesetze:

Niedersächsische Gemeindeordnung (NGO)
Niedersächsische Landkreisordnung (NLO)

II. Verordnungen zur NGO:

Gemeindehaushaltsverordnung (GemHVO)
Gemeindekassenverordnung (GemKVO)
Verordnung über die Haushaltswirtschaft kaufmännisch geführter kommunaler Einrichtungen (EinrVo-Kom)

III. Runderlasse zu haushaltsrechtlichen Bestimmungen:

Ausführungsbestimmungen zur NGO und zur NLO
Verwaltungsvorschriften zur Ausführung der GemHVO
Verwaltungsvorschriften zur Ausführung der GemKVO

Vorschriften über die Gliederung und Gruppierung der Haushaltspläne der Gemeinden und Landkreise mit Anlagen und Haushaltsmustern

---

Wichtige Rechtsgrundlagen der Haushaltswirtschaft im Überblick

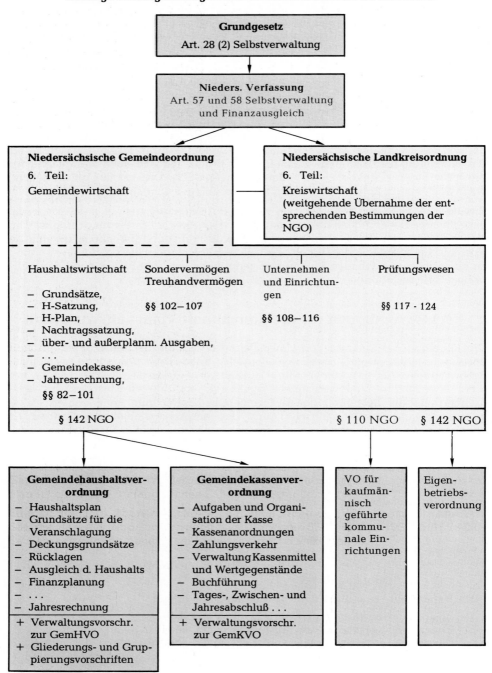

Grundgesetz

Art. 28 (2) Selbstverwaltung

Nieders. Verfassung
Art. 57 und 58 Selbstverwaltung
und Finanzausgleich

Niedersächsische Gemeindeordnung

6. Teil:

Gemeindewirtschaft

Niedersächsische Landkreisordnung

6. Teil:

Kreiswirtschaft
(weitgehende Übernahme der entsprechenden Bestimmungen der
NGO)

Haushaltswirtschaft

– Grundsätze,
– H-Satzung,
– H-Plan,
– Nachtragssatzung,
– über- und außerplanm. Ausgaben,
– . . .
– Gemeindekasse,
– Jahresrechnung,
  §§ 82–101

Sondervermögen
Treuhandvermögen

§§ 102–107

Unternehmen
und Einrichtun-
gen

§§ 108–116

Prüfungswesen

§§ 117 - 124

§ 142 NGO   § 110 NGO   § 142 NGO

**Gemeindehaushaltsver-
ordnung**

– Haushaltsplan
– Grundsätze für die
  Veranschlagung
– Deckungsgrundsätze
– Rücklagen
– Ausgleich d. Haushalts
– Finanzplanung
– . . .
– Jahresrechnung

+ Verwaltungsvorschr.
  zur GemHVO
+ Gliederungs- und Grup-
  pierungsvorschriften

**Gemeindekassenver-
ordnung**

– Aufgaben und Organi-
  sation der Kasse
– Kassenanordnungen
– Zahlungsverkehr
– Verwaltung Kassenmittel
  und Wertgegenstände
– Buchführung
– Tages-, Zwischen- und
  Jahresabschluß . . .

+ Verwaltungsvorschr.
  zur GemKVO

VO für
kaufmän-
nisch
geführte
kommu-
nale Ein-
richtungen

Eigen-
betriebs-
verordnung

Zur Rechtssystematik ist folgendes anzumerken:

Die NGO beinhaltet in ihrem 6. Teil grundlegende Regelungen für die Haushaltswirtschaft der Gemeinden. Dies sind insbesondere die allgemeinen Haushaltsgrundsätze, die Vorschriften über die Haushaltssatzung und Haushaltsplan, Nachtragssatzung, über- und außerplanmäßige Ausgaben, Finanzplanung, Verpflichtungsermächtigungen, Kreditaufnahmen, Kassenführung, Jahresrechnung und Sondervermögen.

Die NGO gilt unmittelbar nur für die niedersächsischen Gemeinden. Da die NLO festlegt, daß die Bestimmungen für die Haushaltswirtschaft der Gemeinden für die Kreiswirtschaft entsprechend gelten, sind die Bestimmungen mittelbar auch für die Landkreise gültig.

Die NGO überläßt es dem Innenministerium, im Einvernehmen mit dem Finanzministerium durch Verordnung allgemeine haushaltsrechtliche und kassenrechtliche Vorschriften zur näheren Ausführung der NGO zu erlassen. Derartige Verordnungen sind die GemHVO und GemKVO. Sie werden durch Verwaltungsvorschriften und Muster (z.B. für Haushaltssatzung, Nachtragssatzung, Einzelpläne, Gesamtplan, Anlagenachweise, Haushaltsrechnung, Finanzplan) ergänzt. Durch die weitreichenden Detailregelungen wird erreicht, daß die Haushalte der Gemeinden gleichartig aufgebaut und dementsprechend auch finanzstatistisch vergleichbar sind.

Sonderregelungen für den Bereich der Haushaltswirtschaft bestehen für Eigenbetriebe im Rahmen von § 113 NGO und der Eigenbetriebsverordnung. Danach sind für Eigenbetriebe gesonderte Wirtschaftspläne aufzustellen und es ist kaufmännisch zu buchen.

Ferner kann für Einrichtungen, die eine selbständige Wirtschaftsführung erfordern, die Haushaltswirtschaft ganz oder teilweise nach kaufmännischen Gesichtspunkten geführt werden. Dies ist im Rahmen von § 110 NGO und der entsprechenden Verordnung möglich.

3 Einnahmen und Ausgaben öffentlicher Kommunalhaushalte

3.1 Einnahmen öffentlicher Kommunalhaushalte

Ein Blick in die Haushaltspläne der Stadt H. und des Landkreises H. soll zunächst zeigen, welche verschiedenen Einnahmen bei diesen Gebietskörperschaften anfallen.

Einnahmen der Stadt H. laut Haushaltsplan		Einnahmen des Landkreises H. laut Haushaltsplan	
Einnahmeart	Ansatz	Einnahmeart	Ansatz
Grundsteuer A und B	13 473 000,— DM	Grundsteuer A und B	0,— DM
Gewerbesteuer	43 000 000,— DM	Gewerbesteuer	0,— DM
Gemeindeanteil an der Einkommensteuer	41 250 800,— DM	Gemeindeanteil an der Einkommensteuer	0,— DM
Andere Steuern	1 995 000,— DM	Andere Steuern	82 000,— DM
Allgem. Zuweisungen vom Land	24 532 800,— DM	Allgemeine Zuweisungen vom Land	51 717 000,— DM
von Gemeinden und Verbänden	15 720 500,— DM	Umlage von Gemeinden und Gemeindeverbänden	92 265 000,— DM
Gebühren und ähnliche Entgelte	37 812 800,— DM	Gebühren und ähnliche Entgelte	18 482 000,— DM
Einnahmen aus Verkauf, Mieten, Pachten usw.	7 854 800,— DM	Einnahmen aus Verkauf, Mieten, Pachten usw.	1 637 000,— DM
Erstattungen	53 105 600,— DM	Erstattungen	43 093 600,— DM
Zuweisungen für lfd. Zwecke	1 202 500,— DM	Zuweisungen für lfd. Zwecke	1 714 800,— DM
Zinseinnahmen	627 900,— DM	Zinseinnahmen	464 000,— DM
Dividenden, Konzessionsabgaben	6 131 800,— DM	Dividenden, Konzessionsabgaben	3 000 000,— DM
Schuldendiensthilfen	137 400,— DM	Schuldendiensthilfen	217 000,— DM
Ersatz von sozialen Leistungen	16 985 300,— DM	Ersatz von sozialen Leistungen	8 749 000,— DM
Weitere Finanzeinnahmen	11 723 000,— DM	Weitere Finanzeinnahmen	2 813 000,— DM
Zuführung vom Verwaltungshaushalt	11 189 000,— DM	Zuführung vom Verwaltungshaushalt	5 903 000,— DM
Entnahmen aus Rücklagen	100 000,— DM	Entnahmen aus Rücklagen	168 500,— DM
Darlehensrückflüsse	318 000,— DM	Darlehensrückflüsse	1 822 900,— DM
Veräußerungserlöse	5 838 000,— DM	Veräußerungserlöse	30 300,— DM
Beiträge	16 422 000,— DM	Beiträge	0,— DM
Zuw. von Bund, Land	21 600 000,— DM	Zuw. von Bund, Land	18 400 000,— DM
Zuw. von Gemeindeverbänden	61 000,— DM	Zuw. von Gemeindeverbänden	8 238 200,— DM
Kreditaufnahmen	27 988 000,— DM	Kreditaufnahmen	36 603 000,— DM
Umschuldung	10 000 000,— DM	Umschuldung	15 000 000,— DM

Die in den Haushalten von Stadt und Landkreis H. verzeichneten Einnahmen fußen teilweise auf gesetzlichen Bestimmungen (Steuern, Gebühren, Beiträge, Finanzausgleichsmittel) und teilweise auf privatrechtlichen Vereinbarungen (privatrechtliche Entgelte, Verkaufserlöse, Kreditaufnahmen).

Auf die Einnahmen aufgrund gesetzlicher Bestimmungen haben Gemeinden nur teilweise Einwirkungsmöglichkeiten. Bei den Realsteuern (Grundsteuer, Gewerbesteuer) können die Gemeinden über die Festlegung der Hebesätze auf die Einnahmen einwirken. Bei der Festsetzung von Gebühren und Beiträgen haben die Gemeinden die Bestimmungen der Kommunalabgabengesetze zu beachten. Bei den privatrechtlichen Entgelten haben die Gemeinden neben öffentlichen Gesichtspunkten die marktwirtschaftlichen Gegebenheiten zu berücksichtigen.

Grundsätze der Einnahmebeschaffung

Die Grundsätze der Einnahmebeschaffung sind in § 83 NGO geregelt. Danach besteht für die Beschaffung der erforderlichen Einnahmen die folgende grundsätzliche Rangfolge:

Rangfolge der Einnahmen nach § 83 NGO
1. Sonstige Einnahmen ——→ z.B. Verkaufserlöse, Mieten, Pachten, Zuweisungen, Spenden, Zinsen, Dividenden
2. Spezielle Entgelte ——→ z.B. Straßenreinigungsgebühren, Müllabfuhrgebühren, Abwassergebühren, Benutzungsentgelte bei Kindergärten, Eintrittsgelder für Badeanstalten usw.
3. Steuern ——→ z.B. Gewerbesteuer, Grundsteuer, Hundesteuer, Vergnügungsteuer
4. Kredite   gem. §§ 83 (3) und 92 NGO

Die sonstigen Einnahmen werden also an die erste Stelle gesetzt. Zu den sonstigen Einnahmen gehören vor allem:

Sonstige Einnahmen
— Vermögenserträgnisse (Mieten, Pachten, Zinsen, Dividenden), — Erlöse aus der Veräußerung von Sach- und Grundvermögen, — Zwangs- und Bußgelder, — Finanz- und Zweckzuweisungen.

Erst wenn der nach Berücksichtigung der sonstigen Einnahmen noch verbleibende Finanzbedarf feststeht, ist über die Höhe der Entgelte und Steuern zu entscheiden.

Die speziellen Entgelte sind zu erheben, soweit dies vertretbar und geboten erscheint. Grundsätzlich sind kostendeckende Entgelte für die Inanspruchnahme der öffentlichen Einrichtungen zu fordern (vgl. Kommunalabgabengesetz). Soweit jedoch die Einrichtungen im öffentlichen Interesse arbeiten, sind niedrigere Entgelte zu erheben. So dürfen z.B. bei einer vierspurigen Durchfahrtstraße die Straßenreinigungskosten nicht in voller Höhe den Anliegern angelastet werden, da die zusätzlichen Fahrstreifen dem öffentlichen Verkehrsinteresse (Durchgangsverkehr) dienen.

Bei **speziellen Entgelten** können unterschieden werden:

Spezielle Entgelte	
Verwaltungsgebühren———————▶	für Leistungen der Verwaltung selbst (z. B. Baugenehmigungsgebühren, Paßgebühren, Gebühren für Beglaubigungen, u. ä.)
Benutzungsgebühren———————▶	für die Benutzung öffentlicher Einrichtungen mit Benutzungszwang (z. B. Müllabfuhrgebühren, Kanalbenutzungsgebühren u. ä.)
Privatrechtliche Entgelte———————▶	für Leistungen und Einrichtungen der Gemeinde, die freiwillig benutzt werden (z. B. Eintrittsgelder für Badeanstalten, Museen usw., Entgelte für die Unterkunft und Verpflegung in Altenheimen u. ä.)
Beiträge———————▶	für bauliche Maßnahmen der Gemeinde, die für Grundstückseigentümer vorteilhaft sind (z. B. Erschließungsbeiträge, Kanalanschlußbeiträge)

Die **Steuern** stehen in der Rangfolge an dritter Stelle.

„Steuern sind Geldleistungen, die nicht eine Gegenleistung für eine besondere Leistung darstellen und von einem öffentlich-rechtlichen Gemeinwesen zur Erzielung von Einnahmen allen auferlegt werden, bei denen der Tatbestand zutrifft, an den das Gesetz die Leistungspflicht knüpft; die Erzielung von Einnahmen kann Nebenzweck sein. Zölle und Abschöpfungen sind Steuern im Sinne dieses Gesetzes" (§ 3 Abgabenordnung).

Die Tatsache, daß Steuern erst nach den speziellen Entgelten und den sonstigen Einnahmen zur Beschaffung der notwendigen Einnahmen herangezogen werden dürfen, entspricht dem Gesichtspunkt, daß grundsätzlich den Nutzern kommunaler Einrichtungen die Kosten in Rechnung zu stellen sind. Nur wo dies nicht möglich ist, dürfen die Lasten der Allgemeinheit (dem Steuerzahler) angelastet werden.

Steuern können nach unterschiedlichen Gesichtspunkten gegliedert werden. Nach dem **Gegenstand der Besteuerung** sind zu unterscheiden:

— Besitzsteuern (Vermögensteuer, Einkommensteuer, Grundsteuer . . .),

— Verkehrsteuern (Kraftfahrzeugsteuer, Umsatzsteuer, Versicherungssteuer...),

— Verbrauchsteuern (Mineralölsteuer, Tabaksteuer, Biersteuer . . .).

Nach der **Form der Steuererhebung** können unterschieden werden:

— Direkte Steuern: Steuerschuldner gegenüber dem Finanzamt und derjenige, der die Steuern tragen soll, sind identisch (z. B. Einkommensteuer, Vermögensteuer, Grundsteuer).

— Indirekte Steuern: Der Steuerschuldner gegenüber dem Finanzamt wird letztlich durch die Steuer nicht belastet, er kann sie auf eine andere Person abwälzen (Umsatzsteuer, die Verbrauchsteuern).

Die für die öffentlichen Haushalte wichtigste Gliederung der Steuerarten ist die Einteilung nach der **Ertragshoheit** auf der Grundlage der Art. 106ff. Grundgesetz (vgl. dazu auch Schaubild auf S. 140).

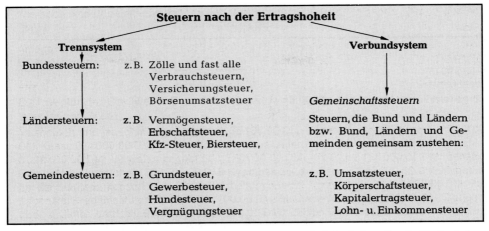

Steuern nach der Ertragshoheit

Trennsystem		Verbundsystem
Bundessteuern:	z.B. Zölle und fast alle Verbrauchsteuern, Versicherungsteuer, Börsenumsatzsteuer	
		Gemeinschaftssteuern
Ländersteuern:	z.B. Vermögensteuer, Erbschaftsteuer, Kfz-Steuer, Biersteuer,	Steuern, die Bund und Ländern bzw. Bund, Ländern und Gemeinden gemeinsam zustehen:
Gemeindesteuern:	z.B. Grundsteuer, Gewerbesteuer, Hundesteuer, Vergnügungsteuer	z.B. Umsatzsteuer, Körperschaftsteuer, Kapitalertragsteuer, Lohn- u. Einkommensteuer

Das Schaubild zu Beginn des Abschnitts 3 zeigt, daß bei der Stadt H. bei den Einnahmen aus Steuern die Gewerbesteuer mit 43 Mio. DM (43 % der Steuereinnahmen) die größte steuerliche Einnahmequelle der Stadt darstellt, gefolgt von dem Anteil der Gemeinde an der Einkommensteuer (41 % der Steuereinnahmen der Stadt) und der Grundsteuer (13,5 % der Steuereinnahmen der Stadt). Das Schaubild zeigt auch, daß Landkreise praktisch keine eigenen Steuerquellen haben und auf Umverteilungen der Steuern durch den Finanzausgleich (über Zuweisungen) und die Kreisumlage angewiesen sind (vgl. dazu 3.3).

Eine besondere Form der Einnahmebeschaffung ist die **Kreditaufnahme**.

> „Kredite sind das unter der Verpflichtung zur Rückzahlung von Dritten oder von Sondervermögen mit Sonderrechnung aufgenommene Kapital mit Ausnahme der Kassenkredite."

Nach § 83 (3) NGO dürfen die Gemeinden Kredite nur aufnehmen, wenn eine andere Finanzierung nicht möglich ist oder wirtschaftlich unzweckmäßig wäre. Kredite dürfen also grundsätzlich erst nach Ausschöpfung der übrigen Deckungsmöglichkeiten aufgenommen werden. Nach § 92 NGO dürfen Kredite auch nur für Investitionen, Investitionsförderungsmaßnahmen und zur Umschuldung aufgenommen werden. Der Gesamtbetrag der vorgesehenen Kreditaufnahme bedarf im Rahmen der Haushaltssatzung der Genehmigung der Aufsichtsbehörde[1].

3.2 Ausgaben öffentlicher Kommunalhaushalte

Die Ausgaben öffentlicher Haushalte hängen mit der Wahrnehmung öffentlicher Aufgaben zusammen. Zur Wahrnehmung öffentlicher Aufgaben sind die Gemeinden teilweise gesetzlich verpflichtet (z.B. Ordnungswesen, Schulen, Sozialhilfe, Friedhöfe), teilweise fühlen sie sich von sich aus verpflichtet, Aufgaben im Interesse ihrer Bevölkerung wahrzunehmen (Gesundheitsförderung, Sportförderung, Grünanlagen, Förderung kultureller Einrichtungen). Die Durchführung dieser Aufgaben erfordert oft erhebliche Finanzmittel. Sind die Finanzmittel

---

1 Vgl. zu Krediten im einzelnen Abschnitt 7.3.

knapp, haben die Gemeinden zu prüfen, ob sie freiwillig übernommene Aufgaben und dadurch auch den Finanzbedarf verringern können oder ob sie Mehreinnahmen erzielen können.

Das Ziel der stetigen Aufgabenerfüllung bestimmt also weitgehend die Höhe und die Struktur der Ausgaben. Aber auch die Verpflichtung bei der Haushaltsplanung, dem gesamtwirtschaftlichen Gleichgewicht Rechnung tragen zu müssen, nimmt Einfluß auf die Ausgabenentwicklung (vgl. dazu allgemeine Haushaltsgrundsätze S. 182).

Ein Überblick über die wichtigsten Ausgabenarten bei Stadt und Landkreis H. soll einen Eindruck von der Struktur der Ausgaben vermitteln.

Ausgaben der Stadt H. und des Landkreises H. nach Einzelplänen lt. Haushaltsplan des Jahres ...		
Einzelplan	Ausgaben der Stadt in Mio. DM	Ausgaben des Landkreises in Mio. DM
0 Allgemeine Verwaltung	16,9	14,6
1 Öffentliche Sicherheit und Ordnung	10,6	11,8
2 Schulen	21,2	67,3
3 Wissenschaft, Forschung, Kulturpflege	9,2	5,3
4 Soziale Sicherung	76,9	91,1
5 Gesundheit, Sport, Erholung	16,7	15,3
6 Bau- und Wohnungswesen, Verkehr	56,3	26,1
7 Öffentliche Einrichtungen, Wirtschaftsförderung	54,1	14,7
8 Wirtschaftliche Unternehmen, allgemeines Grund- und Sondervermögen	12,6	0,3
9 Allgemeine Finanzwirtschaft	102,6	63,5

3.3 Grundzüge des Finanzausgleichs

Grundsätzlich sollen Bund, Länder und Gemeinden ihre Ausgaben aus eigenen Einnahmen decken. Die Einnahmequellen der Gebietskörperschaften sind jedoch unterschiedlich und nicht immer ausreichend. Um einen angemessenen finanziellen Ausgleich zwischen finanzstarken und finanzschwachen Gebietskörperschaften zu erreichen, sind Finanzausgleichregelungen festgelegt worden.

Das Aufkommen an Steuern ist für Bund, Länder und Gemeinden eine wesentliche Einnahmequelle. Wer die Gesetzgebungshoheit für die Steuern hat (Bund oder Länder) und wem das Steueraufkommen zusteht (Bund, Länder, Gemeinden), ist im Grundgesetz für die Bundesrepublik Deutschland (Art. 105ff.) geregelt. Ferner sind auch grundsätzliche Bestimmungen über einen Steuerverbund zwischen Bund, Ländern und Gemeinden, der sogenannte Finanzausgleich, im Grundgesetz enthalten.

Das Grundgesetz sieht einen sog. horizontalen Finanzausgleich zwischen leistungsfähigen und finanzschwachen Ländern und einen sog. vertikalen Finanzausgleich zwischen dem Bund und leistungsschwachen Ländern vor. Die näheren Einzelheiten dieser Finanzausgleiche sind bundesgesetzlich geregelt. Das Grundgesetz sieht ferner vor, daß die Länder in Landesgesetzen festlegen, inwieweit Landessteuern den Gemeinden zufließen.

In Niedersachsen ist durch Gesetz über den Finanzausgleich festgelegt worden, daß das Land jährlich eine Ausgleichsmasse festsetzt, die an die Gemeinden und Landkreise zu verteilen ist. Die Ausgleichsmasse setzt sich unter anderem aus prozentualen Anteilen am Aufkommen aus der Einkommensteuer, der Körperschaftsteuer, der Umsatzsteuer, der Kraftfahrzeugsteuer sowie aus Einnahmen des Landes aus den Länderausgleichszuweisungen zusammen. Die Ausgleichsmasse wird unter Anwendung bestimmter Prozentsätze in Zuweisungsteile zerlegt und diese wiederum unter Anwendung von Prozentsätzen und Verteilerschlüsseln an die Gemeinden und Landkreise aufgeteilt. Als Zuweisungsteile gibt es Bedarfszuweisungen, Schlüsselzuweisungen aus Ausgleich der Steuerkraft unter Berücksichtigung der Einwohnerzahl (Hauptansatz) und Zuweisungen für Aufgaben des übertragenen Wirkungskreises. Vom Hauptansatz ist ein bestimmter Teil für kommunale Investitionen zu verwenden.

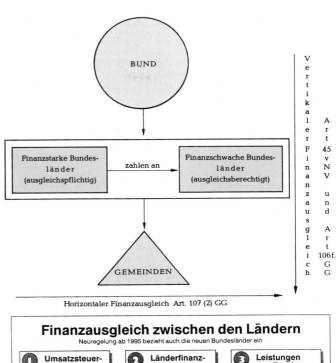

Im Niedersächsischen Finanzausgleichsgesetz ist ferner der zwischengemeindliche Finanzausgleich geregelt. Zu diesem zwischengemeindlichen Finanzausgleich zählt insbesondere die Kreisumlage, die der Landkreis von den kreisangehörigen Gemeinden erheben kann.

Das folgende Schaubild zeigt stark vereinfacht die Verteilung der Steuern auf die Gebietskörperschaften und die Grundzüge des Finanzausgleichs.

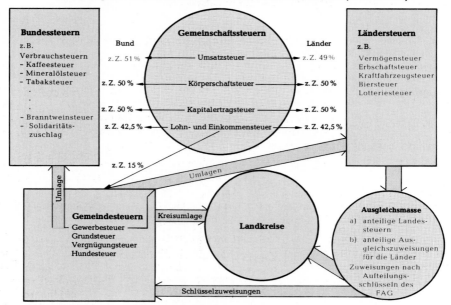

Verteilung der Steuern auf Bund, Länder und Gemeinden (vereinfacht)

Fragen

1. Was unterscheidet die Haushaltsplanung bei öffentlichen Haushalten von der Planung in privaten Haushalten und privaten Unternehmen? Erläutern Sie die Ursachen für diese Unterschiede!

2. Welche Rechtsgrundlagen regeln im wesentlichen das niedersächsische kommunale Haushaltsrecht?

3. Welche Rangfolge hat die Gemeinde bei der Beschaffung der notwendigen Einnahmen zu beachten?

4. Nennen Sie je 2 Beispiele für: Verwaltungsgebühren, Benutzungsgebühren, privatrechtliche Entgelte und Beiträge, und erläutern Sie Unterschiede zwischen diesen 4 verschiedenen „speziellen Entgelten"!

5. Was unterscheidet „Steuern" von „speziellen Entgelten"?

6. Nennen Sie je 3 Bundessteuern, Ländersteuern, Gemeindesteuern!

7. Erläutern Sie die Grundzüge des „vertikalen" und des „horizontalen" Finanzausgleichs!

8. Welche Einflußgrößen bestimmen die Höhe der Einnahmen und Ausgaben der Gemeinden? Zeigen Sie Möglichkeiten und Grenzen der Beeinflussung der Einnahmen und Ausgaben durch die Gemeinde auf!

9. Bei der Gemeinde R. liegt der Hebesatz für die Grundsteuer B niedriger als der entsprechende Hebesatz bei den Nachbargemeinden. Die Abwassergebühren haben etwa die gleiche Höhe wie bei den Nachbargemeinden. Der Kostendeckungsgrad des Unterabschnitts Abwasserbeseitigung liegt bei 90 %. Um den Verwaltungshaushalt auszugleichen, will man bei der Gemeinde entweder die Grundsteuereinnahmen oder die Abwassergebühren erhöhen.
   Sollte die Gemeinde den Grundsteuerhebesatz auf die Hebesatzhöhe der Nachbargemeinden anheben oder sollten die Abwassergebühren so erhöht werden, daß beim Unterabschnitt Abwasserbeseitigung eine volle Kostendeckung besteht?

4 Haushaltssatzung und Haushaltsplan

4.1 Bedeutung und Inhalt von Haushaltssatzung und Haushaltsplan

4.1.1 Die Haushaltssatzung

Satzungen enthalten Anordnungen, die sich mit verbindlicher Kraft an eine unbestimmte Zahl von Personen richten, sich auf eine unbestimmte Zahl von Fällen erstrecken und nicht nur Gemeindebürger, sondern auch die Gemeinde selbst und ebenso Gerichte und andere Behörden binden. Satzungen schaffen ortsrechtliche Regelungen; sie sind insoweit Gesetze im materiellen Sinne.

Die Haushaltssatzung ist im Vergleich zu anderen Satzungen durch einige Besonderheiten gekennzeichnet. Einer Gemeinde steht es im Normalfall frei, eine Satzung zu erlassen. Satzungen werden ferner in der Regel auf unbefristete Zeit erlassen und nur ausnahmsweise rückwirkend. Weiterhin sind sie grundsätzlich darauf angelegt, Ortsrecht mit rechtlicher Außenwirkung zu schaffen.

Die Haushaltssatzung gehört zu den wenigen Pflichtsatzungen und hat zudem eine genau festgelegte Gültigkeitsdauer. Die Festsetzungen dieser Satzung sind für die Dauer des Haushaltsjahres (01.01. bis 31.12.) gültig; zulässig sind auch Festsetzungen für zwei Haushaltsjahre, wenn sie nach Jahren getrennt festgesetzt werden. Außerdem hat die Haushaltssatzung – abgesehen vom § 5, Steuersätze für die Realsteuern – ausschließlich Innenwirkung. Sie beinhaltet verbindliche Festsetzungen für die Geldwirtschaft der Gemeinde. Die Verwaltung hat das Recht und die Pflicht, gemäß den Festsetzungen zu wirtschaften.

> Die Haushaltssatzung ist eine Pflichtsatzung mit festgelegter Gültigkeitsdauer (01.01.–31.12.), die abgesehen von den Steuersätzen der Realsteuern ausschließlich Innenwirkung hat.

4.1.2 Der Haushaltsplan

Der Haushaltsplan ist die Zusammenstellung aller im Haushaltsjahr voraussichtlich eingehenden Einnahmen und zu leistenden Ausgaben und der notwendigen Verpflichtungsermächtigungen. Er ist die Grundlage für die Haushaltswirtschaft der Gemeinde. Durch die Haushaltssatzung wird der Haushaltsplan festgesetzt und damit rechtsverbindlich. Die Rechtsverbindlichkeit hat jedoch (§ 5 ausgenommen) lediglich Innenwirkung. Die Verwaltung wird ermächtigt, im Rahmen der Ausgabeansätze Ausgaben zu tätigen, und sie ist grundsätzlich verpflichtet, die Ausgabeansätze nicht zu überschreiten. Ansprüche und Verbindlichkeiten Dritter werden durch den Haushaltsplan weder begründet noch aufgehoben.

Wie sich der Haushaltsplan aufbaut und gliedert, wird im Kapitel 4.3 beschrieben.

4.1.3 Inhalt der Haushaltssatzung

Zur Verdeutlichung der Inhalte einer Haushaltssatzung sollen der entsprechende Gesetzestext und ein Beispiel einer solchen Satzung (Haushaltssatzung der Stadt H.) gegenübergestellt und verglichen werden.

Nach § 84 NGO enthält die Haushaltssatzung die Festsetzung:

1. des Haushaltsplans unter Angabe des Gesamtbetrags

   a) der Einnahmen und der Ausgaben des Haushaltsjahres
   (siehe § 1 der Haushaltssatzung)

   b) der vorgesehenen Kreditaufnahmen für Investitionen und Investitionsförderungsmaßnahmen (Kreditermächtigung)
   (siehe § 2 der Haushaltssatzung)

   c) der Ermächtigungen zum Eingehen von Verpflichtungen, die künftige
   Haushaltsjahre mit Ausgaben für Investitionen und Investitionsförderungsmaßnahmen belasten
   (Verpflichtungsermächtigungen)
   (siehe § 3 der Haushaltssatzung)

2. des Höchstbetrages der Kassenkredite
   (siehe § 4 der Haushaltssatzung)

3. der Steuersätze, wenn sie nicht in einer Steuersatzung festgesetzt sind
   (siehe § 5 der Haushaltssatzung oder ggf. besondere Hebesatzsatzung)

Bei Gemeinden mit Krankenhäusern oder anderen nach § 110 Abs. 2 NGO geführten Einrichtungen hat die Haushaltssatzung gemäß der VO über die Haushaltswirtschaft kaufmännisch geführter Einrichtungen auch die Summen des Wirtschaftsplans, den Gesamtbetrag der vorgesehenen Kreditaufnahmen, den Gesamtbetrag der vorgesehenen Verpflichtungsermächtigungen und den Höchstbetrag der Kassenkredite für diese Einrichtungen gesondert auszuweisen (siehe §§ 1 bis 4 der Haushaltssatzung der Stadt H.).

Mit der Haushaltssatzung können in zusätzlichen Paragraphen auch Bestimmungen
bezüglich des Stellenplans getroffen werden und auch weitere Vorschriften bezüglich der Einnahmen und Ausgaben festgelegt werden, z.B.: Betragshöhe, bis zu der
über- und außerplanmäßige Ausgaben als unerheblich anzusehen sind (gem. § 89
NGO), Betragshöhen, ab wann ein Fehlbetrag oder zusätzliche Ausgaben als erheblich im Sinne von § 87 NGO anzusehen sind und deshalb eine Nachtragssatzung erfordern, Festlegungen von Deckungsfähigkeiten, Sperren und sonstigen Vorschriften
zur Mittelbewirtschaftung.

Die Haushaltssatzung	Der Haushaltsplan
enthält nach § 84 NGO die Festsetzung – der Einnahmen und Ausgaben des Haushaltsjahres, – der vorgesehenen Kreditauf- nahme, – der Verpflichtungsermächtigun- gen, – des Höchstbetrages der Kassen- kredite, – der Steuersätze, die nicht in einer Steuersatzung festgesetzt sind.	enthält nach § 85 NGO alle im Haushaltsjahr für die Erfüllung der Aufgaben der Gemeinde voraus- sichtlich – eingehenden Einnahmen, – zu leistenden Ausgaben, – notwendigen Verpflichtungser- mächtigungen.

Aufgrund des § 84 der Niedersächsischen Gemeindeordnung hat der Rat der Stadt H. in der Sitzung am 19.12.1998 folgende Haushaltssatzung für das Haushaltsjahr 1999 beschlossen:

§ 1

Der Haushaltsplan für das Haushaltsjahr 1999 wird

im Verwaltungshaushalt

in der Einnahme auf	305 951 800 DM
in der Ausgabe auf	305 951 800 DM,

im Vermögenshaushalt

in der Einnahme auf	72 380 200 DM
in der Ausgabe auf	72 380 200 DM

festgesetzt.

Der Wirtschaftsplan 1999 des Städtischen Krankenhauses für das Haushaltsjahr 1999 wird im Erfolgsplan mit

Erträgen in Höhe von	65 251 000 DM
Aufwendungen in Höhe von	65 251 000 DM

im Finanzplan mit

Einnahmen in Höhe von	9 404 500 DM
Ausgaben in Höhe von	9 404 500 DM

festgesetzt.

§ 2

Der Gesamtbetrag der vorgesehenen Kreditaufnahmen für Investitionen und Investitionsförderungsmaßnahmen (Kreditermächtigung) wird auf 21 757 600 DM festgesetzt.

Im Finanzplan des Städtischen Krankenhauses werden Kredite für Investitionen nicht veranschlagt.

§ 3

Der Gesamtbetrag der Verpflichtungsermächtigungen wird auf 8 088 000 DM festgesetzt.

Im Finanzplan des Städtischen Krankenhauses werden Verpflichtungsermächtigungen nicht veranschlagt.

§ 4

Der Höchstbetrag, bis zu dem Kassenkredite im Haushaltsjahr 1999 zur rechtzeitigen Leistung von Ausgaben in Anspruch genommen werden dürfen, wird auf 20 000 000 DM festgesetzt.

Der Höchstbetrag, bis zu dem Kassenkredite im Haushaltsjahr 1999 zur rechtzeitigen Leistung von Ausgaben durch die Sonderkasse des Städtischen Krankenhauses in Anspruch genommen werden dürfen, wird auf 6 000 000 DM festgesetzt.

§ 5

Die Steuersätze (Hebesätze) für die Realsteuern werden für das Haushaltsjahr 1999 wie folgt festgesetzt:

1. Grundsteuer
   a) für die land- und forstwirtschaftlichen Betriebe (Grundsteuer A)   300 v. H.
   b) für die Grundstücke (Grundsteuer B)   350 v. H.

2. Gewerbesteuer   385 v. H.

H., den 11. Januar 1999

Stadt H.

Oberbürgermeister

4.2 Zustandekommen von Haushaltssatzung und Haushaltsplan

Das Zustandekommen der Haushaltssatzung ist in Niedersachsen nicht speziell geregelt. Da der Rat über die Haushaltssatzung zu beschließen hat, obliegt es der Bürgermeisterin oder dem Bürgermeister, den Fachausschüssen und dem Verwaltungsausschuß, den Beschluß des Rates über die Haushaltssatzung vorzubereiten.

Der nachstehende Ablaufplan zeigt das Zustandekommen von Haushaltssatzung und Haushaltsplan am Beispiel der niedersächsischen Stadt H. im einzelnen auf.

**Ablauf des Zustandekommens von Haushaltssatzung und Haushaltsplan
der Stadt H. für das Haushaltsjahr 1999**

15.04.1998 An die Fachbereiche ergeht die Aufforderung, die Mittelanmeldungen bis zum 15.05. bei der Kämmerei abzugeben.

15.05.1998 Durchsicht der Mittelanmeldungen in der Kämmerei (Prüfung auf Unstimmigkeiten, Klärung der Gründe bei größeren Abweichungen gegenüber Vorjahren, ggf. Bildung neuer Haushaltsstellen) und Erstellung des Haushaltsplanentwurfs (Kämmereientwurf).

20.06.1998 Der Kämmerer bespricht den Kämmereientwurf mit den leitenden Beamten der Verwaltung. Dabei werden vor allem Ausgabekürzungen und Einnahmeverbesserungen festgelegt.

15.07.1998 Erstellung eines neuen Haushaltsplanentwurfs (Verwaltungsentwurf). Vervielfältigung des Verwaltungsentwurfs zwecks Verteilung an Rat, ggf. Ortsräte, leitende Beamte und Fachbereiche.

20.08.1998 Vorlage des Entwurfs an den Rat (Einbringung), anschließend Beratung des Entwurfs in den Fachausschüssen. (Gemäß § 51 NGO werden im allgemeinen Fachausschüsse zur Vorbereitung der Ratsbeschlüsse gebildet.)

27.10.1998 Beratung der Fachausschußvorschläge im Finanzausschuß.

08.11.1998 Beratung des Entwurfs im Verwaltungsausschuß. (Gemäß § 57 NGO bereitet der Verwaltungsausschuß die Beschlüsse des Rates vor.)

15.11.1998 Beratung und Beschluß im Rat der Stadt. (Gemäß § 40 NGO ist der Rat für den Erlaß der Haushaltssatzung zuständig.)

30.11.1998 Vorlage des Haushaltsplans bei der Kommunalaufsichtsbehörde. (Der Haushaltsplan soll gemäß § 86 NGO spätestens am 30.11. vorgelegt werden.)

10.01.1999 Entscheidung der Kommunalaufsichtsbehörde, Genehmigung der genehmigungspflichtigen Teile.

15.01.1999 Öffentliche Bekanntmachung der Haushaltssatzung und anschließend Auslegung des Haushaltsplans einschließlich der Anlagen an sieben Tagen (gemäß § 86 NGO).

Die Haushaltssatzung tritt nach dem Ende der öffentlichen Auslegung in Kraft und ist dann für das Haushaltsjahr (= Kalenderjahr) gültig.

Hinweis: Bei unausgeglichenem Haushalt muß parallel zu den Haushaltsplanberatungen gemäß § 84 NGO ein Haushaltskonsolidierungskonzept aufgestellt und spätestens mit der Haushaltssatzung beschlossen werden.

Aus dem Ablaufplan ist ersichtlich, daß etwa sieben Monate vom Beginn der Aufstellung des Haushaltsplans bis zum Beschluß des Rates über den Haushaltsplan vergehen. Bis zum Inkrafttreten vergehen dann im allgemeinen noch einmal zwei

Monate. Will man ein rückwirkendes Inkrafttreten der Haushaltssatzung vermeiden, muß also bereits zu Anfang April mit der Haushaltsplanaufstellung begonnen werden.

Haushaltssatzungen enthalten im allgemeinen genehmigungspflichtige Teile und dürfen daher erst bekanntgemacht werden, wenn die Kommunalaufsichtsbehörde die Genehmigung erteilt hat. Im folgenden wird aufgezeigt, was der Genehmigungspflicht unterliegt.

Genehmigungspflichtig ist immer der Gesamtbetrag der Kredite (siehe § 92 NGO).

Der Gesamtbetrag der Verpflichtungsermächtigungen ist genehmigungspflichtig, soweit in den Jahren, zu deren Lasten sie veranschlagt werden, insgesamt Kreditaufnahmen vorgesehen sind (§ 91 NGO). – Ob Kreditaufnahmen vorgesehen sind, ist aus dem Finanzplan ersichtlich. Sofern der Finanzplan Kreditaufnahmen in den nächsten Jahren ausweist, sind insoweit auch die Verpflichtungsermächtigungen genehmigungspflichtig.

Beispiel:

Die in der Haushaltssatzung für das Jahr 1999 ausgewiesenen Verpflichtungsermächtigungen der Stadt H. beziehen sich in Höhe von 8 000 000 DM auf das Jahr 2000 und in Höhe von 88 000 DM auf das Jahr 2001. Nach dem Finanzplan sind für das Jahr 2000 7 000 000 DM und für 2001 5 000 000 DM Kreditaufnahmen vorgesehen. Die Verpflichtungsermächtigungen sind dann in Höhe von 7 088 000 DM genehmigungspflichtig.

Der in der Haushaltssatzung festgesetzte Höchstbetrag der Kassenkredite bedarf der Genehmigung, wenn er ein Sechstel der im Verwaltungshaushalt veranschlagten Einnahmen übersteigt (§ 94 NG0).

Im § 5 der Haushaltssatzung werden im allgemeinen die Hebesätze für die Realsteuern (Grundsteuer und Gewerbesteuer) festgesetzt. Die Hebesätze sind dann für das Haushaltsjahr gültig und müssen mit jeder neuen Haushaltssatzung jeweils neu festgesetzt werden. Es besteht auch die Möglichkeit, die Hebesätze in einer Steuersatzung festzusetzen. Die Steuerhebesätze sind genehmigungsfrei.

Der § 1 der Haushaltssatzung (Gesamtbeträge der Einnahmen und Ausgaben) ist stets genehmigungsfrei.

Innerhalb welches Zeitraums die Kommunalaufsichtsbehörde über die Genehmigung der Haushaltssatzung zu entscheiden hat, ist nicht genau geregelt. Da die Vorlage der Haushaltssatzung spätestens einen Monat vor Beginn des Haushaltsjahres erfolgen soll, kann man aber folgern, daß die Aufsichtsbehörde über die Genehmigung spätestens nach einem Monat entscheiden sollte. Ist über den Genehmigungsantrag innerhalb von drei Monaten nicht entschieden worden und auch keiner Fristverlängerung zugestimmt, gilt gem. § 133 NGO die Genehmigung als erteilt.

Ist eine Haushaltssatzung mangels genehmigungspflichtiger Teile ausnahmsweise nicht genehmigungspflichtig, so ist die Vorschrift des § 86 NGO zu beachten, wonach eine solche Satzung frühestens einen Monat nach Vorlage an die Kommunalaufsichtsbehörde bekanntzumachen ist.

10 Grommas/Bartels – ISBN 3-8120-0430-5

Für die Bekanntmachung sind die Regelungen in der Verordnung über die öffentliche Bekanntmachung von Satzungen und in der Hauptsatzung zu beachten. Danach hat die Bekanntmachung im amtlichen Verkündungsblatt der Bezirksregierung, im Amtsblatt des Landkreises/der kreisfreien Stadt oder in der örtlichen Tageszeitung zu erfolgen. Im Anschluß an die öffentliche Bekanntmachung der Haushaltssatzung ist der Haushaltsplan mit seinen Anlagen an sieben Tagen öffentlich auszulegen. Am Tage nach dem Ende der öffentlichen Auslegung tritt die Haushaltssatzung in Kraft und ist dann für das Haushaltsjahr (= Kalenderjahr) gültig.

Im Schaubild auf S. 147 werden die Stufen für das Zustandekommen von Haushaltsplan und Haushaltssatzung noch einmal vereinfacht im Gesamtzusammenhang dargestellt.

4.3 Aufbau und Gliederung des Haushaltsplans

Entsprechend den Bestimmungen in den Gemeindeordnungen gliedert sich der Haushaltsplan in einen Verwaltungshaushalt und einen Vermögenshaushalt. Näheres zu dieser Untergliederung ist im Kapitel 4.3.1 ausgeführt.

Die Gliederungs- und Gruppierungsvorschriften schaffen ferner eine Untergliederung des Verwaltungs- und des Vermögenshaushalts in Einzelpläne, Abschnitte und Unterabschnitte und regeln den Aufbau der Haushaltsstellenziffer (siehe 4.3.2).

In den Gemeindehaushaltsverordnungen sind außerdem die Bestandteile und Anlagen des Haushaltsplans festgelegt. Diese Unterteilung ist insoweit bedeutsam, als die Bestandteile durch die Haushaltssatzung verbindlich festgelegt werden und nur zugleich mit dem Erlaß einer Nachtragssatzung geändert werden können.

Näheres zu dieser Unterteilung ist im Kapitel 4.3.3 ausgeführt.

Übersicht über das Zustandekommen von Haushaltsplan und Haushaltssatzung (vereinfacht)

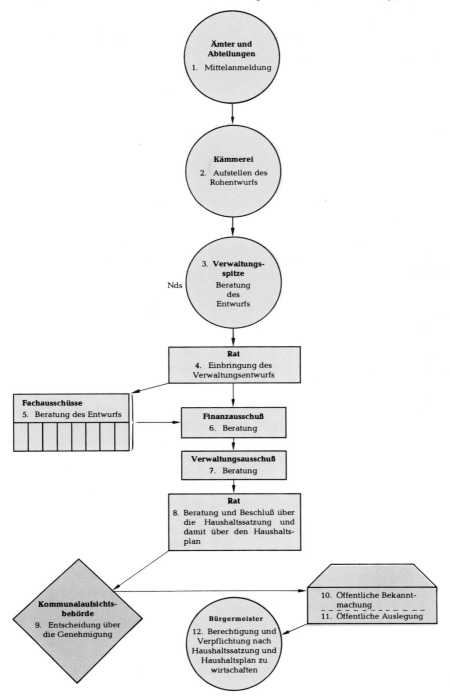

4.3.1 Gliederung in Verwaltungs- und Vermögenshaushalt

Gemäß § 85 NGO ist der Haushaltsplan in einen Verwaltungshaushalt und einen Vermögenshaushalt zu gliedern.

Die Untergliederung in Verwaltungshaushalt und Vermögenshaushalt dient dem Zweck, die investiven Maßnahmen und vermögenswirksamen Vorgänge von den Ausgaben für die laufende Verwaltung und deren Deckung zu trennen und gesondert summiert darzustellen. Da der Vermögenshaushalt sämtliche vermögens- wirksamen Einnahmen und Ausgaben umfaßt, kann er zugleich als Grundlage für eine Vermögensrechnung dienen.

Die Abgrenzung zwischen Verwaltungs- und Vermögenshaushalt regelt der Gesetzgeber im § 1 GemHVO wie folgt:

Inhalt des Vermögenshaushalts:

1. Der Vermögenshaushalt umfaßt auf der Einnahmeseite

    1. die Zuführung vom Verwaltungshaushalt,
    2. Einnahmen aus der Veränderung des Anlagevermögens,
    3. Entnahmen aus der allgemeinen Rücklage,
    4. Zuweisungen und Zuschüsse für Investitionen und für die Förderung von Investitionen Dritter, Beiträge und ähnliche Entgelte,
    5. Einnahmen aus Krediten und inneren Darlehen;

    auf der Ausgabeseite

    6. die Tilgung von Krediten, die Rückzahlung innerer Darlehen, die Kredit- beschaffungskosten sowie die Ablösung von Dauerlasten,
    7. Ausgaben für die Veränderungen des Anlagevermögens, Zuweisungen und Zuschüsse für Investitionen Dritter sowie Verpflichtungsermächti- gungen,
    8. Zuführungen zur allgemeinen Rücklage und die Deckung von Fehlbeträ- gen des Vermögenshaushalts aus Vorjahren,
    9. die Zuführung zum Verwaltungshaushalt.

Inhalt des Verwaltungshaushalts:

2. Der Verwaltungshaushalt umfaßt alle Einnahmen und Ausgaben, die nicht zum Vermögenshaushalt gehören.

Der Inhalt des Verwaltungshaushalts ist damit vom Gesetzgeber nur negativ definiert worden. Für eine positive Darstellung des Inhalts des Verwaltungshaus- halts kann man die Gruppierungsvorschriften heranziehen. Danach gehören zu den Einnahmen des Verwaltungshaushalts:

Steuern, allgemeine Zuweisungen, Einnahmen aus Verwaltung und Betrieb und sonstige Finanzeinnahmen wie z. B. Zinsen.

Zu den Ausgaben des Verwaltungshaushaltes zählen:

Personalausgaben, sächlicher Verwaltungs- und Betriebsaufwand, Zuweisungen und Zuschüsse (nicht für Investitionen), sonstige Finanzausgaben wie z. B. Zinsen.

Durch § 1 GemHVO werden dem Vermögenshaushalt neben den vermögenswirksamen Einnahmen und Ausgaben auch einige nicht vermögenswirksame Vorgänge zugeordnet. Auf der Einnahmeseite sind dies:

a) die Zuführung vom Verwaltungshaushalt sowie

b) Zuweisungen und Zuschüsse für Investitionen und für die Förderung von Investitionen Dritter, Beiträge und ähnliche Entgelte.

Auf der Ausgabenseite sind dies:

a) die Kreditbeschaffungskosten, die Ablösung von Dauerlasten,

b) Zuweisungen und Zuschüsse für Investitionen Dritter,

c) Deckung von Fehlbeträgen des Vermögenshaushalts aus Vorjahren,

d) die Zuführung zum Verwaltungshaushalt.

Hinsichtlich der Deckung von Fehlbeträgen aus Vorjahren ist anzumerken, daß Fehlbeträge des Vermögenshaushalts im Vermögenshaushalt und Fehlbeträge des Verwaltungshaushalts im Verwaltungshaushalt gedeckt werden.

Der im § 1 GemHVO verwendete Begriff „Anlagevermögen" umfaßt im einzelnen: Grundstücke, dingliche Rechte, Beteiligungen, Forderungen aus Darlehen, Kapitaleinlagen in Zweckverbänden und dgl., in Sondervermögen mit Sonderrechnung eingebrachtes Eigenkapital und bewegliche Sachen mit Ausnahme geringwertiger Wirtschaftsgüter im Sinne des Einkommensteuergesetzes.

4.3.1.1 Abgrenzung der Ausgaben des Vermögenshaushalts bei Erwerb von beweglichen Sachen

Bewegliche Sachen sind im Vermögenshaushalt nachzuweisen, soweit sie nicht geringwertig sind.

Unter beweglichen Sachen sind dabei transportable Gegenstände zu verstehen, die selbständig bewertungs- und nutzungsfähig sind (z.B. Geräte, Maschinen, Fahrzeuge, Ausstattungsgegenstände).

Als nicht geringwertig sind Gegenstände anzusehen, deren Anschaffungs- oder Herstellungskosten mehr als 800,— DM (netto)[1] betragen. Übersteigen die Ausgaben (netto) für den einzelnen Gegenstand nicht 800,— DM, so sind sie dennoch dem Vermögenshaushalt zuzuordnen, wenn es sich um die Beschaffung von technisch oder wirtschaftlich miteinander verbundenen Wirtschaftsgütern handelt, die von ihrer Bestimmung her nur in dieser Verbindung genutzt werden, und der gesamte Betrag über der Grenze von 800,— DM liegt. Technisch miteinander verbundene Wirtschaftsgüter sind z.B. ein Motor mit Vorsatzgeräten, ein Fotoapparat mit Wechselobjektiven, ein Lampengestell mit Lampenschirm und Glühbirne. Bei der Erstausstattung von Gebäuden mit Gegenständen handelt es sich um wirtschaftlich miteinander verbundene Gegenstände. Deshalb ist z.B. die Erstbeschaffung von Inventar für eine Schule oder die Erstbeschaffung von Büchern für eine Stadtbücherei im Vermögenshaushalt zu veranschlagen.

---

1 Netto bedeutet hier: Anschaffungspreis abzüglich evtl. Skonto und abzüglich Mehrwertsteuer. Die Mehrwertsteuer ist stets abzuziehen, das ergibt sich aus § 47 Ziffer 2.2 GemHVO in Verbindung mit § 6 Abs. 2 EStG, § 9 b Abs. 1 EStG und Abschnitt 86 Abs. 5 der Einkommensteuerrichtlinien.

4.3.1.2 Abgrenzung der Ausgaben des Vermögenshaushalts bei Baumaßnahmen

Ausgaben für **Investitionen** (Herstellungsaufwand) sind im **Vermögenshaushalt** nachzuweisen; Ausgaben für **bauliche Unterhaltung** (Unterhaltungsaufwand) im **Verwaltungshaushalt**.

Investive Ausgaben liegen beim Hochbau vor, wenn durch eine Baumaßnahme neues Sachvermögen geschaffen oder vorhandenes vermehrt wird. Neubaumaßnahmen gehören daher in den Vermögenshaushalt. Ferner sind Baumaßnahmen, die ein Gebäude in seiner Substanz vermehren, in seinem Wesen verändern oder über seinen bisherigen Zustand erheblich verbessern (z.B. durch Anbau, Aufbau oder Umbau mit besseren Nutzungsmöglichkeiten oder durch den Einbau von mit dem Gebäude fest verbundenen technischen Einrichtungen), dem Vermögenshaushalt zuzuordnen.

Beim Straßenbau sind die Ausgaben für Umbau oder Ausbau dann dem Vermögenshaushalt zuzuordnen, wenn die Arbeiten deutlich über das Ausmaß einer Unterhaltungs- oder Instandsetzungsarbeit hinausgehen. Dies ist z.B. der Fall bei Erneuerungen von Straßenbelägen über die gesamte Profilbreite und einen längeren Streckenabschnitt, Verbreiterungen der Fahrbahn, Anlage von Geh- oder Radwegen.

Ausgaben für die bauliche Unterhaltung sind im Verwaltungshaushalt nachzuweisen. Es handelt sich dabei um Ausgaben, die dazu dienen, das Grundstück in einem ordnungsgemäßen Zustand zu erhalten, ohne seine Wesensart zu verändern (Erhaltungsaufwand). Hauptmerkmal dieser Ausgaben ist, daß sie durch die gewöhnliche Nutzung des Grundstücks veranlaßt werden.

In den Schaubildern auf den Seiten 151 und 152 sind die Inhalte des Verwaltungs- und des Vermögenshaushalts noch einmal übersichtlich zusammengestellt.

4.3.2 Gliederungs- und Gruppierungsvorschriften

Um die Haushaltspläne der Gemeinden vergleichbar und finanzstatistisch auswertbar zu machen, ist eine einheitliche Haushaltssystematik vorgeschrieben worden. Die Gliederungs- und Gruppierungsvorschriften beinhalten einen verbindlichen Kontenplan für die Gemeinden. Dieser Kontenplan ist in der Dezimalsystematik (Ziffern 0 bis 9) aufgebaut und kann im Rahmen dieser Systematik je nach den örtlichen Verhältnissen weiter unterteilt werden.

Mit Hilfe dieses Kontenplans kann für jede Einnahme getrennt nach dem Entstehungsgrund und für jede Ausgabe getrennt nach Einzelzwecken eine **„Haushaltsstelle"** als kleinste Einheit im Haushaltsplan bestimmt werden.

Inhalte des Verwaltungshaushalts

Verwaltungshaushalt

Der Verwaltungshaushalt umfaßt nach § 1 (2) GemHVO die nicht zum Vermögenshaushalt gehörenden Einnahmen und Ausgaben. Das sind z. B.

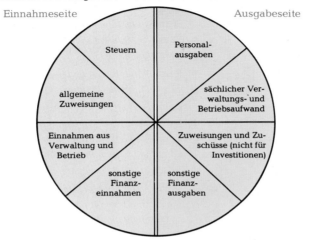

Beispiel: Für die Stadt H. sind im Verwaltungshaushalt die folgenden Werte ausgewiesen:

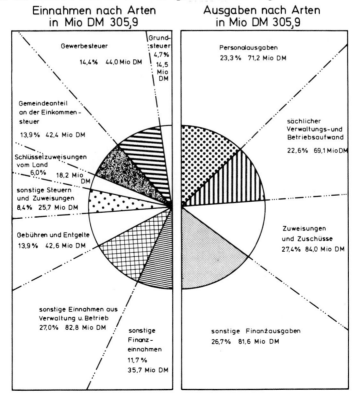

Inhalte des Vermögenshaushalts

Vermögenshaushalt

Der Vermögenshaushalt umfaßt nach § 1 GemHVO

<table>
<tr><td>auf der Einnahmeseite</td><td>auf der Ausgabeseite</td></tr>
</table>

auf der Einnahmeseite	auf der Ausgabeseite
1. die Zuführung vom Verwaltungs-haushalt, 2. Einnahmen aus der Veränderung des Anlagevermögens, 3. Entnahmen aus der allgemeinen Rücklage, 4. Zuweisungen und Zuschüsse für Investitionen und für die Förderung von Investitionen Dritter, Beiträge und ähnliche Entgelte, 5. Einnahmen aus Krediten und inneren Darlehen.	6. die Tilgung von Krediten, die Rückzahlung innerer Darlehen, die Kreditbeschaffungskosten sowie die Ablösung von Dauerlasten, 7. Ausgaben für die Veränderung des Anlagevermögens, Zuweisungen und Zuschüsse für Investitionen Dritter sowie Verpflichtungs-ermächtigungen, 8. Zuführungen zur allgemeinen Rück-lage und die Deckung von Fehlbeträ-gen des VMH aus Vorjahren, 9. die Zuführung zum Verwaltungs-haushalt.

Beispiel: Für die Stadt H. sind im Vermögenshaushalt die folgenden Werte ausgewiesen:

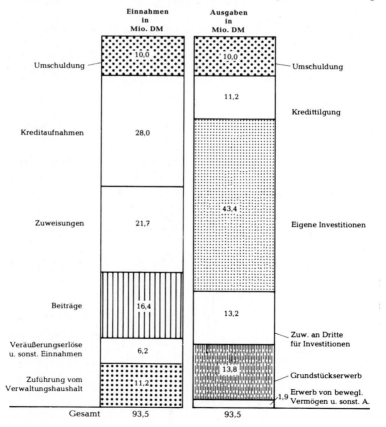

Lösung:

4.3.2.1 Gliederungsplan

Der Gliederungsplan schafft eine Gliederung nach Aufgabenbereichen. Der Gliederungsplan ist in folgende 10 Einzelpläne eingeteilt:

Einzelpläne

0 Allgemeine Verwaltung
1 Öffentliche Sicherheit und Ordnung
2 Schulen
3 Wissenschaft, Forschung, Kulturpflege
4 Soziale Sicherung
5 Gesundheit, Sport, Erholung
6 Bau- und Wohnungswesen, Verkehr
7 Öffentliche Einrichtungen, Wirtschaftsförderung
8 Wirtschaftliche Unternehmen, allgem. Grund- und Sondervermögen
9 Allgemeine Finanzwirtschaft

Für unser Beispiel (Anschaffung eines Video-Gerätes für die Berufsschule) bedeutet das, daß die geplante Ausgabe im Einzelplan 2 „Schulen" zu veranschlagen
wäre.

Einzelplan 2   Schulen

Die Einzelpläne sind zunächst in Abschnitte unterteilt (vgl. Gliederungsplan
S. 154 ff.).

Der Gliederungsplan weist für den Einzelplan Schulen die folgenden Abschnitte
aus:

     20 Schulverwaltung
     21 Allgemeinbildendes Schulwesen
     25 Berufsbildendes Schulwesen
     28 Schulkosten in besonderen Einrichtungen
     29 Sonstiges

Die Anschaffung für die Berufsschule ist demnach im Abschnitt 25 zu veranschlagen.

Abschnitt 25   Berufsbildendes Schulwesen

Die Abschnitte sind schließlich in bis zu 10 Unterabschnitte eingeteilt. Die „Zu-
ordnungsvorschriften zum Gliederungsplan der Haushalte der Gemeinden und
Landkreise" führen zum Abschnitt 25 Berufsbildendes Schulwesen die folgenden
Unterabschnitte auf:

     250 Berufsschulen, Berufsgrundbildungsjahr
     251 Berufsfachschulen
     252 Berufsaufbauschulen

253 Fachschulen

254 Fachoberschulen

255 Gymnasien im berufsbildenden Schulwesen

256 Sonderberufsschul-, Berufsschulsonderklassen

Als Unterabschnitt ergibt sich für die geplante Anschaffung für die Berufsschule also:

Unterabschnitt 250   Berufsschulen

Die Gliederungsnummer ist somit in der Regel dreistellig. Die erste Ziffer kennzeichnet den Einzelplan, die ersten zwei Ziffern den Abschnitt und die ersten drei Ziffern den Unterabschnitt. Der Gliederungsplan für die Haushalte der Gemeinden und Landkreise ist auf den folgenden Seiten abgedruckt.

Gliederungsplan
für die Haushalte der Gemeinden und Landkreise

Einteilung der Einzelpläne

0 Allgemeine Verwaltung
1 Öffentliche Sicherheit und Ordnung
2 Schulen
3 Wissenschaft, Forschung, Kulturpflege
4 Soziale Sicherung
5 Gesundheit, Sport, Erholung

6 Bau- und Wohnungswesen, Verkehr
7 Öffentliche Einrichtungen, Wirtschaftsförderung
8 Wirtschaftliche Unternehmen, allgemeines Grund- und Sondervermögen
9 Allgemeine Finanzwirtschaft

Einzelplan	Abschnitt	Unterabschnitt	Bezeichnung
0			**Allgemeine Verwaltung**
	00		Gemeindeorgane
	01		Rechnungsprüfung
	02		Hauptverwaltung
	03		Finanzverwaltung
	04		Besondere Dienststellen der allgem. Verwaltung
	06		Einrichtungen für die gesamte Verwaltung
	08		Einrichtungen für Verwaltungsangehörige
1			**Öffentliche Sicherheit und Ordnung**
	11		Öffentliche Ordnung
	12		Umweltschutz
	13		Feuerschutz
	14		Katastrophenschutz
	15		Verteidigungslasten-Verwaltung
	16		Rettungsdienst
2			**Schulen**
	20		Schulverwaltung
		207	Kreisschulbaukasse
	21		Allgemeinbildendes Schulwesen
		210	Grundschulen
		214	Sonderschulen
	25		Berufsbildendes Schulwesen
	28		Schulkosten in besonderen Einrichtungen
	29		Sonstiges
		290	Schülerbeförderung
		291	Ausbildungsförderung
		292	Übrige schulische Aufgaben
3			**Wissenschaft, Forschung, Kulturpflege**
	30		Verwaltung kultureller Angelegenheiten
	31		Wissenschaft, Forschung
		310	Wissenschaftliche Museen und Sammlungen
		311	Wissenschaftliche Bibliotheken
		312	Sonstige Wissenschaft und Forschung
	32		Museen, Sammlungen und Ausstellungen
	33		Theater, Konzerte, Musikpflege
	34		Sonstige Kunstpflege
	35		Volksbildung

Einzelplan	Abschnitt	Unterabschnitt	Bezeichnung
		350	Volkshochschulen
		352	Öffentiiche Büchereien
		355	Sonstige Volksbildung
	36		Naturschutz, Heimatpflege
		360	Naturschutz und Landschaftspflege
		366	Heimatpflege
	37		Kirchen
4			**Soziale Sicherung**
	40		Verwaltung der sozialen Angelegenheiten
		400	Allgemeine Sozialverwaltung
		406	Betreuungsstelle
		497	Verwaltung der Jugendhilfe
		408	Versicherungsamt
		409	Lastenausgleichsverwaltung
	41		Leistungen nach dem BSHG
		410	Hilfe zum Lebensunterhalt
		411	Hilfe zur Pflege
		412	Eingliederungshilfe für Behinderte
		413	Krankenhilfe, Hilfe bei Schwangerschaft oder bei Sterilisation, Hilfe zur Familienplanung
		414	Sonstige Hilfen in besonderen Lebenslagen
	42		Leistungen nach dem Asylbewerberleistungsgesetz
	43		Soziale Einrichtungen
		431	Einrichtungen für Ältere
		432	Einrichtungen für pflegebedürftige ältere Menschen
		433	Einrichtungen für Behinderte
		435	Einrichtungen für Wohnungslose
		436	Einrichtungen für Aussiedler und Ausländer
		437	Frauenhäuser
		438	Sozialstationen
		439	Sonstige soziale Einrichtungen
	44		Kriegsopferfürsorge und ähnliche Maßnahmen
	45		Jugendhilfe nach dem KJHG
		451	Jugendarbeit
		452	Jugendsozialarbeit, Erzieherischer Kinder- und Jugendschutz
		453	Förderung der Erziehung in der Familie
		454	Förderung von Kindern in Tageseinrichtungen und in Tagespflege
		455	Hilfe zur Erziehung
		456	Hilfe für junge Volljährige/Inobhutnahme
		457	Adoptionsvermittlung, Beistandschaft u.ä.
		458	Übrige Hilfen
	46		Einrichtungen der Jugendhilfe
		460	Einrichtungen der Jugendarbeit
		461	Jugendwohnheime, Schülerheime, Wohnheime für Auszubildende
		462	Einrichtungen der Familienförderung
		463	Einrichtungen für werdende Mütter
		464	Tageseinrichtungen für Kinder
		465	Erziehungs-, Jugend- und Familienberatungsstellen
		466	Einrichtungen für Hilfe zur Erziehung
		467	Einrichtungen der Mitarbeiterfortbildung
		468	Sonstige Einrichtungen
	48		Soziale Leistungen im Auftrag von Bund und Land
		480	Bundeskindergeld
		481	Unterhaltsvorschuß
		484	Landesblindengeld
		487	Leistungen für politische Häftlinge u.ä.
		488	Wohngeld
		489	Weitere soziale Leistungen im Auftrag von Bund und Land
	49		Sonstige soziale Angelegenheiten
5			**Gesundheit, Sport, Erholung**
	50		Gesundheitsverwaltung
	51		Krankenhäuser

155

Einzelplan	Abschnitt	Unterabschnitt	Bezeichnung
	54		Sonstige Einrichtungen und Maßnahmen der Gesundheitspflege
	55		Förderung des Sports
	56		Eigene Sportstätten
	57		Badeanstalten
	58		Park- und Gartenanlagen
	59		Sonstige Erholungseinrichtungen
6			**Bau- und Wohnungswesen, Verkehr**
	60		Bauverwaltung
	61		Ortsplanung, Vermessung, Bauordnung
	62		Wohnungsbauförderung und Wohnungsfürsorge
	63		Gemeindestraßen
	65		Kreisstraßen
	66		Bundes- und Landesstraßen
		660	Bundesstraßen
		665	Landesstraßen
	67		Straßenbeleuchtung und -reinigung
		670	Straßenbeleuchtung
		675	Straßenreinigung
	68		Parkeinrichtungen
	69		Wasserläufe, Wasserbau
7			**Öffentliche Einrichtungen, Wirtschaftsförderung**
	70		Abwasserbeseitigung
	72		Abfallbeseitigung
	73		Märkte
	74		Schlacht- und Viehhöfe
	75		Bestattungswesen
	76		Sonstige öffentliche Einrichtungen
	77		Hilfsbetriebe der Verwaltung
	78		Förderung der Land- und Forstwirtschaft
	79		Fremdenverkehr, sonstige Förderung von Wirtschaft und Verkehr
8			**Wirtschaftliche Unternehmen, allgemeines Grund- und Sondervermögen**
	80		Verwaltung der wirtschaftlichen Unternehmen
	81		Versorgungsunternehmen
		810	Elektrizitätsversorgung
		813	Gasversorgung
		815	Wasserversorgung
		816	Fernwärmeversorgung
		817	Kombinierte Versorgungsunternehmen
	82		Verkehrsunternehmen
	83		Kombinierte Versorgungs- u. Verkehrsunternehmen
	84		Unternehmen der Wirtschaftsförderung
	85		Land- und forstwirtschaftliche Unternehmen
	86		Kur- und Badebetriebe
	87		Sonstige wirtschaftliche Unternehmen
	88		Allgemeines Grundvermögen
	89		Allgemeines Sondervermögen
9			**Allgemeine Finanzwirtschaft**
	90		Steuern, allgemeine Zuweisungen und allgemeine Umlagen
	91		Sonstige allgemeine Finanzwirtschaft
	92		Abwicklung der Vorjahre

4.3.2.2 Gruppierungsplan

Innerhalb der Einzelpläne, Abschnitte und Unterabschnitte sind die Einnahmen und Ausgaben nach ihren Arten gemäß den Gruppierungsvorschriften zu ordnen. Es gibt 4 Hauptgruppen für die Einnahmen und 6 Hauptgruppen für die Ausgaben:

Einnahmen:	
0	Steuern, allgemeine Zuweisungen
1	Einnahmen aus Verwaltung und Betrieb
2	Sonstige Finanzeinnahmen
3	Einnahmen des Vermögenshaushalts
Ausgaben:	
4	Personalausgaben
5/6	Sächlicher Verwaltungs- und Betriebsaufwand
7	Zuweisungen und Zuschüsse (nicht für Investitionen)
8	Sonstige Finanzausgaben
9	Ausgaben des Vermögenshaushalts

Für den Verwaltungshaushalt stehen die Hauptgruppenziffern 0 bis 2 und 4 bis 8, für den Vermögenshaushalt die Hauptgruppenziffern 3 und 9 zur Verfügung. Damit berücksichtigt der Gruppierungsplan die Einteilung des Haushaltsplans in einen Verwaltungs- und einen Vermögenshaushalt.

Für das Beispiel (Anschaffung eines Video-Gerätes für die Berufsschule) haben wir bereits die Gliederungsziffer ermittelt. Jetzt gilt es die Gruppierungsziffer festzustellen.

Da das Video-Gerät mehr als 800,— DM (netto) kostet, handelt es sich bei der geplanten Anschaffung um eine Ausgabe des Vermögenshaushalts. Die Ausgabe ist demnach bei der Hauptgruppe 9 „Ausgaben des Vermögenshaushalts" zu veranschlagen.

Hauptgruppe 9 „Ausgaben des Vermögenshaushalts"

Die Hauptgruppen sind zunächst in Gruppen unterteilt. Für die Hauptgruppe 9 gilt:

90 Zuführung zum Verwaltungshaushalt
91 Zuführung an Rücklagen
92 Gewährung von Darlehen
93 Vermögenserwerb
94 ⎫
95 ⎬ Baumaßnahmen
96 ⎭
97 Tilgung von Krediten, Rückzahlung von inneren Darlehen
98 Zuweisungen und Zuschüsse für Investitionen
99 Sonstiges

Der Kauf eines Video-Gerätes stellt einen Vermögenserwerb dar und ist daher bei der Hauptgruppe 93 Vermögenserwerb zu veranschlagen.

Gruppe 93 „Vermögenserwerb"

Die Gruppen sind schließlich in Untergruppen weiter untergliedert. Für die Gruppe 93 Vermögenserwerb sind folgende Untergruppen vorgesehen:

930 Erwerb von Beteiligungen, Kapitaleinlagen
932 Erwerb von Grundstücken
935 Erwerb von beweglichen Sachen des Anlagevermögens

Für unser Beispiel folgt daraus die Zuordnung zur Untergruppe 935 Erwerb von beweglichen Sachen des Anlagevermögens.

Untergruppe 935 „Erwerb von beweglichen Sachen des Anlagevermögens"

Die Gruppierungsnummer ist in der Regel dreistellig vorgegeben. Die erste Ziffer kennzeichnet die Hauptgruppe, die ersten zwei Ziffern die Gruppe und die drei Ziffern die Untergruppe.

Der Gruppierungsplan ist nachstehend abgedruckt.

Gruppierungsplan
für die Haushalte der Gemeinden und Landkreise

Einteilung der Hauptgruppen

Einnahmen		Ausgaben	
0	Steuern, allgemeine Zuweisungen	4	Personalausgaben
1	Einnahmen aus Verwaltung und Betrieb	5/6	Sächlicher Verwaltungs- und Betriebsaufwand
2	Sonstige Finanzeinnahmen	7	Zuweisungen und Zuschüsse (nicht für
3	Einnahmen des Vermögenshaushalts		Investitionen)
		8	Sonstige Finanzausgaben
		9	Ausgaben des Vermögenshaushalts

Hauptgruppe	Gruppe	Untergruppe	Bezeichnung
0			**Steuern, allgemeine Zuweisungen**
	00		Realsteuern
		000	Grundsteuer A
		001	Grundsteuer B
		003	Gewerbesteuer
		004	Lohnsummensteuer
	01		Gemeindeanteil an der Einkommensteuer
	02		Andere Steuern
		020	Vergnügungsteuer für die Vorführung von Bildstreifen
		021	Sonstige Vergnügungsteuer
		022	Hundesteuer
		023	Getränkesteuer
		024	Zuschlag zur Grunderwerbsteuer
		026	Jagdsteuer
		027	Zweitwohnungssteuer
		028	Sonstige Steuern
	03		Steuerähnliche Einnahmen
		032	Sonstige steuerähnliche Einnahmen
	04 a)		Schlüsselzuweisungen
	05 a)		Bedarfszuweisungen
	06 a)		Sonstige allgemeine Zuweisungen
	07 a)		Allgemeine Umlagen
1			**Einnahmen aus Verwaltung und Betrieb**
	10		Verwaltungsgebühren
	11		Benutzungsgebühren und ähnliche Entgelte
	12		Zweckgebundene Abgaben
		121	Fremdenverkehrsbeiträge
		122	Kurbeiträge
	13		Einnahmen aus Verkauf
	14		Mieten und Pachten
	15		Sonstige Verwaltungs- und Betriebseinnahmen
		150	Vermischte Einnahmen und dergleichen
		158	Verrechnung mit Ausgaben des Vermögenshaushalts
		159	Mehrwertsteuer

Hauptgruppe	Gruppe	Untergruppe	Bezeichnung
	16 a)		Erstattungen von Ausgaben des Verwaltungshaushalts
	17 a)		Zuweisungen und Zuschüsse für laufende Zwecke
2			**Sonstige Finanzeinnahmen**
	20 a)		Zinseinnahmen
	21		Gewinnanteile von wirtschaftlichen Unternehmen und aus Beteiligungen
	22		Konzessionsabgaben
	23 a)		Schuldendiensthilfen
	24		Ersatz von sozialen Leistungen außerhalb von Einrichtungen
		241	Kostenbeiträge und Aufwendungsersatz
		243	Leistungen Dritter; Übergeleitete Unterhaltsansprüche
		245	Leistungen Dritter; Leistungen von Sozialleistungsträgern
		247	Leistungen Dritter; Sonstige Ersatzleistungen
		249	Rückzahlung gewährter Hilfen
	25		Ersatz von sozialen Leistungen in Einrichtungen
		251	Kostenbeiträge und Aufwendungsersatz
		253	Leistungen Dritter; Übergeleitete Unterhaltsansprüche
		255	Leistungen Dritter; Leistungen von Sozialleistungsträgern
		257	Leistungen Dritter; Sonstige Ersatzleistungen
		259	Rückzahlung gewährter Hilfen
	26		Weitere Finanzeinnahmen
		260	Bußgelder u. ä.
		261	steuerliche Nebenleistungen u. ä.
		262	Inanspruchnahme von Bürgschaften u. ä.
		263	Fehlbelegungsabgabe
		265	Verzinsung von Steuernachforderungen
		268	Sonstige
	27		Kalkulatorische Einnahmen
		269	Entnahmen aus Sonderrücklage
		270	Abschreibungen
		275	Verzinsung des Anlagekapitals
		279	kalkulatorische Rückstellungen
	28		Zuführung vom Vermögenshaushalt
	29		Übertragungs- und Abschlußbuchungen
3			**Einnahmen des Vermögenshaushalts**
	30		Zuführung vom Verwaltungshaushalt
	31		Entnahmen aus Rücklagen
	32 a)		Rückflüsse von Darlehen
	33		Einnahmen aus der Veräußerung von Beteiligungen und Rückflüsse von Kapitaleinlagen
	34		Einnahmen aus der Veräußerung von Sachen des Anlagevermögens
		340	Grundstücke
		345	Bewegliche Sachen
		347	Einnahmen aus der Abwicklung von Baumaßnahmen
	35		Beiträge und ähnliche Entgelte
	36 a)		Zuweisungen und Zuschüsse für Investitionen und Investitionsförderungsmaßnahmen
	37 b)		Einnahmen aus Krediten und inneren Darlehen
	39		Übertragungs- und Abschlußbuchungen
4			**Personalausgaben**
	40		Aufwendungen für ehrenamtliche Tätigkeit
	41		Dienstbezüge u. dgl.
		410	Beamte
		414	Angestellte
		415	Arbeiter
		416	Beschäftigungsentgelte und dgl.
		417	ABM-Kräfte, Angestellte
		418	ABM-Kräfte, Arbeiter
	42		Versorgungsbezüge und dgl.
		420	Beamte
		424	Angestellte

159

Hauptgruppe	Gruppe	Untergruppe	Bezeichnung
		425	Arbeiter
		428	Sonstige
	43		Beiträge zu Versorgungskassen
		430	Beamte
		434	Angestellte
		435	Arbeiter
		438	Sonstige
	44		Beiträge zur gesetzlichen Sozialversicherung
		440	Beamte
		444	Angestellte
		445	Arbeiter
		448	Sonstige
	45		Beihilfen, Unterstützungen und dgl.
	46		Personal-Nebenausgaben
	47		Deckungsreserve für Personalausgaben
5/6			**Sächlicher Verwaltungs- und Betriebsaufwand**
	50		Unterhaltung der Grundstücke und baulichen Anlagen
	51		Unterhaltung des sonstigen unbeweglichen Vermögens
	52		Geräte, Ausstattungs- und Ausrüstungsgegenstände, sonstige Gebrauchsgegenstände
	53		Mieten und Pachten
	54		Bewirtschaftung der Grundstücke, baulichen Anlagen usw.
	55		Haltung von Fahrzeugen
	56		Besondere Aufwendungen für Bedienstete
	57/63		Weitere Verwaltungs- und Betriebsausgaben
	64		Steuern, Versicherungen, Schadensfälle
	65		Geschäftsausgaben
	66		Weitere allgemeine sächliche Ausgaben
		660	Verfügungsmittel
		661	Sonstige
	67 a)		Erstattungen von Ausgaben des Verwaltungshaushalts
	68		Kalkulatorische Kosten
		680	Abschreibungen
		685	Verzinsung des Anlagekapitals
		689	kalkulatorische Rückstellungen
7			**Zuweisungen und Zuschüsse (nicht für Investitionen)**
	71 a)		Zuweisungen und Zuschüsse für laufende Zwecke
	72 a)		Schuldendiensthilfen
	73		Leistungen der Sozialhilfe an natürliche Personen außerhalb von Einrichtungen
	74		Leistungen der Sozialhilfe an natürliche Personen in Einrichtungen
	75		Leistungen an Kriegsopfer und ähnliche Anspruchsberechtigte
	76		Leistungen der Jugendhilfe außerhalb von Einrichtungen
	77		Leistungen der Jugendhilfe in Einrichtungen
	78		Sonstige soziale Leistungen
	79		Leistungen nach dem Asylbewerberleistungsgesetz
		791	Leistungen nach AsylblG an Personen außerhalb von Einrichtungen
		792	Leistungen nach AsylblG an Personen in Einrichtungen
8			**Sonstige Finanzausgaben**
	80 b)		Zinsausgaben
		800	Zinsen an Bund, LAF, ERP-Sondervermögen
		801	Zinsen an Land
		802	Zinsen an Gemeinden und Gemeindeverbände
		803	Zinsen an Zweckverbände
		804	Zinsen an sonst. öffentl. Bereich
		807	Zinsen für äußere Kassenkredite
		808	Zinsen an Kreditmarkt
		809	Zinsen für innere Darlehen
	81		Steuerbeteiligungen

Hauptgruppe	Gruppe	Untergruppe	Bezeichnung
		810	Gewerbesteuerumlage
		811	Gewerbesteuerumlage – Solidarbeitrag
	82 a)		Allgemeine Zuweisungen
	83 a)		Allgemeine Umlagen
	84		Weitere Finanzausgaben
		842	Inanspruchnahme aus Bürgschaften u. ä.
		845	Verzinsung von Steuererstattungen
		848	Sonstige
		849	Zuführungen an Sonderrücklagen
	85		Deckungsreserve
	86		Zuführung zum Vermögenshaushalt
	89		Sonstiges
		892	Deckung von Soll-Fehlbeträgen
		895	Übertragungs- und Abschlußbuchungen
9			**Ausgaben des Vermögenshaushalts**
	90		Zuführung zum Verwaltungshaushalt
	91		Zuführung zur allgemeinen Rücklage
	92 a)		Gewährung von Darlehen
	93		Vermögenserwerb
		930	Erwerb von Beteiligungen, Kapitaleinlagen
		932	Erwerb von Grundstücken
		935	Erwerb von beweglichen Sachen des Anlagevermögens
	94, 95, 96		Baumaßnahmen
	97 b)		Tilgung von Krediten, Rückzahlungen von inneren Darlehen
		970	Tilgung an Bund, LAF, ERP-Sondervermögen
		971	Tilgung an Land
		972	Tilgung an Gemeinden und Gemeindeverbände
		973	Tilgung an Zweckverbände
		974	Tilgung an sonst. öffentl. Bereich
		977	Tilgung an Kreditmarkt, ordentliche
		978	Tilgung an Kreditmarkt, außerordentliche und Umschuldung
		979	Rückzahlung von inneren Darlehen
	98 a)		Zuweisungen und Zuschüsse für Investitionen
	99		Sonstiges
		990	Kreditbeschaffungskosten
		991	Ablösung von Dauerlasten
		992	Deckung von Soll-Fehlbeträgen
		995	Übertragungs- und Abschlußbuchungen

Bei den im Gruppierungsplan mit a) gekennzeichneten Gruppen sind zum Nachweis der Zahlungsströme Untergruppen für Bereiche zu bilden, die die Herkunft bzw. den Empfänger kennzeichnen. Die Bereiche werden innerhalb der Gruppierung in der 3. Stelle als Untergruppen angegeben:

0 Bund, LAF, ERP-Sondervermögen
1 Land
2 Gemeinden und Gemeindeverbände
3 Zweckverbände und dgl.
4 Sonstiger öffentlicher Bereich
5 Öffentliche wirtschaftliche Unternehmen
6 Private Unternehmen
7 Übrige Bereiche
9 Innere Verrechnungen

Bei den im Gruppierungsplan mit b) gekennzeichneten Gruppen 37 und 97 ist zur Kennzeichnung der Bereiche die Untergruppe wie folgt zu bilden:

0 bis 4 und 9 wie bei a).
7 Kreditmarkt
8 Kreditmarkt, Umschuldung

4.3.2.3 Anwendung der Systematik

Die Einnahmen und Ausgaben sind zur Bestimmung der Haushaltsstelle sowohl nach dem Gliederungsplan als auch nach dem Gruppierungsplan zu ordnen.

Ist in Einzelfällen eine Zuordnung nicht eindeutig möglich, so ist sie nach dem jeweiligen Schwerpunkt vorzunehmen.

Für unser Beispiel „Kauf eines Video-Gerätes für die Berufsschule" ergibt sich daher die

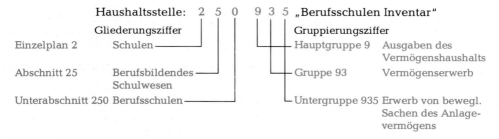

Häufig ist besonders bei größeren Städten und bei Landkreisen eine jeweils dreistellige Gliederungs- und Gruppierungsziffer nicht ausreichend, um eine Haushaltsstelle hinreichend genau abzugrenzen. Hier kann die Gemeinde zur feineren Gliederung über die Ziffern der Gliederungs- und Gruppierungspläne hinausgehen.

Beispiel:

1301.9352 Beschaffung eines Fahrzeugs für die Feuerwehr

Einzelplan	1	Hauptgruppe	9
Abschnitt	13	Gruppe	93
Unterabschnitt	130	Untergruppe	935
Gliederungsziffer	1301	Gruppierungsziffer	9352

Die Abschnittsziffer 13 = „Feuerschutz" und die Untergruppe 935 = „Erwerb von beweglichen Sachen des Anlagevermögens" ergeben sich aus den Gliederungs- und Gruppierungsvorschriften. Bei der Gliederung sind in diesem Fall die 3. und 4. Stelle, bei der Gruppierung die 4. Stelle von der Gemeinde frei gewählt worden.

4.3.3 Bestandteile des Haushaltsplans

Zu den Bestandteilen des Haushaltsplans gehören laut § 2 GemHVO:

1. der Gesamtplan,
2. die Einzelpläne des Verwaltungshaushalts und des Vermögenshaushalts,
3. die Sammelnachweise,
4. der Stellenplan[1].

   Nach den Bestimmungen der Verordnung zu § 110 NGO sind ferner die Wirtschaftspläne kaufmännisch geführter kommunaler Einrichtungen ein besonderer Teil des Haushaltsplans.

Die Bestandteile des Haushaltsplans werden durch die Haushaltssatzung festgesetzt und können daher nur durch eine Nachtragssatzung verändert werden.

4.3.3.1 Der Gesamtplan

Der Gesamtplan besteht aus vier Teilen:

1. Zusammenfassung der Einnahmen, Ausgaben und Verpflichtungsermächtigungen der Einzelpläne des Verwaltungshaushalts und des Vermögenshaushalts – Summendarstellung nach Aufgabenbereichen.

2. Haushaltsquerschnitt – Summendarstellung nach Aufgabenbereichen und Arten.

3. Gruppierungsübersicht – Summendarstellung nach Arten.

4. Finanzierungsübersicht – Darstellung besonderer Finanzierungsvorgänge betr. Rücklagen, Verschuldung, Abdeckung von Fehlbeträgen.

Nähere Einzelheiten über den Aufbau des Gesamtplans ergeben sich aus den nachfolgenden Vordruckmustern.

---

[1] In Nordrhein-Westfalen ist der Stellenplan Anlage zum Haushaltsplan.

Gesamtplan
1. Zusammenfassung der Einnahmen, Ausgaben und Verpflichtungsermächtigungen

DM

Einzelplan		Haushaltsjahr (19....)			Vorjahr (19....)		Ergebnis der Jahresrechnung 19....	
Nr.	Bezeichnung	Einnahmen	Ausgaben	Verpflichtungserm.	Einnahmen	Ausgaben	Einnahmen	Ausgaben
1	2	3	4	5	6	7	8	9
	Verwaltungshaushalt							
0	Allgemeine Verwaltung							
1	Öffentliche Sicherheit und Ordnung							
2	Schulen							
3	Wissenschaft, Forschung, Kulturpflege							
4	Soziale Sicherung							
5	Gesundheit, Sport, Erholung							
6	Bau- und Wohnungswesen, Verkehr							
7	Öffentliche Einrichtungen, Wirtschaftsförderung							
8	Wirtschaftliche Unternehmen, allg. Grund- u. Sondervermögen							
9	Allgemeine Finanzwirtschaft							
0—9	zusammen							
	Vermögenshaushalt							
0	Allgemeine Verwaltung							
1	Öffentliche Sicherheit und Ordnung							
2	Schulen							
3	Wissenschaft, Forschung, Kulturpflege							
4	Soziale Sicherung							
5	Gesundheit, Sport, Erholung							
6	Bau- und Wohnungswesen, Verkehr							
7	Öffentliche Einrichtungen, Wirtschaftsförderung							
8	Wirtschaftliche Unternehmen, allg. Grund- u. Sondervermögen							
9	Allgemeine Finanzwirtschaft							
0—9	zusammen							
	Gesamthaushalt							

164

Gesamtplan

2. Haushaltsquerschnitt
a) DM
b) DM je Einwohner

A: Einzelpläne 0—8

Gldg. Nr.	Aufgabenbereich	Einnahmen aus Verwaltung und Betrieb	Sonstige Finanzeinnahmen	Personalausgaben	Sächl. Verw. u. Betriebsaufwand. weitere Finanzausgaben	Zuweisungen und Zuschüsse	Zuschußbedarf (Sp. 3 + 4 ./. 5 bis 7)	Objektbezogene Einnahmen des Vermögenshaushalts	Baumaßnahmen	Sonstige Investitionsausgaben	Verpflichtungsermächtigungen
	Gruppierungs-Nr.	10—17	20—22, 24—26. 28	40—46	50—68. 84	70—78	—	32—36	94—96	92. 93. 98. 991	—
1	2	3	4	5	6	7	8	9	10	11	12
00	Gemeindeorgane										
01	Rechnungsprüfung										
89	Allgemeines Sondervermögen										

B: Einzelplan 9

Gldg. Nr.	Aufgabenbereich	Steuern und allgemeine Zuweisungen	Sonstige Finanzeinnahmen	Deckungsreserve	Sonstige Finanzausgaben	Überschuß (Sp. 3 + 4 ./. 5 + 6)	Sonstige Einnahmen des Vermögenshaushalts	Sonstige Ausgaben des Vermögenshaushalts
	Gruppierungs-Nr.	00—07	20. 23. 26—28	47. 85	679. 80—84 86. 892	—	30. 31. 36. 37	90. 91. 97. 98. 99
1	2	3	4	5	6	7	8	9
90	Steuern, Allgemeine Zuweisungen und Umlagen							
91	Sonstige allgemeine Finanzwirtschaft							
92	Abwicklung der Vorjahre							

Gesamtplan
3. Gruppierungsübersicht
DM

Gruppierungs-Nr.			Bezeichnung	Haushaltsplan 19....	
				DM	DM je Einwohner
			Einnahmen		
0			Steuern, allgemeine Zuweisungen		
	00		Realsteuern		
		000	Grundsteuer A		
		001	Grundsteuer B		
		003	Gewerbesteuer		
		004	Lohnsummensteuer		
	01		Gemeindeanteil an der Einkommensteuer		
	02, 03		Andere Steuern und steuerähnliche Einnahmen		
	04		Schlüsselzuweisungen		
		041	vom Land		
⋮					
			Ausgaben		
4			Personalausgaben		
	40		Aufwendungen für ehrenamtliche Tätigkeit		
	41		Dienstbezüge u. dgl.		
	42, 43		Versorgung		
	44		Beiträge zur gesetzlichen Sozialversicherung		
	45		Beihilfen und Unterstützungen		
	46		Personalnebenausgaben		
	47		Deckungsreserve für Personalausgaben		
⋮					

Gesamtplan
4. Finanzierungsübersicht
1000 DM

Haushaltsplan 19....

A Finanzierungssaldo
  1. Gesamteinnahmen
  2. Einnahmen aus besonderen Finanzierungsvorgängen
    (Nrn. 9.1, 10.1, 11.1)

  3. Differenz
  4. Gesamtausgaben
  5. Ausgaben aus besonderen Finanzierungsvorgängen
    (Nrn. 8, 9.2, 10.2, 11.2)

  6. Differenz

  7. Saldo (Nrn. 3./.6)

B Besondere Finanzierungsvorgänge
  8   Ausgaben zur Deckung von Fehlbeträgen (./.)
  9.1 Entnahmen aus Rücklagen
  9.2 Zuführungen zu Rücklagen
  9.3 Differenz
  10.1 Einnahmen aus Krediten
  10.2 Tilgung von Krediten

  10.3 Differenz
  11.1 Einnahmen aus inneren Darlehen
  11.2 Rückzahlung von inneren Darlehen

  11.3 Differenz

  12   Saldo besondere Finanzierungsvorgänge
     (Nrn. 8, 9.3, 10.3, 11.3)

C Nachrichtlich: Kredite vom Kreditmarkt
  13.1 Einnahmen
  13.2 Tilgung
  13.3 Saldo

4.3.3.2 Die Einzelpläne des Verwaltungs- und Vermögenshaushalts

Die Einzelpläne sind entsprechend dem Gliederungsplan in Abschnitte und Unterabschnitte zu unterteilen. Die Abschnitte und Unterabschnitte enthalten die Einnahmen und Ausgaben einzelner Aufgabenbereiche. Dabei sind zu Vergleichszwecken zu den Ansätzen des laufenden Haushaltsjahres die Ansätze des Vorjahres und die Ergebnisse des diesem vorangegangenen Jahres anzugeben. Wird z. B. der Haushaltsplan 1999 aufgestellt, so sind in diesem Plan neben den Ansätzen für 1999 zu Vergleichszwecken die Haushaltsansätze 1998 (lfd. Haushaltsjahr) und die Ergebnisse des Haushaltsjahres 1997 (Jahresrechnung 1997) aufzuführen.

Bei den Einzelplänen des Vermögenshaushalts sind zu den einzelnen Investitionen und Investitionsförderungsmaßnahmen außerdem der gesamte Ausgabenbedarf und die Höhe der bisher bereitgestellten Mittel anzugeben.

Die Vordruckmuster für die Einzelpläne des Verwaltungshaushalts und Vermögenshaushalts sind nachstehend abgedruckt.

(Muster zu § 5 GemHVO)

Muster für die Einzelpläne

A. Verwaltungshaushalt

Haushaltsstelle		Haushaltsansatz		Ergebnis der Jahresrechnung	Erläuterungen[1]
Nr.	Bezeichnung	19....[1] DM	19....[2] DM	19.... DM	
1	2	3	4	5	6

Anmerkung: [1] Haushaltsjahr
[2] Vorjahr
[3] Spalte 6 kann entfallen, wenn die Erläuterungen an anderer Stelle stehen

Muster für die Einzelpläne (Muster zu § 5 GemHVO)

B. Vermögenshaushalt
(Für die Einnahmen gilt die Kopfspalteneinteilung des Verwaltungshaushalts)

Ausgaben

Haushaltsstelle		Haushaltsansatz				Investitionen und Invest.förderungsmaßnahmen		Erläuterungen [3] [4]
Nr.	Bezeichnung	Ausgaben 19....[1] DM	Verpflichtungserm.[1] 19.... DM	Ausgaben 19....[2] DM	Ergebnis der Jahresrechn. 19.... DM	Gesamtausgabebedarf DM	bisher bereitgestellt DM	
1	2	3	4	5	6	7	8	9

Anmerkung: [1] Haushaltsjahr
[2] Vorjahr
[3] Spalte 9 kann entfallen, wenn die Erläuterungen an anderer Stelle stehen
[4] Zu den Verpflichtungsermächtigungen ist bei den „Erläuterungen" anzugeben, wie sich die Belastung voraussichtlich auf die folgenden Jahre verteilen wird.

Ausschnitt aus einem Einzelplan des Verwaltungshaushalts:

Einzelplan 0 ALLGEMEINE VERWALTUNG

Unterabschnitt 0310 STADTKASSE

Nummer	Bezeichnung	Kennzeichnung	Ansatz 1999	Ansatz 1998	Rechnung 1997	Bew.-Stelle
1	2	3	4	5	6	7
1.0310	E I N N A H M E N					
100000.5	VERWALTUNGSGEBÜHREN		100	100	98	210
150800.9	KASSENÜBERSCHÜSSE		100	100	151	200
150900.5	VERMISCHTE EINNAHMEN		100	100	0	210
169100.8	INN.VERR. ERSTATTUNG VERWALTUNGSKOSTEN .		66 200	63 100	60 000	200
260000.6	BUSSGELDER		100	100	0	210
261000.1	SÄUMNISZUSCHLÄGE, BEITREIBUNGSGEB.U.A. .		200 000	200 000	189 767	210
	E I N N A H M E N		266 600	263 500	250 016	
1.0310	A U S G A B E N					
400000	PERSONALAUSGABEN	SN	2 010 300	1 942 800	1 798 090	
500000	SN UNTERH. GRUNDST. UND BAUL. ANLAGEN . .	SN	4 000	4 000	1 239	
520000	SN INVENTAR	SN	2 000	1 000	12 975	
522000	SN BÜROMASCHINEN	SN	1 400	1 400	1 040	
530000.3	MIETEN UND PACHTEN		3 500	3 200	2 690	650
542000	SN REINIGUNG	SN	3 500	3 300	3 200	
544000	SN VERSICHERUNGEN F. GRUNDST.U.INVENTAR .	SN	300	200	183	
643000	SN ÜBRIGE VERSICHERUNGEN	SN	2 600	2 600	2 231	
650000	SN BÜROBEDARF	SN	16 000	16 000	21 747	
651000	SN BÜCHER UND ZEITSCHRIFTEN	SN	700	700	1 055	
652000	SN POST- UND FERNMELDEGEBÜHREN	SN	22 000	24 000	21 741	
653000	SN KOSTEN FÜR BEKANNTMACHUNGEN	SN	200	200	0	
654000	SN REISEKOSTEN UND FAHRKOSTENERSATZ . . .	SN	19 000	17 900	12 485	
655000	SN SACHVERSTÄNDIGEN- UND GERICHTSKOSTEN .	SN	1 500	1 500	227	
658000.0	KONTOGEBÜHREN		120 000	120 000	111 044	210
661000	SN MITGLIEDSBEITRÄGE	SN	100	100	80	
661800.7	KASSENFEHLBETRÄGE		500	500	223	200
661900.3	VERMISCHTE AUSGABEN		100	100	8	210
679200	SN DATENVERARBEITUNG	SN	510 500	511 000	552 073	
	A U S G A B E N		2 718 200	2 650 500	2 542 331	
	E I N N A H M E N		266 600	263 500	250 016	
	Z U S C H U S S B E D A R F		2 451 600	2 387 000	2 292 315	

Ausschnitt aus einem Einzelplan des Vermögenshaushalts:

Einzelplan 4 SOZIALE SICHERUNG

Unterabschnitt 4640 KINDERGÄRTEN

Nummer	Bezeichnung	Kennz.	Ansatz 1999	Verpflichtungsermächtigung 1999	Ansatz 1998	Rechnung 1997	Investitionen u. Förderungsm. Gesamtausgabebedarf	bisher bereitgestellt
1	2	2a	3	4	5	6	7	8
2.4640 -	016 2. KINDERGARTEN NORDSTADT							
361000.2	ZUWEISUNG VOM LAND		375 000		0	0		
	E I N N A H M E N		375 000		0	0		
932000.6	GRUNDERWERB, ERSCHLIESSUNG	GD	60 000		0	0	60 000	
935100.9	INVENTAR	GD	220 000		0	0	220 000	
940000.0	HOCHBAUKOSTEN	GD	1 340 000		500 000	0	1 840 000	520 000
960000.9	AUSSENANLAGEN	GD	300 000		0	0	300 000	
	A U S G A B E N		1 920 000		500 000	0	2 420 000	520 000

4.3.3.3 Die Sammelnachweise

In Sammelnachweisen werden Einnahmen oder Ausgaben des Verwaltungshaushalts, die jeweils zu der gleichen Gruppe gehören oder die sachlich eng zusammenhängen, zusammengefaßt veranschlagt. Die Beträge sind in die Unterabschnitte/Abschnitte zusammengefaßt oder einzeln zu übernehmen.

Beispiel: Beim Sammelnachweis Personalausgaben werden die Ausgaben nach Beamten, Angestellten, Lohnempfängern, Aushilfen usw. unterteilt. Diese Teilsummen der Personalausgaben können zusammengefaßt in die jeweiligen Unterabschnitte übernommen werden.

Ausgaben, die über Sammelnachweise bewirtschaftet werden, sind gegenseitig deckungsfähig.

Die mögliche Zusammenfassung der Sammelnachweisteilsummen in den Unterabschnitten erlaubt eine geraffte Darstellung der Ausgabearten, was die Übersichtlichkeit der Kostenentwicklung in den einzelnen Aufgabenbereichen erhöht. Gleichzeitig kann anhand der Sammelnachweislisten die Entwicklung der jeweiligen Ausgabearten besser überblickt werden. Die generell bestehende gegenseitige Deckungsfähigkeit für die Ausgaben in Sammelnachweisen erleichtert die Mittelbewirtschaftung. Dies ermöglicht es wiederum, die Ausgabemittel knapp zu kalkulieren, ohne eine Vielzahl von Anträgen auf überplanmäßige Ausgaben zu riskieren.

Die Aufstellung von Sammelnachweisen ist den Gemeinden freigestellt; es gibt keine Pflichtsammelnachweise. Sammelnachweise für den Vermögenshaushalt sind unzulässig.

Nachstehend ein Beispiel für einen Sammelnachweis.

Beispiel zur Erläuterung:

In den Unterabschnitt

    2000 Allgemeine Schulverwaltung

sind Ausgaben der Untergruppen

4100	Dienstbezüge für Beamte	=	181 000,— DM
4140	Vergütung für Angestellte	=	243 000,— DM
4200	Versorgungsbezüge für Beamte	=	79 000,— DM
4240	Versorgungsbezüge für Angestellte	=	1 300,— DM
4340	Versorgungskassen für Angestellte	=	9 000,— DM
4440	Beiträge zur Sozialvers. für Angestellte	=	33 500,— DM
4500	Beihilfen	=	14 000,— DM
			560 800,— DM

einzeln oder in der Summe von

zu übernehmen.

4.3.3.4 Der Stellenplan

Der Stellenplan weist die im Haushaltsjahr erforderlichen Stellen der Beamten, Angestellten und Arbeiter aus. Er bildet die Grundlage für die Personalwirtschaft der Gemeinde. Der Aufbau des Stellenplans ergibt sich aus den Vordruckmustern zu § 6 GemHVO (nachstehend teilweise abgedruckt). Da der Stellenplan in Niedersachsen ein Teil des Haushaltsplanes ist, ist in Niedersachsen für eine Änderung im lfd. Haushaltsjahr eine Nachtragssatzung erforderlich.

(Muster zu § 6 Abs. 1 und 2)

Stellenplan
Teil A: Beamte

Lfd. Nr.	Laufbahngruppen und Amtsbezeichnungen	Bes.-Gruppe	Zahl der Stellen im Haushaltsjahr 19... insgesamt	davon aus der Berechnung der Stellenanteile nach § 26 Abs. 1 BBesG herausgenommen	Zahl der Stellen im Vorjahr davon am 30.6.19... insgesamt	tatsächlich besetzt mit Beamten	mit Angestellten	nicht besetzt	Vermerke, Erläuterungen
1	2	3	4	5	6	7	8	9	10
I. Gemeinde-(Landkreis-, Samtgemeinde-)Verwaltung									
Beamte auf Zeit									
1	Oberstadtdirektor	B 6	1	—	1	1	—	—	erhält für seine Person Bezüge aus B 4
2	Oberstadtdirektor	B 5	—	—	—	1	—	—	
3	Stadtdirektor	B 3	1		1	1			
Höherer Dienst									
	Leitender Baudirektor	A 16	2	—	2	2	—	—	davon 1 ku A 15 19...
	Leitender Medizinaldirektor	A 16	1		1	1			
Gehobener Dienst									
Mittlerer Dienst									
Einfacher Dienst									
	insgesamt								

171

II. Sondervermögen mit Sonderrechnung

Aufführung jedes Sondervermögens für sich, **nachrichtlich** auch der Krankenhäuser, auf die nach Maßgabe der krankenhausrechnungsverordnung (KHRVO) vom 21. 10. 1977 (Nds. GVBl. S. 541) die Vorschriften des Eigenbetriebsrechts angewendet werden. Aufteilung der Spalte 2 wie zu I.

Stellenübersichten

Ebenso für Angestellte und Arbeiter.

Teil A: Aufteilung nach der Verwaltungsgliederung

I. Beamte

Gliederungs-nummer	Organisationseinheit (z. B. Einzelverwaltung, Amt)	Beamte auf Zeit			höherer Dienst				gehobener Dienst		mittlerer Dienst	Erläuterungen
		B 6	B 3	B 2	A 16	A 15	A 14	A 13	A 13	A 12		
. . .	Gesamtverwaltung *) Dezernat I *) Hauptamt . . .											z. B. bei Dezernaten Angabe der unterstellten Ämter

*) nur Stelle des Leiters

II. Angestellte und Arbeiter

Gliederungs-nummer	Organisationseinheit	Einteilung der Kopfspalten nach den Vergütungs- und Lohngruppen	Erläuterungen
. . .	wie zu I.		

4.3.3.5 Der Wirtschaftsplan einer kaufmännisch geführten kommunalen Einrichtung

Der Wirtschaftsplan einer kaufmännisch geführten kommunalen Einrichtung ist gem. der Verordnung zu § 110 NGO ein besonderer Teil des Haushaltsplans der Gemeinde. Der Wirtschaftsplan besteht aus dem Erfolgsplan, dem Vermögensplan und der Stellenübersicht. In die Haushaltssatzung sind die Endbeträge des Erfolgs- und des Vermögensplans, die Gesamtbeträge der vorgesehenen Kreditaufnahmen für Investitionen und der Verpflichtungsermächtigungen sowie der Höchstbetrag der Kassenkredite gesondert aufzunehmen. Zu solchen kaufmännisch geführten kommunalen Einrichtungen zählen grundsätzlich die kommunalen Krankenhäuser.

Krankenhäuser können aber auch nach den Vorschriften für Eigenbetriebe geführt werden und mit Genehmigung der Aufsichtsbehörde auch als privatrechtliche Gesellschaft. In diesen Fällen ist der Wirtschaftsplan des Krankenhauses lediglich als Anlage dem Haushaltsplan beizufügen. Die Summen des Wirtschaftsplans sind dann nicht in der Haushaltssatzung aufzuführen.

4.3.4 Anlagen zum Haushaltsplan

Bei den Anlagen zum Haushaltsplan handelt es sich um informatorische Übersichten zu der Haushaltswirtschaft der Gemeinde. Im Gegensatz zu den Teilen des Haushaltsplans werden die Anlagen durch die Haushaltssatzung nicht festgesetzt.

Meist handelt es sich bei den dem Haushaltsplan beigefügten Anlagen um Pflichtanlagen. Nach der GemHVO sind dem Haushaltsplan beizufügen:

Anlagen zum Haushaltsplan

1. der Vorbericht,
2. der Finanzplan (einschließlich Investitionsprogramm),
3. eine Übersicht über die aus Verpflichtungsermächtigungen in den einzelnen Jahren voraussichtlich fällig werdenden Ausgaben,
4. eine Übersicht über den voraussichtlichen Stand der Schulden und der Rücklagen zu Beginn des Haushaltsjahres,
5. Wirtschaftspläne und neueste Jahresabschlüsse der Sondervermögen mit Sonderrechnung und Unternehmen mit eigener Rechtspersönlichkeit, an denen die Gemeinde mit mehr als 50 v.H. beteiligt ist; an die Stelle der Jahresabschlüsse und Wirtschaftspläne kann eine kurzgefaßte Übersicht über die Wirtschaftslage der Betriebe treten.
6. der Bericht über die Unternehmen und Einrichtungen der Gemeinde in der Rechtsform des privaten Rechts und die Beteiligung daran (§ 109 Abs. 3 NGO),
7. das Haushaltskonsolidierungskonzept, wenn ein solches erstellt werden muß.

4.3.4.1 Der Vorbericht

Der Vorbericht gibt einen Überblick über den Stand und die Entwicklung der Haushaltswirtschaft. Insbesondere enthält er Darstellungen über die Entwicklung der wichtigsten Einnahme- und Ausgabearten, des Vermögens, der Schulden, der Zuführungen vom Verwaltungshaushalt und der Rücklagen. Ferner wird dargelegt, welche Investitionen und Investitionsförderungsmaßnahmen im Haushaltsjahr geplant sind und welche finanziellen Auswirkungen (Folgekosten) sich hieraus für die folgenden Jahre ergeben.

4.3.4.2 Der Finanzplan

Der Finanzplan ist eine fünfjährige Vorausschau über die Entwicklung der Einnahmen und Ausgaben der Gemeinde. Dabei ist das erste Planungsjahr der Finanzplanung das laufende Haushaltsjahr. Gegenüber dem Haushaltsplan wird damit eine Vorschau auf drei weitere Jahre gegeben.

Das Vordruckmuster für den Finanzplan sieht wie folgt aus:

Finanzplan

— in 1000 DM —

1. Einnahmen und Ausgaben nach Arten

Gruppierungsnummer	Einnahme- bzw. Ausgabeart [1]	19...	19...	19...	19...	19...
	Einnahmen des Verwaltungshaushalts					
	Steuern, allgemeine Zuweisungen und Umlagen					
000, 001	Grundsteuern A und B					
003	Gewerbesteuer					
004	Lohnsummensteuer					
01	Gemeindeanteil an der Einkommensteuer ...					
02, 03	Sonstige Gemeindesteuern					
00—03	Steuern zusammen					
04—06	Allgemeine Zuweisungen					
060	vom Bund, LAF, ERP-Sondervermögen ..					
041, 051, 061	vom Land					
062	von Gemeinden und Gemeindeverbänden ...					
07	Allgemeine Umlagen					
08	Steuern, Allgemeine Zuweisungen und Umlagen zusammen (Hauptgruppe 0)					
. . . usw. bis						
	Ausgaben des Vermögenshaushalts					
90	Zuführungen zum Verwaltungshaushalt					
91	Zuführungen an Rücklagen					
92, 98	Gewährung von Darlehen; Zuweisungen und Zuschüsse für Investitionen ...					
920, 980	an Bund, LAF, ERP-Sondervermögen ...					
921, 981	an Land					
922, 982, 923, 983	an Gemeinden und Gemeindeverbände, an Zweckverbände u. dgl.					
924—927, 984—987	an übrige Bereiche					
93	Vermögenserwerb					
930	Erwerb von Beteiligungen, Kapitaleinlagen ...					
932	Erwerb von Grundstücken					
935	Erwerb von beweglichen Sachen des Anlagevermögens ...					
94, 95, 96	Baumaßnahmen					
97	Tilgung von Krediten, Rückzahlung von inneren Darlehen ...					
970	an Bund, LAF, ERP-Sondervermögen ...					
971	an Land					
972, 973	an Gemeinden und Gemeindeverbände, an Zweckverbände u. dgl.					
974, 977, 978	an sonstigen öffentlichen Bereich und Kreditmarkt					
979	Rückzahlung von inneren Darlehen ...					
992	Deckung von Fehlbeträgen (Soll-Fehlbeträge) ...					
990, 991	Übrige Ausgaben des Vermögenshaushalts ...					
9	Ausgaben des Vermögenshaushalts zusammen (Hauptgruppe 9)					
4—9	Summe der Ausgaben (Hauptgruppen 4—9) ...					

[1] Auszufüllen sind alle Zeilen, zu denen eine Gruppierungsnummer angegeben ist.

174

2. Investitionen und Investitionsförderungsmaßnahmen ¹) nach Aufgabenbereichen

Glieder. Nr.	Aufgabenbereich ²)	19....	19....	19....	19....	19....
00—08	Allgemeine Verwaltung					
10—16	Öffentliche Sicherheit und Ordnung					
	Schulen					
210	Grundschulen					
214	Sonderschulen					
211—213						
215, 216	Übriges allgemeinbild. Schulwesen					
25	Berufsbildendes Schulwesen					
207	Kreisschulbaukasse					
20 (ohne 207), 28, 29	Übriges					
2	EPL 2 zusammen					
	Wissenschaft, Forschung, Kulturpflege					
31	Wissenschaft. Forschung					
35	Volksbildung					
30, 32—34, 36, 37	Übriges					
3	Epl. 3 zusammen					
	Soziale Sicherung					
43, 46	Einrichtungen der Sozialhilfe, Kriegsopferfürsorge und Jugendhilfe					
40—42, 44, 45, 47—49	Übriges					
4	Epl. 4 zusammen					
	Gesundheit, Sport, Erholung					
51	Krankenhäuser					
50, 54	Sonstige Einrichtungen des Gesundheitswesens					
55, 56, 57	Sport, Badeanstalten					
58, 59	Übriges					
5	Epl. 5 zusammen					
	Bau- und Wohnungswesen, Verkehr					
63—66	Straßen					
60, 61, 62, 67—69	Übriges					
6	Epl. 6 zusammen					
	Öffentliche Einrichtungen, Wirtschaftsförderung					
70	Abwasserbeseitigung					
72	Abfallbeseitigung					
73—79	Übriges					
7	Epl. 7 zusammen					
	Wirtschaftliche Unternehmen, allgemeines Grund- und Sondervermögen					
80—87	Wirtschaftliche Unternehmen					
88, 89	Allgemeines Grund- und Sondervermögen (soweit nicht anderen Aufgabenbereichen zuzuordnen)					
8	Epl. 8 zusammen					
0—8	(Sach-)Investitionen insgesamt					

4.3.4.3 Weitere Anlagen

Im Gegensatz zu dem Wirtschaftsplan einer kaufmännisch geführten kommunalen Einrichtung, welcher Teil des Haushaltsplanes ist, sind die Wirtschaftspläne der gemeindlichen Sondervermögen und gemeindlichen Unternehmen Anlagen zum Haushaltsplan. Zu den Sondervermögen mit Sonderrechnung zählen die Eigenbetriebe nach der Eigenbetriebsverordnung (z.B. Eigenbetrieb Wasserwerk). Zu den Unternehmen mit eigener Rechtspersönlichkeit zählen insbesondere Einrichtungen in der Rechtsform der AG oder der GmbH (z.B. Stadtwerke AG, Stadttheater GmbH).

¹) Gruppierungsnummern 92, 93, 94, 95, 96, 98
²) Auszufüllen sind alle Zeilen, zu denen eine Gliederungsnummer angegeben ist.

Der nach § 109 Abs. 3 NGO vorgeschriebene Beteiligungsbericht über die privatrechtlichen Unternehmen und Einrichtungen der Gemeinde ist ebenfalls Anlage zum Haushaltsplan. In dem Bericht sind insbesondere der öffentliche Zweck, die Beteiligungsverhältnisse und die Zusammensetzung der Organe der Gesellschaft darzulegen. Falls der Haushaltsausgleich nicht erreicht werden kann, ist ferner das nach § 84 NGO aufzustellende Haushaltskonsolidierungskonzept dem Haushaltsplan als Anlage beizufügen.

Übersichten über Verpflichtungsermächtigungen, Schulden und Rücklagen sind entsprechend nachgedruckten Mustern zu fertigen:

(Muster zu § 2 Abs. 2 Nr. 3 GemHVO)

Übersicht
über die aus Verpflichtungsermächtigungen voraussichtlich
fällig werdenden Ausgaben

| Verpflichtungsermächtigungen im Haushaltsplan des Jahres:[1] | Voraussichtlich fällige Ausgaben[2] [3] — in 1000 DM — | | | |
	19	19	19	19
1	2	3	4	5
19............				
19............				
19............				
19............				
Summe				
Nachrichtlich im Finanzplan vorgesehene Kreditaufnahmen				

Erläuterungen:
1) In Spalte 1 sind das Haushaltsjahr und alle früheren Jahre aufzuführen, in denen Verpflichtungsermächtigungen veranschlagt waren, aus deren Inanspruchnahme noch Ausgaben fällig werden.
2) In Spalte 2 sind das dem Haushaltsjahr folgende Jahr, in Spalten 3 bis 5 die sich anschließenden Jahre einzusetzen.
3) Werden Ausgaben aus Verpflichtungsermächtigungen in Jahren fällig, auf die sich der Finanzplan noch nicht erstreckt, so sind weitere Kopfspalten in die Übersicht aufzunehmen und die voraussichtlichen Kreditaufnahmen in diesen Jahren aus der besonderen Darstellung nach § 2 Abs. 2 Nr. 3 zweiter Halbsatz zu übernehmen.

(Muster zu § 2 Abs. 2 Nr. 4 GemHVO)

Übersicht
über den voraussichtlichen Stand der Schulden (ohne Kassenkredite)
1000 DM

Art	Stand zu Beginn des Vorjahres	Voraussichtlicher Stand zu Beginn des Haushaltsjahres
1. Schulden aus Krediten von		
1.1 Bund, LAF, ERP-Sondervermögen		
1.2 Land		
1.3 Gemeinden und Gemeindeverbänden		
1.4 Zweckverbänden u. dgl.		
1.5 sonstigem öffentlichen Bereich		
1.6 Kreditmarkt		
1.9 Summe 1		
2. Schulden aus Vorgängen, die Kreditaufnahmen wirtschaftlich gleichkommen		
Nachrichtlich		
3. Innere Darlehen		
3.1 aus Sonderrücklagen		
3.2 von Sondervermögen ohne Sonderrechnung		
4. Schulden der Sondervermögen mit Sonderrechnung		
4.1 aus Krediten		
4.2 aus Vorgängen, die Kreditaufnahmen wirtschaftlich gleichkommen		

(Muster zu § 2 Abs. 2 Nr. 4 GemHVO)

Übersicht
über den voraussichtlichen Stand der Rücklagen
1000 DM

Art	Stand zu Beginn des Vorjahres	Voraussichtlicher Stand zu Beginn des Haushaltsjahres
1. Allgemeine Rücklage		
2. Sonderrücklagen		
2.1 Ruhegehaltsrücklage		
2.2		
2.3		
2.9 Summe 2		

Nachrichtlich

Ausgaben des Verwaltungshaushalts der letzten 3 Jahre

19 ....
19 ....
19 ....

Durchschnitt der letzten 3 Jahre ....
hiervon ...... % ....

Bestandteile und Anlagen des Haushaltsplans nach §§ 2, 3, 4, 5, 6 GemHVO	
Bestandteile	**Anlagen**

1. Gesamtplan
   1.1 Zusammenfassung der Einnahmen, Ausgaben und Verpflichtungs-ermächtigungen des VwH und des VmH
   1.2 Haushaltsquerschnitt
   1.3 Gruppierungsübersicht
   1.4 Finanzierungsübersicht
2. Die Einzelpläne des VwH und des VmH
3. Die Sammelnachweise
4. Der Stellenplan
5. Ggf. der Wirtschaftsplan einer Einrichtung, die nach der VO zu § 110 geführt wird.
	1. Der Vorbericht
	2. Der Finanzplan einschließlich Investitionsprogramm
	3. Eine Übersicht über die aus Verpflich-tungsermächtigungen fällig werdenden Ausgaben
	4. Eine Übersicht über den voraussicht-lichen Stand der Schulden und Rück-lagen
	5. Wirtschaftspläne und Jahresabschlüsse
	   – der Sondervermögen mit Sonder-rechnung und
	   – der Unternehmen mit mehr als 50 % Beteiligung der Gemeinde
	6. Der Bericht über die Beteiligungen
	7. Das evtl. aufzustellende Haushaltskonso-lidierungskonzept

Die Bestandteile bilden den „eigentlichen Haushaltsplan", sie können nur durch eine Nachtragssatzung geändert werden.	Die Anlagen zum Haushaltsplan haben er-läuternden Charakter.

Fragen und Übungsaufgaben

1. Welche Besonderheiten kennzeichnen eine Haushaltssatzung im Vergleich zu sonstigen Satzungen?

2. Welche Festsetzungen muß die Haushaltssatzung enthalten und welche Möglichkeit gibt es darüber hinaus, für die Haushaltswirtschaft wesentliche Vorschriften festzusetzen?

3. Unter welchen Voraussetzungen ist eine Haushaltssatzung nicht genehmigungspflichtig?

177

4. Der Haushaltssachbearbeiter der Stadtbücherei bespricht mit einem Mitarbeiter der Stadtkämmerei die Aufstellung des Haushaltsplanentwurfes 2000 für den Unterabschnitt „Stadtbücherei". Dazu liegen folgende Sachverhalte vor:

a) An Leserentgelten werden 30 000 DM erwartet.

b) Die Personalausgaben werden voraussichtlich 600 000 DM betragen; sie werden im Sammelnachweis veranschlagt.

c) An Gebühreneinnahmen für Fotokopien werden 5 000 DM erwartet.

d) Für Inventar sollen 12 000 DM ausgegeben werden. Neben kleineren Beschaffungen soll ein Sichtgerät für Mikrofilme für 6 400 DM gekauft werden. Ein altes Gerät wird mit 1 000 DM in Zahlung genommen.

e) An Einnahmen betreffs Schadenersatz für Bücher werden 800 DM erwartet.

f) Bibliotheksbücher und Zeitschriften sollen im Rahmen des üblichen Haushaltsansatzes in Höhe von 120 000 DM beschafft werden. Ferner wird eine Zuweisung vom Land in Höhe von 20 000 DM für die Beschaffung zusätzlicher Bücher erwartet.

g) Für Gas, Wasser und Strom werden monatlich 1 200,— DM angenommen.

h) Spenden für Bücher gingen in den vergangenen letzten Jahren in schwankender Höhe zwischen 60 DM und 250 DM ein.

i) Für kleinere Arbeitsgeräte sollen 400 DM ausgegeben werden.

j) An Säumnisgebühren werden monatlich ca. 2 000 DM fällig. Erfahrungsgemäß sind 5 % der fälligen Gebühren nicht einziehbar.

k) Für die Zeit vom 10. November 2000 bis 20. Dezember 2000 ist eine Sonderausstellung mit Lesungen geplant. Die Kosten werden etwa 20 000 DM betragen.

l) Post- und Fernmeldegebühren fallen monatlich in Höhe von etwa 900 DM an.

m) Einige Räume müssen neu gestrichen werden (Kosten lt. Voranschlag 4 500 DM). Die sonstige Bauunterhaltung wird ca. 3 000 DM kosten.

n) Folgende Büromaschinen sollen beschafft werden: 10 Rechner für insgesamt 900 DM und eine Schreibmaschine zu 1 800 DM.

o) An vermischten Ausgaben wird entsprechend den Ausgabeleistungen der Vorjahre ein Betrag von etwa 70 DM benötigt.

p) An das Gebäude der Stadtbücherei soll ein Anbau erstellt werden. Der Auftrag soll 2000 vergeben werden. Die Kosten für den Anbau belaufen sich lt. Kostenschätzungen auf 500 000 DM. Davon werden voraussichtlich 400 000 DM in 2000 benötigt und 100 000 DM in 2001. Mobiliar für den Anbau wird im Wert für etwa 40 000 DM benötigt. Das Mobiliar soll Ende 2000 bestellt werden und etwa zu Ende April 2001 geliefert werden. Das Land gewährt zu den Kosten des Anbaus eine Zuweisung von 10 %. Die Zuweisung wird voraussichtlich im Dezember 2000 geleistet werden.

Aufgabe:

Stellen Sie den Unterabschnitt formgerecht auf, und fertigen Sie den Teilabschluß! Bei der Aufstellung ist noch folgendes zu beachten:

– Es ist sicherzustellen, daß zweckgebundene Einnahmen auch dem Zweck entsprechend ausgegeben werden können.

– Nach Mitteilung der Stadtbücherei ist es möglich, daß ein Teil der Rechnungen für die Sonderausstellung erst 2001 zu begleichen ist.

– Die Stadtbücherei bittet die Haushaltsstellen für Arbeitsgeräte und Büromaschinen sowie die Haushaltsstellen für Inventar und vermischte Ausgaben deckungsfähig zu erklären.

– Sofern der Ausgabeansatz für Post- und Fernmeldegebühren bis zum Jahresende nicht ausgeschöpft sein sollte, möchte die Stadtbücherei die Ausgabemittel im Folgejahr nutzen.

– Es ist sicherzustellen, daß die Schreibmaschine notfalls auch zu Beginn des Jahres 2001 beschafft werden kann.

5. Im zur Zeit gültigen Haushaltsplan der Gemeinde H. ist bei der Haushaltsstelle 3300 7001 ein Zuschuß an einen Gesangverein in Höhe von 2 000 DM ausgewiesen. Aufgrund der schlechten Haushaltslage beabsichtigt die Verwaltung, den Betrag nicht auszuzahlen und den Haushaltsansatz im Nachtragsplan zu streichen. Der Gesangverein möchte jedoch das Geld bekommen und klagt vor Gericht auf Auszahlung des Betrages. Der Verein ist der Meinung, daß sich die Verwaltung nach dem vom Rat beschlossenen Plan zu richten hat. – Könnte die Klage Aussicht auf Erfolg haben?

6. Was ist nach dem Ratsbeschluß über die Haushaltssatzung noch hinsichtlich des Zustandekommens der Satzung zu beachten?

7. Wer leistet beim Zustandekommen von Haushaltssatzung und -plan die folgenden Arbeiten?
   – Mittelanmeldung
   – Entscheidung über genehmigungspflichtige Teile
   – Wirtschaften nach dem Plan
   – Beratung und Beschluß über den Plan

8. Nennen Sie jeweils 5 Einnahmen und Ausgaben des Verwaltungs- und des Vermögenshaushalts.

9. Grenzen Sie den Inhalt des Vermögenshaushalts von dem des Verwaltungshaushalts ab.
   a) Formulieren Sie die Abgrenzung mit eigenen Worten nach dem Ziel dieser Unterscheidung!
   b) Grenzen Sie mit Hilfe der Gemeindehaushaltsverordnung die Inhalte exakt ab!

10. Welche nicht vermögenswirksamen Vorgänge sind im Vermögenshaushalt enthalten?

11. Ist die Anschaffung eines beweglichen Gegenstands im Werte von 850,00 DM (Kaufpreis einschließlich 16 % Mehrwertsteuer) im Verwaltungs- oder im Vermögenshaushalt zu veranschlagen?

12. Welche der folgenden Einnahmen sind vermögenswirksam?
    a) Einnahmen aus Krediten
    b) Zinseinnahmen
    c) Zuweisungen des Landes für Baumaßnahmen
    d) Rücklagenentnahmen
    e) Erschließungsbeiträge
    f) Tilgung auf ausgeliehene Darlehen

13. Entscheiden Sie, bei welcher Haushaltsstelle (Gliederungs- und Gruppierungsziffer) die folgenden Einnahmen und Ausgaben zu veranschlagen sind:
    a) Einnahmen aus der Hundesteuer
    b) Beseitigung von Frostschäden bei Gemeindestraßen
    c) Baukosten für ein Hallenbad
    d) Marktstandsgelder
    e) Schlüsselzuweisung nach der Einwohnerzahl
    f) Zuführung vom Verwaltungshaushalt
    g) Benutzungsentgelte bei Kindergärten
    h) Bürobedarf für das Hauptamt
    i) Verkauf des gebrauchten Dienstfahrzeugs des Oberstadtdirektors
    j) Zahlung der Pacht durch den Pächter des Ratskellers

14. Welche Einnahmen bzw. Ausgaben könnten bei den folgenden Haushaltsstellen veranschlagt werden?
    a) 432 / 935
    b) 290 / 162
    c) 352 / 414
    d) 570 / 940
    e) 570 / 110
    f) 630 / 350
    g) 910 / 910
    h) 900 / 810

15. Bestimmen Sie für die folgenden Einnahmen und Ausgaben den Einzelplan und die Hauptgruppe:
    a) Kanalbenutzungsgebühren
    b) Hörergebühren für die Volkshochschule des Landkreises
    c) Wohngeldzahlungen
    d) Tilgung von Krediten
    e) Ausgaben für die Ansiedlung neuer Industriebetriebe (Investitionen)
    f) Lernmittel für das städtische Gymnasium
    g) Zuschuß von der Bundesbahn für den Bau einer Straßenbrücke über die Gleisanlagen
    h) Zuschuß an den Gesangverein
    i) Aufnahme eines Kredits, der vom Land für den Neubau der Kläranlage zinsgünstig gewährt wird
    j) Reparatur einer Fensterscheibe in einem Kindergarten
    k) Zinsen für aufgenommene Kredite
    l) Eintrittsgelder für das Museum
    m) Kauf eines Lkw für das Tiefbauamt

16. Nennen Sie zu den folgenden „Haushaltsstellen" (Gliederungs-/Gruppierungsziffer) den Einzelplan und die Hauptgruppe (möglichst ohne nachzusehen):
    a) 670 / 950   e) 210 / 367
    b) 750 / 110   f) 570 / 601
    c) 488 / 785   g) 110 / 260
    d) 010 / 400   h) 310 / 361

17. Warum ist die Unterscheidung zwischen „Bestandteilen" und „Anlagen" des Haushaltsplans wichtig?

18. Wegen organisatorischer Änderungen und damit verbundenen Personalumsetzungen sind das Hauptamt und das Personalamt daran interessiert, baldmöglichst eine Änderung des Stellenplanes beschließen zu lassen. Da die Kämmerei derzeit nicht daran interessiert ist, einen Nachtragshaushaltsplan aufzustellen, wird vorgeschlagen, den Rat eine Änderung des Stellenplans beschließen zu lassen, ohne gleichzeitig einen Nachtragshaushalt einzubringen. Reicht ein „Änderungsbeschluß zum Stellenplan" oder ist eine Nachtragssatzung zwingend erforderlich?

19. Wozu dienen Sammelnachweise?
    a) Veranschlagung von vermögenswirksamen Ausgaben
    b) Darstellung der Zinsverpflichtungen
    c) Aufzeigung der Rücklagenzuführungen
    d) Zusammenfassung von Einnahmen oder Ausgaben des Verwaltungshaushalts, die sachlich eng zusammenhängen
    e) Übersicht über die Verpflichtungsermächtigungen

20. Das Liegenschaftsamt hat im nächsten Haushaltsjahr nicht nur für den Unterabschnitt 8800 (Allgemeines Grundvermögen) Grundstücke zu erwerben, sondern auch in erheblichem Umfang für andere Unterabschnitte. Da sich die Aufteilung der Grunderwerbskosten auf die anderen Unterabschnitte nur schwer ermitteln läßt, wird die Einrichtung eines Sammelnachweises beantragt.
    Sollte dem Antrag entsprochen werden?

21. Erläutern Sie, was man unter einem Sammelnachweis versteht. Gehen Sie dabei darauf ein, welche Vorteile die Veranschlagung in Sammelnachweisen bringt!

22. Der in der Kämmerei der Stadt Mittelstadt beschäftigte Stadtinspektor Müller entwirft die folgende Haushaltssatzung:

Haushaltssatzung
der Stadt Mittelstadt für das Haushaltsjahr 1999

Aufgrund der Bestimmungen der Gemeindehaushaltsverordnung hat der Finanzausschuß in seiner Sitzung am 05.02.1999 folgende Haushaltssatzung beschlossen:

§ 1

Der Haushaltsplan für das Haushaltsjahr 1999 wird im Verwaltungshaushalt

in der Einnahme auf	12 650 000 DM
in der Ausgabe auf	12 700 000 DM,

im Vermögenshaushalt

in der Einnahme auf	960 000 DM
in der Ausgabe auf	910 000 DM

festgesetzt.

§ 2

Der Gesamtbetrag der Kredite, deren Aufnahme zur Finanzierung von Ausgaben erforderlich ist, wird auf 960 000 DM festgesetzt.

§ 3

Verpflichtungsermächtigungen werden nicht veranschlagt.

§ 4

Der Höchstbetrag, bis zu dem Kassenkredite im Haushaltsjahr 1999 zur rechtzeitigen Leistung von Ausgaben in Anspruch genommen werden dürfen, wird festgesetzt auf 60 000 DM. Der Höchstbetrag an inneren Darlehen wird festgesetzt auf 40 000 DM.

§ 5

Die Steuersätze (Hebesätze) werden gegenüber dem Vorjahr nicht geändert.

§ 6

Der Finanzplan des Eigenbetriebs Stadtwerke wird für 1999 in der Einnahme und der Ausgabe auf 5 000 000 DM festgesetzt.

Mittelstadt, den 10.02.1999

....
(Stadtkämmerer)

Aufgabe:
Stellen Sie fest, welche **Mängel** die Haushaltssatzung aufweist!

4.4 Haushaltsgrundsätze

Für den Aufbau des Haushaltsplans gibt es gewisse Grundprinzipien, die Haushaltsgrundsätze. Für den Bund und die Länder gibt es ein spezielles Haushaltsgrundsätzegesetz. Für die Gemeinden sind die Haushaltsgrundsätze in der NGO und in der GemHVO festgelegt. Von besonderer Bedeutung sind dabei die in der NGO festgelegten allgemeinen Haushaltsgrundsätze.

4.4.1 Allgemeine Haushaltsgrundsätze

In § 82 NGO werden folgende allgemeine Haushaltsgrundsätze festgelegt:

> Die Gemeinden haben ihre Haushaltswirtschaft so zu planen und zu führen, daß die stetige Erfüllung ihrer Aufgaben gesichert ist.
>
> Den Erfordernissen des gesamtwirtschaftlichen Gleichgewichts ist Rechnung zu tragen.
>
> Die Haushaltswirtschaft ist sparsam und wirtschaftlich zu führen.
>
> Der Haushalt soll in jedem Haushaltsjahr ausgeglichen sein.

4.4.1.1 Stetige Aufgabenerfüllung

Die Haushaltswirtschaft als Teil der Gemeindewirtschaft umfaßt die Aufstellung des Haushaltsplans, die Ausführung und die Rechnungslegung sowie die Verwaltung des Vermögens. Die gesamte Haushaltswirtschaft ist nach § 82 NGO so zu führen, daß die stetige Aufgabenerfüllung gesichert ist. Zu klären ist in diesem Zusammenhang, welche Aufgaben die Gemeinde zu erfüllen hat. Hier ist zu unterscheiden zwischen Pflichtaufgaben (Aufgaben, zu denen die Gemeinde gesetzlich verpflichtet ist, z.B. im Ordnungswesen, Schulwesen, Sozialwesen) und „freiwilligen Aufgaben", die im Interesse der Bevölkerung zusätzlich wahrgenommen werden (Gesundheitsförderung, Sportförderung, Förderung kultureller Einrichtungen usw.).

Eine abschließende Aufzählung der Gemeindeaufgaben ist kaum zu geben, die tatsächlich wahrgenommenen Aufgaben werden letztlich weitgehend von der Einnahmeseite mitbestimmt. Von entscheidender Bedeutung bei diesem Haushaltsgrundsatz ist die Verpflichtung zur **stetigen** Aufgabenerfüllung.

Die Gemeinde ist daher verpflichtet, darauf zu achten, daß die Gemeindefinanzen auch langfristig „gesund" bleiben.

Diese Forderung setzt eine langfristige Vorausschau in der Planung und in den finanzpolitischen Entscheidungen voraus. Hilfsmittel für die Planung sind der jährlich aufzustellende Haushaltsplan und die mittelfristige Finanzplanung, die sich im Finanzplan und im Investitionsprogramm widerspiegeln. Der fünfjährige Finanzplan, der die Einnahmen und Ausgaben des Verwaltungs- und des Vermögenshaushalts beinhaltet, stellt die erwarteten Ausgaben und deren Deckungsmöglichkeiten für den Planungszeitraum gegenüber. Das Investitionsprogramm enthält die geplanten Ausgaben des Vermögenshaushalts für Investitionen und Investitionsförderungsmaßnahmen, die dann in den Finanzplan übernommen werden.

4.4.1.2 Gesamtwirtschaftliches Gleichgewicht

Das gesamtwirtschaftliche Gleichgewicht kann durch die vier wesentlichen Zielsetzungen der Wirtschaftspolitik in der sozialen Marktwirtschaft verdeutlicht werden. Die Gesamtwirtschaft befindet sich demnach im Gleichgewicht, wenn die vier dargestellten Ziele (siehe Schaubild) möglichst weitgehend erreicht sind.

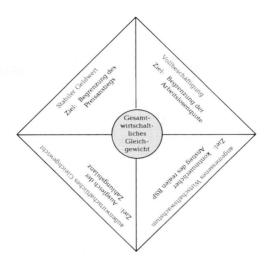

Die Gemeinden sind nach § 82 NGO verpflichtet, zur Erreichung dieser Ziele des „magischen Vierecks" beizutragen. Das verpflichtet sie vor allem zu konjunkturgerechtem Verhalten bei ihrer Finanzpolitik. Als konjunkturgerechtes Verhalten ist in diesem Zusammenhang vor allem ein antizyklisches Ausgabeverhalten anzusehen.

Bei geringer Nachfrage privater Haushalte und Unternehmen sollen die Gemeinden, und nach dem StWG vor allem Bund und Länder, die Nachfragedefizite durch verstärkte eigene Ausgaben ausgleichen. Bei Übernachfrage sollen die Ausgaben entsprechend gedrosselt werden.

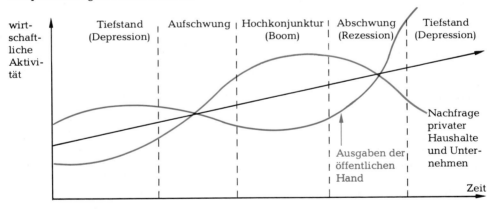

Gerade den Gemeinden sind bei dem Streben nach antizyklischer Haushaltspolitik enge Grenzen gesetzt. Wesentliche Aufgaben der Gemeinden können nicht „konjunkturgerecht" erfüllt werden, sie müssen vielmehr kontinuierlich vollzogen werden (Aufgaben im Sozialwesen, im Schulwesen . . .). Außerdem ist der Spielraum für konjunkturgerechtes Verhalten auch von der Einnahmeseite her begrenzt, da gerade dann, wenn erhöhte Ausgaben erforderlich wären, die Einnahmen z.B. aus der Gewerbesteuer in der Regel zurückgehen.

Der Gesetzgeber hat diesen Problemen Rechnung getragen und verlangt deswegen, daß dem gesamtwirtschaftlichen Gleichgewicht „Rechnung zu tragen" ist. Diese Formulierung macht deutlich, daß letztlich die Sicherung der Aufgabenerfüllung Vorrang hat, die Gemeinden aber darüber hinaus z. B. zu prüfen haben, ob sie Investitionsaufgaben aus konjunkturellen Gründen zeitlich vorziehen oder ggf. zurückstellen sollten.

4.4.1.3 Sparsamkeit und Wirtschaftlichkeit

Wie im privatwirtschaftlichen Bereich gilt auch für die öffentliche Hand das Gebot der Sparsamkeit und Wirtschaftlichkeit. Sparsamkeit bedeutet einen zurückhaltenden und abwägenden Umgang mit den Ausgabemitteln, und zwar sowohl bei der Haushaltsplanung als auch bei der Ausführung des Haushaltsplans. Das Gebot der Wirtschaftlichkeit beinhaltet das Ziel, entweder mit gegebenen Mitteln einen größtmöglichen Nutzen zu erzielen (Maximalprinzip) oder ein bestimmtes Ziel mit möglichst geringen Mitteln zu erreichen (Minimalprinzip).

> Unter Wirtschaftlichkeit versteht man das Verhältnis von Leistung zu Kosten.
>
> $$\text{Wirtschaftlichkeit} = \frac{\text{Leistung}}{\text{Kosten}}$$

Einige Regelungen des Haushaltsrechts tragen diesem Grundsatz Rechnung, so verlangen die Verwaltungsvorschriften zu § 10 GemHVO für bestimmte Investitionen Nutzen-Kosten-Untersuchungen. Auch die Verpflichtung zu öffentlichen Ausschreibungen (§ 32 GemHVO) soll zur sparsamen und wirtschaftlichen Haushaltsführung beitragen.

4.4.1.4 Haushaltsausgleich

Bei der Forderung des § 82 NGO nach einem ausgeglichenen Haushalt handelt es sich um eine Sollvorschrift. Von einer Sollvorschrift darf nur in Ausnahmefällen abgewichen werden. Ehe eine Gemeinde in einer schlechten Finanzsituation einen unausgeglichenen Haushaltsplan beschließt, muß sie sich intensiv bemüht haben, den Haushaltsausgleich zu erreichen.

Kann der Haushaltsausgleich nicht erreicht werden, ist gemäß § 84 Abs. 3 NGO ein Haushaltskonsolidierungskonzept aufzustellen. Dieses ist spätestens mit der Haushaltssatzung vom Rat zu beschließen und der Aufsichtsbehörde mit der Haushaltssatzung vorzulegen.

Die Forderung, den Haushalt auszugleichen, ist nach § 82 NGO eine grundsätzliche Verpflichtung. Die Forderung bezieht sich sowohl auf das Ergebnis der Haushaltsplanberatungen, also den Haushaltsplan, als auch auf das Ergebnis der Ausführung des Haushaltsplans, die Haushaltsrechnung.

Der Verwaltungshaushalt und der Vermögenshaushalt sind prinzipiell je für sich auszugleichen. Im einzelnen sind jedoch in § 22 GemHVO verschiedene Beziehungen zwischen den beiden Haushaltsteilen sowie der allgemeinen Rücklage festgelegt, die bezüglich des Haushaltsausgleichs zu beachten sind.

Verfügen Verwaltungshaushalt und Vermögenshaushalt über genügend Einnahmen, ist der Ausgleich unproblematisch. Die im Verwaltungshaushalt überschüssigen Einnahmen sind an den Vermögenshaushalt abzuführen und überschüssige Einnahmen des Vermögenshaushalts der allgemeinen Rücklage zuzuführen. Zu beachten ist jedoch, daß der Verwaltungshaushalt eine gewisse Zuführung an den Vermögenshaushalt erbringen muß (Pflichtzuführung) bzw. eine gewisse Zuführung an den Vermögenshaushalt erbringen sollte (Sollzuführung).

Pflichtzuführung: Die Zuführung zum Vermögenshaushalt muß mindestens so hoch sein, daß damit die Kreditbeschaffungskosten und die ordentliche Tilgung gedeckt werden können, soweit dafür nicht Einnahmen des Vermögenshaushalts – Einnahmen aus Krediten sind ausgenommen – zur Verfügung stehen. Was zu diesen sogenannten Ersatzeinnahmen, die die Pflichtzuführung vermindern, zu zählen ist, ist umstritten. Vielfach wird die Auffassung vertreten, daß es sich um tilgungsbezogene Einnahmen handeln muß (z. B. Mittel der allgemeinen Rücklage, die unter dem Gesichtspunkt der Tilgung von Krediten in einer Summe angesammelt wurden oder Einnahmen, die sich auf vorfinanzierte Ausgaben beziehen).

Sollzuführung: Die Zuführung soll ferner die Ansammlung von Rücklagen, soweit sie nach § 20 GemHVO erforderlich ist, ermöglichen und insgesamt mindestens so hoch sein, wie die aus speziellen Entgelten gedeckten Abschreibungen. – Neben der Pflichtzuführung ist also ggf. eine Sollzuführung zur Ansammlung von Rücklagen zu veranschlagen und durchzuführen. Alternativ zur Pflichtzuführung und Sollzuführung zur Rücklagenansammlung ist die Höhe der aus speziellen Entgelten gedeckten Abschreibungen zu berechnen. Ist dieser Betrag höher, so stellt er die Sollzuführung dar. – Die Abschreibungen sind bei den kostenrechnenden Einrichtungen ausgewiesen. Soweit die Einnahmen nicht voll die Ausgaben einer kostenrechnenden Einrichtung decken, sind die Abschreibungen im Verhältnis der Gesamtausgaben zu den Gesamteinnahmen der kostenrechnenden Einrichtung als gedeckt anzusehen.

Verfügt der Verwaltungshaushalt nicht über genügend Einnahmen, so ist der Grundsatz des Haushaltsausgleichs als vorrangig gegenüber der Sollzuführung anzusehen. Die Pflichtzuführung ist aber auch bei Entstehen eines Fehlbedarfs/Fehlbetrags zu veranschlagen/vorzunehmen.

Ehe die Gemeinde aber einen unausgeglichenen Haushaltsplan beschließt, muß geprüft werden, ob gemäß § 22 Abs. 3 und 4 GemHVO Mittel der allgemeinen Rücklage oder Einnahmen aus Veräußerung von Anlagevermögen zum Ausgleich des Verwaltungshaushalts verwendet werden können. Eine Inanspruchnahme dieser Mittel setzt voraus, daß alle Sparmöglichkeiten ausgenutzt wurden und alle Einnahmemöglichkeiten ausgeschöpft wurden. Die Mittel dürfen ferner nicht für die Fortführung bereits begonnener Maßnahmen und auch nicht zur Aufrechterhaltung der Kassenliquidität benötigt werden.

Ein Rechnungsfehlbetrag ist gemäß § 23 GemHVO unverzüglich zu decken. Im Falle einer jährlichen Haushaltssatzung ist er spätestens im zweiten dem Haushaltsjahr folgenden Jahr zu veranschlagen. Gemäß Runderlaß des MI ist die Fehlbetragsabdeckung abweichend von § 1 GemHVO im jeweiligen Haushaltsteil vorzunehmen. Der Fehlbetrag des Verwaltungshaushalts ist also im Verwaltungshaushalt und der Fehlbetrag des Vermögenshaushalts im Vermögenshaushalt abzudecken.

Ein nach § 89 Abs. 2 NGO durch ungedeckte überplanmäßige Ausgaben für Investitionen entstandener Fehlbetrag ist im folgenden Jahr zu decken.

Der Grundsatz des Haushaltsausgleichs

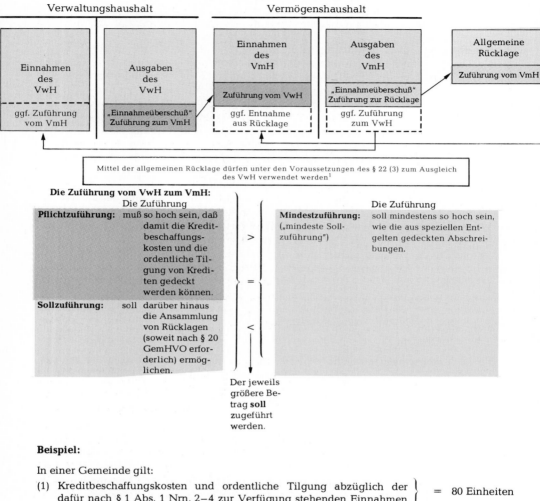

Beispiel:

In einer Gemeinde gilt:

(1) Kreditbeschaffungskosten und ordentliche Tilgung abzüglich der dafür nach § 1 Abs. 1 Nrn. 2–4 zur Verfügung stehenden Einnahmen $\Big\}$ = 80 Einheiten

(2) Zur Ansammlung von Rücklagen nach § 20 erforderliche Beträge $\Big\}$ = 20 Einheiten

(3) Aus speziellen Entgelten gedeckte Abschreibungen $\Big\}$ = 90 Einheiten

Als Zuführung **sollte** der VwH erbringen (1) + (2): ⟶ 100 Einheiten

Mindestens soll alternativ der Betrag (3) dem Vermögenshaushalt zugeführt werden: ⟶ 90 Einheiten

Der größere Betrag aus diesem Vergleich (100 E bzw. 90 E)[2] also 100 E ist die **Sollzuführung**: ⟶ 100 Einheiten

Die **unterste Grenze** bildet die **Pflichtzuführung**: ⟶ 80 Einheiten

---

1 Die Abwicklung dieser Entnahme aus den Rücklagen zum Ausgleich des VwH erfolgt über den VmH, weil eine direkte Verbindung zwischen der Rücklage und dem VwH nicht besteht.

2 Angesichts des hohen Schuldenstands vieler Gemeinden ist die Pflichtzuführung (1) oft höher als die Mindestzuführung (3).

4.4.2 Veranschlagungsgrundsätze

Bei der Aufstellung des Haushaltsplans stellt sich die Frage, nach welchen Abgrenzungskriterien Beträge in den Haushaltsplan aufzunehmen sind. Es muß festgelegt werden, welche Wirtschaftsvorgänge im Haushaltsplan dargelegt werden (nur Geldvorgänge oder auch Sachleistungsvorgänge, kalkulatorische Kosten), wie zeitlich abzugrenzen ist (nach Haushaltsjahr, Kassenwirksamkeit, Fälligkeit, wirtschaftlicher Zugehörigkeit), ob Gegengeschäfte brutto darzustellen sind und inwieweit eine Aufgliederung der Einnahmen und Ausgaben vorzunehmen ist. Diese Festlegungen sind in den nachstehenden Veranschlagungsgrundsätzen enthalten:

1. Grundsatz der Haushaltseinheit und Vollständigkeit
2. Grundsatz der Jährlichkeit und Kassenwirksamkeit
3. Grundsatz der Haushaltswahrheit
4. Grundsatz der Bruttoveranschlagung
5. Grundsatz der Einzelveranschlagung und Haushaltsklarheit

4.4.2.1 Grundsatz der Haushaltseinheit und Vollständigkeit

Der Grundsatz der Haushaltseinheit und Vollständigkeit ergibt sich aus der Bestimmung des § 85 NGO, wonach der Haushaltsplan alle im Haushaltsjahr voraussichtlich eingehenden Einnahmen und zu leistenden Ausgaben und notwendigen Verpflichtungsermächtigungen zu enthalten hat.

Haushaltseinheit bedeutet, daß es grundsätzlich **nur einen Haushaltsplan** für alle Einnahmen und Ausgaben gibt. Eine Ausnahme von diesem Grundsatz sind die für Sondervermögen und Treuhandvermögen evtl. aufzustellenden Sonderhaushaltspläne oder Wirtschaftspläne gemäß den Regelungen in §§ 102 und 103 NGO und der Eigenbetriebsverordnung.

Der Grundsatz der **Vollständigkeit** erfordert, daß **alle** zu erwartenden **Einnahmen** und voraussichtlich zu leistenden **Ausgaben** und die notwendigen Verpflichtungsermächtigungen im Haushaltsplan enthalten sind. Ausnahmen von diesem Grundsatz bilden die durchlaufenden Gelder und die fremden Mittel gem. § 13 GemHVO. Die Buchung dieser Gelder wird nicht über Haushaltsstellen abgewickelt, sondern über Verwahrkonten. Dementsprechend findet auch keine Veranschlagung im Haushaltsplan statt.

Bei den durchlaufenden Geldern handelt es sich um Beträge, die für einen Dritten lediglich vereinnahmt und verausgabt werden. So z.B. Gelder, die die Vollstreckungsstelle für eine andere Behörde beitreibt oder die Mündelgelder für die vom Jugendamt betreuten Mündel.

Bei den fremden Mitteln handelt es sich um Beträge, die zwar von der Gemeinde errechnet und festgesetzt werden, die aber aus dem Haushalt einer anderen Behörde zu zahlen sind, wie z.B. Zahlungen bezüglich Lastenausgleich, Gasölbetriebsbeihilfe, Ausbildungsförderung.

Bei den in den Haushaltsplan aufzunehmenden Ausgaben handelt es sich grundsätzlich nur um Ausgaben, für die eine Leistungspflicht aufgrund eines Gesetzes, Vertrages, Ratsbeschlusses oder dgl. besteht. Im Haushaltsplan sind aber auch einige Ausgaben zu veranschlagen, für die eine derartige Leistungspflicht nicht besteht. Es handelt sich dabei um kalkulatorische Kosten und Verwaltungskostenbeiträge. Diese Beträge werden als Ausgaben und zugleich als Einnahmen veranschlagt und weisen betriebswirtschaftliche Kalkulationen aus.

Die Veranschlagung von kalkulatorischen Kosten ist im § 12 GemHVO geregelt. Danach sind bei kostenrechnenden Einrichtungen angemessene Abschreibungen und angemessene kalkulatorische Zinsen zu veranschlagen.

Für die Veranschlagung von Verwaltungskosten und sonstigen Gemeinkosten schreibt § 14 (3) GemHVO vor, daß diese nur in solchen Fällen zu veranschlagen sind, in denen es für Kostenrechnungen erforderlich ist.

Bei der Haushaltsstelle Deckungsreserve, die nach § 11 GemHVO dazu dient, Mittel zur Deckung über- und außerplanmäßiger Ausgaben des Verwaltungshaushalts bereitzustellen, handelt es sich ebenfalls um einen Ausgabeansatz, der lediglich aus kalkulatorischen Gründen im Haushaltsplan veranschlagt wird. Zahlungen dürfen aus der Haushaltsstelle Deckungsreserve nicht geleistet werden.

4.4.2.2 Grundsatz der Jährlichkeit und Kassenwirksamkeit

Das Prinzip der Jährlichkeit und Kassenwirksamkeit besagt, daß nur alle diejenigen Einnahmen und Ausgaben in den Haushaltsplan aufzunehmen sind, von denen bei Aufstellung des Haushaltsplanes anzunehmen ist, daß sie in dem betreffenden Haushaltsjahr eingehen bzw. geleistet werden. Für die Veranschlagung einer Einnahme oder Ausgabe in das fragliche Haushaltsjahr kommt es also allein auf den Zeitpunkt ihrer Kassenwirksamkeit an. Auch bei Investitionen ist nur der sich kassenmäßig auswirkende Jahresbedarf zu veranschlagen. Soweit im Haushaltsjahr Aufträge für Investitionen zu erteilen sind und die sich daraus ergebenden Ausgabeleistungen erst in späteren Jahren kassenwirksam werden, müssen im Haushaltsplan Verpflichtungsermächtigungen veranschlagt werden.

Eine Ausnahme vom Grundsatz der Kassenwirksamkeit ist im § 14 (4) GemHVO festgelegt. Danach sind die für den ersten Monat des Haushaltsjahres vor dessen Beginn zu zahlenden Personalausgabenbeträge in die Veranschlagung für das neue Haushaltsjahr einzubeziehen. Es sind also die für den Monat Januar zu zahlenden Gehälter im neuen Haushaltsjahr zu veranschlagen, obwohl sie in der Regel in den letzten Tagen des Vorjahres gezahlt und somit noch im Vorjahr kassenwirksam werden.

Das Kassenwirksamkeitsprinzip gilt nicht für die Ausführung des Haushaltsplanes. Für die Zuordnung zum Haushaltsjahr gilt dabei die Abgrenzung nach der Fälligkeit (§ 43 GemHVO).

4.4.2.3 Grundsatz der Haushaltswahrheit

Der Aussagewert eines Planes steigt mit der Verläßlichkeit der in ihm enthaltenen Beträge. Zu hoch veranschlagte Einnahmen oder zu niedrig veranschlagte Ausgaben täuschen einen in Wahrheit nicht vorhandenen Haushaltsausgleich vor. Im § 7 GemHVO ist deshalb vorgeschrieben, daß die zu veranschlagenden Beträge sorgfältig zu schätzen sind, soweit sie nicht errechenbar sind.

Errechenbar sind unter anderem Ausgaben aufgrund bereits abgeschlossener Verträge (z.B. Mietverträge, Darlehensverträge). Bei vielen Ausgabearten ist allerdings eine Errechnung nicht möglich. Eine Schätzung kann dann zumeist aufgrund der Vergleichszahlen aus Vorjahren unter gleichzeitiger Berücksichtigung von Trends vorgenommen werden. Für die Personalausgaben ist die Schätzmethode teilweise vorgeschrieben: Nach § 14 (4) GemHVO richtet sich die Veranschlagung der Personalausgaben nach den im Haushaltsjahr voraussichtlich besetzten Stellen.

Eine Einschränkung erfährt der Grundsatz der Haushaltswahrheit durch die Vorschrift, die Ansätze bei den Einnahmen auf volle 100 DM abzurunden und bei den Ausgaben auf volle 100 DM aufzurunden.

4.4.2.4 Grundsatz der Bruttoveranschlagung

Beispiel 1:

Die Gemeinde will bei einem Autohändler ein neues Fahrzeug kaufen und ein altes in Zahlung geben.

| Es betragen: | die Kosten für das neue Fahrzeug | 20 000 DM |
| | die Gutschrift für das alte Fahrzeug | 4 000 DM |

Beispiel 2:

Von einer Bank wird ein Kredit von 100 000 DM bei günstigem Zinssatz mit 96 000 DM ausgezahlt. Bei diesem Kredit beträgt also der Nominalbetrag 100 000 DM, der Auszahlungskurs 96 % (96 000 DM) und das Auszahlungsabgeld (= Disagio) 4 % (4 000 DM).

Der Grundsatz der Bruttoveranschlagung ergibt sich aus § 7 (2) GemHVO. Danach sind Einnahmen und Ausgaben in voller Höhe und getrennt voneinander zu veranschlagen. Es darf also keine Aufrechnung zwischen zu leistenden Ausgaben und zu erwartenden Einnahmen vorgenommen werden.

Zu veranschlagen sind im Fall des Beispiels 1 20 000 DM als Ausgabe für den Kauf eines Fahrzeugs und 4 000 DM als Einnahme aus dem Verkauf des Fahrzeugs. Würde nur die Differenz von 16 000 DM veranschlagt werden, würde gegen das Bruttoprinzip verstoßen.

Da im Fall des Beispiels 2 kein klares Gegengeschäft vorliegt, ist zunächst strittig, ob eine derartige Kreditaufnahme mit dem Auszahlungsbetrag zu veranschlagen ist oder ob eine Veranschlagung mit dem Nominalbetrag vorzunehmen und das Disagio gleichzeitig als Ausgabe (Kreditbeschaffungskosten) in den Haushaltsplan einzusetzen ist. Durch die Vorschrift im § 14 (1) GemHVO „Einnahmen aus Krediten sind in Höhe der Rückzahlungsverpflichtung zu veranschlagen" wird klargestellt, daß eine derartige Kreditaufnahme brutto im Haushaltsplan auszuweisen ist. Das Darlehen ist also bei der Haushaltsstelle „Kredite vom Kreditmarkt" mit dem Nominalbetrag zu veranschlagen und gleichzeitig das Disagio bei der Ausgabehaushaltsstelle „Kreditbeschaffungskosten".

Eine Ausnahme vom Bruttoprinzip ist im § 14 (2) GemHVO enthalten. Danach sind Abgaben, abgabeähnliche Entgelte und allgemeine Zuweisungen, die die Gemeinde zurückzuzahlen hat, bei den Einnahmen abzusetzen, auch wenn sie sich auf Einnahmen der Vorjahre beziehen. – Ursache für diese Ausnahme ist die personenbezogene Buchführung bei den Steuern und steuerähnlichen Einnahmen. Würden hier Rückzahlungsvorgänge über Ausgabehaushaltsstellen abgewickelt, würde die Übersichtlichkeit leiden.

Eine weitere Ausnahme vom Bruttoprinzip ist durch § 14 (5) GemHVO zugelassen. Danach kann bei wirtschaftlichen Unternehmen (Eigenbetriebe, Eigengesellschaften der Gemeinde) statt einer getrennten Veranschlagung der Einnahmen und Ausgaben nur das voraussichtliche Endergebnis nach dem Wirtschaftsplan in den Haushaltsplan aufgenommen werden.

4.4.2.5 Grundsatz der Einzelveranschlagung und Haushaltsklarheit

Der Grundsatz der Einzelveranschlagung und Haushaltsklarheit ergibt sich aus § 7 Abs. 3 u. 4 GemHVO. Danach sind die Einnahmen einzeln nach ihrem Entstehungsgrund und die Ausgaben nach Einzelzwecken zu veranschlagen. Die Zwecke müssen hinreichend bestimmt sein. Im Vermögenshaushalt sind die einzelnen Vorhaben getrennt zu veranschlagen. Für denselben Zweck sollen Ausgaben nicht an verschiedenen Stellen im Haushaltsplan veranschlagt werden. Wird ausnahmsweise anders verfahren, so ist auf die Ansätze gegenseitig zu verweisen.

Entsprechend dem Grundsatz der Einzelveranschlagung sind also die Gemeinden verpflichtet, die Einnahmen und Ausgaben nach Entstehungsgründen bzw. Einzelzwecken aufzugliedern. Bei dieser Aufgliederung sind die Gliederungs- und Gruppierungsvorschriften zu beachten.

Als Ausnahme vom Grundsatz der Einzelveranschlagung ist aus praktischen Gründen die Zusammenfassung geringfügiger Beträge verschiedener Zwecke zu vermischten Einnahmen bzw. vermischten Ausgaben zugelassen (§ 7 (3) GemHVO).

Eine weitere Ausnahme vom Grundsatz der Einzelveranschlagung stellen die Verfügungsmittel dar, die ohne nähere Angabe des Verwendungszwecks veranschlagt werden. Es handelt sich dabei um Beträge, die der ehrenamtlichen Bürgermeisterin oder dem ehrenamtlichen Bürgermeister und der Hauptverwaltungsbeamtin oder dem Hauptverwaltungsbeamten für dienstliche Zwecke, für die keine Ausgaben veranschlagt sind, zur Verfügung stehen. Die Höhe der Verfügungsmittel soll in der Regel 0,5 v.T. der Ausgaben des Verwaltungshaushalts nicht überschreiten (§ 7 (3) und § 11 GemHVO).

Auch die Deckungsreserve, die dazu dient, Mittel zur Deckung über- und außerplanmäßiger Ausgaben des Verwaltungshaushalts zu veranschlagen, ist als Ausnahme vom Grundsatz der Veranschlagung nach Einzelzwecken anzusehen, da sie keinen Ausgabezweck beinhaltet. Es handelt sich bei der Haushaltsstelle Deckungsreserve lediglich um einen kalkulatorischen Ansatz.

Die vermischten Einnahmen und Ausgaben, die Verfügungsmittel und die Deckungsreserve werden auch als „zweckfreie Ansätze" bezeichnet.

4.4.3 Deckungsgrundsätze

Ist ein Haushaltsplan aufgestellt worden, so ist zu beachten, daß die bei den Ausgabeansätzen vorhandenen Mittel der sachlichen, betraglichen und zeitlichen Bindung unterliegen (siehe Kapitel 6.1). Ausgaben dürfen danach nur zu dem im Haushaltsplan bezeichneten Zweck und nur im Rahmen der Ansätze und nur bis zum Ende des Haushaltsjahres geleistet werden.

Die Bewirtschaftungsgrenzen bei den Ausgaben sind angesichts der oft schlecht vorhersehbaren Ausgabebedürfnisse schwer einzuhalten. Eine Erleichterung zur Ausgabenbewirtschaftung bringen die Regelungen betr. Zweckbindung von Einnahmen (= Ausnahme vom Grundsatz der Gesamtdeckung), bezüglich der Deckungsfähigkeit und bezüglich der Übertragbarkeit. Diese Regelungen erfordern für ihre Anwendung teilweise Vermerke, die bereits bei der Aufstellung des Haushaltsplanes mitbeschlossen werden müssen.

4.4.3.1 Grundsatz der Gesamtdeckung

Der Grundsatz der Gesamtdeckung (§ 16 GemHVO) besagt, daß alle Einnahmen insgesamt zur Deckung der Ausgaben dienen. Dieser Grundsatz gilt sowohl für den Verwaltungshaushalt als auch für den Vermögenshaushalt. Er gilt jedoch nicht für den Verwaltungshaushalt und Vermögenshaushalt insgesamt, sondern nur gesondert für beide Teile.

Zuweilen besteht zwischen Einnahmen und Ausgaben ein enger rechtlicher oder wirtschaftlicher Zusammenhang. In solchen Fällen muß bzw. sollte eine Einzeldeckung zwischen Einnahmen und Ausgaben möglich sein. Die Gemeindehaushaltsverordnung sieht deshalb auch vor, daß Einnahmen unter bestimmten Voraussetzungen für zweckgebunden zu erklären sind oder erklärt werden dürfen und damit eine Ausnahme vom Grundsatz der Gesamtdeckung darstellen. Gemäß § 17 (1) GemHVO sind Einnahmen auf die Verwendung für bestimmte Ausgaben zu beschränken, wenn sich dies aus rechtlicher Verpflichtung ergibt. Ferner darf eine Zweckbindung von Einnahmen erfolgen, wenn dies wegen eines sachlichen Zusammenhangs geboten erscheint.

Die Ausweisung eines entsprechenden Haushaltsvermerks ist für die Schaffung von Zweckbindung und Einzeldeckung zwingend erforderlich. Der Vermerk hat zur Folge, daß zweckgebundene Mehreinnahmen zu entsprechenden Mehrausgaben berechtigen (sog. unechte Deckungsfähigkeit). Eine aus rechtlicher Verpflichtung sich ergebende Zweckbindung kann auf Gesetz, Verwaltungsakt oder vertraglicher Vereinbarung beruhen. Die häufigsten Fälle sind Zweckzuweisungen oder Zuschüsse für Investitionen (Bewilligung öffentlicher Mittel = Verwaltungsakt) sowie Spenden für vielerlei Zwecke.

Eine wegen des sachlichen Zusammenhangs gebotene Zweckbindung kann sich unter mehreren Gesichtspunkten ergeben. Insbesondere rechtliche oder wirtschaftliche Zusammenhänge können für einen solchen Vermerk sprechen. Da Einnahmen und Ausgaben, die sachlich zusammenhängen, meist im gleichen Unterabschnitt zu veranschlagen sind, dürften in der Praxis überwiegend nur Zweckbindungsvermerke zwischen Einnahmen und Ausgaben des gleichen Unterabschnitts angebracht sein. Eine Ausnahme bilden zweckgebundene Kredite, da diese unabhängig von ihrem Verwendungszweck im Abschnitt 91 zu veranschlagen sind.

Nach § 17 (2) GemHVO ist es ferner zulässig, durch Vermerk im Haushaltsplan zu bestimmen, daß Mehreinnahmen aus bestimmten Gegenleistungen für bestimmte Leistungen als Mehrausgaben zur Erbringung dieser Leistungen verwendet werden können. Hier muß also ein wirtschaftlicher Zusammenhang zwischen Leistungsentgelten und Ausgaben bestehen. Ein solcher wirtschaftlicher Zusammenhang erfüllt regelmäßig auch die Voraussetzungen nach § 17 (1) Satz 2, so daß bei Vorliegen eines solchen Sachverhalts auch ein Zweckbindungsvermerk nach § 17 (1) zulässig ist. Zu beachten ist, daß ein Vermerk nach § 17 (2) lediglich eine unechte Deckungsfähigkeit bewirkt, aber keine Zweckbindung schafft. Eine Übertragbarkeit am Jahresende für nicht verbrauchte Mehreinnahmen gemäß § 19 (1) ist damit nicht gegeben.

Beispiel:

Die aufgrund guten Besuches erzielten Mehreinnahmen bei Veranstaltungen und Kursen im „Haus der Jugend" erlauben dort die Durchführung zusätzlicher Veranstaltungen und Kurse.

Einzelplan 4 SOZIALE SICHERUNG						
Unterabschnitt 4602 HAUS DER JUGEND						
Haushaltsstelle			Ansatz		Rechnung	Bew.-Stelle
Nummer	Bezeichnung	Kenn-zeichnung	1999	1998	1997	
1	2	3	4	5	6	7
1.4682	E I N N A H M E N					
110000.8	BENUTZUNGSGEBÜHREN		1 500	1 500	2 860	510
111000.3	AUS ENTGELTEN	*UD	15 000	15 000	14 389	510
140000.1	MIETEN UND PACHTEN		2 500	2 500	2 402	510
150000.6	SONST. VERWALTUNG- U. BETRIEBSEINNAHMEN		300	200	344	510
171000.0	ZUWEISUNG VOM LAND		0	10 000	6 119	510
177000.3	SPENDEN	*UD	100	100	100	510
	E I N N A H M E N		19 400	29 300	26 214	
1.4682	A U S G A B E N					
400000	SN PERSONALAUSGABEN	SN	423 900	451 900	383 303	
500000	SN UNTERH. GRUNDST. UND BAUL. ANLAGEN .	SN	30 000	30 000	35 003	
501000.3	UNTERH. DER GRÜN- UND AUSSENANLAGEN . . .		1 300	1 300	1 253	510
520000	SN INVENTAR	SN	10 000	5 000	27 631	
522000	SN BÜROMASCHINEN	SN	200	300	0	
523000.3	ARBEITSGERÄTE, MASCHINEN, HAUSRAT . . .	*UD	8 000	8 000	7 994	510
524000.9	WÄSCHE, KLEIDUNG		2 500	2 500	3 276	510
540000	SN GAS-, WASSER UND STROMKOSTEN	SN	20 000	22 000	18 626	
541000	SN HEIZUNG	SN	30 000	35 000	24 243	
542000	SN REINIGUNG	SN	52 000	50 000	8 067	
543000	SN STEUERN/ABGABEN FÜR GRUNDSTÜCKE . . .	SN	4 000	4 000	3 897	
544000	SN VERSICHERUNGEN F. GRUNDST.-U.-INVENTAR	SN	2 300	2 300	1 957	
571000.5	ARZNEIMITTEL, VERBANDSTOFFE		300	300	331	510
574000.1	REPRÄSENTATIONSK. FÜR GÄSTE		500	500	320	510
575000.7	AUSSCHMÜCKUNG VON RÄUMEN		1 500	1 500	2 922	510
581000.0	LESESTOFFE		1 600	1 600	1 484	510
590000.9	LEHR-, LERN- UND BESCHÄFTIG. MATERIAL . . .		15 000	13 000	15 969	510
591000.4	JUGENDVERANSTALTUNG.	*UD	28 000	28 000	34 644	510
601000.7	SACHAUSG. FÜR AUSLÄND. JUGENDLICHE . . .		15 000	15 000	2 536	510
643000	SN ÜBRIGE VERSICHERUNGEN	SN	1 000	12 300	12 608	
650000	SN BÜROBEDARF	SN	2 000	1 400	2 025	
651000	SN BÜCHER UND ZEITSCHRIFTEN	SN	400	400	276	
652000	SN POST- UND FERNMELDEGEBÜHREN	SN	5 000	5 000	4 677	
654000	SN REISEKOSTEN UND FAHRKOSTENERSATZ . . .	SN	2 000	2 000	1 366	
658000.8	FRACHT- UND TRANSPORTKOSTEN		500	500	313	510
661000.4	MITGLIEDSBEITRÄGE		200	200	100	510
661900.1	VERMISCHTE AUSGABEN		100	100	0	510
	A U S G A B E N		657 300	694 100	594 821	
	E I N N A H M E N		19 400	29 300	26 214	
	Z U S C H U S S B E D A R F		637 900	664 800	568 607	
Mehreinnahmen bei 1110 berechtigen zu Mehrausgaben bei 5910						
" " 1770 " " " " 5230						

Soweit Einnahmen durch Vermerk im Haushaltsplan gemäß § 17 Abs. 1 (Die Einnahmen bei ... sind zweckgebunden für Ausgaben bei ...") oder gemäß § 17 Abs. 2 (Mehreinnahmen bei ... berechtigen zu Mehrausgaben bei ...") für unecht deckungsfähig erklärt worden sind, berechtigen die bei der Gemeindekasse eingegangenen Mehreinnahmen zu entsprechenden Mehrausgaben.

Im Rahmen der unechten Deckungsfähigkeit geleistete Mehrausgaben sind ihrer Art nach überplanmäßig, gelten aber gemäß § 17 Abs. 4 GemHVO nicht als überplanmäßige Ausgaben. Damit entfällt das Antragsverfahren auf Zustimmung zu einer überplanmäßigen Ausgabe nach § 89 NGO.

Sofern zweckgebundene Einnahmen nicht im gleichen Haushaltsjahr verausgabt werden, sind sie zur Gewährleistung der zweckgebundenen Verwendung in das folgende Haushaltsjahr zu übertragen. Dies geschieht dadurch, daß entsprechende Haushaltsausgabereste bei korrespondierenden Ausgabehaushaltsstellen in Höhe der nicht verbrauchten zweckgebundenen Einnahmen gemäß § 19 (4) GemHVO in Verbindung mit § 42 (2) GemHVO gebildet werden. Kommt eine Übertragbarkeit nach § 19 (4) GemHVO für eine nicht verbrauchte zweckgebundene Einnahme nicht in Betracht, kann die Zweckgebundenheit einer nicht verwendeten Einnahme auch dadurch gewährleistet werden, daß die nicht verbrauchten Beträge von der Einnahme abgesetzt werden und im nächsten Haushaltsjahr neu vereinnahmt werden (sog. Rotabsetzung oder Minusabsetzung nach § 31 (3) GemKVO). Ferner können Einnahmen auch dadurch zweckgebunden erhalten werden, daß sie einer Rücklage zugeführt werden.

Hinweis: Ein entgegen den Vorschriften von § 17, Satz 1 GemHVO fehlender Zweckbindungsvermerk hat zur Folge, daß evtl. im Laufe des Jahres eingehende Mehreinnahmen nicht zu Mehrausgaben berechtigen. Auch können für nicht verbrauchte zweckgebundene Einnahmen am Jahresende keine entsprechenden Haushaltsausgabereste nach § 19 (4) GemVHO gebildet werden. Eine Minusabsetzung (Rotabsetzung) für nicht verbrauchte zweckgebundene Einnahmen am Jahresende ist allerdings nach § 31 (3) GemKVO zulässig, da es für diese Vorschrift reicht, daß sich die Zweckgebundenheit aus irgendwelchen Sachverhalten ergibt.

Besonderheiten für die Zweckbindung gelten bei **Budgetierung**. Sind gemäß § 8 (2) GemHVO Einnahmen und Ausgaben für einen funktional begrenzten Aufgabenbereich zu einem Budget durch Haushaltsvermerk verbunden, können Zweckbindungsvermerke nach § 17 (1) Satz 2 ohne Prüfung der tatbestandlichen Voraussetzungen (Zweckbindung erscheint wegen sachlichen Zusammenhangs geboten) gemäß § 8 (3) GemHVO angebracht werden.

Eine weitere Besonderheit hinsichtlich Zweckbindung und Budgetierung ist in § 17 (3) GemHVO geregelt. Während im Normalfall nur eine Zweckbindung zwischen Haushaltsstellen des gleichen Haushaltsteils zulässig ist, kann nach dieser Vorschrift eine unechte Deckung auch zwischen Haushaltsstellen des Verwaltungshaushalts und des Vermögenshaushalts erklärt werden. Hierbei sind zahlreiche Bedingungen zu beachten:

a) Es muß sich bei den Haushaltsstellen des Verwaltungshaushalts um die eines Budgets nach § 8 (2) GemHVO handeln und bei den Haushaltsstellen des Vermögenshaushalts um den gleichen Funktionsbereich.

b) Die Zweckbestimmung muß gewahrt bleiben.

c) Die unechte Deckung darf nur für nicht erhebliche Mehrausgaben im Sinne von § 87 (2) Nr. 2 NGO genutzt werden.

d) Der Verwaltungshaushalt muß nach § 22 (1) GemHVO ausgeglichen sein.

e) Bei Inanspruchnahme der unechten Deckungsfähigkeit muß der Haushaltsausgleich gewahrt bleiben und es muß eine entsprechende zusätzliche Zuführung zum Vermögenshaushalt vorgenommen werden.

13 Grommas/Bartels – ISBN 3-8120-0430-5

Gesamtdeckung (§ 16 GemHVO)

Alle Einnahmen des VwH dienen insgesamt zur Deckung der Ausgaben des VwH
Alle Einnahmen des VmH dienen insgesamt zur Deckung der Ausgaben des VmH

Ausnahmen:

Einzeldeckung aufgrund unechter Deckungsfähigkeit (§ 17 GemHVO)

1. Mehreinnahmen bei Einnahmehaushaltsstellen, bei denen eine Zweckbindung durch Haushaltsvermerk ausgewiesen ist, dürfen für entsprechende Mehrausgaben verwendet werden, wenn im Haushaltsplan nichts anderes bestimmt wird (§ 17 Abs. 1).

   Die Ausweisung eines Zweckbindungsvermerks hat zu erfolgen, wenn sich die Zweckbindung aus rechtlicher Verpflichtung ergibt.

   Die Ausweisung eines Zweckbindungsvermerks darf erfolgen, wenn ein sachlicher Zusammenhang die Beschränkung geboten erscheinen läßt.

   Soweit zweckgebundene Einnahmen im Haushaltsjahr nicht verwendet wurden, sind die entsprechenden Ausgabeermächtigungen zu übertragen (§ 19 Abs. 4 in Verbindung mit § 42 Abs. 2 GemHVO). Falls § 19 Abs. 4 zur Wahrung der Zweckbindung nicht anwendbar ist, können im Haushaltsjahr nicht verwendete zweckgebundene Einnahmen durch Minusabsetzung in das folgende Jahr übertragen werden (§ 31 Abs. 3 GemKVO).
   Weitere Alternative: Rücklagenzuführung.

2. Durch Vermerk im Haushaltsplan kann bestimmt werden, daß Mehreinnahmen aus bestimmten Gegenleistungen für bestimmte Leistungen zu Mehrausgaben zur Erbringung dieser Leistungen berechtigen (§ 17 Abs. 2).

3. Eine weitere Ausnahme gilt bei der Veranschlagung in einem Budget gem. § 8 Abs. 2. Vgl. dazu § 17 Abs. 3 GemHVO.

4.4.3.2 Deckungsfähigkeit

Ausgaben dürfen stets nur aus der Haushaltsstelle mit der zutreffenden Zweckbestimmung geleistet werden. Dabei dürfen die Ausgaben den Ausgabeansatz grundsätzlich nicht überschreiten.

Unter Deckungsfähigkeit versteht man die Möglichkeit, aufgrund von Einsparungen bei einer Ausgabehaushaltsstelle Mehrausgaben bei einer anderen Ausgabehaushaltsstelle leisten zu dürfen. Diese Deckungsfähigkeit ist für gewisse Fälle zugelassen. Sie besteht nur zwischen Ausgabehaushaltsstellen und wird auch als echte Deckungsfähigkeit bezeichnet. Im Gegensatz dazu besteht die unechte Deckungsfähigkeit (siehe 4.4.3.1) zwischen Einnahme- und Ausgabehaushaltsstellen. Es gibt zwei Arten der echten Deckungsfähigkeit: die gegenseitige Deckungsfähigkeit und die einseitige Deckungsfähigkeit.

Bei der einseitigen Deckungsfähigkeit ist ein Ansatz deckungsgewährend und ein Ansatz deckungsberechtigt. Einsparungen bei dem deckungsgewährenden Ansatz berechtigen zu Mehrausgaben bei dem deckungsberechtigten Ansatz. Bei der gegenseitigen Deckungsfähigkeit sind die Ansätze wechselweise deckungsgewährend bzw. deckungsberechtigt.

Die Ausgaben in den einzelnen Sammelnachweisen sind gemäß § 18 Abs. 1 GemHVO grundsätzlich gegenseitig deckungsfähig. Das gleiche gilt für Personalausgaben, die nicht in einem Sammelnachweis veranschlagt sind und nicht mit anderen Ausgaben für deckungsfähig erklärt wurden.

Durch Vermerke im Haushaltsplan können ferner gemäß § 18 Abs. 2 GemHVO Ausgaben für gegenseitig oder einseitig deckungsfähig erklärt werden. Dabei ist Voraussetzung für die Anbringung solcher Vermerke, daß die Ausgaben sachlich zusammenhängen und die wirtschaftliche Aufgabenerfüllung gefördert wird. Dies ist jeweils zu prüfen. Sachliche und wirtschaftliche Zusammenhänge liegen bei Ausgaben mit ähnlichen Ausgabezwecken vor. Eine ähnliche Gruppierungsziffer bei verschiedenen Ausgabehaushaltsstellen könnte damit für das Erfüllen der Voraussetzung sprechen. Der geforderte sachliche und wirtschaftliche Zusammenhang kann aber auch bei Ausgaben mit verschiedenen Ausgabearten gegeben sein, wenn die Ausgaben dem gleichen Projekt oder der gleichen Aufgabenwahrnehmung dienen. Befinden sich Ausgabehaushaltsstellen des Verwaltungshaushalts in einem nach § 8 (2) GemHVO zulässig gebildeten Budget, darf man Vermerke für echte Deckungsfähigkeiten ohne Prüfung der Voraussetzungen nach § 18 (2) GemHVO (sachlicher Zusammenhang und Förderung der wirtschaftlichen Aufgabenerfüllung) anbringen, da dann die Voraussetzungen gemäß § 8 (3) als erfüllt gelten.

Unzulässig ist die Erklärung der Deckungsfähigkeit zwischen einer Sammelnachweishaushaltsstelle und einer nicht im Sammelnachweis befindlichen Haushaltsstelle. Nach § 8 GemHVO ist die Zugehörigkeit zu der gleichen Gruppe grundsätzlich Voraussetzung für die Veranschlagung im Sammelnachweis. Eine Haushaltsstelle mit einer ungleichen Gruppe darf deshalb nicht über einen Deckungsvermerk mit einem Sammelnachweis gekoppelt werden. Auch bei einem Budget nach § 8 (2) GemHVO dürfen evtl. vorhandene Sammelnachweise nicht mit anderen Ausgaben des Budgets für deckungsfähig erklärt werden.

Gemäß § 18 Abs. 2 GemHVO können Deckungsfähigkeiten zum einen zwischen Haushaltsstellen des Verwaltungshaushalts und zum anderen zwischen Haushaltsstellen des Vermögenshaushalts erklärt werden. Ausnahmsweise können nach § 18 Abs. 3 GemHVO Deckungsfähigkeiten auch zwischen Haushaltsstellen des Verwaltungshaushalts und des Vermögenshaushalts erklärt werden. Hierbei sind zahlreiche Voraussetzungen zu beachten:

a) Es muß sich bei den Haushaltsstellen des Verwaltungshaushalts um die eines Budgets nach § 8 (2) handeln und bei den Haushaltsstellen des Vermögenshaushalts um den gleichen Funktionsbereich.

b) Zulässig ist nur eine einseitige Deckungsfähigkeit zugunsten von Haushaltsstellen des Vermögenshaushalts.

c) Die Deckungsfähigkeit darf nur für die Deckung nicht erheblicher Mehrausgaben im Sinne von § 87 (2) Nr. 2 NGO genutzt werden.

d) Der Verwaltungshaushalt muß nach § 22 (1) GemHVO ausgeglichen sein.

e) Bei Inanspruchnahme der Deckungsfähigkeit muß der Haushaltsausgleich gewahrt bleiben und es muß eine entsprechende zusätzliche Zuführung zum Vermögenshaushalt vorgenommen werden.

Sind Deckungsvermerke im Haushaltsplan ausgewiesen, so dürfen im Rahmen der festgelegten Deckungsfähigkeiten bei einer Ausgabehaushaltsstelle über die Ausgabemittel hinaus Auszahlungen getätigt werden, soweit entsprechende Minderausgaben bei anderen Ausgabehaushaltsstellen des Deckungskreises abzusehen sind. Im Rahmen der Haushaltsüberwachung ist darauf zu achten, daß die Gesamtsumme der Ausgaben des Deckungskreises nicht überschritten wird.

Beispiel:

Durch den Vermerk:

„5230 und 5900 sind gegenseitig deckungsfähig"

besteht die Möglichkeit im Laufe des Haushaltsjahres Einsparungen bei der Haushaltsstelle „2160/5230 Orientierungsstufen/Arbeitsgeräte, Maschinen" zu Mehrausgaben bei „2160/5900 Orientierungsstufen/Lehr- und Unterrichtsmittel" zu nutzen und umgekehrt.

Einzelplan 2 SCHULEN						
Unterabschnitt 2160 ORIENTIERUNGSSTUFEN						
Haushaltsstelle			Ansatz		Rechnung	Bew.-Stelle
Nummer	Bezeichnung	Kenn-zeichnung	1999	1998	1997	
1	2	3	4	5	6	7
1.2160	E I N N A H M E N					
130100.0	MAHLZEITENVERKAUF AUS KOCHUNTERRICHT . .		2 000	1 000	0	400
150000.2	SONST. VERWALTUNGS- U.BETRIEBSEINNAHMEN .		100	100	0	400
162000.8	ERSTATTUNG VOM LANDKREIS		31 600	13 000	0	400
	E I N N A H M E N		33 700	14 100	0	
1.2160	A U S G A B E N					
522000	SN BUROMASCHINEN		500	0	0	
523000.0	ARBEITSGERÄTE, MASCHINEN	*GD	5 000	3 000	0	400
571000.1	ARZNEIMITTEL, VERBANDSTOFFE		1 000	400	0	400
590000.5	LEHR- UND UNTERRICHTSMITTEL	*GD	55 000	19 300	0	400
592000.6	SCHULWANDERUNGEN UND FAHRTEN		1 000	400	0	400
600000.8	FAHRKOSTEN INNERHALB UNTERRICHT		3 000	1 200	0	400
600200.0	SACHAUSGABEN FÜR SCHULELTERNRAT		1 500	600	0	400
600500.0	FÜR BENUTZUNG DER BADEANSTALTEN		48 300		0	400
650000	SN BUROBEDARF		4 000	10 000	0	
651000	SN BÜCHER UND ZEITSCHRIFTEN		2 000	2 500	0	
652000	SN POST- UND FERNMELDEGEBÜHREN		10 000	4 500	0	
653000	SN KOSTEN FÜR BEKANNTMACHUNGEN		200	0	0	
661000.0	MITGLIEDSBEITRÄGE		200		0	400
661900.8	VERMISCHTE AUSGABEN		200	100	0	400
677000.8	ERST.AN UEBRIGE BEREICHE		146 100	43 000	0	400
717100.0	ZUSCH. AN SMV (SCHÜLERMITVER.)		800	400	0	400
	A U S G A B E N		278 800	85 400	0	
	E I N N A H M E N		33 700	14 100	0	
	Z U S C H U S S B E D A R F		245 100	71 300	0	
5230 und 5900 sind gegenseitig deckungsfähig.						

Falls von der Erhöhung der deckungsberechtigten Ansätze entsprechend der Kannvorschrift von § 18 (4) GemHVO kein Gebrauch gemacht wird, sind die aufgrund von Deckungsfähigkeiten geleisteten Mehrausgaben ihrer Art nach überplanmäßig. Dies ergibt sich im Hinblick auf die Begriffsdefinition für überplanmäßige Ausgaben in § 46 Nr. 24 GemHVO. Ein Zustimmungsverfahren für überplanmäßige Ausgaben nach § 89 NGO ist jedoch nicht notwendig. Dies ergibt sich aus § 18 (5) GemHVO, wonach die Mehrausgaben nicht als überplanmäßige Ausgaben gelten.

Ausgabeansätze, die ohne nähere Angabe des Verwendungszwecks veranschlagt sind, können nicht sachlich eng mit einer anderen Ausgabeart zusammenhängen. Verfügungsmittel, vermischte Ausgaben und die Deckungsreserve dürfen daher nicht für deckungsfähig erklärt werden. Innerhalb eines Budgets können allerdings auch vermischte Ausgaben für deckungsfähig erklärt werden, weil nach § 8 (3) dann die Voraussetzungen als erfüllt gelten.

Einzelveranschlagung/Sachliche Bindung – Deckungsfähigkeit

Die Ausgaben sind nach Einzelzwecken zu veranschlagen (§ 7 Abs. 3 GemHVO). Die im Haushaltsplan zur Verfügung gestellten Mittel müssen so verwaltet werden, daß sie zur Deckung aller Ausgaben im Haushaltsjahr ausreichen, die unter die einzelnen Zweckbestimmungen fallen (§ 26 Abs. 2 GemHVO).

Ausnahmen

Echte Deckungsfähigkeit nach § 18 Abs. 1 GemHVO

Ausgaben in Sammelnachweisen und Personalausgaben sind gegenseitig deckungsfähig (wenn im Hpl. nichts anderes bestimmt wird).

Echte Deckungsfähigkeit nach § 18 Abs. 2 GemHVO

Einseitige oder gegenseitige Deckungsfähigkeit kann für Ausgaben erklärt werden, wenn die Ausgaben sachlich zusammenhängen und die wirtschaftliche Aufgabenerfüllung gefördert wird.

Echte Deckungsfähigkeit nach § 18 Abs. 3 GemHVO

Bei HSt des VwH, die gem. § 8 Abs. 2 einem Budget zugeordnet sind, kann im HPl bestimmt werden, daß unter den Voraussetzungen des § 18 Abs. 3 GemHVO Minderausgaben für Mehrausgaben bei HSt im VmH verwendet werden dürfen.

Deckungsfähigkeit kraft Gesetz

Deckungsfähigkeit kraft Haushaltsvermerk

4.4.3.3 Übertragbarkeit

Da die Haushaltssatzung und der Haushaltsplan gemäß § 84 NGO nur für das Haushaltsjahr gelten, sind alle Ausgabeermächtigungen grundsätzlich nur bis zum Ende des Haushaltsjahres gültig. Dieser Grundsatz der zeitlichen Bindung an das Haushaltsjahr ist für Ausgabeansätze, die pauschal nach Erfahrungswerten der Vorjahre geschätzt werden, sicherlich sinnvoll. Bei einmaligen Ausgaben, wie z.B. Baumaßnahmen, ist es jedoch häufig der Fall, daß die Gesamthöhe der Ausgaben gut schätzbar ist, nicht jedoch inwieweit die Ausgaben in dem betreffenden Haushaltsjahr kassenwirksam werden. Dies kann z.B. daran liegen, daß die Baumaßnahmen langsamer als geplant abgewickelt wurden oder daß z.B. der Unternehmer nicht rechtzeitig vor Abschluß des Haushaltsjahres die Rechnungen präsentierte. Es empfiehlt sich daher (um Neuveranschlagungen von nicht verbrauchten Mitteln zu vermeiden), bei einmaligen Ausgaben den Grundsatz der zeitlichen Bindung an das Haushaltsjahr einzuschränken.

Im § 19 (1) GemHVO wird für den Vermögenshaushalt eine generelle Durchbrechung des Grundsatzes der zeitlichen Bindung festgelegt. Es bleiben danach die Ausgabeermächtigungen im Vermögenshaushalt bis zur Fälligkeit der letzten Zahlung für ihren Zweck verfügbar, bei Baumaßnahmen und Beschaffungen längstens jedoch zwei Jahre nach Schluß des Haushaltsjahres, in welchem der Gegenstand oder der Bau in seinen wesentlichen Teilen in Benutzung genommen werden kann.

Im Verwaltungshaushalt können Ausgabeermächtigungen für übertragbar erklärt werden, wenn die Übertragbarkeit eine wirtschaftliche Aufgabenerfüllung fördert. Die Ausgabeermächtigungen bleiben bis zum Ende des folgenden Jahres verfügbar. – Für den Verwaltungshaushalt ist also die Übertragbarkeit von mehreren Bedingungen abhängig und im Gegensatz zum Vermögenshaushalt stark eingeschränkt. Die Übertragbarkeit muß im Haushaltsplan erklärt worden sein und ein solcher Vermerk ist nur zulässig, wenn dadurch die wirtschaftliche Aufgabenerfüllung gefördert wird. Die Ausgabeermächtigungen bleiben bis zum Ende des folgenden Jahres verfügbar.

Häufiges Argument für die Erklärung der Übertragbarkeit ist die Vermeidung des sogenannten „Dezemberfiebers". Darunter versteht man das in der Praxis häufig anzutreffende Ausgabeverhalten, das darin besteht, kurz vor Jahresende die noch verfügbaren Mittel auszugeben, damit sie nicht am Jahresende verfallen. Folgt man diesem Argument, müßte man die Übertragbarkeit bei jeder Haushaltsstelle zulassen. Dies kann aber nicht Sinn einer Ausnahmeregelung sein. Wie bereits zu Beginn dieses Kapitels ausgeführt, sollte man in der Praxis nur bei einmaligen Ausgaben des Verwaltungshaushalts, die sich über die Jahreswende hinziehen können, eine zeitliche Übertragbarkeit erklären.

Eine Sonderregelung für das Ausweisen von Vermerken für zeitliche Übertragbarkeit findet sich in § 8 (3) GemHVO. Danach gelten bei den Haushaltsstellen eines nach § 8 (2) zulässig gebildeten Budgets die Voraussetzungen für die Anbringung von Vermerken als erfüllt.

Sowohl in § 19 Absatz 1 als auch Absatz 2 wird von Ausgabeermächtigungen und nicht lediglich von Ausgabeansätzen gesprochen. Unter Ausgabeermächtigungen versteht man alle verfügbaren Ausgabemittel:

- Ausgabeansatz (einschl. Nachtrag),
- Haushaltsausgabereste aus Vorjahren,
- über- und außerplanmäßige Bewilligungen nach § 89 NGO,
- Mittel aufgrund zweckgebundener Einnahmen nach § 17 (1),
- Mittel aufgrund unechter Deckungsfähigkeit nach § 17 (2),
- Mittel aus echter Deckungsfähigkeit nach § 18.

Hinsichtlich der Übertragbarkeit dieser im laufenden Jahr verfügbaren Ausgabemittel gelten jedoch einige Besonderheiten. So sind über- und außerplanmäßige Ausgaben sowohl beim Vermögenshaushalt wie auch beim Verwaltungshaushalt nur insoweit übertragbar, als sie vor dem Ende des Haushaltsjahres in Anspruch genommen wurden. Eine solche Inanspruchnahme kann z.B. durch Erteilung eines Auftrags, durch den Abschluß einer Vereinbarung oder durch eine Zahlungszusage geschehen sein. Die übertragenen üpl./apl. Mittel bleiben beim Verwaltungshaushalt längstens bis zum Ende des folgenden Jahres verfügbar, beim Vermögenshaushalt bleiben sie wie die anderen Ausgabeermächtigungen des VmH verfügbar. Der § 19 (3) gilt auch für überplanmäßige Ausgaben des Verwaltungshaushalts bei Haushaltsstellen, die nicht für zeitlich übertragbar erklärt worden sind. Weiterhin sind bei derartigen überplanmäßigen Bewilligungen auch Haushaltsmittel übertragbar, die in Zusammenhang mit der üpl. Bewilligung in Anspruch genommen wurden. Beispiel: Bei einer Haushaltsstelle des Verwaltungshaushalts, die nicht für übertragbar erklärt wurde, sind im Rahmen einer Auftragserteilung 10 000 DM vom Hauhaltsansatz und 3 000 DM von einer überplanmäßigen Bewilligung in Anspruch genommen worden. Falls die auf diesen Auftrag folgende Rechnung erst im nächsten Jahr beglichen werden kann, ist eine Mittelübertragung für die volle Auftragssumme von 13 000 DM möglich.

Eine Besonderheit der Mittelübertragung ist durch § 19 (4) für zweckgebundene Einnahmen gegeben. Soweit Einnahmen nach § 17 (1) durch Vermerk für zweckgebunden erklärt worden sind, stehen sie nicht nur im laufenden Jahr für entsprechende Ausgaben zur Verfügung. Am Jahresende können in Höhe der nicht verbrauchten zweckgebundenen Einnahmen die entsprechenden Ausgabeermächtigungen zeitlich unbegrenzt bis zur Fälligkeit der letzten Zahlung übertragen werden. Hinweis: In Sonderfällen kann zur Wahrung der Zweckgebundenheit von Einnahmen statt der Übertragung nach § 19 (4) eine Einnahmeabsetzung nach § 31 (3) GemKVO vorgenommen werden. Dazu wird auf die Ausführungen im Kapitel über die unechte Deckungsfähigkeit verwiesen.

Hinsichtlich der Durchführung der zeitlichen Übertragbarkeit ist die Regelung in § 42 GemHVO zu beachten. Danach ist beim Jahresabschluß festzustellen, über welche übertragbaren Ausgabemittel nach Ende des Haushaltsjahres noch verfügt werden kann. Dazu sind Haushaltsausgabereste zu bilden und in das folgende Jahr zu übertragen.

Nicht nur Ausgabeermächtigungen sind zeitlich übertragbar, sondern auch Einnahmeansätze. Nach § 42 GemHVO dürfen im Vermögenshaushalt Haushaltseinnahmereste für Einnahmen aus Krediten gebildet werden. Diese Regelung ist in Zusammenhang mit der Gültigkeitsdauer der Kreditermächtigung nach § 92 (3) NGO zu sehen. Ferner dürfen Haushaltseinnahmereste für nicht ausgeschöpfte Einnahmeansätze von Zuweisungen/Zuschüssen für Investitionen, von Zuweisungen/Zuschüssen zur Förderung von Investitionen Dritter sowie von Beiträgen und ähnlichen Entgelten gebildet werden. Diese Haushaltseinnahmereste stellen keine Ausnahme vom Grundsatz der zeitlichen Bindung dar, da die Einnahmen nicht an ein Haushaltsjahr gebunden sind. Sie werden lediglich als Gegenposition zu den das Rechnungsergebnis belastenden Haushaltsausgaberesten gebildet.

Die durch Bildung von Haushaltsausgaberesten in das Folgejahr übertragenen Ausgabeermächtigungen finden ihre Deckung im alten Haushaltsjahr, da ihnen dort im Rahmen des Haushaltsausgleichs entsprechende Einnahmen gegenüberstanden. Im neuen Haushaltsjahr brauchen – abgesehen von den Einnahmen für gebildete Haushaltseinnahmereste – zur Finanzierung der Ausgabeermächtigungen keine Deckungsmittel mehr vereinnahmt werden.

Verpflichtungsermächtigungen sind keine Ausgaben; sie sind deshalb nicht übertragbar. Für Verfügungsmittel und Deckungsreserve ist die Übertragbarkeit gemäß § 11 GemHVO ausgeschlossen.

Zeitliche Bindung - zeitliche Übertragbarkeit

Die Haushaltssatzung enthält die Festsetzung der Einnahmen und der Ausgaben des Haushaltsjahres. Nach dem Ende des Haushaltsjahres darf grundsätzlich nicht mehr über die festgesetzten Einnahmen und Ausgaben des Vorjahres verfügt werden. Die Haushaltssatzung gilt für das Haushaltsjahr!

Eine zeitliche Übertragbarkeit nicht ausgenutzter Ausgabeermächtigungen ist im Rahmen des § 19 GemHVO möglich. Danach sind einige Ausgabeermächtigungen kraft Gesetzes übertragbar, andere nur bei vorhandenem Übertragbarkeitsvermerk. Zur Durchführung der Mittelübertragung sind gemäß § 42 GemHVO im Rahmen des Jahresabschlusses Haushaltsausgabereste zu bilden.

Zeitliche Übertragbarkeit bei Ausgaben

Ausgabeermächtigungen im Vermögenshaushalt sind übertragbar (§ 19 Abs. 1)	Ausgabeermächtigungen im Verwaltungshaushalt können für übertragbar erklärt werden, wenn es die wirtschaftl. Aufgabenerfüllung fördert (§ 19 Abs. 2)	über- und außerplanmäßige Ausgaben, die in Anspruch genommen wurden, aber noch nicht geleistet wurden (§ 19 Abs. 3)	Ausgabeermächtigungen aufgrund zweckgebundener Einnahmen (§ 19 Abs. 4)
übertragbar bis zur Fälligkeit der letzten Zahlung, aber: Baumaßnahmen und Beschaffungen bis 2 Jahre nach Ende des H-Jahres der Inbenutzungnahme, üpl./apl. Ausgaben, nur soweit in Anspruch genommen	übertragbar bis zum Ende des Folgejahres, Voraussetzung: Übertragbarkeitsvermerk	übertragbar ins Folgejahr, ferner übertragbar: Ausgabemittel, die mit der üpl. Ausgabe in Zusammenhang stehen	übertragbar bis zur Fälligkeit der letzten Zahlung

Haushaltseinnahmereste (§ 42 GemHVO)

Einnahmen nach § 1 Abs. 1 Nr. 4 GemHVO: Zuweisungen/Zuschüsse für Investitionen Zuweisungen/Zuschüsse für Investitionen Dritter Beiträge, beitragsähnl. Entgelte	Kredite, die Dauer der zulässigen Übertragbarkeit ergibt sich aus § 92 (3) NGO

Überblick über die wichtigsten Haushaltsgrundsätze, einschließlich Ausnahmeregelungen

HAUSHALTSGRUNDSÄTZE

1. Allgemeine Haushaltsgrundsätze

1.1 Stetige Aufgabenerfüllung
§ 82 (1) NGO

Die Gemeinden haben ihre Haushaltswirtschaft so zu planen und zu führen, daß die stetige Erfüllung ihrer Aufgaben gesichert ist.

1.2 Gesamtwirtschaftliches Gleichgewicht
§ 82 (1) NGO

Bei der Planung und Durchführung der Haushaltswirtschaft ist dem gesamtwirtschaftlichen Gleichgewicht Rechnung zu tragen.

1.3 Sparsamkeit und Wirtschaftlichkeit
§ 82 (2) NGO

Die Haushaltswirtschaft ist sparsam und wirtschaftlich zu führen.

1.4 Haushaltsausgleich
§ 82 (3) NGO

Der Haushalt soll in jedem Haushaltsjahr ausgeglichen sein.

3. Deckungsgrundsätze

3.1 Grundsatz der Gesamtdeckung
§ 16 GemHVO

Alle Einnahmen dienen **insgesamt** zur Deckung der Ausgaben. Dieser Grundsatz gilt sowohl für den VwH als auch für den VmH, aber nicht insgesamt für beide Teile (nicht über die Grenzen des VwH und des VmH hinweg).

Ausnahme
§ 17 Unechte Deckungsfähigkeit

Einnahmen dürfen unter bestimmten Voraussetzungen auf die Verwendung für bestimmte Ausgaben beschränkt werden.

3.2 Deckungsfähigkeit
§ 18 GemHVO

Deckungsberechtigte Ansätze können unter den Voraussetzungen des § 18 GemHVO zu Lasten deckungspflichtiger Ansätze erhöht werden.

2. Veranschlagungsgrundsätze

2.1 Haushaltseinheit und Vollständigkeit	2.2 Jährlichkeit und Kassenwirksamkeit	2.3 Haushaltswahrheit	2.4 Bruttoveranschlagung	2.5 Einzelveranschlagung und Haushaltsklarheit
§ 85 (1) NGO	§ 7 (1) GemHVO	§ 7 (1) GemHVO	§ 7 (2) GemHVO	§ 7 (3), (4) GemHVO
Der Hpl enthält **alle** Einnahmen, Ausgaben und Verpflichtungsermächtigungen.	Die Einnahmen und Ausgaben sind nur in der Höhe der **im Haushaltsjahr** voraussichtlich **eingehenden** oder **zu leistenden Beträge** zu veranschlagen.	Die Einnahmen und Ausgaben sind . . . **sorgfältig** zu **schätzen, soweit** sie **nicht errechnen** sind.	Die Einnahmen und Ausgaben sind **in voller Höhe** und **getrennt voneinander** zu veranschlagen.	**Einnahmen** sind **einzeln nach dem Entstehungsgrund** und **Ausgaben** nach **Einzelzwecken** zu veranschlagen.
Ausnahmen:	Ausnahmen:		Ausnahmen:	Ausnahmen:
§ 13 GemHVO	§ 14 (4) GemHVO		§ 14 (2) GemHVO	§ 7 (3) GemHVO
Durchlaufende Gelder und fremde Mittel werden nicht veranschlagt.	Besoldungen für Januar werden trotz Zahlung im Dezember im neuen Jahr veranschlagt.		Abgaben u. ä., die zurückzuzahlen sind, sind von der Einnahme abzusetzen.	– vermischte Einnahmen und Ausgaben – Verfügungsmittel – Deckungsreserve
§§ 102 und 103 NGO, Eigenbetriebs-VO Sondervermögen mit Sonderrechnung/ Treuhandvermögen			§ 14 (5) GemHVO	
			Bei wirtschaftlichen Unternehmen kann nur das voraussichtliche Endergebnis veranschlagt werden.	

Fragen und Übungsaufgaben

1. Wie können Kommunalhaushalte zur Erreichung des „gesamtwirtschaftlichen Gleichgewichts" beitragen und welche Grenzen sind den Gemeinden dabei gesetzt?

2. Nennen Sie Regelungen des Gemeindehaushaltsrechts, die zur Erfüllung des Grundsatzes der Wirtschaftlichkeit beitragen sollen!

3. Bestimmen Sie die Sollzuführung, Mindestzuführung und die Pflichtzuführung vom Verwaltungs- zum Vermögenshaushalt aufgrund folgender Angaben:
   - Kreditbeschaffungskosten und ordentliche Tilgung — 170 Geldeinheiten
   - Aus speziellen Entgelten gedeckte Abschreibungen — 180 Geldeinheiten
   - Für die Tilgung nach § 1 Abs. 1 Nr.2–4 zur Verfügung stehende Einnahmen — 10 Geldeinheiten
   - Beträge, die zur Ansammlung von Rücklagen nach § 20 erforderlich sind — 40 Geldeinheiten

4. Welche Veranschlagungsgrundsätze sind bei den folgenden Fällen besonders angesprochen? Skizzieren Sie jeweils die Veranschlagung!

   4.1 Die Gemeinde W. will einen Kredit über 80 000 DM aufnehmen. Das Disagio beträgt 2 %, die Auszahlung beläuft sich daher auf 98 %.

   4.2 Bei der Erstellung des Haushaltsplans der kleinen Gemeinde W. steht fest, daß für das Planjahr Grundsteuer B in Höhe von 42 800 DM zu zahlen ist. Bedingt durch Stundungen werden im Planjahr jedoch nur 40 900 DM fällig. Erfahrungsgemäß können 2 % der fälligen Zahlungen nicht termingerecht eingezogen werden.

5. Erläutern Sie die Ausnahmen vom Grundsatz der Vollständigkeit, Kassenwirksamkeit, Bruttoveranschlagung und Einzelveranschlagung! Begründen Sie dabei auch, warum diese Ausnahmen sinnvoll sind!

6. Nennen Sie drei eigene Beispiele für Fälle, in denen die unechte Deckungsfähigkeit gegeben ist bzw. erklärt werden kann!

7. Unter welchen unterschiedlichen Voraussetzungen kann es zur echten Deckungsfähigkeit kommen?

8. Können die folgenden Haushaltsstellen für gegenseitig deckungsfähig erklärt werden? Begründen Sie Ihre Antwort!

   8.1 211 (Hauptschulen)/590 (Lehrmittel) und 464 (Kindergärten) 590 (Lehrmittel)

   8.2 464 (Kindergärten)/523 (Arbeitsgeräte) und 464 (Kindergärten) 940 (Hochbau)

9. Kann in den folgenden Fällen ein Haushaltsrest gebildet werden? Begründen Sie Ihre Antwort!

   9.1 Für den Bau einer Sporthalle waren 1998 900 000 DM veranschlagt, es wurden jedoch nur 750 000 DM zur Zahlung angeordnet und gezahlt. Das Bauvorhaben ist noch nicht beendet.

   9.2 Bei der Haushaltsstelle 160 110 waren 1998 840 000 DM veranschlagt. Es wurden 820 000 DM angeordnet und eingenommen.

   9.3 Bei der Haushaltsstelle 5500 6008 Kosten der Sportförderung sind 1998 25 000 DM veranschlagt. Es wurden jedoch nur 22 000 DM angeordnet und gezahlt.

10. Der Gewerbetreibende G. hat im Jahr 1998 an Gewerbesteuervorauszahlungen 200 000 DM zu zahlen gehabt und diese Zahlungen auch geleistet. Nach der endgültigen Steuerveranlagung im Herbst 1999 beläuft sich die Steuerschuld von G. für 1998 auf 170 000 DM. Es sind daher 30 000 DM an G. zurückzuzahlen. Aus welcher Haushaltsstelle ist dieser Betrag anzuweisen?

11. Für das Haus der Jugend gingen 1998 insgesamt 5 200 DM an Spenden ein, die unter der HSt 4682 1770 vereinnahmt wurden. Von diesen Spenden wurden bis zum Jahresende 1998 nur 3 200 DM bei der HSt 4682 5230 Geräte für das Haus der Jugend zweckentsprechend ausgegeben. Was ist beim Jahresabschluß 1998 zu tun, um die übrigen Spendeneinnahmen im Jahre 1999 zweckentsprechend ausgeben zu können?

12. Zum Nachtragsplan 1998 teilt der Gemeindedirektor mit, daß er an Verfügungsmitteln 7 000 DM (bislang Ansatz von 5 000 DM vorhanden) benötigt. Er will diese Mittel außerdem mit den Kosten für Empfänge HSt 0000 5960 für gegenseitig deckungsfähig erklären lassen. Ist das möglich?

13. Die EDV-Abteilung mietet für die Zeit vom 1. Oktober 1998 bis 31. März 1999 ein zusätzliches Erfassungsgerät an. Die Miete beträgt 100 DM monatlich und ist in einer Summe im voraus zum 1. Oktober 1998 fällig. Welche Beträge sind für die Anmietung des Gerätes 1998 (Nachtragshaushalt) und in 1999 zu veranschlagen?

14. Die Stadt zieht im Amtshilfeverfahren für den Müllabfuhrzweckverband die Umlage ein und leitet sie an diesen weiter. Wie sind die Beträge zu veranschlagen und zu buchen?

15. Bei dem Unterabschnitt Abwasserbeseitigung (kostenrechnende Einrichtung) wird vorgeschlagen, auf die Veranschlagung von kalkulatorischen Kosten zu verzichten, um kein zu hohes Defizit bei diesem Unterabschnitt auszuweisen. Ist dies möglich?

16. Um eine Aufblähung des Haushaltsplanes zu vermeiden, soll die vom Liegenschaftsamt für die städtischen Grundstücke an das Steueramt zu zahlende Grundsteuer nicht im Haushaltsplan eingesetzt werden. Ist das zulässig?

5 Nachtragshaushaltssatzung und Nachtragshaushaltsplan

Veränderungen der haushaltswirtschaftlichen Situation im Laufe des Haushaltsjahres, wie z.B. ein erhebliches Zurückbleiben der tatsächlichen Einnahmen hinter den erwarteten oder die Notwendigkeit erheblicher bisher nicht geplanter zusätzlicher Ausgaben, können es erforderlich machen, die Haushaltssatzung und den Haushaltsplan zu ändern.

Sofern die Haushaltssatzung geändert werden soll, bedarf es dazu einer Nachtragssatzung. Die Anzahl der Nachtragssatzungen ist nicht begrenzt. Es können daher mehrere Nachtragssatzungen erlassen werden. Die letzte Nachtragssatzung muß jedoch spätestens bis zum Ablauf des Haushaltsjahres beschlossen worden sein.

5.1 Nachtragshaushaltssatzung

Für die Nachtragssatzung gelten die Vorschriften für die Haushaltssatzung entsprechend. Diese Bestimmung bedeutet, daß die Satzung u.a. nach den gleichen formellen Vorschriften zustande kommt wie die Haushaltssatzung selbst. Die Satzung ist also ebenfalls von der Verwaltung aufzustellen, vom Rat zu beschließen, der Aufsichtsbehörde vorzulegen, nach ggf. erforderlicher Genehmigung bekanntzumachen und öffentlich auszulegen.

Zweck der Nachtragssatzung ist es, die Haushaltssatzung und den Haushaltsplan wegen neuer haushaltswirtschaftlicher Erfordernisse oder Wünsche abzuändern und über- und außerplanmäßige Ausgaben zu verhindern.

Wann die Gemeinde eine Nachtragssatzung zu erlassen hat, ist im § 87 Abs. 2 und 3 NGO geregelt. Unabhängig davon kann die Gemeinde Nachtragssatzungen beschließen, wenn sie es für notwendig und angebracht hält.

Die Gemeinde hat unverzüglich eine Nachtragssatzung zu erlassen, wenn:

1. sich zeigt, daß trotz Ausnutzung jeder Sparmöglichkeit ein erheblicher Fehlbetrag entstehen wird und der Haushaltsausgleich nur durch eine Änderung der Haushaltssatzung erreicht werden kann,

2. bisher nicht veranschlagte oder zusätzliche Ausgaben bei einzelnen Haushaltsstellen in einem im Verhältnis zu den Gesamtausgaben erheblichen Umfang geleistet werden müssen (unabweisbare Ausgaben für Instandsetzungen an Bauten und für Ersatzbeschaffungen, die Umschuldung von Krediten und auch aufgrund gesetzlicher oder tariflicher Vorschriften erforderliche höhere Personalausgaben sind hiervon ausgenommen).

Ab wann ein Fehlbetrag als erheblich und ab wann eine Ausgabensteigerung als erheblich anzusehen ist, ist nicht genau geregelt. Es obliegt dem Rat der Gemeinde, dazu evtl. Festlegungen zu treffen.

Vereinfachend ausgeführt: Eine Nachtragssatzung ist im allgemeinen bei erheblichen Mindereinnahmen oder erheblichen Mehrausgaben erforderlich. Erhebliche Mehreinnahmen oder erhebliche Minderausgaben erfordern dagegen keine Nachtragssatzung.

Wenn die Gemeinde eine in der Haushaltssatzung getroffene Festsetzung (Gesamtbetrag der Einnahmen und Ausgaben, vorgesehene Kreditaufnahmen, Verpflichtungsermächtigungen, Kassenkredite, Steuersätze für die Realsteuern) oder einen Bestandteil des Haushaltsplanes (Stellenplan, Wirtschaftsplan einer nach § 110 NGO geführten kaufmännischen Einrichtung) ändern will, muß sie dazu eine Nachtragssatzung beschließen. Zu beachten ist, daß nach den steuerrechtlichen Bestimmungen (Grundsteuergesetz, Gewerbesteuergesetz) eine Erhöhung der Steuersätze nur bis zum 30.06. eines jeden Jahres beschlossen werden kann. Will der Landkreis seine in der Haushaltssatzung festgelegten Umlagesätze für die Kreisumlage erhöhen, muß eine entsprechende Änderung im Rahmen einer Nachtragssatzung bis zum 15.05. des Jahres beschlossen werden.

Auf den beiden folgenden Seiten sind ein Beispiel und das Muster für eine Nachtragssatzung abgebildet.

1. Nachtragshaushaltssatzung
der Stadt H. für das Haushaltsjahr 19. .

Aufgrund des § 87 der Niedersächsischen Gemeindeordnung hat der Rat der Stadt H. in der Sitzung am 13.10.19. . folgende Nachtragshaushaltssatzung für das Haushaltsjahr 19. . beschlossen:

§ 1

Mit dem Nachtragsplan werden	erhöht um	vermindert um	und damit der Gesamtbetrag des Haushaltsplans/Wirtschaftsplans einschl. der Nachträge	
			gegenüber bisher	nunmehr festgesetzt auf
	DM	DM	DM	DM
a) im Verwaltungs- haushalt				
die Einnahmen	13 591 000		287 763 100	301 354 100
die Ausgaben	5 246 300		296 107 800	301 354 100
b) im Vermögens- haushalt				
die Einnahmen		1 975 000	70 105 200	68 130 200
die Ausgaben		1 975 000	70 105 200	68 130 200

§ 2

Der Gesamtbetrag der vorgesehenen Kreditaufnahmen für Investitionen und Investitions-förderungsmaßnahmen wird gegenüber der bisherigen Festsetzung in Höhe von 15 306 700 DM um 3 806 700 DM vermindert und damit auf 11 500 000 DM neu festgesetzt.

§ 3

Der Gesamtbetrag der Verpflichtungsermächtigungen wird gegenüber der bisherigen Festsetzung in Höhe von 11 692 000 DM um 219 000 DM vermindert und damit auf 11 473 000 DM neu festgesetzt.

§ 4

Der Höchstbetrag, bis zu dem Kassenkredite aufgenommen werden dürfen, wird gegenüber dem bisherigen Höchstbetrag nicht verändert.

§ 5

Die Steuersätze (Hebesätze) werden nicht geändert.

§ 6

Durch die Nachtragshaushaltssatzung wird der Stellenplan in der aus der Anlage ersicht-lichen Form geändert.

H., den 29. Oktober 19. .

Oberbürgermeister

Nachtragshaushaltssatzung und Bekanntmachung der Nachtragshaushaltssatzung

1. Nachtragshaushaltssatzung

Auf Grund des § 87 der Niedersächsischen Gemeindeordnung hat der Rat der Gemeinde.............................
in der Sitzung am............................... folgende Nachtragshaushaltssatzung für das Haushaltsjahr........................... beschlossen:

§ 1[1])

Mit dem Nachtragshaushaltsplan werden

	erhöht um	vermindert um	und damit der Gesamtbetrag des Haushaltsplans/ Wirtschaftsplans einschl. der Nachträge	
			gegenüber bisher	nunmehr festgesetzt auf
	DM	DM	DM	DM
a) im Verwaltungshaushalt				
die Einnahmen	....	....	....	....
die Ausgaben	....	....	....	....
b) im Vermögenshaushalt				
die Einnahmen	....	....	....	....
die Ausgaben	....	....	....	....
c) der Wirtschaftsplan des Krankenhauses				
im Erfolgsplan				
in den Erträgen	....	....	....	....
in den Aufwendungen	....	....	....	....
im Finanzplan				
in der Einnahme	....	....	....	....
in der Ausgabe	....	....	....	....

(Oder:)

Der Wirtschaftsplan des Krankenhauses wird nicht geändert.

§ 2

Der Gesamtbetrag der vorgesehenen Kreditaufnahmen für Investitionen und Investitionsförderungsmaßnahmen (Kreditermächtigung) wird gegenüber der bisherigen Festsetzung in Höhe von .... DM um .... DM vermindert — erhöht — und damit auf .... DM neu festgesetzt.
(Oder:)
Die Höhe der bisher vorgesehenen Kredite für Investitionen und Investitionsförderungsmaßnahmen wird nicht geändert.
(Oder:)
Kredite für Investitionen und Investitionsförderungsmaßnahmen werden nicht veranschlagt.

Der Gesamtbetrag der Kredite für Investitionen im Finanzplan des Krankenhauses wird gegenüber der bisherigen Festsetzung in Höhe von .... DM um .... DM vermindert — erhöht — und damit auf .... DM neu festgesetzt.
(Oder:)
Die Höhe der bisher im Finanzplan des Krankenhauses vorgesehenen Kredite für Investitionen wird nicht geändert.
(Oder:)
Im Finanzplan des Krankenhauses werden Kredite für Investitionen nicht veranschlagt.

§ 3

Der Gesamtbetrag der Verpflichtungsermächtigungen wird gegenüber der bisherigen Festsetzung in Höhe von .... DM um .... DM vermindert — erhöht — und damit auf .... DM neu festgesetzt.
(Oder:)
Der bisherige Gesamtbetrag der Verpflichtungsermächtigungen wird nicht geändert.
(Oder:)
Verpflichtungsermächtigungen werden nicht veranschlagt.

Der Gesamtbetrag der Verpflichtungsermächtigungen im Finanzplan des Krankenhauses wird gegenüber der bisherigen Festsetzung in Höhe von .... DM um .... DM vermindert — erhöht — und damit auf .... DM neu festgesetzt.
(Oder:)
Der bisherige Gesamtbetrag der Verpflichtungsermächtigungen im Finanzplan des Krankenhauses wird nicht geändert.
(Oder:)
Im Finanzplan des Krankenhauses werden Verpflichtungsermächtigungen nicht veranschlagt.

§ 4

Der Höchstbetrag, bis zu dem Kassenkredite aufgenommen werden dürfen, wird gegenüber dem bisherigen Höchstbetrag von .... DM um .... DM vermindert — erhöht — und damit auf .... DM neu festgesetzt.
(Oder:)
Der Höchstbetrag, bis zu dem Kassenkredite aufgenommen werden dürfen, wird gegenüber dem bisherigen Höchstbetrag nicht verändert.
(Oder:)
Kassenkredite werden nicht beansprucht.

---

[1]) Soweit durch die Änderung im Nachtragshaushaltsplan eine Änderung der Endsumme nicht eintritt (es stehen z. B. den Mehrausgaben gleich hohe Ausgabenersparnisse gegenüber), kann an Stelle des § 1 folgender Wortlaut gewählt werden:
„Durch den Nachtragshaushaltsplan werden Einnahmen und Ausgaben des Verwaltungshaushalts/Vermögenshaushalts (des Erfolgsplans/Finanzplans) geändert. In den Endsummen bleiben die Einnahmen und Ausgaben gegenüber der bisherigen Festsetzung im Verwaltungshaushalt/Vermögenshaushalt (im Erfolgsplan/Finanzplan) unverändert."

Der Höchstbetrag, bis zu dem Kassenkredite für die Sonderkasse des Krankenhauses aufgenommen werden dürfen, wird gegenüber dem bisherigen Höchstbetrag von .... DM um .... DM vermindert — erhöht — und damit auf .... DM neu festgesetzt.

(Oder:)

Der Höchstbetrag, bis zu dem Kassenkredite für die Sonderkasse des Krankenhauses aufgenommen werden dürfen, wird gegenüber dem bisherigen Höchstbetrag nicht verändert.

(Oder:)

Eine Sonderkasse für das Krankenhaus ist nicht eingerichtet.

§ 5

Die Steuersätze (Hebesätze) werden nicht — wie folgt — geändert:

(Steuerart)	erhöht um v. H.	vermindert um v. H.	gegenüber bisher v. H.	auf nunmehr v. H.
1.				
2.				

........................., den................................... 19....[2)]   ....
(Ort)   Bürgermeister   Gemeindedirektor

[2)] Hier ist das Datum der Ausfertigung — nicht das der Beschlußfassung — einzusetzen.

5.2 Nachtragshaushaltsplan

Der Inhalt des Nachtragshaushaltsplanes ist in § 35 GemHVO geregelt. Danach muß der Nachtragshaushaltsplan alle erheblichen Änderungen der Einnahmen und Ausgaben, die im Zeitpunkt seiner Aufstellung übersehbar sind, enthalten.

Bereits geleistete oder angeordnete über- und außerplanmäßige Ausgaben brauchen im Nachtragsplan nicht veranschlagt zu werden, soweit die zu ihrer Deckung herangezogenen Mehreinnahmen oder Minderausgaben auch nicht veranschlagt werden. – Aus Gründen der Übersichtlichkeit erscheint es sinnvoll, alle genehmigten über- und außerplanmäßigen Ausgaben grundsätzlich in den Nachtragsplan mit aufzunehmen.

Für die Form des Nachtragsplanes gibt es kein verbindliches Muster. Im allgemeinen sehen die Kopfspalten wie folgt aus:

Haushaltsstelle		Neuer Ansatz	Bisheriger Ansatz	+ Mehr/ − Weniger	Erläuterungen
Nr.	Bezeichnung				

Beim Vermögenshaushalt sind daneben noch Spalten für Veränderungen bei den Verpflichtungsermächtigungen auszubringen.

Übungsaufgabe

Dem Sachbearbeiter in der Stadtkämmerei liegen zu Ende September 1999 folgende Änderungen vor, die in den Nachtragsplan 1999 aufgenommen werden sollen:

1. Mehreinnahmen in der Grundsteuer B von 50 000 DM (bisheriger Ansatz 12 100 000 DM).

2. Mehreinnahmen bei den Schlüsselzuweisungen von 200 000 DM (bisheriger Ansatz 14 000 000 DM).

3. Minderausgaben bei den Zinsen für aufgenommene Kredite von 100 000 DM (bisheriger Ansatz 15 000 000 DM).

4. In der Grundschule West waren im Juni durch Sturmeinwirkung Fensterscheiben zerstört worden. Außerplanmäßig waren 3000 DM bereitgestellt worden. Deckungsvorschlag: 1000 DM Ersatzleistung von der Versicherung sowie 2000 DM Mehreinnahmen bei der Grundsteuer.

5. Aus Kulturmitteln des Landes ist der Stadtbücherei eine Zweckzuweisung von 20000 DM für Bücherbeschaffungen bewilligt worden. Bislang waren 100000 DM für Bücherbeschaffungen veranschlagt.

6. Für den Oberstadtdirektor soll ein neuer Dienstwagen beschafft werden. Er wird etwa 20000 DM kosten. Der bisherige Wagen wird mit 4000 DM in Zahlung genommen.

7. Beim Kindergarten Süd soll der Hof neu gepflastert werden. Dafür sind 15000 DM zu veranschlagen.

8. Die allgemeine Deckungsreserve soll um 50000 DM aufgestockt werden (bisheriger Ansatz 100000 DM).

9. Der Hebesatz für die Gewerbesteuer soll von bislang 320 v. H. auf 350 v. H. erhöht werden.

Der Verwaltungshaushalt schloß bislang mit 200 Mio. DM in Einnahme und Ausgabe, der Vermögenshaushalt mit 70 Mio. DM in Einnahme und Ausgabe ab. Im Vermögenshaushalt ist bislang eine Kreditaufnahme von 15 Mio. DM vorgesehen. Die Zuführung vom Verwaltungshaushalt an den Vermögenshaushalt beläuft sich auf 9 Mio. DM. Der Gesamtbetrag der Verpflichtungsermächtigungen beträgt 2 Mio. DM.

Der Höchstbetrag der Kassenkredite beträgt bislang 6 Mio. DM. Er soll um 4 Mio. DM aufgestockt werden.

Stellen Sie den Nachtragshaushaltsplan und die Nachtragshaushaltssatzung auf!

6 Ausführung des Haushaltsplans

Während über Haushaltssatzung und Haushaltsplan vom Rat zu beschließen ist, obliegt die Ausführung des Haushaltsplans als Geschäft der laufenden Verwaltung dem Gemeindedirektor entsprechend den Bestimmungen von § 62 NGO. Die Ausführung vollzieht sich durch Erteilung von Annahme- und Auszahlungsanordnungen und Durchführung der entsprechenden Geldbewegungen. Die Verwaltung hat den Eingang der Einnahmen zu überwachen und darf Ausgaben nur im Rahmen der Ausgabeansätze leisten. Die Ausgabeansätze sind für die Verwaltung verbindliche Obergrenzen. Eine Abweichung von dieser Verbindlichkeit ist lediglich im Rahmen der Bestimmungen betr. über- und außerplanmäßige Ausgaben gegeben.

Bei der Ausführung des Haushaltsplans ist ferner zu beachten, daß die Einnahmen und Ausgaben entsprechend dem Bruttoprinzip in voller Höhe anzuordnen und zu buchen sind. Ein solcher Bruttonachweis ist zwar nicht ausdrücklich im gemeindlichen Haushaltsrecht vorgeschrieben, ist aber eine logische Folge vom Grundsatz der Bruttoveranschlagung. Würde bei dem im Kapitel 4.4.2.4 angeführten Fall des Fahrzeugkaufs eine Rechnung des Autohändlers über 16000 DM bei der Gemeinde eintreffen, müßten 16000 DM an den Händler zur Auszahlung angeordnet werden. Ferner müßten im Wege der inneren Verrechnung 4000 DM aus dem Ausgabeansatz an den Einnahmeansatz gezahlt werden.

Bei nachträglicher Änderung von angeordneten Beträgen ist § 31 Gemeindekassenverordnung zu beachten. Danach ist die Rückzahlung zuviel eingegangener Beträge bei den Einnahmen abzusetzen, wenn die Rückzahlung im selben Jahr vorgenommen wird, in dem der Betrag eingegangen ist oder wenn noch ein entsprechender Haushaltseinnahmerest besteht. In den anderen Fällen sind Rückzahlungen als Ausgaben zu behandeln. Die Rückzahlung zuviel ausgezahlter

Beträge ist bei den Ausgaben abzusetzen, wenn die Rückzahlung im selben Jahr vorgenommen wird, in dem der Betrag ausgezahlt worden ist oder wenn noch ein entsprechender Haushaltsausgaberest besteht. In den anderen Fällen sind Rückzahlungen als Einnahmen zu behandeln.

6.1 Grundsatz der sachlichen, betraglichen und zeitlichen Bindung

Der Grundsatz der sachlichen, betraglichen und zeitlichen Bindung besagt, daß Ausgaben nur zu dem im Haushaltsplan bezeichneten Zweck, nur im Rahmen der Ansätze und nur bis zum Ende des Haushaltsjahres geleistet werden dürfen. Dieser Grundsatz gilt für Verpflichtungsermächtigungen entsprechend.

Der Grundsatz der sachlichen und betraglichen Bindung ergibt sich aus § 26 GemHVO: Die im Haushaltsplan zur Verfügung gestellten Mittel müssen so verwaltet werden, daß sie zur Deckung aller Ausgaben im Haushaltsjahr ausreichen, die unter die einzelnen Zweckbestimmungen fallen. Der Grundsatz der zeitlichen Bindung ergibt sich aus der Jährlichkeit des Haushalts. Da die Haushaltssatzung und der Haushaltsplan gemäß § 84 NGO nur für das Haushaltsjahr gelten, gelten auch die Ausgabeermächtigungen nur für das Haushaltsjahr.

Für die im Haushaltsplan veranschlagten Ausgabemittel gilt grundsätzlich:

1. Die sachliche Bindung → an die Verwendung für den im Haushaltsplan vorgesehenen Zweck.

   Ausnahme:
   Echte Deckungsfähigkeit
   (gegenseitige, einseitige)
   gem. § 18 GemHVO

2. Die betragliche Bindung → die die Verwendung von Mitteln für den jeweiligen Zweck betragsmäßig auf die Höhe des Haushaltsansatzes begrenzt.

   Ausnahmen:
   Erhöhung der Ausgabeermächtigung durch
   - unechte Deckungsfähigkeit nach § 17 GemHVO
   - echte Deckungsfähigkeit nach § 18 GemHVO
   - überplanmäßige Bewilligungen nach § 89 NGO

3. Die zeitliche Bindung → an das Haushaltsjahr.
   Ausnahme:
   Übertragbarkeit gem. § 19 GemHVO

6.2 Anordnungsverfahren

Für die Annahme von Einnahmen und die Leistung von Ausgaben ist grundsätzlich ausschließlich die Gemeindekasse zuständig. Sie bedarf dazu grundsätzlich schriftlicher Zahlungsanordnungen (Annahmeanordnungen, Auszahlungsanordnungen) von Bediensteten, die nicht Kassenbedienstete sein dürfen. Wer im einzelnen Kassenanordnungen erteilen darf, ist vom Gemeindedirektor zu regeln. Die Namen und Unterschriften der Beamten und Angestellten, die Anordnungsbefugnis haben, sowie der Umfang ihrer Befugnis, sind der Gemeindekasse mitzuteilen.

14 Grommas/Bartels – ISBN 3-8120-0430-5

Die Annahmeanordnungen und die Auszahlungsanordnungen sowie die weiteren Kassenanordnungen (Buchungsanordnungen, Ein- und Auslieferungsanordnungen für das Verwahrgelaß) stellen die Verbindung zwischen den anordnenden Fachämtern und der ausführenden Kasse her. Die Tatsache, daß einerseits Kassenbedienstete grundsätzlich keine Anordnungen erteilen und andererseits Bedienstete der Fachämter grundsätzlich nicht an der Abwicklung des Zahlungsverkehrs beteiligt sind, resultiert aus dem

Grundsatz der Trennung von Anordnung und Ausführung,

der als wesentlicher Grundsatz der Kassenwirtschaft zur Sicherheit des Kassenwesens beitragen soll.

Einzelheiten zu Kassenanordnungen und deren Ausführung werden im Kurs IV (Kassenwesen) behandelt.

6.3 Einziehung der Einnahmen

Nach § 25 GemHVO sind die Einnahmen der Gemeinde rechtzeitig einzuziehen. Die Dienststellen der Gemeinde ermitteln dazu ihre Forderungen, fordern die Zahlungspflichtigen zur Zahlung auf und erteilen der Gemeindekasse entsprechende Annahmeanordnungen. Im Rahmen der Buchführung werden die Zahlungseingänge überwacht. Sind die Einnahmen bei Fälligkeit nicht eingegangen, hat die Gemeinde Einziehungsmaßnahmen durchzuführen. Dazu wird sie Mahnungen verschicken und ggf. Vollstreckungsmaßnahmen ergreifen (vgl. dazu Kurs IV / Kap. 1.1).

Einnahmen dürfen von der anordnenden Dienststelle gemäß § 33 GemHVO auf Antrag gestundet werden, wenn die Einziehung bei Fälligkeit eine erhebliche Härte für den Schuldner bedeuten würde und der Anspruch durch die Stundung nicht gefährdet erscheint. Gestundete Beträge sind in der Regel angemessen zu verzinsen (in der Regel 2 % über dem Diskontsatz der Deutschen Bundesbank). Eine erhebliche Härte ist dann als gegeben anzunehmen, wenn der Schuldner sich vorübergehend in ernsthaften Zahlungsschwierigkeiten befindet oder im Falle der sofortigen Einziehung in diese geraten würde. Bei der Gewährung einer Stundung werden Teilzahlungen oder eine einheitliche Stundungsfrist festgelegt. In der Wirkung läuft eine Stundung auf ein Hinausschieben des Fälligkeitstermins hinaus.

Wenn feststeht, daß eine Einziehung keinen Erfolg haben wird oder die Kosten der Einziehung in keinem angemessenen Verhältnis zur Höhe des Anspruchs stehen, darf eine Niederschlagung vorgenommen werden. Eine solche Niederschlagung ist eine verwaltungsinterne Maßnahme, mit der befristet oder unbefristet von der Weiterverfolgung eines fälligen Anspruchs abgesehen wird, ohne auf den Anspruch zu verzichten. Eine befristete Niederschlagung kommt in Betracht, wenn die Einziehung vorübergehend keinen Erfolg haben würde. Eine unbefristete Niederschlagung darf vorgenommen werden, wenn anzunehmen ist, daß eine Einziehung dauernd ohne Erfolg bleiben wird (z.B. mehrere fruchtlose Vollstreckungen, Tod des Schuldners). Dasselbe gilt bei unverhältnismäßig hohen Einziehungskosten.

Würde die Einziehung nach Lage des einzelnen Falles für den Schuldner eine besondere Härte bedeuten, dürfen Ansprüche ganz oder zum Teil erlassen werden. Eine besondere Härte ist insbesondere anzunehmen, wenn sich der Schuldner in einer unverschuldeten wirtschaftlichen Notlage befindet und die Weiterverfolgung des Anspruchs voraussichtlich zu einer Existenzgefährdung führen würde. Der Erlaß bedeutet einen Verzicht auf einen Anspruch. Er kommt in der Praxis jedoch selten vor.

Einzelheiten über die Zuständigkeiten und das Verfahren bei Stundung, Niederschlagung und Erlaß von Forderungen werden von den Gemeinden in der Regel in einer Dienstanweisung geregelt. Zuständig für die Entscheidung über Stundungen/Niederschlagungen/Erlasse ist im Rahmen der Geschäfte der laufenden Verwaltung der Gemeindedirektor, darüber hinaus der Verwaltungsausschuß, sofern sich nicht der Rat die Zuständigkeit vorbehält.

Zu beachten ist, daß sondergesetzliche Bestimmungen über Stundung, Niederschlagung und Erlaß evtl. den Bestimmungen der Gemeindehaushaltsverordnung vorgehen. Bei der Einziehung von Abgaben nach der AO (z.B. Steuern) sind die weitgehend identische Regelungen der §§ 222, 227 und 261 der Abgabenordnung zu beachten.

Bei Kleinbeträgen (Beträge von weniger als 10,00 DM) kann die Gemeinde gemäß § 34 GemHVO davon absehen, Ansprüche geltend zu machen. Ein solcher Verzicht kommt in der Wirkung einer unbefristeten Niederschlagung gleich.

Übersicht über wichtige Bestimmungen zu Stundung, Niederschlagung und Erlaß[1]

	Stundung	Niederschlagung	Erlaß
Wirkung:	Hinausschieben der Fälligkeit	Befristeter bzw. unbefristeter Verzicht auf Beitreibungsmaßnahmen	Teilweiser oder vollständiger Verzicht auf Forderungen
gesetzl. Grundlage:	§ 33 (1) GemHVO	§ 33 (2) GemHVO	§ 33 (3) GemHVO
Voraussetzungen:	– die Einziehung bei Fälligkeit würde für den Schuldner eine **erhebliche Härte** bedeuten – die Stundung darf den Anspruch nicht gefährden	– es steht fest, daß die Einziehung vorübergehend oder dauernd keinen Erfolg haben wird – die Kosten der Eintreibung sind im Verhältnis zum Betrag der Forderung zu hoch	– die Einziehung würde nach Lage des Einzelfalles für den Schuldner eine **besondere Härte** darstellen
sonstige Bestimmungen:	– der Schuldner muß die Stundung beantragen – die gestundeten Beträge sind in der Regel angemessen zu verzinsen Die Stundung wird dem Schuldner mitgeteilt.	wenn vorübergehend kein Erfolg zu erwarten ist / wenn dauernd kein Erfolg zu erwarten ist befristete Niederschlagung (Aufnahme in die Niederschlagungsliste und spätere Überprüfung) / unbefristete Niederschlagung Die Niederschlagung ist eine verwaltungsinterne Angelegenheit, es erfolgt keine Mitteilung an den Schuldner.	Eine besondere Härte ist anzunehmen, wenn sich der Schuldner in einer unverschuldeten wirtschaftl. Notlage befindet u. d. Weiterverfolgung voraussichtlich zu einer Existenzgefährdung führen würde Der Erlaß wird dem Schuldner mitgeteilt.

---

1 Nach den Verwaltungsvorschriften zu § 33 GemHVO wird den Gemeinden empfohlen, Einzelheiten zu Stundung, Niederschlagung und Erlaß in einer Dienstanweisung zu regeln.

6.4 Bewirtschaftung der Ausgaben

Bei der Bewirtschaftung der Ausgaben ist der Grundsatz der sachlichen, betraglichen und zeitlichen Bindung der Ausgabemittel zu beachten (vgl. 6.1). Nach § 26 GemHVO müssen die im Haushaltsplan veranschlagten Mittel so verwaltet werden, daß sie zur Deckung aller Ausgaben im Haushaltsjahr ausreichen, die unter die einzelnen Zweckbestimmungen fallen.

Entsprechend dem allgemeinen Haushaltsgrundsatz der Sparsamkeit dürfen die Ausgabemittel erst dann in Anspruch genommen werden, wenn dies erforderlich ist.

Beim Vermögenshaushalt ist zu beachten, daß die Ausgabeansätze gemäß § 28 GemHVO nur insoweit in Anspruch genommen werden dürfen, als die rechtzeitige Bereitstellung der Deckungsmittel gesichert werden kann. Die Vergabe von Aufträgen gilt bereits als Inanspruchnahme.

6.5 Über- und außerplanmäßige Ausgaben und Verpflichtungen

Beispiel:

Es ist zu prüfen, ob dem unten abgebildeten Antrag auf Zustimmung zu einer überplanmäßigen Ausgabe zu entsprechen ist.

St.A.   H., den *11.06.*19*99*

An St.A 20

Antrag

auf Zustimmung zu einer über- außerplanmäßigen Ausgabe nach § 89 NGO

Für Haushaltsstelle   *1600.5500*
(Bezeichnung der HSt.) = *Rettungsdienst, Unterhaltungskosten, Krankentransportfahrzeuge*
wird gebeten, einer über- außerplanmäßigen Ausgabe

von ....*4000,.*...DM

für das Haushaltsjahr 19 *99*

zuzustimmen.

Deckungsvorschlag des Amtes:

Mehreinnahmen bei folgenden Haushaltsstellen:
1600.1500 – Von Versicherungen für Schadensfälle – 1600,– DM
Minderausgaben bei folgenden Haushaltsstellen:
1600.5600 – Dienstkleidung für Krankentransportdienste = 1400,– DM

In diesem Haushaltsjahr stehen zur Verfügung:

Haushaltsrest:	——
Ansatz nach dem Haushaltsplan:	*40000*
Ansatz nach dem Nachtragsplan:	——
Bereits üpl./apl. bewilligt:	——
Summe:	*40000*

212

Begründung:

1. Warum ist die Ausgabe   a)   sachlich und zeitlich unabweisbar?

                                                      b)   nicht im Haushaltsplan veranschlagt worden?

Bei einem Verkehrsunfall ist ein Krankentransportfahrzeug beschädigt worden. Die Reparaturkosten werden etwa 5000 DM ausmachen. Von den Mitteln bei der HSt. 1600.5500 werden mindestens 39.000 DM für die normale Kfz-Unterhaltung benötigt werden. Der Ansatz ist bereits zu etwa 70% ausgeschöpft worden. Der Unfall war nicht vorhersehbar. Da die Krankenwagen einsatzfähig sein müssen, ist die Reparatur dringend erforderlich.

(Unterschrift)

Nach dem Grundsatz der betraglichen Bindung müssen die im Haushaltsplan zur Verfügung gestellten Mittel grundsätzlich so verwaltet werden, daß sie zur Deckung der Ausgaben ausreichen.

In der Praxis ergibt sich jedoch für eine Gemeinde im Laufe eines Haushaltsjahres häufig die Notwendigkeit, daß aus dringenden Gründen nicht veranschlagte (außerplanmäßige) Ausgaben geleistet werden müssen, oder daß die Ansätze für veranschlagte Ausgaben überschritten werden müssen (überplanmäßige Ausgaben).

Soweit nicht andere Möglichkeiten der beweglichen Haushaltsführung z.B. die Inanspruchnahme von Deckungsvermerken (vgl. unechte und echte Deckungsfähigkeit bei einem überplanmäßigen Bedarf) bzw. die Verwendung von vermischten Ausgaben oder Verfügungsmitteln bei einem außerplanmäßigen Bedarf in Frage kommen, sind die Vorschriften für „Haushaltsüberschreitungen" (üpl/apl Ausgabe) nach § 89 NGO zu beachten.

Überplanmäßige Ausgaben sind nach § 46 Nr. 24 GemHVO Ausgaben, die die im Haushaltsplan veranschlagten Beträge und die aus den Vorjahren übertragenen Haushaltsausgabereste übersteigen. Außerplanmäßige Ausgaben sind Ausgaben, für deren Zweck im Haushaltsplan keine Mittel veranschlagt und keine Haushaltsausgabereste aus den Vorjahren verfügbar sind.

Über- und außerplanmäßige Ausgaben sind gemäß § 89 NGO nur zulässig, wenn sie unvorhergesehen und unabweisbar sind. Ferner muß ihre Deckung gewährleistet sein.

Daß es sich bei den Haushaltsüberschreitungen nur um unvorhergesehene Ausgaben handeln darf, entspricht dem Grundsatz der Haushaltsvollständigkeit, nach dem alle vorhersehbaren Ausgaben im Haushaltsplan enthalten sein müssen. (In der Gemeindeordnung Nordrhein-Westfalen wird allerdings von der Voraussetzung, daß es sich um unvorhergesehene Ausgaben handeln muß, abgesehen.)

Als unabweisbar ist eine Ausgabe anzusehen, wenn eine gesetzliche oder vertragliche Leistungspflicht besteht oder sonstige Gründe dringender Art die Ausgabe erfordern.

Für das Beispiel sind die Voraussetzungen der Unvorhersehbarkeit und der Unabweisbarkeit gegeben. Der Verkehrsunfall war nicht vorhersehbar. Da die Krankenwagen jederzeit einsetzbar sein müssen, liegen außerdem zwingende Gründe für die Ausgabe vor.

Die zu gewährleistende Deckung kann in Mehreinnahmen oder Minderausgaben bei irgendwelchen Haushaltsstellen des gleichen Haushaltsteiles bestehen. Zweckgebundene Mehreinnahmen dürfen nur zur Deckung zweckentsprechender Mehrausgaben genutzt werden. Für Überschreitungen im Verwaltungshaushalt kann ferner die Deckungsreserve in Anspruch genommen werden. Die Forderung nach Deckung im gleichen Teilhaushalt resultiert aus den Bestimmungen in § 16 GemHVO (Gesamtdeckung) und in § 22 GemHVO (Haushaltsausgleich).

Dem Deckungsvorschlag des Amtes (1 600 DM Mehreinnahmen bei Versicherungen für Schadensfälle und 1 400 DM Minderausgaben bei Dienstkleidung für Krankentransportbedienstete) kann gefolgt werden. Für die verbleibenden 1 000 DM können, soweit keine weiteren Mehreinnahmen bzw. Minderausgaben zur Verfügung stehen, Mittel aus der Deckungsreserve in Anspruch genommen werden.

Daß die Deckung über- und außerplanmäßiger Ausgaben gewährleistet sein muß, entspricht dem allgemeinen Grundsatz des Haushaltsausgleichs. Während der Haushaltsausgleich nur als Sollvorschrift formuliert ist, besteht hier eine zwingende Ist-Vorschrift. Die Einhaltung dieser Ist-Vorschrift kann bei Gemeinden, die einen unausgeglichenen Haushalt vorgelegt haben, schwierig sein. Allerdings kann nicht verlangt werden, daß wegen der Notwendigkeit von Haushaltsüberschreitungen der Haushalt gleichzeitig ausgeglichen werden muß. Eine Einzeldeckung, die sich aus positiven Abweichungen gegenüber dem verabschiedeten Haushaltsplan ergibt, müßte als ausreichend angesehen werden.

Gemäß § 7 Gemeindekassenverordnung darf eine Auszahlungsanordnung, die einen Haushaltsansatz überschreitet, erst dann erteilt werden, wenn einem Antrag auf über- oder außerplanmäßige Ausgabe entsprochen wurde.

Hinsichtlich der Zuständigkeit für die Zustimmung zu über- und außerplanmäßigen Ausgaben gilt folgendes: In Fällen von unerheblicher Bedeutung entscheidet gemäß § 89 NGO die Bürgermeisterin oder der Bürgermeister. Der Rat und der Verwaltungsausschuß sind spätestens mit der Vorlage der Jahresrechnung über diese Fälle zu unterrichten. In Fällen von erheblicher Bedeutung ist nach § 40 NGO der Rat für die Zustimmung zuständig. In Eilfällen entscheidet gemäß § 89 NGO in Verbindung mit § 66 NGO der Verwaltungsausschuß. Sollte der Fall so eilig sein, daß auch nicht die Entscheidung des Verwaltungsausschusses eingeholt werden kann, und droht zugleich der Eintritt erheblicher Nachteile oder Gefahren, kann nach § 66 NGO auch die Bürgermeisterin/der Bürgermeister im Einvernehmen mit einer Vertreterin oder einem Vertreter die notwendige Entscheidung treffen. Bis zu welcher Höhe über- und außerplanmäßige Ausgaben als unerheblich anzusehen sind, ist in der Haushaltssatzung oder auf andere Weise durch Ratsbeschluß festzulegen.

Weil es sich im vorliegenden Beispiel um einen unerheblichen Fall handelt, kann hier die Bürgermeisterin oder der Bürgermeister entscheiden. Der Rat ist spätestens mit der Vorlage der Jahresrechnung zu unterrichten.

Für Investitionen, die im folgenden Jahr fortgesetzt werden, sind überplanmäßige Ausgaben gemäß § 89 Abs. 2 NGO auch dann zulässig, wenn ihre Deckung im laufenden Haushaltsjahr nur durch Erlaß einer Nachtragssatzung möglich wäre, die Deckung aber im folgenden Haushaltsjahr gewährleistet ist. Ergibt sich hierdurch beim Jahresabschluß im Vermögenshaushalt ein Fehlbetrag, so ist dieser gemäß § 23 GemHVO im Folgejahr zu decken.

Nach § 89 (4) NGO bleibt § 87 (2) NGO unberührt. Dies bedeutet, daß Ausgaben, die einen Nachtragsplan erfordern, keine Zustimmung im Rahmen von § 89 NGO erhalten können.

Für die Haushaltsstellen „Verfügungsmittel" und „Deckungsreserve" sind überplanmäßige Ausgaben unzulässig. Dies ergibt sich aus § 11 GemHVO, wonach diese Ansätze nicht überschritten werden dürfen.

Verpflichtungen zur Leistung von Ausgaben für Investitionen und für Investitionsförderungsmaßnahmen in künftigen Jahren dürfen gemäß § 91 (1) NGO nur eingegangen werden, wenn entsprechende Verpflichtungsermächtigungen im Haushaltsplan ausgewiesen sind.

Abweichend von diesem Grundsatz dürfen derartige Verpflichtungen gem. § 91 (5) NGO über- und außerplanmäßig eingegangen werden, wenn sie unvorhergesehen und unabweisbar sind und der in der Haushaltssatzung festgesetzte Gesamtbetrag der Verpflichtungsermächtigungen nicht überschritten wird. Die Zuständigkeit für die Zustimmung zu über- und außerplanmäßigen Verpflichtungen ist gleichartig der Zustimmung bei über- und außerplanmäßigen Ausgaben geregelt.

Möglichkeiten zur Deckung eines Mehrbedarfs im Verwaltungshaushalt

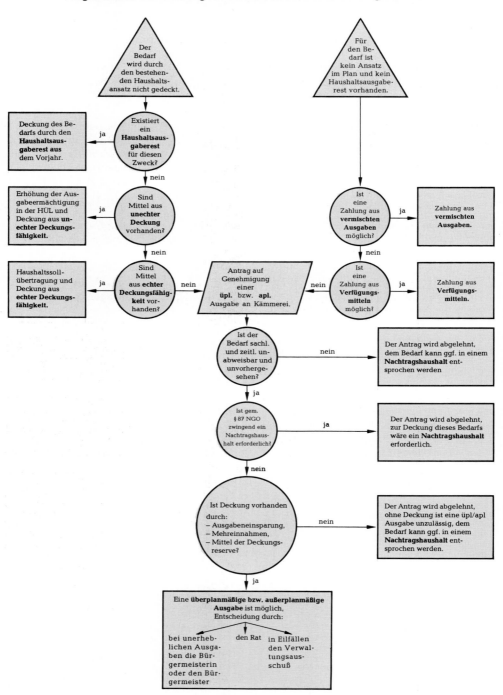

Der Bedarf wird durch den bestehenden Haushaltsansatz nicht gedeckt.

Existiert ein Haushaltsausgaberest für diesen Zweck? — ja → Deckung des Bedarfs durch den **Haushaltsausgaberest aus** dem Vorjahr.

nein

Sind Mittel aus unechter Deckung vorhanden? — ja → Erhöhung der Ausgabeermächtigung in der HÜL und Deckung aus **unechter Deckungsfähigkeit.**

nein

Sind Mittel aus echter Deckungsfähigkeit vorhanden? — ja → Haushaltssollübertragung und Deckung aus **echter Deckungsfähigkeit.**

nein

Für den Bedarf ist kein Ansatz im Plan und kein Haushaltsausgaberest vorhanden.

Ist eine Zahlung aus vermischten Ausgaben möglich? — ja → Zahlung aus **vermischten Ausgaben.**

nein

Ist eine Zahlung aus Verfügungsmitteln möglich? — ja → Zahlung aus **Verfügungsmitteln.**

nein

Antrag auf Genehmigung einer üpl. bzw. apl. Ausgabe an Kämmerei.

Ist der Bedarf sachl. und zeitl. unabweisbar und unvorhergesehen? — nein → Der Antrag wird abgelehnt, dem Bedarf kann ggf. in einem **Nachtragshaushalt** entsprochen werden

ja

Ist gem. § 87 NGO zwingend ein Nachtragshaushalt erforderlich? — ja → Der Antrag wird abgelehnt, zur Deckung dieses Bedarfs wäre ein **Nachtragshaushalt** erforderlich.

nein

Ist Deckung vorhanden durch:
– Ausgabeneinsparung,
– Mehreinnahmen,
– Mittel der Deckungsreserve? — nein → Der Antrag wird abgelehnt, ohne Deckung ist eine üpl/apl Ausgabe unzulässig, dem Bedarf kann ggf. in einem **Nachtragshaushalt** entsprochen werden.

ja

Eine überplanmäßige bzw. außerplanmäßige Ausgabe ist möglich, Entscheidung durch:

bei unerheblichen Ausgaben die Bürgermeisterin oder den Bürgermeister | den Rat | in Eilfällen den Verwaltungsausschuß

Möglichkeiten zur Deckung eines Mehrbedarfs im Vermögenshaushalt

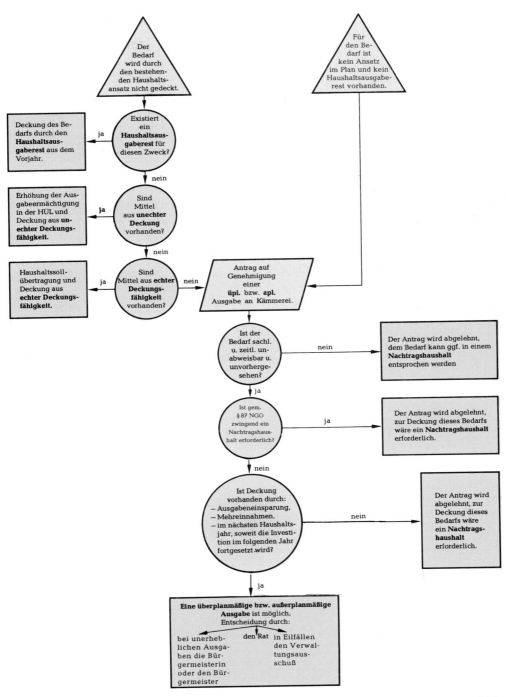

Der Bedarf wird durch den bestehenden Haushaltsansatz nicht gedeckt.

Für den Bedarf ist kein Ansatz im Plan und kein Haushaltsausgaberest vorhanden.

Existiert ein **Haushaltsausgaberest** für diesen Zweck? — ja → Deckung des Bedarfs durch den **Haushaltsausgaberest** aus dem Vorjahr.

nein

Sind Mittel aus **unechter Deckung** vorhanden? — **ja** → Erhöhung der Ausgabeermächtigung in der HÜL und Deckung aus **unechter Deckungsfähigkeit.**

nein

Sind Mittel aus **echter Deckungsfähigkeit** vorhanden? — ja → Haushaltssollübertragung und Deckung aus **echter Deckungsfähigkeit.**

nein → Antrag auf Genehmigung einer **üpl. bzw. apl.** Ausgabe an Kämmerei.

Ist der Bedarf sachl. u. zeitl. unabweisbar u. unvorhergesehen? — nein → Der Antrag wird abgelehnt, dem Bedarf kann ggf. in einem **Nachtragshaushalt** entsprochen werden

ja

Ist gem. § 87 NGO zwingend ein Nachtragshaushalt erforderlich? — ja → Der Antrag wird abgelehnt, zur Deckung dieses Bedarfs wäre ein **Nachtragshaushalt** erforderlich.

nein

Ist Deckung vorhanden durch:
– Ausgabeneinsparung,
– Mehreinnahmen,
– im nächsten Haushaltsjahr, soweit die Investition im folgenden Jahr fortgesetzt wird? — nein → Der Antrag wird abgelehnt, zur Deckung dieses Bedarfs wäre ein **Nachtragshaushalt** erforderlich.

ja

Eine überplanmäßige bzw. außerplanmäßige Ausgabe ist möglich, Entscheidung durch:

bei unerheblichen Ausgaben die Bürgermeisterin oder den Bürgermeister

den Rat

in Eilfällen den Verwaltungsausschuß

6.6 Überwachung der Einnahmen und Ausgaben

Die Überwachung der Einnahmen geschieht bei den anordnenden Dienststellen durch die Führung von Einnahmekontrollen. In diese Listen werden sämtliche erteilten Annahmeanordnungen eingetragen, die der Kasse zugeleitet wurden. Damit hat die Dienststelle eine Übersicht über sämtliche Einnahmeforderungen. Die Überwachung des Eingangs der Einnahmen ist Aufgabe der Gemeindekasse.

Die Überwachung der Ausgaben ist in § 26 GemHVO geregelt. Danach ist die Inanspruchnahme von Haushaltsmitteln einschließlich der über- und außerplanmäßigen Ausgaben in Haushaltsüberwachungslisten oder auf andere geeignete Weise zu überwachen. Die bei den einzelnen Haushaltsstellen noch zur Verfügung stehenden Haushaltsmittel müssen ständig zu erkennen sein. – In die Haushaltsüberwachungslisten sind alle erteilten Auszahlungsanordnungen einzutragen. Da die Erteilung eines Auftrags eine Vorbelastung der Ausgabemittel bedeutet, müssen grundsätzlich auch die erteilten Aufträge in der Haushaltsüberwachungsliste vermerkt werden. Die Inanspruchnahme von Verpflichtungsermächtigungen ist ebenfalls zu überwachen.

Nachstehend das Muster und ein Beispiel für die Haushaltsüberwachung und die Kontrolle der Verpflichtungsermächtigungen:

Haushaltsüberwachung

(Muster zu § 26 GemHVO)

Verwaltungshaushalt / Vermögenshaushalt

Haushaltsausgabereste a. V.	.... DM	
Haushaltssoll	.... DM	.... DM
Änderung des Haushaltssolls (§ 18 GemHVO)		.... DM
		.... DM
zuzüglich/abzüglich Nachträge		.... DM
		.... DM
über und außerplanmäßige Bewilligungen	.... DM	
Deckung nach § 17 GemHVO	.... DM	.... DM
		.... DM
davon ab Sperren		.... DM
Ausgabeermächtigung insgesamt		.... DM

Haushaltsjahr ....
Haushaltsstelle ....

lfd. Nr.	Datum	Stand der Ausgabe-ermächtigung DM	Bewegungen		neue Stände		
			Vormerkungen (Aufträge) DM	Anordnungen DM	Vormerkungen (Aufträge) DM	Anordnungen DM	verfügbar DM
1	2	3	4	5	6	7	8

Beiblatt zur HÜL

Kontrolle der Verpflichtungsermächtigungen

Ermächtigung lt. Haushaltsplan
zuzüglich/abzüglich .... DM
Nachträge .... DM
Summe der Ermächtigung .... DM

Nachrichtlich: In den Vorjahren in Anspruch genommene Verpflichtungsermächtigungen zu Lasten des
Haushaltsjahres 19 .... DM
Haushaltsjahres 19 .... DM
Haushaltsjahres 19 .... DM
Haushaltsjahres 19 .... DM

Haushaltsjahr ....
Haushaltsstelle ....

lfd. Nr.	Datum	Stand der Ermächtigung DM	Bewegungen (Aufträge zu Lasten des Haushaltsjahres)				neuer Stand
			19 .... (1. Jahr) DM	19 .... (2. Jahr) DM	19 .... (3. Jahr) DM	19 .... (4. u. folg. Jahre) DM	DM
1	2	3	4	5	6	7	8

Anmerkung: Die Summe der für das 1. Jahr in Anspruch genommenen Ermächtigungen (Sp. 4) ist in der HÜL des nächsten Haushaltsjahres bei den Bewegungen in Spalte 4 (Vormerkungen) vorzutragen; die Bewegungen der Spalten 5 bis 7 nachrichtlich in die Kopfspalten der Kontrolle der Verpflichtungsermächtigungen des nächsten Haushaltsjahres

Haushaltsüberwachung
Verwaltungs-/Vermögens-Haushalt

HHst.-Bez.: Umbaukosten Grundschule Süd

Einnahme/Ausgabe		Ausgabe
Haushaltssoll	140 000,-	über-/außerplanmäßige Bewilligungen
Haushaltsreste aus Vorjahren	20 000,-	Deckung nach §17 Gem. HVO
Änderung des Haushaltssolls (§18)		abzüglich Sperren
zuzüglich/abzüglich Nachtrag		Zwischensumme Block 1
zuzüglich/abzüglich Nachtrag		Ausgabeermächtigung insgesamt 160 000,-
Zwischensumme Block 1		

Lfd.-Nr.	Datum	Name/Anschrift/Hinweis	Bewegungen Vormerkungen Aufträge	Bewegungen Anordnungen	Vormerkungen Aufträge	Anordnungen	Aufrechnungen HH-mäßig stehen zur Verfügung	verfügbar	Ermächtigungen
1	10. 4.	Firma Müller für Maurerarbeiten, Auftrag	100.000,-	-	100.000,-	-	160.000,-	60.000,-	-
2	20. 4.	Firma Klein für Dacharbeiten, Auftrag	30.000,-	-	130.000,-	-	160.000,-	30.000,-	-
3	3. 5.	Firma Müller, 1. Abschlag	-20.000,-	20.000,-	110.000,-	20.000,-	160.000,-	30.000,-	-
4	8. 5.	Firma Flink für Malerarbeiten, Auftrag	20.000,-	-	130.000,-	20.000,-	160.000,-	10.000,-	-
5	15. 5.	Firma Müller, 2. Abschlag	-50.000,-	50.000,-	80.000,-	20.000,-	160.000,-	10.000,-	-
6	30. 5.	Firma Klein	-30.000,-	30.000,-	50.000,-	100.000,-	160.000,-	10.000,-	-
7	25. 6.	Firma Flink	-20.000,-	20.000,-	30.000,-	120.000,-	160.000,-	10.000,-	-
8	15. 7.	Firma Müller, Schlußzahlung	-30.000,-	29.500,-	0,-	149.500,-	160.000,-	10.500,-	-

Übertrag:

Das Muster der Haushaltsüberwachungsliste zeigt, daß zur Ermittlung der verfügbaren Mittel letztlich die folgenden Beträge gegenübergestellt werden:

(1) Haushaltsausgabereste aus dem Vorjahr (2) Haushaltsansatz des laufenden Jahres (3) Inanspruchnahme von Deckungsvermerken (§ 18 GemHVO) (4) Erhöhungen durch einen Nachtragshaushalt (5) Zulässige Mehrausgaben im Rahmen der unechten Deckung (§ 17 GemHVO) (6) Bewilligungen üpl/apl Ausgaben - - - - - - - - - - - - - - - abzüglich (7) Gewährung von Deckung gem. § 18 GemHVO (8) Verminderungen durch einen Nachtragshaushalt (9) Haushaltssperren	./.	(1) Vormerkungen (erteilte Aufträge, soweit sie noch nicht zu Anordnungen geführt haben) (2) Anordnungen	=	verfügbare Mittel

6.7 Vorläufige Haushaltsführung und weitere besondere Vorschriften für die Haushaltswirtschaft

Die Aufstellung der jährlichen Haushaltssatzung soll nach § 86 NGO so rechtzeitig geschehen, daß die Haushaltssatzung der Kommunalaufsichtsbehörde einen Monat vor Beginn des Haushaltsjahres vorgelegt werden kann. Diese Vorschrift trägt dem Grundgedanken Rechnung, daß es grundsätzlich zu Beginn eines jeden Jahres eine neue gültige Haushaltssatzung geben sollte.

In der Praxis kommt es jedoch häufig vor, daß eine rechtsgültige Satzung erst mit mehrmonatiger Verspätung zustande kommt. In einer solchen haushaltslosen Interimszeit zwischen dem Außerkrafttreten der alten Satzung und der noch nicht gültigen neuen Satzung darf eine Verwaltung aber nicht völlig außerstande sein, ihre finanziellen Angelegenheiten mangels haushaltsrechtlicher Regelungen wahrzunehmen. Deshalb werden in § 88 NGO Regelungen für eine vorläufige Haushaltsführung getroffen.

Die Gemeinde darf danach in der haushaltslosen Interimszeit:

1. Ausgaben leisten, zu denen sie rechtlich verpflichtet ist,
2. Ausgaben leisten, die für die Weiterführung notwendiger Aufgaben unaufschiebbar sind,
3. Abgaben nach den Sätzen des Vorjahres erheben,
4. Kredite umschulden,
5. im Bedarfsfall mit Genehmigung der Kommunalaufsichtsbehörde Kredite für Investitionen und Investitionsförderungsmaßnahmen bis zur Höhe eines Viertels des Gesamtbetrages der vorjährigen Kreditermächtigung aufnehmen,
6. gemäß § 91 Abs. 3 NGO nicht ausgeschöpfte Verpflichtungsermächtigungen ausnutzen,
7. gemäß § 94 NGO Kassenkredite bis zum Höchstbetrag des Vorjahreshöchstsatzes aufnehmen.

Eine rechtliche Verpflichtung zur Ausgabenleistung kann auf Gesetz oder Vertrag beruhen. (So beruht z.B. die Zahlung von Sozialhilfe auf gesetzlichen Verpflichtungen, die Zahlung der Vergütung an die Angestellten auf vertraglicher Verpflichtung.)

Zur Weiterführung notwendiger Aufgaben zählen auch die Ausgaben für die Inganghaltung bestehender Gemeindeeinrichtungen und die Fortsetzung von Baumaßnahmen und sonstiger Leistungen des Vermögenshaushaltes. Neubaumaßnahmen sind im Rahmen der vorläufigen Haushaltsführung unzulässig.

Da die Hebesätze für jedes Jahr neu festzusetzen sind, wird übergangsweise geregelt, daß die alten Hebesätze zunächst weiter angewendet werden können.

Ein Kreditbedarf kann sich ergeben, wenn den Ausgaben für die Forsetzungsmaßnahmen bei Bauten keine entsprechenden Einnahmen gegenüberstehen und ggf. gebildete Haushaltseinnahmereste bei Krediten verbraucht sind.

Weitere besondere Vorschriften für die Haushaltswirtschaft

Gemäß § 29 GemHVO kann der Gemeindedirektor (in Nordrhein-Westfalen der Kämmerer) eine haushaltswirtschaftliche **Sperre** verhängen, wenn die Entwicklung der Einnahmen und Ausgaben es erfordert. Er kann damit die Inanspruchnahme von Ausgabeansätzen und Verpflichtungsermächtigungen von seiner Einwilligung abhängig machen.

Wenn sich im Laufe eines Haushaltsjahres abzeichnet, daß der Haushaltsausgleich gefährdet ist, muß der Rat entsprechend den Bestimmungen von § 30 GemHVO unverzüglich unterrichtet werden. Dem Rat ist ebenfalls zu berichten, wenn sich die Gesamtausgaben einer Maßnahme des Vermögenshaushalts nicht nur geringfügig erhöhen werden.

7 Vermögens- und Schuldenverwaltung

Vermögen und Schulden bieten Anhaltspunkte zur Beurteilung der Finanzsituation einer Gemeinde. Dabei kommt es nicht nur auf die Höhe des Vermögens oder auf die Verschuldung je Einwohner an, sondern auch auf die Art des Vermögens oder der Schulden. Im Hinblick auf die Gemeinnützigkeit des gemeindlichen Vermögens und im Hinblick auf den letztlich vom Steuerzahler aufzubringenden Schuldendienst sind zahlreiche Bestimmungen zu beachten.

7.1 Arten des Vermögens

Im gemeindlichen Haushaltsrecht werden die Begriffe „Anlagevermögen" und „Geldanlage" speziell definiert.

Zum Anlagevermögen gehören lt. Gemeindehaushaltsverordnung Vermögensteile, die der dauernden Aufgabenerfüllung dienen. Dies sind im einzelnen:

1. Grundstücke,

2. bewegliche Sachen mit Ausnahme geringwertiger Wirtschaftsgüter im Sinne des Einkommensteuergesetzes,

3. dingliche Rechte,

4. Beteiligungen und Wertpapiere, die die Gemeinde zum Zwecke der Beteiligung erworben hat,

5. Forderungen aus Darlehen, die die Gemeinde aus Mitteln des Haushalts in Erfüllung einer Aufgabe gewährt hat,

6. Kapitaleinlagen der Gemeinde in Zweckverbänden oder anderen kommunalen Zusammenschlüssen,

7. das von der Gemeinde in ihre Sondervermögen mit Sonderrechnung eingebrachte Eigenkapital.

Zu den Geldanlagen zählen die Rücklagemittel und ferner der Erwerb von Wertpapieren und Forderungen aus Mitteln des Kassenbestandes. Die Geldanlagen zählen mit zum gemeindlichen Vermögen. Sie gehören nicht zu den Kassenmitteln.

Zu den Kassenmitteln zählen Zahlungsmittel (Bargeld, Schecks) und die Bestände auf den Konten der Gemeindekasse. Die Kassenmittel zählen nicht zum gemeindlichen Vermögen.

Neben der Unterteilung nach Anlagevermögen und Geldanlagevermögen wird das Vermögen auch entsprechend gesonderten gesetzlichen Regelungen unterschieden nach freiem Gemeindevermögen, Sondervermögen und Treuhandvermögen. Man unterscheidet ferner zwischen allgemeinem Grund- und Sondervermögen und Grund- und Sondervermögen, das bestimmten Aufgabenbereichen zuzuordnen ist.

Zum Sondervermögen rechnen gemäß § 102 NGO:

1. das Gemeindegliedervermögen (= Vermögen, das der Gemeinde gehört, dessen Ertrag aber anderen Berechtigten zusteht),

2. das Vermögen der rechtlich unselbständigen örtlichen Stiftungen,

3. wirtschaftliche Unternehmen ohne eigene Rechtspersönlichkeit und öffentliche Einrichtungen, für die aufgrund gesetzlicher Vorschriften Sonderrechnungen geführt werden (= Eigenbetriebe nach der Eigenbetriebsverordnung, Krankenhäuser gemäß Krankenhausrechnungsverordnung),

4. rechtlich unselbständige Versorgungs- und Versicherungseinrichtungen.

Zum Treuhandvermögen rechnen gemäß § 103 NGO die Vermögen von rechtlich selbständigen örtlichen Stiftungen sowie Vermögen, die die Gemeinden nach besonderem Recht treuhänderisch zu verwalten haben (z.B. Mündelvermögen).

Übersicht über die Arten des Vermögens

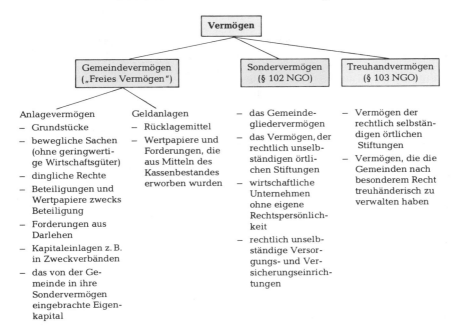

Gemeindevermögen ("Freies Vermögen")		Sondervermögen (§ 102 NGO)	Treuhandvermögen (§ 103 NGO)
Anlagevermögen	**Geldanlagen**	– das Gemeinde-gliedervermögen	– Vermögen der rechtlich selbstän-digen örtlichen Stiftungen
– Grundstücke	– Rücklagemittel	– das Vermögen, der rechtlich unselb-ständigen örtli-chen Stiftungen	– Vermögen, die die Gemeinden nach besonderem Recht treuhänderisch zu verwalten haben
– bewegliche Sachen (ohne geringwerti-ge Wirtschaftsgüter)	– Wertpapiere und Forderungen, die aus Mitteln des Kassenbestandes erworben wurden	– wirtschaftliche Unternehmen ohne eigene Rechtspersönlich-keit	
– dingliche Rechte			
– Beteiligungen und Wertpapiere zwecks Beteiligung		– rechtlich unselb-ständige Versor-gungs- und Ver-sicherungseinrich-tungen	
– Forderungen aus Darlehen			
– Kapitaleinlagen z. B. in Zweckverbänden			
– das von der Ge-meinde in ihre Sondervermögen eingebrachte Eigen-kapital			

7.2 Erwerb, Verwaltung und Veräußerung von Vermögen

Die Gemeinden sollen gemäß § 96 NGO Vermögensgegenstände nur erwerben, soweit dies zur Erfüllung ihrer Aufgaben in absehbarer Zeit erforderlich ist.

Die Vermögensgegenstände sind pfleglich und wirtschaftlich zu verwalten und ordnungsgemäß nachzuweisen. Die Art des ordnungsgemäßen Nachweises richtet sich nach den §§ 38 und 39 GemHVO. Danach sind für Sachen und grundstücks-gleiche Rechte, die kostenrechnenden Einrichtungen dienen, Anlagenachweise zu führen. In die Anlagenachweise sind mindestens die Anschaffungs- oder Her-stellungskosten und die Abschreibungen aufzunehmen. Für Sachen und grund-stücksgleiche Rechte, die nicht kostenrechnenden Einrichtungen dienen, sind (soweit nicht Anlagenachweise geführt werden) Bestandsverzeichnisse zu führen. In den Bestandsverzeichnissen sind Art und Menge sowie Belegenheit oder Stand-ort der Gegenstände aufzuführen. Bestandsverzeichnisse enthalten im Gegensatz zu Anlagenachweisen keine Wertangaben.

Bei den Geldanlagen ist auf eine ausreichende Sicherheit zu achten. Über Forde-rungen aus Geldanlagen sind Nachweise zu führen. Die Geldanlagen sollen einen angemessenen Ertrag bringen.

Die Gemeinden dürfen Vermögensgegenstände, die sie zur Erfüllung ihrer Auf-gaben in absehbarer Zeit nicht brauchen, veräußern. Die Vermögensgegenstände dürfen in der Regel nur zu ihrem vollen Wert veräußert werden. Gemäß § 97 Abs. 3 NGO in Verbindung mit der Verordnung über die Genehmigungsfreiheit von Maßnahmen nach § 97 Abs. 3 NGO haben die Gemeinden über bestimmte Ver-äußerungsgeschäfte die Kommunalaufsichtsbehörde zu unterrichten.

7.3 Schulden

Zu den Schulden zählen Zahlungsverpflichtungen aus Kreditaufnahmen und ihnen wirtschaftlich gleichkommenden Vorgängen sowie Kassenkreditaufnahmen.

Kredite sind unter Rückzahlungsverpflichtung durchgeführte Kapitalaufnahmen von Dritten, Kassenkredite ausgenommen. Kassenkredite sollen den verzögerten Eingang von Deckungsmitteln überbrücken und damit die rechtzeitige Leistung von Ausgaben ermöglichen.

Die Gemeinden dürfen Kredite nur aufnehmen, wenn eine andere Finanzierung nicht möglich ist oder wirtschaftlich unzweckmäßig wäre. Kredite dürfen auch nur im Vermögenshaushalt und nur für Investitionen, Investitionsförderungsmaßnahmen und zur Umschuldung aufgenommen werden.

Der Gesamtbetrag der im Vermögenshaushalt vorgesehenen Kreditaufnahmen für Investitionen und Investitionsförderungsmaßnahmen bedarf im Rahmen der Haushaltssatzung der Genehmigung der Aufsichtsbehörde (Gesamtgenehmigung). Eine Einzelgenehmigung von Kreditaufnahmen wäre nur dann erforderlich, wenn dies gemäß § 19 des Stabilitätsgesetzes vom Bund verfügt würde oder das Land eine entsprechende Verordnung erließe.

Die Kreditermächtigung gilt bis zum Ende des auf das Haushaltsjahr folgenden Jahres und, wenn die Haushaltssatzung für das übernächste Jahr nicht rechtzeitig öffentlich bekanntgemacht wird, bis zur Bekanntmachung dieser Haushaltssatzung.

Damit eine noch offene Kreditermächtigung auch noch im Folgejahr ausgenutzt werden kann, ist – entsprechend den Bestimmungen über den Rechnungsabschluß – die Bildung von Haushaltseinnahmeresten für die Kreditaufnahme erforderlich.

Die Begründung einer Zahlungsverpflichtung, die wirtschaftlich einer Kreditverpflichtung gleichkommt (kreditähnliches Rechtsgeschäft), bedarf der Genehmigung der Aufsichtsbehörde. Solch eine Einzelgenehmigung ist ggf. für Leasingverträge, Kaufmietverträge, Leibrentenverträge und dgl. erforderlich. Es handelt sich dabei um Geschäfte, die im wirtschaftlichen Ergebnis einer Stundung und Verzinsung des Kaufpreises bzw. einem langfristigen Teilzahlungskredit gleichkommen. Für kreditähnliche Rechtsgeschäfte im Rahmen der lfd. Verwaltung ist eine Genehmigung nicht notwendig.

Die Gemeinden dürfen zur Sicherung des Kredits keine Sicherheiten bestellen. Die Aufsichtsbehörde kann Ausnahmen zulassen, wenn die Bestellung von Sicherheiten der Verkehrsübung entspricht. – Üblich sind dementsprechend in der Praxis die sogenannten Schuldscheindarlehen.

Entsprechend dem allgemeinen Grundsatz der Sparsamkeit und Wirtschaftlichkeit sind vor der Kreditaufnahme die Konditionen der Kreditangebote zu prüfen. Dabei ist darauf zu achten, daß der Zinssatz gegenüber dem allgemeinen Zinsniveau für den Kommunalkredit nicht überhöht ist. Für die Prüfung ist nicht vom Nominalzinssatz, sondern vom Effektivzinssatz auszugehen. Der Effektivzins errechnet sich durch Berücksichtigung aller mit der Kreditaufnahme verbundenen Kosten (z.B. Disagio, Vermittlungsgebühren, Abschlußgebühren, Verwaltungskostenbeiträge). Auch tilgungsfreie Jahre sowie die unterschiedlichen Zahlungsmöglichkeiten für den Schuldendienst (z.B. vierteljährlich, halbjährlich oder jährlich nachträglich) haben Auswirkungen auf die Höhe des Effektivzinssatzes.

Für die überschlägliche Berechnung des Effektivzinssatzes kann man folgende Formel verwenden:

$$p_{eff} = \frac{p \cdot 100}{A} + \frac{D \cdot 100}{n \cdot A}$$

In dieser Formel bedeutet:

p_{eff} = Effektivzinssatz
p = Nominalzinssatz
A = Auszahlungskurs
D = Disagio (= Differenz zwischen 100 % und Auszahlungskurs)
n = Laufzeit in Jahren

Beispiel:

Der Nominalzins betrage 8 %, der Auszahlungskurs 98 % und die Laufzeit 6 Jahre. Der Effektivzins beträgt dann:

$$p_{eff} = \frac{8 \cdot 100}{98} + \frac{2 \cdot 100}{6 \cdot 98} = 8,16 + 0,34 = 8,50 \%$$

Bei der Frage, ob man kurz-, mittel- oder langfristige Kredite aufnimmt, ist zu bedenken, daß die Laufzeit eines Kredits stets in einem angemessenen Verhältnis zur Lebensdauer des zu finanzierenden Objekts stehen sollte. Im Hinblick darauf, daß die Kredite Gesamtdeckungsmittel für die Investitionsausgaben des Vermögenshaushaltes darstellen, sollte der Tilgungsbetrag und damit die Laufzeit der Kredite mit dem durchschnittlichen Substanzverzehr der Investitionen übereinstimmen.

Nach der Art der Tilgung unterscheidet man zwischen Festbetragskrediten, Ratentilgungskrediten und Annuitätenkrediten. Beim Festbetragskredit ist der Kredit in einer Summe zu tilgen. (Es sind z.B. 5 Jahre lang nur Zinsen zu zahlen und dann der Kredit insgesamt zu tilgen.) Beim Ratentilgungskredit ist die Höhe der jährlich zu leistenden Tilgungsbeträge während der Laufzeit des Kredits konstant; die Zinsen sinken jährlich, da sie sich nach der jeweiligen Restschuld berechnen. Beim Annuitätskredit ist die Summe aus Zinsen und Tilgung konstant. Die Beträge, um die sich die Zinsleistungen jeweils wegen der geringeren Restschuld vermindern, werden den zu leistenden Tilgungsbeträgen zugeschlagen (Tilgung unter Zuwachs der ersparten Zinsen). – Im Hinblick auf den gleichbleibenden Schuldendienst sollte einem Annuitätenkredit der Vorzug gegeben werden.

Bei den ebenfalls zu den Schulden rechnenden Kassenkrediten handelt es sich um kurzfristige Schuldaufnahmen zwecks Aufrechterhaltung der Zahlungsfähigkeit der Gemeindekasse. Der Kassenkredit kann sowohl die Form eines kurzfristigen Festbetragskredits haben als auch in Form eines Kontokorrentkredites aufgenommen werden. Da Kassenkredite keine Deckungsmittel darstellen, können sie unabhängig davon, ob die Kassenliquidität durch den verzögerten Eingang von Einnahmen des Verwaltungshaushalts oder des Vermögenshaushalts beeinträchtigt ist, aufgenommen werden. Kassenkredite dürfen höchstens bis zu dem in der Haushaltssatzung festgesetzten Höchstbetrag aufgenommen werden und auch nur soweit der Kasse keine anderen Mittel zur Verfügung stehen (z.B. Mittel aus der allgemeinen Rücklage, Sonderrücklagen, Sondervermögen ohne Sonderrechnung). Die in der Haushaltssatzung enthaltene Ermächtigung zur Aufnahme von Kassenkrediten gilt über das Haushaltsjahr hinaus bis zur Bekanntmachung der neuen

Haushaltssatzung. Der in der Haushaltssatzung festgesetzte Höchstbetrag bedarf der Genehmigung der Aufsichtsbehörde, wenn er ein Sechstel der im Verwaltungshaushalt veranschlagten Einnahmen übersteigt.

Nicht zu den Schulden zählen innere Darlehen. Es handelt sich dabei um interne Rückzahlungsverpflichtungen der Gemeinde aufgrund vorübergehender Inanspruchnahme von Mitteln der Sonderrücklagen oder der Sondervermögen ohne Sonderrechnung als Deckungsmittel im Vermögenshaushalt. Da die inneren Darlehen nicht zu den Schulden zählen, ist ihre Aufnahme nicht genehmigungspflichtig.

8 Rücklagen

Bei den Rücklagen handelt es sich um Geldmittel, die für bestimmte Zwecke angesammelt worden sind. Rücklagen der Gemeinde sind die allgemeine Rücklage und die Sonderrücklagen. Während die Bildung einer allgemeinen Rücklage vorgeschrieben ist, ist den Gemeinden die Bildung von Sonderrücklagen freigestellt.

Die allgemeine Rücklage soll die rechtzeitige Leistung von Ausgaben sichern (Betriebsmittel der Kasse). Zu diesem Zweck muß ein Betrag (sog. Sockelbetrag) vorhanden sein, der sich in der Regel auf mindestens 1 vom Hundert (in Nordrhein-Westfalen 2 vom Hundert) der Ausgaben des Verwaltungshaushalts nach dem Durchschnitt der letzten drei Jahre beläuft.

In der allgemeinen Rücklage sollen ferner Mittel zur Deckung des Ausgabenbedarfs im Vermögenshaushalt künftiger Jahre angesammelt werden. Eine Zuführung an die Rücklage ist rechtzeitig vorzunehmen, wenn

1. die Tilgung von Krediten, die mit dem Gesamtbetrag fällig werden, die voraussichtliche Höhe der Zuführung des Verwaltungshaushalts an den Vermögenshaushalt übersteigt und nicht anders gedeckt werden kann,

2. die Inanspruchnahme aus Bürgschaften, Gewährverträgen und ähnlichen Verträgen die laufende Aufgabenerfüllung erheblich beeinträchtigen würde,

3. sonst für die im Investitionsprogramm der künftigen Jahre vorgesehenen Investitionen und Investitionsförderungsmaßnahmen ein unvertretbar hoher Kreditbedarf entstehen würde.

Im übrigen sollen Zuführungen und Entnahmen nach dem Finanzplan ausgerichtet werden.

Zu beachten ist, daß Entnahmen und Zuführungen zur allgemeinen Rücklage im Einzelplan 9 des Vermögenshaushalts abzuwickeln sind. Eine vorübergehende Entnahme von Mitteln aus der allgemeinen Rücklage zur Kassenbestandsverstärkung ist jedoch keine haushaltsrechtliche Einnahme und deshalb lediglich im Verwahrbuch zu buchen.

Sonderrücklagen dürfen nicht für die Zwecke gebildet werden, für die die allgemeine Rücklage dienen soll. Sonderrücklagen dürfen ferner nicht zum Ausgleich von vorübergehenden Schwankungen der Einnahmen und Ausgaben sowie für die Unterhaltung und Erneuerung von Vermögensgegenständen gebildet werden. – Da die allgemeine Rücklage die Kassenliquidität sichern soll und die Zwecke des Vermögenshaushalts abdeckt, verbleiben nur noch wenige Zwecke, für die Sonderrücklagen angesammelt werden können. Möglich sind z.B. Eigenversicherungs-rücklage, Rücklage für eine kulturelle Veranstaltung, Rücklage für den Überschuß einer kostenrechnenden Einrichtung.

Die Mittel der Rücklagen sind, soweit sie nicht als Betriebsmittel der Kasse benötigt werden, sicher und ertragbringend anzulegen; sie müssen für ihren Zweck rechtzeitig verfügbar sein. Sonderrücklagen können, solange sie für ihren Zweck nicht benötigt werden, als innere Darlehen im Vermögenshaushalt in Anspruch genommen werden. — Im Hinblick auf die Forderungen nach sicherer und ertragreicher Anlage sowie rechtzeitiger Verfügbarkeit kommt für die Rücklagen zumeist bei externer Anlage nur die Anlage in Form von Sparbüchern oder Festgeldern in Betracht. Bei der Anlage von Rücklagemitteln in Wertpapieren oder Sachwerten ist in der Regel entweder die Voraussetzung der Sicherheit oder der rechtzeitigen Verfügbarkeit nicht gegeben.

9 Unternehmen und Einrichtungen

Nach § 108 NGO dürfen Gemeinden sich zur Erledigung von Angelegenheiten der örtlichen Gemeinschaft wirtschaftlich betätigen. Sie dürfen Unternehmen nur einrichten, übernehmen oder wesentlich erweitern, wenn und soweit der öffentliche Zweck das Unternehmen rechtfertigt und der Zweck nicht besser und wirtschaftlicher durch einen anderen erfüllt werden kann. Die Unternehmen müssen ferner in einem angemessenen Verhältnis zu der Leistungsfähigkeit der Gemeinde und zum voraussichtlichen Bedarf stehen.

Die Unternehmen können von den Gemeinden entweder in der Form des Eigenbetriebs betrieben werden oder in Form der Eigengesellschaft. Bei der Form des Eigenbetriebs handelt es sich um ein Unternehmen ohne eigene Rechtspersönlichkeit. Die Haushalts- und Wirtschaftsführung des Eigenbetriebs richtet sich nach der Eigenbetriebsverordnung. Bei den Eigengesellschaften handelt es sich um Unternehmen mit eigener Rechtspersönlichkeit, deren sämtliche Anteile den Gemeinden gehören. Die Eigengesellschaften haben meist die Rechtsform einer GmbH oder AG. Die Gemeinden können sich unter bestimmten Voraussetzungen auch an privaten Unternehmen beteiligen.

Nicht zu den Unternehmen im Sinne von § 108 NGO gehören Einrichtungen, zu denen die Gemeinden gesetzlich verpflichtet sind und auch nicht Einrichtungen des Unterrichts-, Erziehungs-, und Bildungswesens, des Sports und der Erholung, des Gesundheits- und Sozialwesens, des Umweltschutzes sowie solche ähnlicher Art. Weiterhin gelten Hilfsbetriebe, die ausschließlich der Deckung des Eigenbedarfs der Gemeinde dienen, nicht als Unternehmen. Für die Einrichtungen gelten grundsätzlich die Vorschriften über die Haushaltswirtschaft. Sie können aber auch nach kaufmännischen Grundsätzen geführt werden. Dies kann im Rahmen der Verordnung zu § 110 NGO geschehen. Teilweise ist es auch zulässig, bestimmte Einrichtungen als Eigenbetriebe oder in privater Rechtsform zu führen.

Bankunternehmen dürfen die Gemeinden nicht errichten. Für den Bereich des Sparkassenwesens gelten besondere Vorschriften.

Bei den von den Gemeinden betriebenen Unternehmen handelt es sich zumeist um Versorgungsunternehmen (Elektrizitätsversorgung, Gasversorgung, Wasserversorgung, Fernwärmeversorgung), Verkehrsunternehmen (Straßenbahnen, Autobusse, Untergrundbahnen, Bergbahnen, Hafenanlagen, Flughafenbetriebe) oder Stadthallen, Messehallen, Mehrzweckhallen oder Gaststätten (z. B. Ratskeller).

Die Unternehmen der Gemeinde sollen einen Ertrag für den Haushalt der Gemeinde abwerfen, soweit das mit ihrer Aufgabe der Erfüllung öffentlicher Bedürfnisse in Einklang zu bringen ist.

Fragen und Übungsaufgaben

1. In welchen Fällen ist eine Nachtragssatzung zu erlassen?

2. Welche Festsetzungen muß die Nachtragssatzung enthalten?

3. Wieviel Nachtragshaushaltssatzungen können in einem Jahr erlassen werden?

4. Bis wann muß die Nachtragshaushaltssatzung beschlossen werden, wenn die Steuersätze der Gewerbesteuer erhöht werden sollen?

5. Skizzieren Sie den Aufbau des Nachtragsplans (Kopfspalten)!

6. Erläutern Sie Ausnahmen von den Grundsätzen der sachlichen, betraglichen und zeitlichen Bindung!

7. Welche unterschiedlichen Wirkungen haben Stundung, Niederschlagung und Erlaß und welche unterschiedlichen Voraussetzungen müssen jeweils erfüllt sein?

8. Aus welchen Größen sind in der Haushaltsüberwachungsliste die verfügbaren Mittel zu berechnen?

9. Welche Voraussetzungen müssen für die Genehmigung einer üpl/apl Ausgabe erfüllt sein? (Unterscheiden Sie zwischen Verwaltungshaushalt und Vermögenshaushalt!)

10. Welche Deckungsmöglichkeiten kommen zur Deckung einer üpl/apl Ausgabe in Frage? (Unterscheiden Sie zwischen Verwaltungs- und Vermögenshaushalt!)

11. Welche Möglichkeiten gibt es neben der üpl/apl Ausgabe, um einen über- bzw. außerplanmäßigen Bedarf zu befriedigen?

12. Wer ist grundsätzlich für die Entscheidung über eine üpl/apl Ausgabe zuständig und welche Ausnahmen gibt es in diesem Zusammenhang?

13. Der Gewerbesteuerpflichtige B. hatte bei Aufgabe seines Gewerbebetriebes noch eine Steuerschuld von 1 000,— DM gegenüber der Gemeinde. Nachdem er auf Mahnung nicht zahlte, wurde die Vollstreckungsstelle gebeten, den Betrag einzuziehen. Die Vollstreckungsstelle teilt dem Steueramt nunmehr mit, daß B. zur Zeit arbeitslos sei und eine Pfändung fruchtlos verlaufen sei. Was sollte das Steueramt veranlassen?

14. Welche Ausgaben darf eine Gemeinde während der Interimszeit leisten?

15. Grenzen Sie die folgenden Begriffe gegeneinander ab: Freies Vermögen, Sondervermögen, Treuhandvermögen!

16. Was unterscheidet Kassenkredite von anderen Krediten? Erläutern Sie in diesem Zusammenhang, unter welchen Voraussetzungen Kredite aufgenommen werden dürfen und welchen Zweck Kassenkredite erfüllen!

17. Was ist das Kennzeichen eines Annuitätenkredits?

18. Die Ausgaben des Verwaltungshaushalts beliefen sich in den letzten drei Jahren auf: 252 020 000,— DM / 270 220 000,— DM / 269 432 000,— DM. Wie hoch ist der Sockelbetrag der allgemeinen Rücklage, der vorhanden sein muß?

19. Für welche Zwecke werden Rücklagen gebildet?

20. Welche Nutzungsmöglichkeiten für die Mittel der Rücklagen gibt es? Begründen Sie Ihre Antwort!

21. Die Berufsgenossenschaft hat neue Vorschriften über die Ausstattung von Straßenarbeitern mit Schutzkleidung erlassen. Der Ansatz für Dienst- und Schutzkleidung des Tiefbauamtes reicht jedoch nicht aus, die erforderliche Schutzkleidung zu beschaffen. Das Tiefbauamt bittet deshalb die Stadtkämmerei, 1 000 DM überplanmäßig zu bewilligen und mangels einer anderen Deckungsmöglichkeit den Betrag aus der Haushaltsstelle Deckungsreserve zahlen zu dürfen.

    Sollte bzw. kann dem Antrag entsprochen werden?

22. Die Stadt H. benötigt einen Kredit von 2 Mio. DM. Sie bekommt Darlehensangebote von der Stadtsparkasse und der Norddeutschen Landesbank. Die Angebote haben folgende Konditionen:

	Stadtsparkasse	Norddeutsche Landesbank
Zinssatz	8,5 %	8 %
Zinsfestschreibung	5 Jahre	5 Jahre
Tilgung	1 % zuzüglich ersp. Zinsen	1 % zuzüglich ersp. Zinsen
Auszahlungskurs	98 %	96 %

    Ermitteln Sie durch Berechnung des Effektivzinssatzes, welches der beiden Angebote das günstigere ist!

23. Die Stadt N. befindet sich bei den Beratungen für den Haushalt 1999 in einer schwierigen Finanzsituation. Trotz der in zahlreichen Beratungen vorgenommenen Ausgabekürzungen und festgelegten Einnahmeerhöhungen ist der Verwaltungshaushalt unausgeglichen. Er beläuft sich in den Gesamteinnahmen auf 90 Mio. DM und in den Gesamtausgaben auf 94 Mio. DM. Der Vermögenshaushalt beläuft sich in Einnahme und Ausgabe auf 40 Mio. DM bei einer Kreditaufnahme von 9 Mio. DM. Die Zuführung vom Verwaltungshaushalt an den Vermögenshaushalt ist auf 6 Mio. DM veranschlagt. Sie entspricht damit den bei der Haushaltsstelle 9 100 2700 veranschlagten Abschreibungen, welche alle als gedeckt anzusehen sind.

    Bei einer nochmaligen Haushaltsplanberatung werden von der Verwaltungsspitze noch einige Haushaltsansätze erörtert und folgende Änderungen festgelegt:

    Bei den Badeanstalten sollen die Eintrittsgelder von 2,00 DM auf 3,00 DM erhöht werden. Dies wird zu einer Mehreinnahme von 300 000 DM führen (bisheriger Ansatz 600 000 DM). Die Mehreinnahmen sollen zum Ende des Haushaltsjahres einer Sonderrücklage zugeführt werden, um damit den in voraussichtlich 3 Jahren stattfindenden Neubau einer weiteren Badehalle finanzieren zu können. Bei Unterabschnitt 7 000 – Abwasserbeseitigung – sind die kalkulatorischen Abschreibungen mit 800 000 DM veranschlagt. Eine Nachberechnung hat ergeben, daß die Abschreibungen mit 1 Mio. DM veranschlagt werden müssen. Der Ansatz für die Abschreibungen ist deshalb zu erhöhen. Da bei diesem Unterabschnitt die Gebühren kostendeckend zu kalkulieren sind, ist in Höhe der zusätzlich ermittelten Abschreibungen eine Gebührenerhöhung zu beschließen und der Einnahmeansatz für die Abwassergebühren entsprechend zu erhöhen. Dieser Ansatz beträgt bislang 3 000 000 DM.

    Eine Nachberechnung der Zins- und Tilgungsausgaben hat ergeben, daß der Ausgabeansatz für Zinsen um 250 000 DM und der Ausgabeansatz für Tilgungen um 100 000 DM reduziert werden kann. Die Zinsausgaben für die aufgenommenen Kredite waren bislang auf 11 Mio. DM veranschlagt, die Ausgaben für Tilgungen auf 5 Mio. DM.

    Für das Jahr 1999 ist in größerem Umfang damit zu rechnen, daß Kassenkredite aufgenommen werden müssen. Die für die Kassenkreditaufnahmen veranschlagten Zinsen von 200 000 DM müssen um 150 000 DM erhöht werden.

    Für den Neubau eines Kindergartens sind 2 Mio. DM veranschlagt. Es ist damit zu rechnen, daß das Projekt mit diesen Gesamtkosten in 1999 in Auftrag gegeben wird, daß jedoch 500 000 DM von diesen Ausgaben erst in 2000 kassenwirksam werden.

    Stellen Sie die Veranschlagung bei den sich ändernden Haushaltsstellen dar! Überarbeiten Sie den Haushaltsausgleich, und ermitteln Sie die neuen Endsummen des § 1 der Haushaltssatzung!

KURS IV Grundlagen des Kassenwesens

1 Die besondere Stellung der Kasse

Situation:

Nach Abschluß der Ausbildung zum Verwaltungsfachangestellten soll Fräulein Christa Berger in der Stadtkasse arbeiten. Bevor sie ihre Arbeit als Buchhalterin aufnimmt, zeigt ihr der Kassenleiter noch einmal auf, welche Aufgaben sie innerhalb der Gesamtaufgaben der Gemeindekasse übernehmen soll, und welche besondere Stellung die Kasse innerhalb der Finanzwirtschaft der Gemeinde hat. In diesem Zusammenhang wird ihr auch erklärt, daß sie Auskunft über ihre wirtschaftlichen Verhältnisse geben müsse. Sie fragt sich, warum das erforderlich ist.

Sachdarstellung:

Nach § 98 NGO sind **alle Kassengeschäfte** der Gemeinde von der **Gemeindekasse** zu erledigen. Dazu gehört gemäß § 1 GemKVO insbesondere die Annahme der Einnahmen und die Leistung der Ausgaben sowie die Verwaltung der Kassenmittel.

Ein wichtiger Gesichtspunkt bei der Regelung des öffentlichen Kassenwesens ist die **Kassensicherheit.** Dazu gehört die Sicherung der Geldmittel und Wertgegenstände vor Entwendung durch Außenstehende, vor Veruntreuung durch Bedienstete der Behörde und vor Vernichtung durch Natureinwirkung (z.B. Feuer). Weitere Gesichtspunkte der Kassenorganisation **(Einheitskasse)** sind eine zentrale Buchführung und eine zentrale Geldbewirtschaftung unter rationellem Einsatz von Personal und technischen Hilfsmitteln und der Möglichkeit eines permanenten Überblicks über die gesamten Zahlungseingänge und Zahlungsausgänge bei der Gemeinde.

Zu den Sicherheitsvorkehrungen gegenüber Außeneinwirkungen gehört z.B. die Ausstattung der Kasse mit Stahlschränken, Tresoren und Alarmanlagen.

Dem Schutz vor Veruntreuung dienen zahlreiche gesetzliche Bestimmungen. Die wichtigsten sind im folgenden aufgeführt[1]:

(1) Es sollen in der Kasse nur Personen beschäftigt werden, deren wirtschaftliche Verhältnisse geordnet sind (vgl. Ausgangssituation).

(2) Kassenanordnungen dürfen nur von den Fachämtern erteilt werden. Die Anordnungen müssen mindestens zwei Unterschriften tragen. Die Ausführung der Kassenanordnungen ist allein Aufgabe der Gemeindekasse.
Gebot der Trennung von Anordnung und Ausführung.

(3) Der Zahlungsverkehr und die Buchführung sollen nicht von denselben Bediensteten wahrgenommen werden.
Gebot der Trennung von Ausführung und Buchführung.

(4) Die Kassenverwalterin oder der Kassenverwalter und die Stellvertreterin oder der Stellvertreter dürfen keine engen verwandtschaftlichen Beziehungen zur Bürgermeisterin oder zum Bürgermeister, zu der oder dem für das Finanzwesen zuständigen Bediensteten sowie zur Leiterin oder dem Leiter und den Prüferinnen und Prüfern des Rechnungsprüfungsamtes haben.

---

1 Vgl. vor allem Verwaltungsvorschriften zu § 5 GemKVO.

Auch die übrigen Kassenbediensteten sollen keine engen verwandtschaftlichen Beziehungen zu diesen Personen haben. Ferner sollen bei den Kassenbediensteten auch nicht untereinander enge verwandtschaftliche Beziehungen bestehen.

(5) In einer Dienstanweisung sind die Aufgaben und Pflichten des Kassenpersonals besonders zu regeln.

(6) Überweisungsaufträge, Abbuchungsaufträge und -vollmachten, Schecks und Postbank Schecks sind von zwei Bediensteten zu unterzeichnen.

(7) Sendungen, die an die Gemeindekasse gerichtet sind, sind ihr ungeöffnet zuzuleiten.

(8) Nach den strafrechtlichen Bestimmungen wird die Unterschlagung öffentlicher Gelder mit harten Strafen bedroht.

(9) Es bestehen besondere Vorschriften für die Kassenaufsicht und die Prüfung der Kasse (vgl. 5.1).

1.1 Die Aufgaben der Gemeindekasse

Die Aufgaben der Gemeindekasse lassen sich nach §§ 1 und 2 GemKVO zu vier Gruppen von Aufgaben zusammenfassen.

Im folgenden Schaubild sind diese Aufgaben zusammengestellt.

Die Aufgaben der Gemeindekasse			
„Traditionelle Kassengeschäfte" (Kassengeschäfte im engeren Sinn)	„Zusätzliche Pflichtaufgaben"	„Weitere Aufgaben"	„Fremde Kassengeschäfte"
1. Die Annahme der Einnahmen u. die Leistung der Ausgaben, 2. die Verwaltung der Kassenmittel, 3. die Verwahrung von Wertgegenständen, 4. die Buchführung einschließlich der Sammlung der Belege, soweit nicht nach § 98 Abs. 1 NGO eine andere Stelle damit beauftragt ist.	1. Die Mahnung, 2. die Beitreibung von Geldbeträgen im Verwaltungszwangsverfahren, 3. die Einleitung der Zwangsvollstreckung nach der Zivilprozeßordnung, 4. die Festsetzung, Stundung, Niederschlagung u. Erlaß von Vollstreckungskosten und Nebenforderungen.	Der GK dürfen weitere Aufgaben übertragen werden; diese dürfen – die Erledigung der Pflichtaufgaben nicht beeinträchtigen und – der NGO und GemKVO nicht entgegenstehen. Es können dies sein: z.B. Vorbereitung der Haushaltsrechnung, Führung von Anlagenachweisen, Mitwirkung bei der Finanzstatistik, ...	Die GK darf Aufgaben für Dritte erledigen, wenn dies durch Gesetz oder aufgrund eines Gesetzes bestimmt oder durch den Gemeindedirektor angeordnet ist. „Dritte", für die Kassengeschäfte erledigt werden, können z.B. Zweckverbände, Sondervermögen, Eigenbetriebe sein.
§ 1 Abs. 1 GemKVO		§ 1 Abs. 3 GemKVO	§ 2 GemKVO

Stundungen von Hauptforderungen dürfen grundsätzlich nicht von Kassenpersonal vorgenommen werden. Nach § 1 Abs. 1 Satz 3 GemKVO kann die Gemeindekasse allerdings auch in begrenztem Umfang für unerhebliche Fälle Stundungen gewähren, sofern dies durch allgemeine Regelung der Hauptverwaltungsbeamtin oder des Hauptverwaltungsbeamten festgelegt wurde.

Mit der Buchführung und Belegsammlung können auch andere Stellen beauftragt werden (Übertragung nach der Gemeindeordnung und der GemKVO auf andere öffentlich-rechtliche Stellen oder Private, z.B. um die Vorteile einer externen EDV-Anlage bei der Buchführung zu nutzen).

Des weiteren können auch Mahnung und Beitreibung sowie die Festsetzung von Nebenforderungen anderen Stellen (z.B. dem Rechtsamt) übertragen werden. Die Tatsache, daß Buchführung und Belegsammlung, sowie z.B. die Beitreibung, anderen Stellen übertragen werden kann, stellt eine Ausnahme von dem grundsätzlichen Organisationsprinzip der Gemeindekasse als „Einheitskasse" dar[1].

Die traditionellen Kassengeschäfte, insbesondere die Abwicklung des Zahlungsverkehrs und die Buchführung, werden im Abschnitt 2 bzw. 3 ausführlich behandelt.

Hier sollen nur noch einige Anmerkungen zur Einziehung von Forderungen folgen.

Bei der Einziehung von Forderungen durch die Gemeindekasse ist vor allem zu unterscheiden zwischen dem **Verwaltungszwangsverfahren**, das in erster Linie **bei öffentlich-rechtlichen Forderungen** Anwendung findet und der **gerichtlichen Zwangsvollstreckung**, die vor allem **bei privatrechtlichen Forderungen** in Frage kommt.

Die Durchführung der Zwangsvollstreckung folgt den Vorschriften der ZPO; danach ist es vor allem Aufgabe des Vollstreckungsgerichts bzw. eines Gerichtsvollziehers, die Zwangsvollstreckung durchzuführen. Die Gemeindekasse hat hier lediglich die Voraussetzungen zu erfüllen, die nach der ZPO einer Einleitung der Zwangsvollstreckung vorausgehen soll. Die Gemeindekasse wird hier insbesondere sicherstellen, daß eine Mahnung erfolgt, die gerichtliche Einziehung androhen und schließlich den Antrag auf Erlaß eines gerichtlichen Mahnbescheids bei dem zuständigen Amtsgericht stellen.

Das Verwaltungszwangsverfahren hat das Verwaltungsvollstreckungsgesetz zur Grundlage. Die Kasse wird bei Forderungen, die im Verwaltungszwangsverfahren einzuziehen sind, nach der Fälligkeit zunächst mahnen (die Mahnung ist allerdings keine zwingende Voraussetzung für Vollstreckungshandlungen) und dann nach einer angemessenen Frist den Vollziehungsbeamten mit der Einziehung nach dem Verwaltungszwangsverfahren beauftragen.

1.2 Die Gemeindekasse als Einheitskasse

Nach den grundsätzlichen Bestimmungen in § 98 NGO sind alle Kassengeschäfte einheitlich von der Gemeindekasse zu erledigen. Dies bedeutet, daß es anderen Dienststellen grundsätzlich nicht gestattet ist, Kassengeschäfte wahrzunehmen.

Gemäß § 13 GemKVO dürfen Zahlungsmittel (Bargeld, Schecks) grundsätzlich nur in den Räumen der Gemeindekasse und nur von den damit beauftragten Bediensteten angenommen oder ausgehändigt werden. Außerhalb dieser Räume dürfen Zahlungsmittel nur von solchen Personen angenommen oder ausgehändigt werden, die hierzu besonders ermächtigt sind.

Sofern es aus organisatorischen Gründen erforderlich erscheint, können entsprechend § 3 GemKVO für bestimmte Kassengeschäfte **Zahlstellen** als Teile der Gemeindekasse eingerichtet werden (z.B. beim Sozialamt, Museum). Die Aufgaben

---

1 Vgl. zur „Einheitskasse" Abschnitt 1.2.

der einzelnen Zahlstellen können je nach Bedarf geregelt werden. Sie können von der Annahme bestimmter Einnahmen bis zur Wahrnehmung aller Kassenaufgaben für bestimmte Bereiche der Verwaltung reichen. Die Einnahmen und Ausgaben der Zahlstelle gehen einzeln oder zusammengefaßt in die Bücher der Gemeindekasse über. Für die einzelnen Zahlstellen können unterschiedliche Zeitabstände für die Abrechnung festgelegt werden. Die Abrechnung muß jedoch spätestens zum Jahresschluß vorgenommen werden. Die Zahlstellen können organisatorisch den Dienststellen zugeordnet sein, bei denen sie eingerichtet werden. Sie bleiben aber Teile der Gemeindekasse und unterstehen fachlich dem Kassenverwalter. Sofern die Zahlstellen grundsätzlich nur Einnahmen anzunehmen haben, kann gemäß den niedersächsischen Verwaltungsvorschriften zur GemKVO die Fachaufsicht auch anderen Gemeindebediensteten übertragen werden.

Einzelnen Dienststellen oder einzelnen Bediensteten können im Rahmen von § 4 GemKVO **Handvorschüsse** gewährt werden. Die Handvorschüsse dienen zur Leistung betragsmäßig geringfügiger Zahlungen, die regelmäßig anfallen und zweckmäßigerweise sofort bar geleistet werden (z. B. für Porto, Frachtkosten, Zeitungsgeld). Des weiteren können Handvorschüsse gewährt werden, um Wechselgeld zur Verfügung zu stellen.

Zur Gewährung eines Handvorschusses bedarf es einer Auszahlungsanordnung, die im Vorschußbuch zu buchen ist.

Die Bediensteten, die Handvorschüsse verwalten, unterstehen organisatorisch in der Regel nicht der Gemeindekasse. Sie sind ihrer Dienststelle für die ordnungsgemäße Verwaltung der Mittel verantwortlich.

Für die Annahme geringfügiger Barzahlungen können **Geldannahmestellen** errichtet werden. Für die Geldannahmestellen gelten die Regelungen für Handvorschüsse sinngemäß.

Da die Zahlstellen und die Geldannahmestellen mit der Kasse in Abrechnungsverkehr stehen und auch die Handvorschüsse über die Gemeindekasse abgerechnet werden, bleibt insoweit der Grundsatz der Kasseneinheit unberührt. Eine vollständige Ausnahme vom Grundsatz der Kasseneinheit stellen lediglich die Sonderkassen dar. **Sonderkassen** sind nach § 104 NGO für Sondervermögen und Treuhandvermögen, für die Sonderrechnungen geführt werden, einzurichten. Ferner sind für kaufmännisch geführte kommunale Einrichtungen Sonderkassen einzurichten. – Lediglich dann, wenn – abweichend vom Grundsatz der Haushaltseinheit – für gemeindliche Einrichtungen Sonderhaushaltspläne oder Wirtschaftspläne aufgestellt werden, ist also auch die Einrichtung von Sonderkassen vorgeschrieben.

Die Gemeindekasse hat alle Kassengeschäfte der Gemeinde zu erledigen **(Einheitskasse)**.

Wichtige Pflichtaufgaben der Kasse sind:
- Abwicklung des Zahlungsverkehrs,
- Verwaltung der Kassenmittel,
- Verwahrung von Wertgegenständen,
- Buchführung und Belegsammlung,
- Mahnung und Beitreibung von Geldbeträgen.

Ein wichtiger Gesichtspunkt bei der Regelung des Kassenwesens ist die Kassensicherheit, der Schutz vor Entwendung, Veruntreuung und Vernichtung.

Aufbau der Gemeindekasse im Überblick

Gemeindekasse

„Die Gemeindekasse erledigt alle Kassengeschäfte der Gemeinde"

Gesetzliche Grundlagen: NGO §§ 98, 99 und GemKVO + VV

Aufgaben: Alle Kassengeschäfte der Gemeinde gem. §§ 1 und 2 GemKVO (Traditionelle Kassengeschäfte: Zahlungsverkehr, Verwahrgeschäfte, Buchführung; zusätzl. Pflichtaufgaben: Mahnung, Beitreibung . . .; weitere Aufgaben § 1 (3) u. ggf. fremde Kassengeschäfte).

Organisation: Die Gemeindekasse ist eine eigene Dienststelle.

Die fachliche Weisungsbefugnis obliegt dem Kassenverwalter.

Die Kassenaufsicht obliegt dem Gemeindedirektor, soweit er damit nicht jemand anderes beauftragt hat.

Die Prüfung obliegt dem örtlichen Rechnungsprüfungsamt und den Kommunalprüfungsämtern als überörtliche Prüfungseinrichtung.

Buchführung: Kameralistik (Zeitbuch, Sachbuch u. weitere Bücher) / Abschluß durch die Kassenrechnung.
Zu festgelegten Terminen Abrechnung mit:

◀— ZAHLSTELLEN   und   HANDVORSCHÜSSEN, GELDANNAHMESTELLEN ◀—

Sonderkassen

„Für Sondervermögen und Treuhandvermögen, für die Sonderrechnungen geführt werden, sind Sonderkassen einzurichten."

Gesetzl. Grundlagen:
§ 104 NGO
§§ 42−44 GemKVO

Aufgaben: Erledigung aller Kassengeschäfte des Sonder- bzw. Treuhandvermögens.

Organisation: Im Verbund mit der GK oder Eigenständigkeit, je nach Umfang der Aufgaben.

Die fachliche Aufsicht liegt je nach Organisation beim Kassenverwalter der GK bzw. beim Kassenverwalter der Sonderkasse.

Buchführung: Je nach der Art der Sonderkasse entweder Kameralistik nach der GemKVO oder kaufmännische Buchführung.

Beispiele: Rechtlich selbständige örtliche Stiftungen, Eigenbetriebe, Krankenhäuser.

Die Gemeinden können mit Genehmigung der Aufsichtsbehörde nach § 99 NGO die Kassengeschäfte ganz oder zum Teil von einer Stelle außerhalb der Gemeindeverwaltung besorgen lassen, wenn die ordnungsgemäße Erledigung und die Prüfung nach den für die Gemeinde geltenden Vorschriften gewährleistet ist.

Zahlstellen

Gesetzl. Grundlagen:
§ 3 GemKVO/VV

Aufgaben: Je nach Einzelfall von der Annahme bestimmter Einnahmen bis zur Erledigung aller Aufgaben der GK für einen bestimmten Bereich der Verwaltung.

Organisation: Teil der GK. Die Fachaufsicht obliegt dem Kassenverwalter. Die organisatorische Zuordnung zu den jeweiligen Dienststellen ist möglich.

Buchführung: Je nach Aufgabe vollständige Buchführung für den Teilbereich oder einfaches Anschreiben; Übernahme der Einnahmen u. Ausgaben in die Bücher der GK spätestens zum Jahresschluß.

Beispiele: Gebührenkassen, Zahlstellen im Sozialamt.

Handvorschüsse u. Geldannahmestellen

Gesetzl. Grundlagen:
§ 4 GemKVO/VV

Aufgaben: Handvorschüsse dienen zur Leistung geringf. Barzahlungen, die regelmäßig anfallen, und als Wechselgeld. Geldannahmestellen können für die Annahme geringfügiger Barzahlungen eingerichtet werden.

Organisation: Organisatorische Zuordnung zu den jeweiligen Dienststellen, denen auch die fachliche Weisungsbefugnis obliegt.

Buchführung: Einfache Form der Aufzeichnung je nach Einzelfall; i. d. R. monatliche Abrechnung mit der GK. ——

Beispiele: Kassen für Porto, Zeitungsgeld usw. oder als Wechselgeld für Vollzugsbeamte, Kassen für Eintrittsgelder.

2 Kassenanordnungen

Situation:

Zu Beginn ihrer Tätigkeit als Buchhalterin muß sich die Verwaltungsfachangestellte Christa Berger mit der Vielfalt der Kassenanordnungen: Auszahlungsanordnungen, Daueranordnungen, Abgangsanordnungen, Anordnungen zur inneren Verrechnung, Sammelanordnungen usw. erneut vertraut machen. Sie macht sich daher noch einmal die Bedeutung der Anordnungen klar und bringt dann mit Hilfe der Gemeindekassenverordnung (§ 6) erst einmal Ordnung in diese Vielfalt der Anordnungen.

Sachdarstellung:

Die Gemeindekasse darf gemäß § 6 GemKVO grundsätzlich nur aufgrund einer schriftlichen Anordnung (Kassenanordnung) Zahlungen annehmen oder leisten und Buchungen für die ihr obliegende Buchführung vornehmen[1].

Die Kassenanordnungen stellen das Bindeglied zwischen denjenigen, die über die Haushaltsmittel zu verfügen haben (Anordnungsberechtigte) und der ausführenden Kasse dar.

Wer Kassenanordnungen erteilen darf, ist vom Gemeindedirektor zu regeln. Aus Sicherheitsgründen sollte der Kreis der Anordnungsberechtigten nicht zu groß sein. Bedienstete der Kasse dürfen nach § 98 (5) NGO und § 6 (3) GemKVO keine Kassenanordnungen erteilen. Ferner dürfen der Leiter und die Prüfer des Rechnungsprüfungsamtes nach § 118 (5) NGO keine Zahlungsanordnungen erteilen. Die Namen und Unterschriften der Anordnungsberechtigten sind der Kasse mitzuteilen.

Die Kasse hat die Anordnungen auf die Übereinstimmung mit den Vorschriften zu überprüfen.

2.1 Arten der Kassenanordnungen

Entsprechend § 6 GemKVO gibt es drei Arten von Kassenanordnungen:
- Zahlungsanordnungen,
- Buchungsanordnungen,
- Einlieferungs- und Auslieferungsanordnungen.

Zahlungsanordnungen ordnen die Annahme von Einnahmen oder die Leistung von Ausgaben und die damit verbundenen Buchungen an. Sie sind für alle von der Kasse anzunehmenden und auszuzahlenden Beträge zu erteilen.

Buchungsanordnungen ordnen Buchungen an, ohne zugleich eine Zahlung anzuordnen. Buchungsanordnungen sind für alle Buchungen erforderlich, die das Ergebnis in den Büchern ändern, soweit sie nicht mit einer Zahlung verbunden sind.

Einlieferungsanordnungen (Auslieferungsanordnungen) ordnen die Annahme (Ausgabe) eines Gegenstandes für das Verwahrgelaß und die damit verbundene Buchung an.

Bei den Zahlungsanordnungen unterscheidet man zwischen Annahmeanordnungen und Auszahlungsanordnungen. Entsprechend besonderen Merkmalen werden Zahlungsanordnungen weiter unterteilt (vgl. folgende Übersicht).

---

1 Ausnahmen von diesem Grundsatz vgl. Kap. 2.1.3.

Übersicht über Kassenanordnungen:

Kassenanordnungen		
Buchungsanordnungen Anordnungen für Buchungen, die das Ergebnis in den Büchern ändern, ohne mit einer Zahlung verbunden zu sein	**Zahlungsanordnungen** = Annahmeanordnungen + Auszahlungsanordnungen	**Einlieferungsanordnungen** **Auslieferungsanordnungen** Anordnungen zur Annahme bzw. Ausgabe eines Gegenstandes für das Verwahrgelaß und die damit verbundene Buchung

Sammelanordnung Anordnung einzelner Zahlungen an mehrere Empfänger bzw. von mehreren Zahlungspflichtigen	**Einzelanordnung** Anordnung einzelner Zahlungen an einen Empfänger bzw. von einem Zahlungspflichtigen	**Daueranordnung** Anordnungen für Zahlungen an mehreren Fälligkeitsterminen an einen Empfänger bzw. von einem Zahlungspflichtigen
	Zugangsanordnungen Anordnungen, die den Betrag einer erteilten Anordnung erhöhen	**Abgangsanordnungen** Anordnungen, die den Betrag einer erteilten Anordnung vermindern
►Einnahme Umbuchungsanordnung	►Innere Verrechnungsanordnung◄	►Ausgabe Umbuchungsanordnung◄
Anordnungen zur Umbuchung eines Betrages zwischen Einnahmehaushaltsstellen	Anordnungen für kasseninterne Zahlungen von der Ausgabe an die Einnahme	Anordnungen zur Umbuchung eines Betrages zwischen Ausgabehaushaltsstellen

2.1.1 Zahlungsanordnungen

Zahlungsanordnungen ordnen die Annahme von Einnahmen oder die Leistung von Ausgaben und die damit verbundenen Buchungen an.

Der Mindestinhalt einer Zahlungsanordnung wird durch § 7 GemKVO festgelegt.

Inhalt einer Zahlungsanordnung nach § 7 GemKVO

Die Zahlungsanordnung muß enthalten:

1. den anzunehmenden oder auszuzahlenden Betrag,
2. den Grund der Zahlung,
3. die zahlungspflichtige oder empfangsberechtigte Person oder Stelle,
4. den Fälligkeitstag,
5. die Buchungsstelle und das Haushaltsjahr,
6. die sachliche und rechnerische Feststellung oder die Bestätigung, daß die sachliche und rechnerische Feststellung nach § 11 Abs. 1 oder § 12 Abs. 2 GemKVO vorliegt,
7. das Datum der Anordnung,
8. die Unterschrift des Anordnungsberechtigten.

Am Beispiel einer Auszahlungsanordnung und einer Annahmeanordnung sollen diese Pflichtbestandteile von Zahlungsanordnungen noch einmal verdeutlicht werden. Die acht vom § 7 GemKVO geforderten Bestandteile sind in der Anordnung durch entsprechende Ziffern gekennzeichnet.

Durch Dienstanweisung werden für Zahlungsanordnungen häufig noch weitere Angaben vorgeschrieben, z.B. die Eintragung der Nummer der Haushaltsüberwachungsliste oder eine Bestätigung, daß die Mittel haushaltsrechtlich zur Verfügung stehen. Ferner wird häufig vorgeschrieben, daß der Betrag nicht nur in Ziffern, sondern auch in Buchstaben anzugeben ist.

Die sachliche und rechnerische Feststellung hat zum Inhalt, daß der Anspruch oder die Zahlungsverpflichtung auf den Grund und auf die Höhe hin geprüft und für richtig befunden wurde. Wer sachliche und rechnerische Feststellungen treffen darf, ist vom Gemeindedirektor (z.B. durch Dienstanweisung) zu regeln. Im Falle von automatisierten Verfahren beinhalten die Feststellungsvermerke die Richtigkeit der Eingabedaten, Anwendung der gültigen Programme und die Richtigkeit der Datenausgabe.

Stadt H.

Amt: _20_

Auszahlungsanordnung
an die Stadtkasse H.

Beleg-Nr.

füllt Stadtkasse aus

HJ | 99

BUA 750

SA 21	Bu.Schl. 100	Verrechnungsstelle 1 9,1,0,0 8,0,8,0,0,0 3	Vorhaben	20 Beleg-Nr.	01 Auftrags-Nr.	30 Ko.St.

02	Betrag _1,2,0,0,0,0,0_	DM in Worten _zwölftausend_

07 Fälligk.-Dat. _1,1,0,5,9,9_	06 ◀ Dauer-Schl.	03 ◀ Nr. der Abschlagzahlung, bei Schlußzahlung = '99'

08 Rechnungsdat.	09 Verwendungszweck (Rechnungs-Nr., Kunden-Nr.) _ZINSEN FUER DARLEHEN 365_	22 ◀ Aufnahme als Stammlieferant ja = '1'

10	51 Bankleitzahl _2,5,0,5,0,0,0,0_	11 Konto-Nr. _9,8,6,7,3,0,0,0,9,0_	Bankverbindung: _Norddeutsche Landesbank_

Felder 51 + 11 = Lieferanten-Nr.

SA 22	12 Name, Vorname _N,O,R,D,D, ,L,A,N,D,E,S,B,A,N,K_

Ausfüllen dieser Felder ist
nicht nötig, wenn der
Zahlungsempfänger im
Lieferantenverzeichnis
enthalten ist.

13 PLZ Ort _3,8,1,0,0 BRAUNSCHWEIG_

14 Straße, Haus-Nr.

Sa 23	21 Berlinförderungs-Betrag	23 Interner Erläuterungstext f. Sachkto. (HUL)

Sachlich und rechnerisch richtig:	Zur Zahlung angeordnet. Ausgabemittel stehen haushaltsrechtlich zur Verfügung.
Gruber	H. , den _4.5.99_
_4.5.99_	Der Oberstadtdirektor I. A. _Schmid_

238

Die wichtigsten Bestimmungen zur Feststellung der sachlichen und rechnerischen Richtigkeit enthält die folgende Übersicht.

Die sachliche und rechnerische Feststellung nach § 11 GemKVO

In welchen Fällen ist die Feststellung zu treffen? ⟶	Jeder Anspruch und jede Zahlungsverpflichtung sind auf ihren Grund und ihre Höhe zu prüfen. (Ausnahme: die Feststellung entfällt in den Fällen des § 10 Abs. 2, Nr. 1 und 2 und Abs. 3)
Wann ist die Feststellung zu treffen? ⟶	Bei Anordnungen nach § 7 ist die Feststellung vor Erteilung der Anordnung zu treffen. Sonst ist die Feststellung nach Eingang oder Leistung der Zahlung unverzüglich nachzuholen.
Wer trifft die Feststellung? ⟶	Wer die Feststellung treffen darf, ist vom Gemeindedirektor bzw. Oberkreisdirektor zu regeln. Grundsätzlich gilt: – die sachliche Richtigkeit stellen Beamte bzw. Angestellte, die den entsprechenden Sachverhalt beurteilen können, fest, – die rechnerische Richtigkeit können i. d. R. Beamte und Angestellte feststellen, die mindestens dem mittleren Dienst bzw. der Vergütungsgruppe BAT VIII angehören.
Wer darf die Feststellung grundsätzlich nicht treffen? ⟶	– Bedienstete, die die Anordnung unterschreiben, – Bedienstete in Angelegenheiten, die ihre eigene Person betreffen, – Bedienstete der Gemeindekasse, wenn nicht der Sachverhalt nur von diesen Bediensteten beurteilt werden kann und diese selbst nicht Zahlungen vornehmen.

Einen geringeren Inhalt als Einzelanordnungen haben allgemeine Zahlungsanordnungen nach § 8 GemKVO. Bei diesen reichen die folgenden Angaben:

> **Inhalt von allgemeinen Zahlungsanordnungen nach § 8 GemKVO**
> — den Grund der Zahlung,
> — die Buchungsstelle und das Haushaltsjahr,
> — das Datum der Anordnung,
> — Unterschrift des Anordnungsbefugten[1].

Der § 8 GemKVO regelt im einzelnen, in welchen Fällen allgemeine Zahlungsanordnungen zulässig sind, genannt werden hier die 5 unten aufgeführten Fälle.

> Zulässigkeit allgemeiner Zahlungsanordnungen für
>
> 1. Einnahmen, die dem Grunde nach häufig anfallen, ohne daß der Zahlungspflichtige oder die Höhe vorher feststehen;
>   Beispiel: Verzugszinsen
>
> 2. regelmäßig wiederkehrende Ausgaben, für die der Zahlungsgrund und die Empfangsberechtigten, nicht aber die Höhe für die einzelnen Fälligkeitstermine feststehen;
>   Beispiel: Telefongebühren
>
> 3. geringfügige Ausgaben, für die sofortige Barzahlung üblich ist;
>   Beispiele: Zeitungsgebühren, Postgebühren
>
> 4. Ausgaben für Gebühren, Zinsen und ähnliche Kosten, die bei der Erledigung der Aufgaben der Gemeindekasse anfallen.
>   Beispiele: Kontokorrentzinsen, Kontoführungsgebühren
>
> 5. Der Gemeindedirektor kann ferner allgemeine Zahlungsanordnungen zulassen für Einnahmen, die nach Rechtsvorschriften oder allgemeinen Tarifen erhoben werden, falls gewährleistet ist, daß die Kasse rechtzeitig vor Fälligkeit die erforderlichen Unterlagen erhält.
>   Beispiel: Müllgebühren

Eine allgemeine Auszahlungsanordnung besonderer Art ist die **Auszahlungsanordnung für das Lastschrifteinzugsverfahren**. Durch eine derartige Anordnung wird die Gemeindekasse angewiesen, Forderungen bestimmter Art vom Konto der Gemeindekasse durch ein Kreditinstitut oder einen Empfangsberechtigten abbuchen zu lassen.

§ 9 GemKVO stellt allerdings bestimmte Anforderungen an den Empfangsberechtigten bzw. an das abbuchende Kreditinstitut. So darf eine solche Anordnung nur gegeben werden, wenn zu erwarten ist, daß der Empfangsberechtigte ordnungsgemäß mit der Gemeindekasse abrechnet, die Forderungen des Empfangsberechtigten zeitlich und der Höhe nach abzuschätzen sind und gewährleistet ist, daß das Kreditinstitut den abgebuchten Betrag auf dem Konto der Gemeindekasse wieder gutschreibt, wenn die Gemeinde in angemessener Frist der Abbuchung widerspricht.

---

1 Die Feststellung der sachlichen und rechnerischen Richtigkeit ist nach der Zahlung unverzüglich nachzuholen.

2.1.2 Buchungsanordnungen

Buchungsanordnungen ordnen Buchungen an, ohne zugleich eine Zahlung anzuordnen. Sie sind für alle Buchungen erforderlich, die das Ergebnis in den Büchern ändern, soweit sie nicht mit einer Zahlung verbunden sind.

Den Inhalt von Buchungsanordnungen regelt die GemKVO nicht. Sie schreibt für die Buchungsanordnungen lediglich die Schriftform vor.

Da Buchungsanordnungen nur Buchungen anordnen und nicht zugleich Zahlungen, sind im Hinblick auf die Kassensicherheit nähere Regelungen nicht notwendig.

Buchungsanordnungen sind erforderlich für die beim Jahresabschluß zu bildenden Haushaltsreste und für die beim Jahresabschluß festzusetzenden Bereinigungen der Kasseneinnahmereste.

2.1.3 Ausnahmen vom Erfordernis der Zahlungsanordnung

Einnahmen darf die Gemeindekasse auch ohne Anordnung annehmen und buchen, sofern zu erkennen ist, daß sie empfangsberechtigt ist. Die Annahmeanordnung ist in diesem Fall unverzüglich einzuholen.

Einnahmen, die die Gemeindekasse entsprechend der Aufgabenfestlegung selbst festzusetzen hat (z. B. Säumniszuschläge, Vollstreckungskosten), darf sie endgültig ohne Annahmeanordnung annehmen und buchen. – In Nordrhein-Westfalen ist dafür allerdings eine allgemeine Kassenanordnung erforderlich.

Für irrtümliche Einzahlungen sowie für die Auszahlung solcher Einzahlungen bedarf es keiner Kassenanordnungen.

Gemäß § 10 GemKVO darf die Gemeindekasse auch ohne Annahmeanordnung Mittel annehmen und buchen, die sie von einer anderen Stelle für Auszahlungen für Rechnung dieser Stelle erhält (z. B. Lastenausgleich). Ferner darf sie ohne Auszahlungsanordnung die Mittel auszahlen und buchen, die für Rechnung einer anderen Stelle angenommen wurden und an diese andere Stelle abzuführen sind (z. B. Beiträge an einen Zweckverband).

2.2 Ausführung der Kassenanordnungen, Zahlungsverkehr

Der von der Kasse aufgrund der Kassenanordnungen wahrzunehmende Zahlungsverkehr kann bar oder unbar oder ggf. durch Verrechnung (Aufrechnung) vorgenommen werden. Im Hinblick auf die Kassensicherheit ist der Zahlungsverkehr nach Möglichkeit unbar abzuwickeln. Es ist zu beachten, daß die Abgrenzung der Zahlungsarten nach der Gemeindekassenverordnung von der Abgrenzung im allgemeinen Sprachgebrauch abweicht.

Es ist üblich, die Zahlungsarten nach der Anzahl der mit Bargeld in Berührung kommenden Beteiligten in drei Gruppen einzuteilen.

16 Grommas/Bartels – ISBN 3-8120-0430-5

Zahlungsarten nach dem allgemeinen Sprachgebrauch		
1. Barzahlung Zahlungserbringer und Zahlungsempfänger kommen mit Bargeld in Berührung – direkte Übergabe von Bargeld – Postanweisung – Wertbrief	**2. Halbbare Zahlung** Nur der Zahlungserbringer bzw. der Zahlungsempfänger kommt mit Bargeld in Berührung – Zahlkarte – Zahlschein – Barscheck	**3. Bargeldlose Zahlung** Weder der Zahlungserbringer noch der Zahlungsempfänger kommen mit Bargeld in Berührung – Überweisung – Verrechnungsscheck

Die Gemeindekassenverordnung gibt im § 47 Ziffer 7 eine andere Einteilung der Zahlungsarten vor.

Zahlungsverkehr nach § 47, 7. GemKVO		
Barzahlung – die Übergabe oder Übersendung von Bargeld – die Übergabe von Schecks und Postschecks sowie von Wechseln	**Verrechnungen** – Zahlungen, die durch den buchmäßigen Ausgleich zwischen Einnahmen und Ausgaben bewirkt werden, ohne daß die Höhe des Kassensollbestandes verändert wird	**Unbare Zahlungen** – die Überweisung oder Einzahlung auf ein Konto der Gemeindekasse – Überweisung oder Auszahlung von einem solchen Konto – die Übersendung von Schecks oder Postschecks sowie von Wechseln

Abweichungen bei diesen beiden Klassifizierungen zeigen sich vor allem darin, daß die Formen der halbbaren Zahlung nach dem Gemeindekassenrecht weitgehend der unbaren Zahlung zugerechnet werden (soweit sie zu Gutschriften auf den Konten der Gemeindekasse führen), daß Verrechnungen gesondert aufgeführt sind und daß die **Übergabe von Schecks, Postschecks und Wechseln zur Barzahlung** zählt, während die **Übersendung von Schecks, Postschecks und Wechseln zur unbaren Zahlung** rechnet.

Der Grund für diese Abweichungen vom allgemeinen Sprachgebrauch dürfte vor allem darin liegen, daß alle Zahlungsvorgänge, die dazu führen, daß der Kassierer Zahlungsmittel (auch Schecks und Wechsel) in die Hand bekommt, der Barzahlung zugerechnet werden sollen, weil einige weitere Vorschriften zur Kassensicherheit bezug auf die „Barzahlung" nehmen.

Zu einigen Formen der Zahlung sollen hier noch Anmerkungen folgen.

2.2.1 Die Barzahlung

Zur Barzahlung zählt nach § 46 Nr. 7 GemKVO die Übergabe oder Übersendung von Bargeld und die Übergabe von Schecks sowie ausnahmsweise Wechseln. Über jede Bareinzahlung, die durch Übergabe von Bargeld, Schecks und ausnahmsweise Wechsel geleistet wird, hat die Gemeindekasse eine Quittung auszustellen. Auch Geldannahmestellen haben Quittungen zu erteilen. Bei Zahlung durch Scheckübergabe ist dies anzugeben und außerdem muß die Quittung den Vermerk „Eingang vorbehalten" enthalten. Für Barzahlungen, die den Gegenwert für verkaufte Wertzeichen oder geldwerte Drucksachen (= verkäufliche Drucksachen wie z. B. Theaterprogramme) darstellen, bedarf es keiner Quittung[1].

Quittungen müssen in der Regel folgendes enthalten:

1. das Empfangsbekenntnis,
2. den Zahlungspflichtigen,
3. den Betrag (in Zahlen und ggf. in Worten),
4. den Einzahlungsgrund,
5. Ort und Tag der Einzahlung,
6. die Bezeichnung der annehmenden Kasse,
7. einen Hinweis zur Buchführung (z. B. Maschinenlaufnummer).

Für bestimmte Zahlungen (z. B. Eintrittsgelder) kann eine vereinfachte Quittungsregelung (Eintrittskarte) vorgesehen werden.

Die Namen und Schriftzüge der zur Quittungsleistung durch Unterschrift berechtigten Bediensteten sind durch Aushang im Kassenraum bekanntzugeben. Bei maschineller Quittung genügt das Handzeichen des annehmenden Kassenbediensteten.

Barauszahlungen darf die Gemeindekasse nur gegen Quittung vornehmen. Für besondere Fälle kann der Gemeindedirektor einen anderen Nachweis zulassen.

2.2.2 Die unbare Zahlung

Zur unbaren Zahlung zählt nach § 46 Ziffer 7 GemKVO die Überweisung oder Einzahlung auf ein Konto der Gemeindekasse, die Überweisung oder Auszahlung von einem solchen Konto und die Übersendung von Schecks, Postschecks sowie von Wechseln.

Die Zahlung durch Überweisung

Beispiel:

Der Gewerbetreibende W. Krause in Berghausen hat von der Stadtverwaltung (Steueramt) einen Steuerbescheid über eine Gewerbesteuerrestzahlung in Höhe von 6 480,— DM erhalten. Er überweist den Betrag am 03.04.19.. von seinem Konto 0 142 016 978 bei der Sparkasse Berghausen auf das Konto der Stadtkasse Berghausen bei der Volksbank Berghausen Kontonummer 44 333.

Voraussetzung für die Teilnahme am Überweisungsverkehr ist, daß beide Beteiligte (Zahlungserbringer und Zahlungsempfänger) ein Konto bei einem Kreditinstitut (Bank, Sparkasse, Volksbank) besitzen.

Der Zahlungserbringer (hier W. Krause) übergibt den ausgefüllten Überweisungsvordruck (siehe S. 245) seinem Kreditinstitut (hier Sparkasse Berghausen). Die Überweisung wird durch das kontoführende Institut aufgrund des „Überweisungsauftrags", der bei der Bank verbleibt, durch Umbuchung des Zahlungsbetrages vom Konto des

---

1 Für unbare Zahlungen sind nur auf Verlangen Quittungen zu erteilen, dabei ist der Zahlungsweg anzugeben.

Zahlungserbringers auf das Konto des Zahlungsempfängers durchgeführt[1]. Der Empfänger (Stadtkasse Berghausen) erhält die „Gutschriftsanzeige" auf seinem Kontoauszug.

Einige Sonderformen der Überweisung erleichtern unter bestimmten Voraussetzungen den Überweisungsverkehr. Für **regelmäßig wiederkehrende Zahlungen in gleicher Höhe** (z.B. Mieten) kann der Zahlungserbringer seiner Bank einen **Dauerauftrag** erteilen. Das Kreditinstitut führt dann regelmäßig zu den angegebenen Terminen den Überweisungsauftrag durch.

Sollen **regelmäßige Zahlungen mit wechselnden Beträgen** erfolgen (Telefongebühren, Zahlungen für Strom und Wasser), scheidet der Dauerauftrag als Form der Überweisung aus. Der Zahlungserbringer kann in diesen Fällen seinem **Kreditinstitut** einen **Abbuchungsauftrag oder dem Zahlungsempfänger eine Einzugsermächtigung** erteilen. Die Bank des Zahlers führt dann vom Empfänger ausgefüllte Lastschriften zu Lasten des Zahlungserbringers ohne vorherige Rücksprache aus.

Die Gemeindekasse darf nach § 9 GemKVO nur unter ganz bestimmten Voraussetzungen diese Form der Zahlung wählen. Die Gemeindekasse benötigt dafür zunächst eine „Auszahlungsanordnung für das Lastschrifteinzugsverfahren". Diese Anweisung an die Kasse, einen Abbuchungsauftrag bzw. eine Einzugsermächtigung zu erteilen, darf nur unter folgenden Voraussetzungen gegeben werden.

Voraussetzungen für die Erteilung einer Auszahlungsanordnung für das Lastschrifteinzugsverfahren

Sie darf nur erteilt werden, wenn

1. zu erwarten ist, daß der Empfangsberechtigte ordnungsgemäß mit der Gemeindekasse abrechnet,
2. die Forderungen des Empfangsberechtigten zeitlich und der Höhe nach abzuschätzen sind und
3. gewährleistet ist, daß das Kreditinstitut den abgebuchten Betrag auf dem Konto der Gemeindekasse wieder gutschreibt, wenn die Gemeinde in angemessener Frist der Abbuchung widerspricht.

Inwieweit eine Gemeinde als Zahlungspflichtige am Lastschrifteinzugsverfahren teilnimmt, hängt also in erster Linie davon ab, ob der Zahlungsempfänger als zuverlässig erscheint. Daneben muß ferner berücksichtigt werden, daß die Kasse stets rechtzeitig genügend Mittel für die Abbuchung auf dem Konto bereitstehen haben muß. Durch viele Lastschrifteinzüge wird die Bewirtschaftung der Geldkonten erschwert. Einzugsermächtigungen sollten deshalb nur für wenige Ausgabearten erteilt werden (z.B. Telefongebühren, Gas-, Wasser- und Stromkosten, Zinsen und Tilgung für Kredite).

Die Gemeinden können sich auch als Zahlungsempfänger des Lastschrifteinzugsverfahrens bedienen. Für bestimmte Einnahmeforderungen (z.B. Grundsteuer, Gewerbesteuer, Mieten, Pachten) kann dies bei Anwendung eines geeigneten EDV-Verfahrens als vorteilhaft erscheinen.

---

1 Haben beide Beteiligten ein Konto bei demselben Institut, ist die Umbuchung problemlos. Bestehen die Konten bei verschiedenen Banken, muß über zwei miteinander in Kontoverbindung stehende Banken, z.B. die Zentralen der entsprechenden Gironetze, verrechnet werden, soweit die betreffenden Banken nicht selbst in Kontoverbindung stehen.

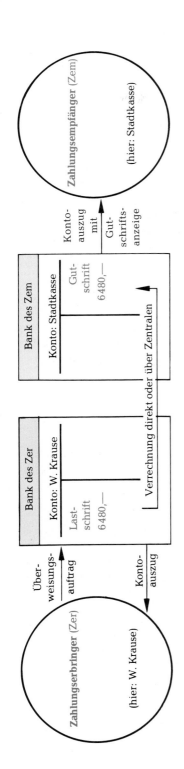

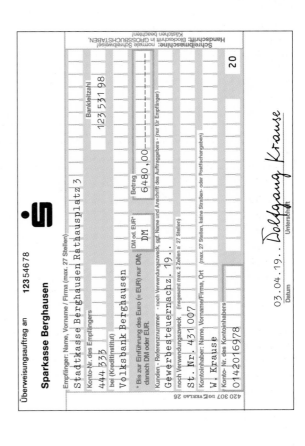

Die Zahlung durch Scheck

> **Beispiel:**
>
> Frau G. Kiehne begleicht ihre Hundesteuerschuld in Höhe von 104,— DM durch Übersendung[1] des unten abgebildeten Schecks an die Stadtkasse.

Bestandteile des Schecks

Nach Art. 1 des Scheckgesetzes enthält der Scheck folgende **gesetzliche Bestandteile**.

① Bezeichnung als Scheck,

② Anweisung zur Zahlung einer bestimmten Geldsumme,

③ den Bezogenen (Bank),

④ den Zahlungsort,

⑤ Ort und Datum der Ausstellung,

⑥ die Unterschrift des Ausstellers.

Die weiteren Bestandteile wie Kontonummer, Schecknummer, Bankleitzahl usw. dienen der Erleichterung der Abwicklung, sie werden als **kaufmännische Bestandteile** bezeichnet.

---

1 Die Übersendung eines Schecks stellt nach § 47 GemKVO eine Form der unbaren Zahlung, die Übergabe des Schecks eine Form der Barzahlung dar.

Der Zahlungsweg des Schecks

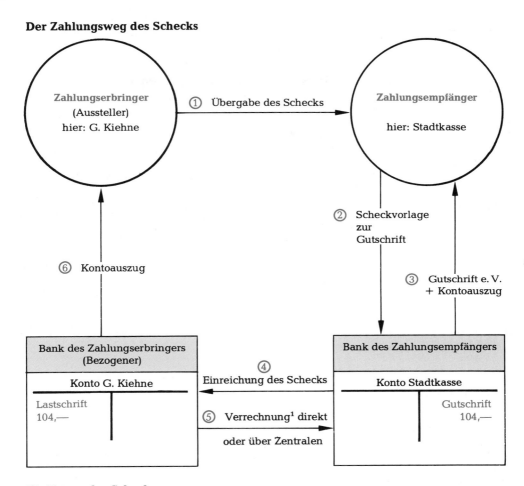

Einlösung des Schecks

Der **Scheck** ist nach Art. 28 SchG **bei Sicht zahlbar**[2]. Das Kreditinstitut wird daher den Scheckbetrag bei Vorlage dem Konto des Scheckeinreichers gutschreiben bzw. bei einem Barscheck bar auszahlen.

Ein Scheck, der im Inland ausgestellt ist, soll dem bezogenen Kreditinstitut innerhalb von 8 Tagen vorgelegt werden[3]. Nach Ablauf der Vorlegefrist ist das Kreditinstitut nicht mehr zur Einlösung verpflichtet. Wird der Scheck später vorgelegt, wird die Bank normalerweise den Scheck trotzdem einlösen, soweit er nicht nach Art. 32 SchG widerrufen („gesperrt") wurde.

Die Vorlegefrist beginnt an dem Tage zu laufen, der in dem Scheck als Ausstellungsdatum angegeben ist.

---

1 Kommunale Kassen müssen nach der Anlage zu § 14 GemKVO alle Schecks umgehend zu einem Verrechnungsscheck machen, eine sonst mögliche Barauszahlung entfällt hier also.

2 Ein vordatierter Scheck (angegebenes Ausstellungsdatum später als tatsächliches Datum der Ausstellung) ist trotzdem bei Sicht, also u. U. vor diesem angegebenen Datum, zahlbar. Der Scheck ist kein Kreditmittel.

3 Für Schecks, die im Ausland ausgestellt wurden, gelten nach Art. 29 SchG andere Fristen (20 bzw. 70 Tage).

Scheckarten

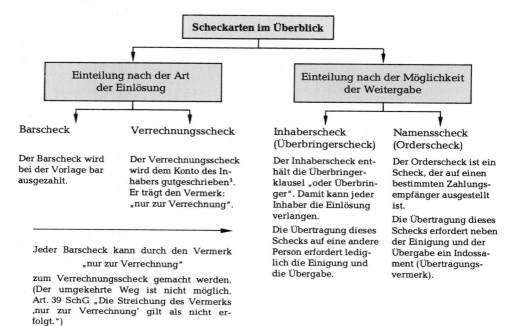

Scheckarten im Überblick

Einteilung nach der Art der Einlösung

Einteilung nach der Möglichkeit der Weitergabe

Barscheck

Der Barscheck wird bei der Vorlage bar ausgezahlt.

Verrechnungsscheck

Der Verrechnungsscheck wird dem Konto des Inhabers gutgeschrieben[1]. Er trägt den Vermerk: „nur zur Verrechnung".

Jeder Barscheck kann durch den Vermerk „nur zur Verrechnung" zum Verrechnungsscheck gemacht werden. (Der umgekehrte Weg ist nicht möglich. Art. 39 SchG „Die Streichung des Vermerks ‚nur zur Verrechnung' gilt als nicht erfolgt.")

Inhaberscheck (Überbringerscheck)

Der Inhaberscheck enthält die Überbringerklausel „oder Überbringer". Damit kann jeder Inhaber die Einlösung verlangen.

Die Übertragung dieses Schecks auf eine andere Person erfordert lediglich die Einigung und die Übergabe.

Namensscheck (Orderscheck)

Der Orderscheck ist ein Scheck, der auf einen bestimmten Zahlungsempfänger ausgestellt ist.

Die Übertragung dieses Schecks erfordert neben der Einigung und der Übergabe ein Indossament (Übertragungsvermerk).

Die Sonderform des „eurocheque"

Der „eurocheque" ist ein Scheck, der in Verbindung mit der entsprechenden Scheckkarte und bei Einhaltung der „ec-Bedingungen" mit einer besonderen Garantie ausgestattet ist. Die bezogene Bank garantiert die Einlösung des Scheckbetrages bis zur Höhe von 400,— DM bzw. den Gegenwert in Fremdwährung. Der Schecknehmer muß bei Annahme eines eurocheque die Übereinstimmung zwischen Scheck und Scheckkarte in bezug auf den Namen des Kreditinstituts, die Unterschrift, die Kontonummer, die Karten-Nr. prüfen. Außerdem hat er sich davon zu überzeugen, daß die Gültigkeitsdauer der Karte noch nicht abgelaufen ist. Der Scheck ist innerhalb der Vorlagefrist dem Kreditinstitut vorzulegen.

---

1 Der Verrechnungsscheck bietet gegenüber dem Barscheck eine erhöhte Sicherheit, da bei Verlust oder Diebstahl jederzeit der Einlöser des Schecks ermittelt werden kann.

Besondere Vorschriften für die Annahme von Schecks durch die Gemeindekasse

Bei der Annahme von Schecks und Wechseln[1] hat die Gemeindekasse die besonderen Vorschriften des § 14 GemKVO und der Anlage zu § 14 zu beachten:

— Schecks (dgl. Postschecks) sollen nur als Einzahlung angenommen werden, wenn sie innerhalb der Vorlagefrist dem bezogenen Kreditinstitut vorgelegt werden können.

— Ein angenommener Scheck ist unverzüglich als Verrechnungsscheck zu kennzeichnen, wenn er diesen Vermerk nicht bereits trägt.

— Angenommene Schecks sind unverzüglich bei einem Kreditinstitut zur Gutschrift auf einem Konto der Gemeinde einzureichen. Ihre Einlösung ist zu überwachen.

Hinweis: Die nach den scheckrechtlichen Bestimmungen mögliche Weitergabe an einen Dritten als Zahlungsmittel läßt die GemKVO damit nicht zu.

Die Überwachung der Einlösung ist erforderlich, da bei fehlender Deckung ein Scheck von der bezogenen Bank nicht eingelöst wird.

— Bevor ein Scheck eingelöst ist, dürfen Leistungen darauf nur erbracht werden, wenn der Scheck unter Vorlage einer Scheckkarte (z.B. ec-Scheck) übergeben wurde oder der Aussteller und das bezogene Kreditinstitut als vertrauenswürdig bekannt sind.

— Auf Schecks dürfen Geldbeträge nicht bar ausgezahlt werden. Der Gemeindedirektor kann Ausnahmen zulassen.

Fragen und Übungsaufgaben

1. Nennen Sie 5 wichtige Bestimmungen des Gemeindekassenrechts, die dem Schutz der Kasse vor Veruntreuung dienen sollen!

2. Die Aufgaben der Gemeindekasse können in die 4 Gruppen:

   (1) „Traditionelle Kassengeschäfte"   (3) „Weitere Aufgaben" und
   (2) „Zusätzliche Pflichtaufgaben"   (4) „Fremde Kassengeschäfte"

   eingeteilt werden.

   a) Nennen Sie die traditionellen Kassengeschäfte und zwei zusätzliche Pflichtaufgaben!
   b) Unter welchen Voraussetzungen können der Kasse „weitere Aufgaben" übertragen werden?

3. Die Buchhalterin B. und der Buchhalter D. sind bereits seit längerer Zeit befreundet. Sie teilen dem Leiter der Stadtkasse mit, daß sie in drei Wochen heiraten wollen. — Ist die beabsichtigte Heirat kassenrechtlich von Bedeutung?

4. Die Stadt R. hat ein neues Rathaus gebaut. Das Ordnungsamt soll jedoch im alten Gebäude verbleiben. Bislang wurde der gesamte Zahlungsverkehr von der Stadtkasse abgewickelt. Da jetzt zwischen Stadtkasse (neues Rathaus) und Ordnungsamt eine erhebliche Entfernung besteht, wird erwogen, dem Ordnungsamt zu ermöglichen, ebenfalls Gelder einzuziehen und auszuzahlen.

   a) Ist das möglich? Begründen Sie Ihre Antwort!
   b) Welche organisatorische Form kommt dafür in Frage?

---

1 Bei einem Wechsel handelt es sich um ein Wertpapier, durch das der Aussteller den Bezogenen unbedingt anweist, zu einem vorher vereinbarten Termin eine bestimmte Geldsumme an ihn oder eine andere Person zu zahlen. Wechsel dürfen von der Gemeinde als Sicherheitsleistung angenommen werden. Zahlungshalber dürfen Wechsel grundsätzlich nicht angenommen werden. Der Gemeindedirektor kann für bestimmte Fälle (in NRW bei Eigenbetrieben) Ausnahmen zulassen. Auszahlungen dürfen nicht durch Wechsel vorgenommen werden.

c) Welche weiteren „Abweichungen" vom Prinzip der Einheitskasse gibt es? Grenzen Sie die einzelnen Formen deutlich gegeneinander ab!

5. Warum werden sich die Maßnahmen zur Einziehung von fälligen Grundsteuerbeträgen einerseits und Benutzerentgelten für den Kindergarten andererseits unterscheiden? Welche Unterschiede bestehen?

6. Der Bauwillige B. hat vom Bauordnungsamt seine Baugenehmigung erhalten und will die Baugenehmigungsgebühr in der Stadtkasse einzahlen. Eine Anordnung liegt dem Buchhalter noch nicht vor. Darf der Buchhalter den Betrag auch ohne Anordnung annehmen?

7. Welche Form der Kassenanordnung ist in den folgenden Fällen zu erstellen? Begründen Sie Ihre Antwort!

7.1 Das Entgelt von F. Hartmann für Unterkunft und Verpflegung im Altenheim ist monatlich in Höhe von 230,— DM bei der Stadtkasse einzuzahlen.

7.2 An P. Pleite sind vom Sozialamt 180,— DM, an F. Geier 160,— DM und an O. Arm 210,— DM zu zahlen.

7.3 Anordnung zur Zahlung der Rechnung für Bücher für die Berufsschule 248,60 DM.

7.4 Bei der Zahlungsanordnung (vgl. 7.3) wurde vergessen, 3 % Skonto abzuziehen. Die Zahlung ist noch nicht erfolgt.

7.5 Den Stadtwerken (Eigenbetrieb der Stadt) soll ermöglicht werden, die Zahlungen der Stadt für Strom von einem Konto der Stadtkasse abzubuchen.

7.6 Paul Schusselig zahlte die Stromrechnung der Stadtwerke irrtümlich an die Stadtkasse, der Betrag soll weitergeleitet werden.

7.7 Für eine Ausstellung in den Räumen des Rathauses soll das „Ratssilber", das im Tresor der Stadtkasse aufbewahrt wird, von der Kasse herausgegeben werden.

8. a) Um welche Art von Anordnung handelt es sich bei den beiden abgebildeten Anordnungen?

b) Überlegen Sie sich jeweils ein Beispiel (Fall), bei dem diese Art der Anordnung Anwendung findet!

c) Kennzeichnen Sie jeweils die Pflichtbestandteile!

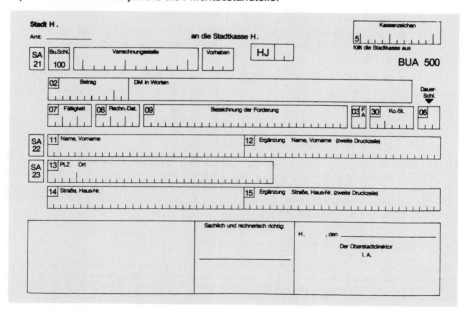

Stadt H.
Amt: _____

Anordnung
an die Stadtkasse H

Beleg-Nr.

füllt Stadtkasse aus

BUA 750   HJ ___   **BSCHL 100**

| SA 31 | Ausgabe | Verrechnungsstelle | Vorhaben | 20 Beleg-Nr. | 01 Auftrags-Nr. | 30 Ko.-St. |

Einnahme | 17 Verrechnungsstelle | 18 Vorh. | oder | 17 Kassenzeichen | 5 | 00 |

19 Objekt-Nr. | 22 ◄ Schlüssel '3', wenn Sollstellung bereits vollzogen ist, sonst leer. | 31 Ko.-St.

02 Betrag | 03 ◄ Nr. der Abschlagzahlung, bei Schlußzahlung = '99'.

08 Rechnungsdat. | 09 Verwendungszweck

SA 32 | 23 Interner Erläuterungstext f. Sachkonto (HUL) | Sachlich und rechnerisch richtig:

H ___ , den _____
Der Oberstadtdirektor
I. A.

Ermächtigung von StA. für die Ausgabe liegt vor.

9. Die Stadtkasse hat Karteikarten für ihre Buchhaltungen geliefert bekommen und muß dafür 127,— DM an die Lieferfirma D. zahlen. Zur Begleichung der Rechnung wird eine Auszahlungsanordnung ausgefüllt und vom Leiter der Stadtkasse unterzeichnet. Die sachliche und rechnerische Richtigkeit bescheinigt der stellvertretende Kassenleiter. Ein Prüfer des Rechnungsprüfungsamtes, der die Anordnung zu sehen bekommt, hat Zweifel an der Ordnungsmäßigkeit der erteilten Anordnung.

10. Die Stadtwerke (Eigengesellschaft der Stadt) bitten die Stadtverwaltung, die monatlichen Zahlungen für Strom vom Konto der Stadtkasse per Lastschrifteinzugsverfahren einziehen zu dürfen. Unter welchen Voraussetzungen kann diesem Wunsch entsprochen werden?

11. a) Nennen Sie drei verschiedene Fälle, bei denen eine allgemeine Zahlungsanordnung zulässig ist!

    b) Begründen Sie jeweils, warum hier diese Form der Zahlungsanordnung gewählt werden kann!

    c) Auf welche Angaben kann hier, im Gegensatz zu den Anforderungen an Zahlungsanordnungen nach § 7 GemKVO, verzichtet werden?

12. In welchen Fällen kann vorübergehend und wann endgültig auf eine Annahmeanordnung verzichtet werden?

13. Um welche Form der Zahlung nach § 47, 7 GemKVO handelt es sich bei den folgenden Zahlungsvorgängen?

    13.1 E. Hartmann übergibt der Stadtkasse einen Postscheck.

    13.2 Der Handwerker P. Müller teilt mit, daß er die fällige Steuerschuld als ausgeglichen betrachtet, da er aufgrund eines Werkvertrages eine entsprechende Forderung an die Stadt hat.

13.3 R. Garbs zahlt seine Gewerbesteuervorauszahlungen per Dauerauftrag an die Stadtkasse.

13.4 Der Unternehmer P. will seine fällige Grundsteuer mit einem Wechsel begleichen.

13.5 Lina Schmidt schickt in einem Wertbrief 104,— DM Hundesteuer an die Stadtkasse.

14. a) Was ist zu bedenken und zu tun, wenn der abgebildete Scheck am heutigen Tag 09.08. (02.08. bzw. 25.08.) vom Zahlungspflichtigen in der Kasse vorgelegt wird? Der fällige Betrag beläuft sich auf 106,— DM.

   b) Zu welcher „Zahlungsart" gehört dieser Zahlungsvorgang nach der Abgrenzung der GemKVO?

   c) Kennzeichnen Sie auf diesem Scheck die gesetzlichen Bestandteile eines Schecks!

   d) Erläutern Sie den Zahlungsweg des Schecks!

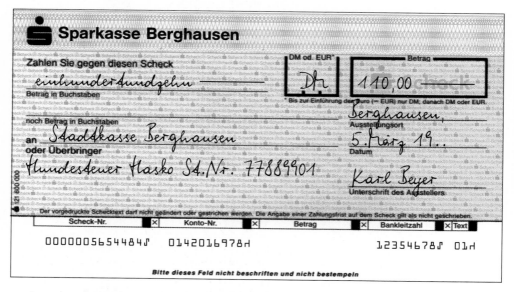

15. Nennen Sie die Sonderformen der Überweisung, die Sie kennen, und geben Sie je ein Beispiel, bei dem von dieser Sonderform Gebrauch gemacht werden kann!

16. Die Kassenanordnung, die nachfolgend abgebildet ist, ist auf förmliche und sachliche Richtigkeit zu prüfen!

Haushaltsstelle	Haush.-Soll	18 500,- DM	Beleg-Nr. _____
250 935	Anordn.-Soll	14 000,- DM	
	HÜL·Nr.		Haushaltsjahr 19·· _____

Auszahlungs-Anordnung

Zahlungsempfänger Firma Büroausstattungen Müller & Co Berghausen Steinstr. 14

Bankverbindung Kreisspark. Berghausen KtoNr. 446677   BLZ 123 465 89

Zahlungsgrund Lieferung eines Overhead-Projektors

für die Kreisberufsschule/ Rechnung vom 10.06.19··

über 720,- DM unter Abzug von 2% Skonto

Fälligkeit	☒ Sachlich und rechnerisch richtig	Geprüft
sofort	☒ Sachlich richtig ☒ rechnerisch richtig	**Rechnungsprüfungsamt**
am 20.06. 19··	Müller P. (BAT VI) Schmitt R. (BAT IX)	

Die Kreiskasse H   wird angewiesen, den Betrag von

705,60 _____ DM

in Worten: siebenhundert fünfxig und sechzigpfennig _____ Deutsche Mark
(Pf. wie oben)

zu zahlen und wie vorgeschrieben in Ausgabe nachzuweisen.
Die Mittel stehen haushaltsrechtlich zur Verfügung.

H   , den 23.08.19·· _____

LANDKREIS H
Der Oberkreisdirektor
I.V. / I.A.

P. Müller

Quittung	Zahlungsbeweis
	Es wurden gezahlt:
_____ DM	1. Bar _____ DM
in Worten: _____	2. Kreissparkasse _____ DM
	3. Kreissparkasse _____ DM
_____ Deutsche Mark (Pf. wie oben)	4. Postscheckamt Hannover _____ DM
erhalten.	5. Verrechnung (s. Zeitbuch-Nr. _____) _____ DM
H , den _____	_____ DM
	H , den _____
	KREISKASSE H
_____	
Zeitbuch Nr.	

(21) 27 / 77

3 Kameralistische Buchführung

Die Buchführung, als traditionelle Aufgabe der Gemeindekasse, umfaßt alle im Abschnitt 5 der GemKVO geregelten Gebiete, vor allem:

— die Einrichtung und Führung der Kassenbücher (Zeitbuch, Sachbuch, weitere Bücher),

— die Abschlüsse (Tagesabschluß, Zwischenabschlüsse, Jahresabschluß) und

— die Sammlung und Aufbewahrung der Belege.

Die bei den Verwaltungen übliche Buchführungsart ist die kameralistische Buchführung. Diese Form der Buchführung unterscheidet sich in wesentlichen Teilen von der kaufmännischen Buchführung. Diese Unterschiede resultieren vor allem aus den unterschiedlichen Zielen der öffentlichen Verwaltung (Erfüllung ihrer Aufgaben) einerseits und den nach kaufmännischen Gesichtspunkten geführten Unternehmen (Ziel: Gewinnmaximierung) andererseits.

Gegenüberstellung wesentlicher Ziele der kameralistischen und der kaufmännischen Buchführung

Kameralistische Buchführung soll:	Kaufmännische Buchführung soll:
— die Ausführung des Haushaltsplans nachweisen (Grundlage der Jahresrechnung), — die Rückwirkungen der Haushaltsführung auf Vermögen und Schulden und deren Änderung belegen, — Kassenvorgänge festhalten und damit die Kassenführung kontrollieren, — die Begleichung der Forderungen überwachen, — die ordnungsgemäße Erhebung und Abführung der durchlaufenden Gelder nachweisen.	— durch Aufzeichnung der Aufwendungen und Erträge die Grundlage zur Erfolgsermittlung liefern, — einen Überblick über Vermögen und deren Veränderung vermitteln, — die Grundlage zur Preisberechnung (Kalkulation) zur Verfügung stellen, — die Zahlenwerte für eine wirkungsvolle Kostenkontrolle bereitstellen, — Grundlagen für eine ordnungsgemäße Steuererhebung liefern.

Die Erfolgsermittlung als wesentliches Ziel der kaufmännischen Buchführung führt zu dem entscheidenden Unterschied der beiden Formen der Buchführung. Während die kaufmännische Buchführung Aufwendungen und Erträge festhält und gleichzeitig Vermögen und Schulden fortschreibt, um so den Gewinn/Verlust des Betriebes feststellen zu können, ist die kameralistische Buchführung vor allem darauf ausgerichtet, die Ausführung des Haushaltsplans nachzuweisen.

Bei der Kameralistik stehen daher Zahlungsströme (Einzahlungen und Auszahlungen) nach Fälligkeit und Kassenwirksamkeit, bei der kaufmännischen Buchführung Erfolgsvorgänge (Erträge und Aufwendungen) nach ihrer wirtschaftlichen Zugehörigkeit im Mittelpunkt.

Die Kameralistik ermöglicht es vor allem, die Ausführung des Haushaltsplans und die Abwicklung der Forderungen und Verbindlichkeiten der Gemeinde zu verfolgen (vgl. Jahresrechnung).

Bei kostenrechnenden Einrichtungen der Gemeinde sind die Gebühren nach betriebswirtschaftlichen Grundsätzen zu ermitteln. Diese Forderung macht mangels kaufmännischer Buchführung Schwierigkeiten. Um betriebswirtschaftliche Ermittlungen (z. B. Kostenrechnungen) vornehmen zu können, muß erst eine umfangreiche Aufbereitung des Zahlenmaterials aus der kameralistischen Buchführung vorgenommen werden. Insofern ist für die Bereiche, bei denen eine Gemeinde wirtschaftlich tätig wird, eine „erweiterte Kameralistik" unter Einbeziehung der Kostenrechnung bzw. eine kaufmännische Buchführung angebrachter[1].

Öffentliche Betriebe
(Einteilung nach der Form des Rechnungswesens)

Betriebe, deren Finanzwirtschaft integraler Bestandteil des öffentlichen Haushalts ist und deren Buchführung kameralistisch durchgeführt wird		Betriebe mit eigenem Rechnungswesen und in kaufmännischer Weise eingerichteter Buchführung	
öffentliche Betriebe ohne Kostenrechnung, „einfache" Kameralistik (z. B. Universitäten, Sozialeinrichtungen)	öffentliche Betriebe mit Kostenrechnung, „erweiterte" Kameralistik (z. B. Müllabfuhr, Schlachthöfe . . .)	Eigenbetriebe, Unternehmen ohne eigene Rechtspersönlichkeit	Eigengesellschaften, Unternehmen mit eigener Rechtspersönlichkeit
„Bruttobetriebe": Einnahmen und Ausgaben werden unsaldiert im Haushalt des Trägers ausgewiesen.		„Nettobetriebe": der Überschuß der Einnahmen über die Ausgaben (bzw. umgekehrt) wird im Haushaltsplan ausgewiesen.	

3.1 Grundsätze der Verwaltungsbuchführung

Nach § 23 GemKVO muß die Buchführung ordnungsmäßig, sicher und wirtschaftlich sein. Die Aufzeichnungen müssen in den Büchern vollständig, richtig, klar, übersichtlich und nachprüfbar sein; sie sind zeitnah vorzunehmen.

Zu einer ordnungsgemäßen Buchführung gehört z. B., daß Eintragungen nur urkundenecht (Tinte, Kugelschreiber, Buchungsmaschine – nicht mit Bleistift) vorgenommen werden. Fehlerberichtigungen müssen so vorgenommen werden, daß die ursprüngliche Eintragung lesbar bleibt. Die Berichtigungen sind vom Ändernden mit seinem Namenszug zu bescheinigen. Zur Sicherung der Buchführung gehört u. a., daß alle geführten Bücher in einem Verzeichnis erfaßt werden und Vorkehrungen gegen einen unbefugten Austausch von Blättern getroffen werden. Werden die Bücher in Form von nicht lesbaren Speichern geführt (Speicherbuchführung im EDV-Verfahren), müssen gemäß § 24 GemKVO zahlreiche Anforderungen vom EDV-Verfahren und von der EDV-Organisation erfüllt sein.

Aus Gründen der Wirtschaftlichkeit soll eine Gemeinde ein Buchungsverfahren anstreben, das die zeitlichen und sachlichen Buchungen in einem Arbeitsgang (Durchschreibebuchführung) oder aufgrund gleicher Datenträger erledigt.

---

1 Vgl. zur kaufmännischen Buchführung Kurs V.

Grundsätze der Buchführung	
Die Buchführung muß	Die Aufzeichnungen müssen
– ordnungsmäßig, – sicher und – wirtschaftlich sein.	– vollständig, – richtig, – klar, – übersichtlich und – nachprüfbar sein,
	sie sind zeitnah vorzunehmen.

3.2 Die Bücher der Buchführung

Durch § 25 GemKVO wird vorgeschrieben: Die Einnahmen und Ausgaben sind in zeitlicher Reihenfolge im Zeitbuch und in sachlicher Ordnung im Sachbuch zu buchen.

Jeder Kassenvorgang wird damit entsprechend seinem Zahldatum im Zeitbuch und entsprechend der Einnahme- oder Ausgabeart im Sachbuch nachgewiesen.

Gibt jemand an, daß er an einem bestimmten Tag für einen bestimmten Zweck Geld bei der Gemeindekasse eingezahlt habe, so ist dies unter dem entsprechenden Zahldatum im Zeitbuch und bei der entsprechenden Einnahmeart im Sachbuch nachprüfbar.

Zum Zeit- und Sachbuch kommen nach § 30 GemKVO weitere Bücher hinzu. Das folgende Schaubild gibt einen Überblick über die Bücher der kameralistischen Buchführung.

Überblick über die Bücher der kameralistischen Buchführung		
Zeitbuch gem. § 26 GemKVO	Sachbuch gem. § 28 GemKVO	Weitere Bücher — § 30 GemKVO Anlage zu § 14 GemKVO
Das **Zeitbuch** dient der Buchung der Einzahlungen und Auszahlungen (IST) in **zeitlicher Reihenfolge**. Zum Zeitbuch können Vorbücher geführt werden, deren Ergebnisse in das Zeitbuch zu übernehmen sind (z. B. bei Zahlstellen).	Das **Sachbuch** dient der Buchung der Einnahmen (Einzahlungen) und Ausgaben (Auszahlungen), – SOLL und IST – **in sachlicher Ordnung**.	Die weiteren Bücher dienen dem Nachweis und der Kontrolle bestimmter Kassenvorgänge. Weitere Bücher sind: – **Kontogegenbücher** zum Nachweis des Bestandes und der Veränderung auf den Konten der Kasse bei Kreditinstituten, – das **Tagesabschlußbuch** zum Nachweis der Tagesabschlüsse,
	Das Sachbuch ist gegliedert in:	
das Vorschußbuch	das Sachbuch für den Haushalt	das Verwahrbuch
zur Buchung der Vorschüsse.	Im Sachbuch für den VwH und den VmH sind die Einnahmen und Ausgaben nach der Ordnung des Haushaltsplans zu buchen.	zur Buchung der Verwahrgelder und anderer haushaltsfremder Vorgänge.	– das **Scheck-** und das **Wechselüberwachungsbuch** zur Kontrolle des Eingangs der Zahlungen von Schecks und Wechseln.

Lösung:

3.2.1 Das Zeitbuch

Die Einzahlungen und Auszahlungen sind nach § 26 getrennt voneinander im Zeitbuch zu buchen. Alle in der Ausgangssituation aufgeführten Zahlungsvorgänge müssen daher im Zeitbuch erfaßt werden. Den Mindestinhalt dieser Buchungen schreibt § 26 GemKVO vor.

Die Buchung im Zeitbuch umfaßt mindestens:

① die laufende Nummer,

② den Buchungstag,

③ einen Hinweis, der die Verbindung mit der sachlichen Buchung herstellt und, falls die Belege nach der zeitlichen Buchung geordnet werden, mit dem Beleg herstellt,

④ den Betrag.

Das Zeitbuch umfaßt daher in der Regel folgende Spalten:

Lfd. Nr.	Tag der Buchung	Name des Einzahlers oder Empfängers	Grund der Zahlung	Buchungs- stelle im Sachbuch	Betrag	Zahlungsweg
①	②			③	④	

17 Grommas/Bartels – ISBN 3-8120-0430-5

Da die Einzahlungen und Auszahlungen gemäß § 26 GemKVO getrennt voneinander zu buchen sind, müssen entweder gesonderte Seiten für „Einnahme-Zeitbuch" und „Ausgabe-Zeitbuch" verwendet werden oder zwei gesonderte Betragsspalten für Einnahmen und Ausgaben beim Zeitbuch eingerichtet werden (vgl. ausgefülltes Zeitbuch).

Auf die Angaben betreffs Einzahler oder Empfänger und den Zahlungsgrund kann bei Speicherbuchführung verzichtet werden.

Durch die Spalte „Buchungsstelle im Sachbuch" wird eine Verbindung zwischen Zeitbuch und der sachlichen Buchung hergestellt.

Die Spalte „Zahlungsweg" wird häufig eingerichtet, um verfolgen zu können, welche Einzahlungen und Auszahlungen über die einzelnen Konten der Gemeindekasse abgewickelt wurden.

Die Zahlungsvorgänge der Ausgangssituation führen zu den unten dargestellten Buchungen im Zeitbuch:

Zeitbuch

Lfd. Nr.	Tag der Buchung	Einzahler bzw. Empfänger	Grund der Zahlung	Buchungsstelle Sachbuch	Einnahme	Ausgabe	Zahlungsweg		
							bar	Sparkasse	Postscheck
3530	11.05...	Fa. Baumann		2100.9400		30.000.-		30.000.-	
3531	11.05...	Fa. Autohaus		0200.9350		20.000.-			20.000.-
3532	11.05...	Fa. Blei		0200.6500		200.-	200.-		
3533	11.05...	Norddeutsche Landesbank		9100.8080		12000.-		12.000.-	
3534	11.05...	Stadtspark. Hl.		9100.3770	1.000.000.-			1.000.000.-	
3535	11.05...	Meier Parkstr.12		9010.0010	800.-		800.-		
		Tagessumme	Einnahme		1.000.800.-			800.-	1.000.000.-	
		Tagessumme	Ausgabe			62.200.-	200.-	42.000.-	20.000.-

Da die Buchungen nach Buchungstagen[1] vorgenommen werden, sind aus dem Zeitbuch die jeweiligen Tageseinnahmen und Tagesausgaben ersichtlich (vgl. dazu Tagesabschluß).

Zum Zeitbuch können Vorbücher geführt werden, aus denen die Ergebnisse in das Zeitbuch übernommen werden (z.B. Vorbücher für die Zahlungen bei Zahlstellen).

---
1 Vgl. zur Abgrenzung der Buchungstage § 27 GemKVO.

258

3.2.2 Das Sachbuch

Das Sachbuch gliedert sich in folgende Teilbücher:
– Sachbuch für den Verwaltungshaushalt,
– Sachbuch für den Vermögenshaushalt,
– Sachbuch für Vorschüsse,
– Sachbuch für Verwahrgelder[1].

Im **Sachbuch für den Verwaltungshaushalt und den Vermögenshaushalt** sind die Einnahmen und die Ausgaben nach der Ordnung des Haushaltsplans zu buchen.

> Die sachliche Buchung umfaßt mindestens:
> 1. die zur Sollstellung angeordneten Beträge,
> 2. die Einzahlungen und Auszahlungen,
> 3. den Buchungstag der Einzahlung oder Auszahlung,
> 4. Hinweise, die die Verbindung mit der zeitlichen Buchung und dem Beleg herstellen.

Die Sachbücher für den Verwaltungs- und den Vermögenshaushalt müssen so eingerichtet werden, daß aus ihnen die Angaben für die Haushaltsrechnung entwickelt werden können. Die Buchung nach der sachlichen Ordnung des Haushaltsplans bildet die Grundlage für die Rechnungslegung der Gemeinde. Dementsprechend hat das Sachbuch in der Regel den folgenden Aufbau.

Haushaltsstelle:	Kassenreste aus Vorjahr:	Haushaltsreste aus Vorjahr:	**Verfügbare Mittel:** Haushaltsansatz: Nachtragsplanänderung: Deckung durch	Vergleich Ansatz zu Anordnungssoll:
	Kassenreste auf Nachjahr:	Haushaltsreste auf Nachjahr:	üpl/apl Bewilligung: Deckung durch Mehreinnahmen nach § 17 GemHVO: Änderung nach § 18:	

Lfd. Nr.	Tag der Buchung ③	Name des Einzahlers oder Empfängers	Grund der Zahlung	Anordnungssoll ①	Istzahlung ②	Hinweis auf Zeitbuch-Nr. ④

Während das Zeitbuch lediglich dem Nachweis aller Einzahlungen und Auszahlungen dient, hat das Sachbuch auch noch die Aufgabe, die erteilten Kassenanordnungen auszuweisen. Die von den anordnungsbefugten Stellen erteilten Kassenanordnungen sind betragsmäßig in der Spalte „Anordnungssoll" zu buchen und die aufgrund der Anordnungen geleisteten Zahlungen in der Spalte „Istzahlung". Die Sachkonten ermöglichen damit einen Überblick über die

---

1 Das Vorschußbuch und das Verwahrbuch können zusammengefaßt werden.

Begleichung von Forderungen und Verbindlichkeiten der Gemeinde. Sie zeigen alle zur Rechnungslegung wesentlichen Informationen: den Haushaltsansatz und seine Veränderungen, die angeordneten Beträge und die geleisteten Auszahlungen bzw. die angenommenen Einzahlungen[1].

Die Auswirkungen der beiden Zahlungsvorgänge (2) und (4) der Ausgangssituation auf das Sachbuch sollen jetzt betrachtet werden.

Der Fall 2 betrifft die Haushaltsstelle 0200 9350 Hauptamt Fahrzeuge. Da es sich hier um eine Haushaltsstelle des Vermögenshaushalts handelt, erfolgt die Buchung auf dem entsprechenden Sachbuchkonto des Sachbuchs für den Vermögenshaushalt.

Dieser Zahlung ist, wie aus dem Sachbuchkonto zu ersehen ist, am 11.04. die Anordnung des Betrages und die entsprechende Sollstellung vorausgegangen. Das Sachbuchkonto zeigt nach Ausführung der Istbuchung, daß die angeordneten Beträge (18600,— DM am 03.02... und 20000,— DM am 11.04...) beglichen sind, so daß bei dem jetzigen Stand keine Abweichung zwischen Soll und Ist besteht, Kassenreste also nicht vorhanden sind. Das Konto zeigt aber auch, daß der Haushaltsansatz von 64000,— DM noch nicht ausgeschöpft ist, daß noch Mittel in Höhe von 25400,— DM verfügbar sind.

Haushalts-stelle: 0200.9350 Hauptamt Fahrzeuge	Kassenreste aus Vorjahr: 0.– Kassenreste auf Nachjahr:	Haushalts-reste aus Vorjahr: 0.– Haushalts-reste auf Nachjahr:	**Verfügbare Mittel:** Haushaltsansatz: 64.000, Nachtragsplan-änderung: Deckung durch üpl/apl Bewilligung: Deckung durch Mehreinnahmen nach § 17 GemHVO: Änderung nach § 18:	Vergleich Ansatz zu Anordnungs-soll:
Lfd. Nr.	Tag der Buchung	Name des Einzahlers oder Empfängers	Grund der Zahlung	Anordnungs-soll	Ist-zahlung	Hinweis auf Zeitbuch-Nr.

Lfd. Nr.	Tag der Buchung	Name des Einzahlers oder Empfängers	Grund der Zahlung	Anordnungs-soll	Ist-zahlung	Hinweis auf Zeitbuch-Nr.
1	03.02...	Firma Garbs		18.600.–		
2	08.02...	Firma Garbs			18.600.–	987
3	11.04...	Firma Autohaus		20.000.–		
4	11.05...	Firma Autohaus			20.000.–	3531

---

1 Soweit am Jahresende Unterschiede zwischen Anordnungssoll und Ist bestehen, liegen Kassenreste vor. Diese Kassenreste sind in der Jahresrechnung nachzuweisen und in das nächste Jahr zu übernehmen (vgl. 4.1.1).

Der 4. Fall (vgl. Ausgangssituation) betrifft die Haushaltsstelle 9100 8080 Zinsen an Kreditmarkt und damit das entsprechende Konto des Sachbuchs für den Verwaltungshaushalt. Auch bei diesem Konto stimmen Sollstellungen und Istbuchungen überein, sie sind hier zudem auch gleichzeitig an den einzelnen Daten erfaßt.

Der Haushaltsansatz von 1 400 000,— DM wurde bisher erst mit 57 000,— DM ausgenutzt.

Haushalts-stelle: 9100.8080 Zinsen an Kreditmarkt	Kassenreste aus Vorjahr: 0.–	Haushalts-reste aus Vorjahr: 0.–	Verfügbare Mittel: Haushaltsansatz: 1.400.000 Nachtragsplan-änderung: Deckung durch üpl/apl Bewilligung: Deckung durch Mehreinnahmen nach § 17 GemHVO: Änderung nach § 18:	Vergleich Ansatz zu Anordnungs-soll:
	Kassenreste auf Nachjahr:	Haushalts-reste auf Nachjahr:		

Lfd. Nr.	Tag der Buchung	Name des Einzahlers oder Empfängers	Grund der Zahlung	Anordnungs-soll	Ist-zahlung	Hinweis auf Zeitbuch-Nr.
1	10.02…	Kreissparkasse	Zinsen Darlehen 270	9.000.–	9.000.–	1312
2	11.02…	Norddeut. Landesb.	Zinsen Darlehen 312	30.000,–	30.000.–	1330
3	10.05…	Stadtsparkasse	Zinsen Darlehen 320	6.000,–	6.000.–	3510
4	11.05…	Norddeut. Landesb.	Zinsen Darlehen 365	12.000,–	12.000.–	3533

Das Vorschußbuch und das Verwahrbuch

Für Zahlungsvorgänge, die nicht bzw. nicht sofort in den Sachbüchern für den Haushalt gebucht werden können, weil sie entweder den Haushalt nicht betreffen oder erst zu einem späteren Zeitpunkt in einem Sachbuch-Konto für den Haushalt zu erfassen sind, müssen besondere Sachbücher, das Vorschußbuch und das Verwahrbuch, eingerichtet werden.

Das Vorschußbuch

Im Vorschußbuch sind zunächst die Vorschüsse nach § 31 Abs. 1 GemHVO zu buchen. Eine Ausgabe, die sich auf den Haushalt bezieht, darf nach § 31 GemHVO als Vorschuß behandelt werden, wenn:

— die Verpflichtung zur Leistung feststeht,
— die Deckung gewährleistet ist,
— die Ausgabe aber noch nicht endgültig im Haushalt gebucht werden kann.

Außerdem sind nach den VerwVO zu § 28 GemKVO die Handvorschüsse, noch nicht aufgeklärte Kassenfehlbeträge und Gehaltsvorschüsse, soweit sie nicht in demselben Haushaltsjahr abgewickelt werden, im Vorschußbuch zu buchen.

Zusammenhang der Bücher der kameralistischen Buchführung

Kassenanordnungen

Stadt H
Amt:

Annahmeanordnung
an die Stadtkasse H

Kassenzeichen
5

SA 21 Bu.Schl. 100 Verrechnungsstelle Vorhaben ☐ Dauer-Annahmeanordnung
BUA 500 HJ

02 Betrag DM in Worten Dauer-Schl.

07 Fälligkeit 08 Rechn.-Dat. Bezeichnung der Forderung 03 30 Ko.-St. 06

SA 22 11 Name, Vorname 12 Ergänzung Name, Vorname (zweite Druckzeile)

SA 23 13 PLZ Ort

14 Amt: Stadt H.

Auszahlungsanordnung
für die Stadtkasse Hildesheim

Beleg-Nr.

BUA 750 HJ Bu.Schl. 100 Verrechnungsstelle Vorhaben Beleg-Nr. 20 Auftrags-Nr. 01

21 Angeordneter Betrag (Feld 02) Betrag Bereitstellungs-Betrag 21 in Worten Deutsche Mark

07 Fälllig.-Datum 06 Dauer 03 Feld 03 – Nr. der Abschlagszahlung bei Schlußzahlung - "99"
09 Verwendungszweck (Rechnungs-Nr. Kunden-Nr.) 08 Rechnungsdatum 22 F 22 – Aufnahme als Stammlieferant

Felder 10 + 11 = Lieferanten-Nr.
10 Bankschlüssel 11 Konto-Nr. Bankverbindung Bankleitzahl

22 04 Mehrwertsteuer-Betrag Mwst. Schl. 05 Monat 16 Diese Felder gelten nur für den Unternehmenbereich

24 12 Name, Vorname Ausfüllen dieser Felder ist nicht nötig, wenn der Zahlungsempfänger im Lieferantenverzeichnis enthalten ist.
13 PLZ Ort
14 Straße, Haus-Nr. KA KSt 30

sachlich richtig rechnerisch richtig Zur Zahlung angeordnet. Ausgabemittel stehen haushaltsrechtlich zur Verfügung.
H. den
Der Oberstadtdirektor
I. A.

Zahlungsbelege/Kontoauszüge

Konto-Nr. 142 016 978
Kontoauszug

Wert / Text / Soll / Umsätze / Haben
27 03 UEBERWEISUNG 23 456,90
31 03 DAUERAUFTRAG 890,80
01 04 TELEFON 5 333,57
01 04 SCHECK 333789 666,89
03 04 SCHECK E.V. 1 600,00

Sparkasse Berghausen

SPARKASSE BERGHAUSEN
zweihundertneunundneunzig DM 299,00
Stadtkasse Berghausen Berghausen
24.08.1989
Ulrich Brüderberg

Gutschrift
Sparkass 000000003337967 0142016978 123456789 11H

Empfänger
Stadtkasse Berghausen
Konto-Nr. des Empfängers 444 333 Bankleitzahl 123 531 98
bei (Kreditinstitut) Sparkasse Berghausen
Betrag: DM, Pf 6 480,-
Verwendungszweck z.B. Kunden-Referenznummer - (nur für Empfänger)
Gewerbesteuernachz.
St.Nr. 431 007
Auftraggeber
W. Krause
Konto-Nr. des Auftraggebers 0142016978
Mehrzweckfeld Konto-Nr. Betrag Bankleitzahl Text
51H

Bitte dieses Feld nicht beschriften und nicht bestempeln.

Sachbücher

Haushalts-stelle:	Kassenreste aus Vorjahr:	Haushalts-reste aus Vorjahr:	**Verfügbare Mittel:** Haushaltsansatz: Nachtragsplan-änderung: Deckung durch üpl/apl Bewilligung: Deckung durch Mehreinnahmen nach § 17 GemHVO: Änderung nach § 18:	Vergleich Ansatz zu Anordnungs-soll:
	Kassenreste auf Nachjahr:	Haushalts-reste auf Nachjahr:		
Haushalts-stelle:	Kassenreste aus Vorjahr:	Haushalts-reste aus Vorjahr:	**Verfügbare Mittel:** Haushaltsansatz: Nachtragsplan-änderung: Deckung durch üpl/apl Bewilligung: Deckung durch Mehreinnahmen nach § 17 GemHVO: Änderung nach § 18:	Vergleich Ansatz zu Anordnungs-soll:
	Kassenreste auf Nachjahr:	Haushalts-reste auf Nachjahr:		

Lfd. Nr.	Tag der Buchung	Name des Einzahlers oder Empfängers	Grund der Zahlung	Anordnungs-soll	Ist-zahlung	Hinweis auf Zeitbuch-Nr.

① Soll-stellung →

Sachbücher für den Haushalt
(Verwaltungs- und Vermögenshaushalt)

③ IST-Buchung im Sachbuch

Zeitbuch

Lfd. Nr.	Tag der Buchung	Einzahler bzw. Empfänger	Grund der Zahlung	Buchung stelle Sachbuch

② Buchung im Zeitbuch

② Kontrolle der Konten im Kontogegenbuch →

Kontogegenbücher

Lfd. Nr.	Tag der Ein-tragung	Nr. des Schecks oder d. Über-wei-sungsauf-trages	Name und Bezeichnung des Einzahlers oder Empfängers	Ver-buchung stelle im Zeitbuch
1	2	3	4	5
			Übertrag:	

Sachbücher

Haushaltsrechnung

ahrgeld / Vorschußkonto

ahme-Reste	Ausgabe-Reste	Gesamt-Einnahme	Gesamt-Ausgabe	HH Jahr	Seite
					Konto-Nr.

m	Zeitb. Nr.	Bel.	Einnahmen	Ausgabe	ZW	Gesamt E	Gesamt A	unerledigt	Text

ahrgeld / Vorschußkonto

ahme-Reste	Ausgabe-Reste	Gesamt-Einnahme	Gesamt-Ausgabe	HH Jahr	Seite
					Konto-Nr.

m	Zeitb. Nr.	Bel.	Einnahmen	Ausgabe	ZW	Gesamt E	Gesamt A	unerledigt	Text

Sachbuch für Verwahrgelder und Vorschüsse

③ IST-Buchung im Sachbuch

nahme	Ausgabe	Zahlungsweg		
		bar	Spar-kasse	Post-scheck

schrift	Lastschrift		Kontostand		Bemerkungen
M	Pf	DM	Pf	DM	Pf
6		7		8		9

⑤ Übernahme der Werte in die Haushaltsrechnung

⑤

Muster für die Haushaltsrechnung in DM

Feststellung des Ergebnisses

Soll-Einnahmen Verwaltungshaushalt ....
Soll-Einnahmen Vermögenshaushalt ....
Summe der Soll-Einnahmen ....

+ Neue Haushaltseinnahmereste ....
− Abgang alter Haushaltseinnahmereste ....
− Abgang alter Kasseneinnahmereste ....
Summe bereinigter Soll-Einnahmen ....

Soll-Ausgaben Verwaltungshaushalt ....
Soll-Ausgaben Vermögenshaushalt
(darin enthalten Überschuß nach § 42 Abs. 3
Satz 2 GemHVO) ....
Summe der Soll-Ausgaben ....

+ Neue Haushaltsausgabereste
Verwaltungshaushalt ....
Vermögenshaushalt ....
− Abgang alter Haushaltsausgabereste
Verwaltungshaushalt ....
Vermögenshaushalt ....
− Abgang alter Kassenausgabereste ....
Summe bereinigte Soll-Ausgaben ....

Etwaiger Unterschied bereinigte Soll-Einnahmen
./. bereinigte Soll-Ausgaben (Fehlbetrag) ....

Tagesabschlußbuch

④ Tages-abschluß

④ Tagesabschluß

Tag des Abschlusses:

1. **Kassensollbestand:**	Kassenbestand des Vortages	.... DM
+	Einnahmen laut Zeitbuch	.... DM
−	Ausgaben laut Zeitbuch	.... DM
=	Kassensollbestand	.... DM
2. **Kassenistbestand:**	Bargeld	
	1. Geldscheine	.... DM
+	2. Geldmünzen	.... DM
+	3. Belege	.... DM
=	Zwischensumme	.... DM
	Kontenbestände	
+	1. Stadtsparkasse	.... DM
+	2. Bankkonto Bank A	.... DM
+	3. Postgirokonto	.... DM
+	4. Festgeldkonten	.... DM
=	Kassenistbestand	.... DM
3. **Gegenüberstellung:**	1. Kassensollbestand	.... DM
	2. Kassenistbestand	.... DM
=	Kassendifferenz	.... DM

Kassenüberschuß: Einzahlung auf das Verwahrgeldkonto
„Ablieferung von Kassenüberschüssen"
Zeitbuch Nr. ....

Kassenfehlbetrag: Der Fehlbetrag wurde vom Kassierer ersetzt/
zunächst aus dem Vorschußkonto beglichen.

Bemerkungen: ....

Ort, Datum   Unterschriften

                                Kassenverwalter   Kassierer

„Die Buchungen im Vorschußbuch stellen stets nur eine vorläufige Buchung dar. Sie müssen durch eine endgültige Buchung in den Sachbüchern für den Haushalt abgelöst werden. Die Gemeindekasse muß sich deshalb laufend um eine baldige Abwicklung der Vorschüsse bemühen."[1]

Das Verwahrbuch

Es kommen im wesentlichen drei Gruppen von Vorgängen für die Buchung im Verwahrbuch in Frage:

1. Die Einnahmen, die sich aus der laufenden **Haushaltswirtschaft** ergeben, bei denen aber eine **endgültige Buchung** in den Sachbüchern für den Haushalt **noch nicht möglich** ist (§ 31 (2) GemHVO).

2. Zahlungsvorgänge, die sich nicht auf die normale Haushaltswirtschaft, sondern auf die **Geldbewirtschaftung** beziehen (Aufnahme von Kassenkrediten oder Inanspruchnahme von Rücklagemitteln zur Kassenbestandsverstärkung).

3. **Durchlaufende Gelder** und **fremde Mittel** im Sinne von § 13 GemHVO. Diese Gelder sind nicht im Haushaltsplan zu veranschlagen (vgl. Kurs III 4.4.2.1) und werden dementsprechend nicht in den Sachbüchern für den Haushalt, sondern im Sachbuch für die Verwahrgelder gebucht.

Bei der ersten Gruppe von Buchungen im Verwahrbuch kann es sich z.B. um Einnahmen handeln, die im Verwahrbuch erfaßt werden, weil zum Zeitpunkt des Zahlungseingangs noch Zweifel bestehen, auf welchem Konto des Sachbuchs für den Haushalt sie zu erfassen sind. Die Gemeindekasse muß bemüht sein, derartige Verwahrgelder baldmöglichst in den Haushalt umzubuchen.

3.2.3 Weitere Bücher

Als weitere Bücher sind gemäß der Gemeindekassenverordnung (§ 30, Anlage zu § 14) Kontogegenbücher, das Tagesabschlußbuch und Scheck- und Wechselüberwachungsbücher zu führen.

Die **Kontogegenbücher** dienen zur Kontrolle der Bestände und der Bestandsveränderungen auf den verschiedenen Bankkonten der Gemeinde. Für jedes Konto sind die Aufzeichnungen getrennt voneinander zu führen. Der Kopf eines Kontogegenbuchs könnte wie unten abgebildet aufgebaut sein.

Der Fall 2 (vgl. Ausgangssituation) hat sich in diesem Kontogegenbuch wie eingetragen ausgewirkt.

Seite. 41

Lfd. Nr.	Tag der Eintragung	Nr. des Schecks oder d. Überweisungsauftrages	Name und Bezeichnung des Einzahlers oder Empfängers	Verbuchungsstelle im Zeitbuch	Gutschrift		Lastschrift		Kontostand		Bemerkungen
					DM	Pf	DM	Pf	DM	Pf	
1	2	3	4	5	6		7		8		9
			Übertrag:						60.000	—	
877	11.05.	7438	Fa. Autohaus	3531			20.000	—	40.000	—	

1 Scheel/Steup, Gemeindekassenrecht Nordrhein-Westfalen, Kommentar Köln 1977, S. 244.

Im **Tagesabschlußbuch** ist täglich der **Kassenistbestand** und der **Kassensollbestand** einzutragen. Der Kassenistbestand ist der tatsächliche Kassenbestand, der sich aus dem Bestand an Zahlungsmitteln und den Bankkontenbeständen ergibt. Der Kassensollbestand ergibt sich aus den Tageseinnahmen und den Tagesauszahlungen nach dem Zeitbuch unter Berücksichtigung des letzten Kassensollbestandes. Kassensollbestand und Kassenistbestand müssen übereinstimmen; ansonsten liegt eine Unstimmigkeit (Kassenfehlbetrag oder Kassenüberschuß) vor. Die Gemeindekasse ist verpflichtet, eine derartige Unstimmigkeit unverzüglich aufzuklären.

Ein vereinfachtes Beispiel, bei dem die Zahlungsvorgänge der Ausgangssituation berücksichtigt wurden, ist unten abgebildet (vgl. dazu auch 3.3.1).

Tagesabschlußbuch

Datum	Buchbestände		Kassenbestände			
			Bar	Sparkasse	Postbank Girokonto	Zusammen
10.05...	Kassenbuchbestand	165.000.-	5000.-	100.000.-	60.000.-	165.000.-
11.05...	Einnahmen n.d.Zeitbuch	1000.800.-	800.-	1000.000.-	—	1.000.800.-
11.05...	Ausgaben n.d.Zeitbuch	62.200.-	200.-	42.000.-	20.000.-	62.200.-
11.05...	Kassenbuchbestand	1.103.600.-	5600.-	1058.000.-	40.000.-	1.103.600.-

Die Gemeinden haben ferner nach der Anlage zu § 14 GemKVO ein **Scheck-** und ein **Wechselüberwachungsbuch** zu führen. Das Schecküberwachungsbuch dient dazu, die Einlösung der eingehenden Schecks zu überwachen. Im Schecküberwachungsbuch sind die Nummer des Schecks oder Postschecks, das bezogene Kreditinstitut, die Kontonummer des Ausstellers, der Betrag und ein Hinweis, durch den die Verbindung mit der Buchführung hergestellt werden kann, aufzuführen. Von der Führung des Schecküberwachungsbuchs kann abgesehen werden, wenn in anderer Weise die Angaben festgehalten werden und die Einlösung der Schecks überwacht wird.

3.3 Die Abschlüsse der Bücher

Zur Kontrolle der Kasse und zur Ermittlung der Ergebnisse der Aufzeichnungen als Grundlage der Rechnungslegung für bestimmte Zeiträume (Tage, Vierteljahre, Jahre), sind verschiedene Abschlüsse – Tagesabschluß, Zwischenabschluß, Jahresabschluß – vorgeschrieben.

3.3.1 Der Tagesabschluß

Die Gemeinde hat nach § 32 GemKVO an jedem Tag, an dem Zahlungen bewirkt worden sind, am Schluß der Kassenstunden den **Kassenistbestand** und für jeden Buchungstag unmittelbar nach Abschluß der Zeitbuchung den **Kassensollbestand** zu ermitteln und im Tagesabschlußbuch gegenüberzustellen.

Das Tagesabschlußbuch ist vereinfacht so wie unten abgebildet aufgebaut.

Tag des Abschlusses:			
1. Kassensollbestand:		Kassenbestand des Vortages	.... DM
	+	Einnahmen laut Zeitbuch	.... DM
	–	Ausgaben laut Zeitbuch	.... DM
	=	Kassensollbestand	.... DM
2. Kassenistbestand:		Bargeld	
		1. Geldscheine	.... DM
	+	2. Geldmünzen	.... DM
	+	3. Belege	.... DM
	=	Zwischensumme	.... DM
		Kontenbestände	
	+	1. Stadtsparkasse	.... DM
	+	2. Bankkonto Bank A	.... DM
	+	3. Postbank Girokonto	.... DM
	+	4. Festgeldkonten	.... DM
	=	Kassenistbestand	.... DM
3. Gegenüberstellung:		1. Kassensollbestand	.... DM
	–	2. Kassenistbestand	.... DM
	=	Kassendifferenz	.... DM

Kassenüberschuß: Einzahlung auf das Verwahrgeldkonto „Ablieferung von Kassenüberschüssen" Zeitbuch Nr. ....

Kassenfehlbetrag: Der Fehlbetrag wurde vom Kassierer ersetzt/ zunächst aus dem Vorschußkonto beglichen.

Bemerkungen: ....

Ort, Datum

Unterschriften

Kassenverwalter   Kassierer

Ergeben sich bei der Gegenüberstellung von Kassensollbestand und Kassenistbestand Abweichungen, so sind diese Unstimmigkeiten nach § 32 (2) GemKVO unverzüglich aufzuklären.

Ein **Kassenfehlbetrag** ist grundsätzlich sofort zu ersetzen. Geschieht das nicht sofort, ist er zunächst als Vorschuß zu buchen. Ist der Kassenfehlbetrag bei Aufstellung der Jahresrechnung länger als sechs Monate unaufgeklärt geblieben, und es haftet kein Bediensteter, so ist er als Ausgabe des Verwaltungshaushalts zu buchen.

Ein **Kassenüberschuß** ist zunächst als Verwahrgeld zu buchen. Bei der Aufstellung der Jahresrechnung ist er, wenn er länger als sechs Monate unaufgeklärt geblieben ist, im Verwaltungshaushalt zu vereinnahmen.

3.3.2 Zwischenabschlüsse

In bestimmten Zeitabständen, mindestens vierteljährlich, ist nach § 33 GemKVO durch einen Zwischenabschluß des Zeitbuchs und des Sachbuchs die Übereinstimmung der zeitlichen und der sachlichen Buchung zu überprüfen.

Während der auf das Zeitbuch begrenzte Tagesabschluß der Kontrolle der Kasse dient (Gegenüberstellung von Kassensollbestand und Kassenistbestand), sind die Zwischenabschlüsse durch den gleichzeitigen Abschluß von Zeit- und Sachbuch dazu geeignet, neben der Kontrolle der Buchführung (Vergleich von Zeit- und Sachbuch), auch Informationen über den Stand der Haushaltswirtschaft zu vermitteln (Ergebnisse bei einzelnen Sachbuchkonten).

Da die Übereinstimmung zwischen Zeit- und Sachbuch — bedingt durch die Art der Buchführung — bei den meisten kommunalen Kassen gegeben sein dürfte (z.B. durch die Durchschreibebuchführung bzw. die Verwendung derselben Datenträger für die Zeit- und Sachbuchung), dienen die Zwischenabschlüsse vor allem dazu, den Stand der Entwicklung der Haushaltswirtschaft in diesem Haushaltsjahr zu verdeutlichen.

Insbesondere bei der Verwendung von Datenverarbeitungsanlagen bei der Buchführung können die wichtigen Informationen über die Entwicklung der Haushaltswirtschaft allerdings auch ohne Fertigung von Zwischenabschlüssen von der Anlage erfragt werden.

Der Gemeindedirektor kann nach § 33 GemKVO anordnen, daß von Zwischenabschlüssen abgesehen wird, wenn die zeitlichen und sachlichen Buchungen in einem Arbeitsgang vorgenommen werden. Von dieser Möglichkeit wird er vor allem Gebrauch machen, wenn die erforderlichen Daten über die Haushaltswirtschaft z.B. von einer EDV-Anlage jederzeit abgerufen werden können.

3.3.3 Der Jahresabschluß

Gemäß § 34 GemKVO sind das Zeitbuch und das Sachbuch zum Ende des Haushaltsjahres (31.12.) abzuschließen.

Der Jahresabschluß soll

- durch Abstimmung der Ergebnisse der einzelnen Bücher und Gegenüberstellung mit dem Kassenbestand die Ordnungsmäßigkeit der Buchführung und der Kassenführung nachweisen und
- Grundlagen für die Rechnungslegung (vgl. dazu Kap. 4 Jahresrechnung) liefern.

Im Rahmen des Jahresabschlusses sind der buchmäßige Kassenbestand, die Kassen- und Haushaltsreste sowie ein Fehlbetrag in die Bücher des folgenden Haushaltsjahres zu übernehmen.

Nach dem Jahresabschluß dürfen nur noch Abschlußbuchungen vorgenommen werden.

Abschlußbuchungen sind lt. § 46 GemKVO alle für den kassenmäßigen Abschluß und die Haushaltsrechnung und die Vermögensrechnung noch erforderlichen Buchungen einschließlich der Übertragungen in das folgende Jahr. Die Buchungen von Einzahlungen und Auszahlungen von Dritten oder an Dritte zählen nicht zu den Abschlußbuchungen. Istbuchungen in bezug auf Dritte sind somit nach dem 31. 12. für das alte Haushaltsjahr nicht mehr zulässig.

Hinsichtlich der Sollbuchungen ist § 43 GemHVO zu beachten. Danach sind als Soll-Einnahmen und Soll-Ausgaben des Haushaltsjahres alle Beträge nachzuweisen, die bis zum Ende des Haushaltsjahres fällig geworden oder darüber hinaus gestundet worden sind. – Abgrenzungskriterium für die Sollbuchungen ist somit die Fälligkeit. Alle nach dem 31.12. fälligen Beträge sind dem neuen Haushaltsjahr zuzuordnen.

Im neuen Haushaltsjahr fällige, jedoch vor dessen Beginn geleistete oder empfangene Zahlungen sind für das neue Haushaltsjahr zu buchen[1].

4 Jahresrechnung, Rechnungsprüfung, Entlastung

Die Jahresrechnung beinhaltet das Ergebnis der Haushaltswirtschaft des Haushaltsjahres. Sie dient vor allem dem Nachweis über die Ausführung des Haushaltsplans. Die Jahresrechnung ist gem. § 100 NGO innerhalb von drei Monaten nach Ablauf des Haushaltsjahres (also bis 31.03.) aufzustellen. Es ist Aufgabe des Rechnungsprüfungsamtes, die Jahresrechnung zu prüfen. Über die geprüfte Jahresrechnung hat der Rat zu beschließen und zugleich über die Entlastung des Gemeindedirektors zu entscheiden.

4.1 Die Jahresrechnung

Die Rechnungslegung nach Abschluß des Haushaltsjahres findet in der „Jahresrechnung" statt.

Die Jahresrechnung soll vor allem zeigen:
- welche Einnahmen eingegangen sind (Soll-Einnahmen und Ist-Einnahmen),
- welche Ausgaben geleistet wurden (Soll-Ausgaben und Ist-Ausgaben),
- wie sich Einnahmen und Ausgaben zu den Haushaltsansätzen verhalten und
- welche Auswirkungen die Haushaltswirtschaft auf Vermögen und Schulden gehabt hat.

Die Jahresrechnung umfaßt den kassenmäßigen Abschluß (vgl. Kap. 4.1.1) und die Haushaltsrechnung (vgl. Kap. 4.1.2)[2].

Der Jahresrechnung ist ein Rechnungsquerschnitt und eine Gruppierungsübersicht sowie ein Rechenschaftsbericht beizufügen. Sofern die Gemeinde ihre Schulden und Rücklagen und ihre Vermögensbestände nicht in der Jahresrechnung nachweist, sind der Jahresrechnung eine Vermögensübersicht und eine Übersicht über die Schulden und die Rücklagen beizufügen.

---

1 Für den Begriff der Fälligkeit kann man den § 271 BGB heranziehen. Danach ist der Fälligkeitstermin der Zeitpunkt, ab dem der Gläubiger die Leistung verlangen kann. Der Fälligkeitszeitpunkt ergibt sich aus gesetzlichen oder vertraglichen Regelungen. Ist ein Zeitpunkt nicht bestimmt, bedeutet das im allgemeinen sofortige Fälligkeit.
2 Ferner ist der Jahresabschluß einer Einrichtung nach der VO zu § 110 NGO besonderer Teil der Jahresrechnung.

Jahresrechnung	
Bestandteile	**Anlagen**
– der kassenmäßige Abschluß	– Vermögensübersicht und eine Übersicht über die Schulden und die Rücklagen[1]
– die Haushaltsrechnung	– Rechnungsquerschnitt und Gruppierungsübersicht
	– Rechenschaftsbericht

4.1.1 Der kassenmäßige Abschluß

Der kassenmäßige Abschluß umfaßt die Soll-Einnahmen und die Soll-Ausgaben sowie die Ist-Einnahmen und Ist-Ausgaben des Haushaltsjahres. Der kassenmäßige Abschluß muß ferner die Kassen-Einnahmereste und Kassen-Ausgabereste ausweisen. – Kassen-Einnahmereste sind die Beträge, um die am Jahresende die Soll-Einnahmen höher sind als die Ist-Einnahmen. Kassen-Ausgabereste sind die Beträge, um die am Jahresende die Soll-Ausgaben höher sind als die Ist-Ausgaben. – Die Kassenreste sind insgesamt und je gesondert für den Verwaltungshaushalt, den Vermögenshaushalt, die Vorschüsse und die Verwahrgelder zu ermitteln.

Beispiel zur Bildung von Kassenresten

Die Stadt H. vermietete 1997 in einem städtischen Gymnasium Unterrichtsräume an die Firma H. Willig, die Kurse in Stenographie und Maschinenschreiben erteilt.

Die Jahresmiete beträgt 482,40 DM, sie ist jeweils am 15.01. fällig. Die Annahme dieses Betrages wurde am 05.01. zum 15.01. angeordnet. Bis zum Jahresende wurden von der Firma jedoch nur 480,— DM auf die entsprechende Haushaltsstelle eingezahlt. Das Sachbuchkonto zeigt daher zum Jahresende folgende Werte:

Haushaltsstelle: 2130.1400 Gymnasien Mieten und Pachten	Kassenreste aus Vorjahr: 0.-	Haushaltsreste aus Vorjahr: —	**Verfügbare Mittel:** Haushaltsansatz: 400.- Nachtragsplanänderung: Deckung durch üpl/apl Bewilligung:	Vergleich Ansatz zu Anordnungssoll: +82.40
	Kassenreste auf Nachjahr: 2.40	Haushaltsreste auf Nachjahr: —	Deckung durch Mehreinnahmen nach § 17 GemHVO: Änderung nach § 18:	

Lfd. Nr.	Tag der Buchung	Name des Einzahlers oder Empfängers	Grund der Zahlung	Anordnungssoll	Istzahlung	Hinweis auf Zeitbuch-Nr.
1	05.01..	Fa. H. Willig	Pacht 19..	482.40		
2	16.01..	Fa. H. Willig	Pacht 19..		480.00	683
				482.40	480.00	

---

1 Soweit nicht in der Jahresrechnung selbst nachgewiesen.

Die Gegenüberstellung der angeordneten Beträge (Anordnungssoll = 482,40 DM) mit den tatsächlich gezahlten Beträgen (Istzahlung = 480,— DM) ergibt einen Kasseneinnahmerest in Höhe von 2,40 DM („schwarzer Kasseneinnahmerest"). Der Kasseneinnahmerest ist in das nächste Jahr zu übernehmen, damit die Einziehung weiterverfolgt werden kann[1].

Der Haushaltsvergleich, die Gegenüberstellung von Haushaltsansatz (400,— DM) und Sollstellungen (482,40 DM), zeigt in diesem Beispiel einen Betrag von + 82,40 DM. Der im Rahmen dieses Vergleichs ermittelte Betrag verdeutlicht als Element der Rechnungslegung, welche Abweichungen (plus oder minus) zwischen Haushaltsplan und Haushaltsausführung entstanden sind. Eine Übertragung dieser Beträge in das nächste Jahr findet nicht statt (vgl. dazu aber die Bildung von Haushaltsresten).

Im Folgejahr zahlt die Firma H. Willig für die gemieteten Räume am 20. Januar 1998 500,00 DM. Auch für dieses Jahr waren 482,40 DM angeordnet (4. Januar 98). Die Firma hatte demnach 1998 482,40 DM (Anordnungssoll des laufenden Jahres) und 2,40 DM (Kassenrest des Vorjahres), also 484,80 DM, zu zahlen.

Das Sachbuchkonto 2130 1400 Mieten und Pachten zeigt daher die folgenden Werte:

| Haushalts-stelle: 2130.1400 Gymnasien Mieten und Pachten | Kassenreste aus Vorjahr: 2.40 | Haushalts-reste aus Vorjahr: —— | **Verfügbare Mittel:** Haushaltsansatz: 400.- Nachtragsplan-änderung: Deckung durch | Vergleich Ansatz zu Anordnungs-soll: +82.40 |
| | Kassenreste auf Nachjahr: -15.20 | Haushalts-reste auf Nachjahr: —— | üpl/apl Bewilligung: Deckung durch Mehreinnahmen nach § 17 GemHVO: Änderung nach § 18: | |

Lfd. Nr.	Tag der Buchung	Name des Einzahlers oder Empfängers	Grund der Zahlung	Anordnungs-soll	Ist-zahlung	Hinweis auf Zeitbuch-Nr.
1	04.01...	Fa. H. Willig	Pacht 19..	482.40		
2	20.01...	Fa. H. Willig	Pacht 19..		500.-	733
				482.40	500.-	

---

1 Es ist davon auszugehen, daß Eintreibungsmaßnahmen für die 2,40 DM aus Kostengründen nicht eingeleitet wurden. Die Weiterverfolgung muß jedoch gesichert sein, der fehlende Betrag kann so mit dem Betrag des Folgejahres eingefordert werden.

Das Sachkonto zeigt, daß der Pächter 1998 15,20 DM zuviel gezahlt hat.

	Kassenrest aus 1997	2,40 DM
+	Anordnungssoll 1998	482,40 DM
		484,80 DM
−	Istzahlung 1998	500,00 DM
=	Kassenrest	− 15,20 DM

Dieser Betrag von − 15,20 DM ist als Überzahlung („roter Kasseneinnahmerest") in das nächste Jahr zu übernehmen. Der Haushaltsvergleich zeigt auch hier einen Betrag in Höhe von 82,40 DM.

1999 werden am 7. Januar 482,40 DM zum Soll gestellt und am 10. Januar 482,40 DM vom Pächter gezahlt. Zu Beginn des Monats Juni wird der Pachtvertrag in beiderseitigem Einvernehmen zum 30. Juni 1999 gekündigt. Von der Verwaltung wurde daher eine Abgangsanordnung über 241,20 DM erstellt, die am 5. Juni 1999 zum Soll gestellt wurde. Unter Berücksichtigung der Überzahlung des Vorjahres ergab sich demnach eine Erstattung in Höhe von 256,40 DM (241,20 DM + 15,20 DM), die am 10. Juli 1999 an den Pächter zurückgezahlt wurde.

Haushaltsstelle: 2130.1400 Gymnasien auf Mieten und Pachten	Kassenreste aus Vorjahr: −15.20	Haushaltsreste aus Vorjahr: ——	**Verfügbare Mittel:** Haushaltsansatz: 400.– Nachtragsplanänderung: Deckung durch	Vergleich Ansatz zu Anordnungssoll: −158.80
	Kassenreste auf Nachjahr: 0.–	Haushaltsreste auf Nachjahr: ——	üpl/apl Bewilligung: Deckung durch Mehreinnahmen nach § 17 GemHVO: Änderung nach § 18:	

Lfd. Nr.	Tag der Buchung	Name des Einzahlers oder Empfängers	Grund der Zahlung	Anordnungssoll	Istzahlung	Hinweis auf Zeitbuch-Nr.
1	07.01...	Fa. H. Willig	Pacht 19..	482.40		
2	10.01...	Fa. H. Willig	Pacht 19..		482.40	641
3	05.06...	Fa. H. Willig	Kündigung Vertrag	− 241.20		
4	10.07...	Fa. H. Willig	Auszahlung d. Überzahlung		−256.40	2873
				241.20	226.00	

Die Gegenüberstellung von „Soll" und „Ist" ergibt für das Jahr 1999:

Kassenrest aus 1998	− 15,20 DM	Istzahlung	482,40 DM
Anordnung 1999	482,40 DM	Erstattung	− 256,40 DM
Abgang	− 241,20 DM		226,00 DM
	266,00 DM		

Kassenreste sind am Ende des Haushaltsjahres 1999 bei dieser Haushaltsstelle nicht vorhanden, da Anordnungsoll und Istzahlung übereinstimmen. Der Haushaltsvergleich ergibt für das Jahr einen Betrag von − 158,80 DM, denn von den im Haushaltsplan veranschlagten 400,00 DM konnten nur 241,20 DM (482,40 DM − 241,20 DM) angeordnet werden.

Kassenausgabereste sind prinzipiell entsprechend bei Ausgabehaushaltsstellen zu buchen. Kassenausgabereste haben jedoch eine untergeordnete Bedeutung. Da die Gemeinde grundsätzlich verpflichtet ist, Auszahlungen bei Fälligkeit zu leisten, kann es nur ausnahmsweise, z. B. bei kurzfristig zum Jahresende bestehenden Schwierigkeiten bei der Kassenliquidität oder bei Arbeitsüberlastung zum Jahresende, dazu kommen, daß fällige und zum Soll gestellte Beträge nicht beglichen wurden.

Der kassenmäßige Abschluß weist neben den Soll-Ausgaben (-Einnahmen), den Ist-Ausgaben (-Einnahmen) und Kassenausgaberesten (Kasseneinnahmeresten) auch den buchmäßigen Kassenbestand nach.

Der **buchmäßige Kassenbestand** ergibt sich als Unterschied zwischen der Summe der Ist-Einnahmen und der Summe der Ist-Ausgaben des Haushaltsjahres.

4.1.2 Die Haushaltsrechnung

Die Haushaltsrechnung umfaßt nach § 42 GemHVO zunächst die Zuordnung der Beträge der Kassenrechnung (Soll-Einnahmen und -Ausgaben, Ist-Einnahmen und -Ausgaben, Kasseneinnahme- und Kassenausgabereste) zu den einzelnen Haushaltsstellen.

Da die Haushaltsrechnung aber vor allem nachweisen soll, inwieweit die Soll-Ausgaben (bzw. Soll-Einnahmen) im Rahmen der Haushaltsansätze geblieben sind, erfolgt außerdem die Gegenüberstellung der Soll-Ausgaben und Soll-Einnahmen mit den entsprechenden Haushaltsansätzen.

Soweit die Soll-Ausgaben die Haushaltsansätze übersteigen, ist anzugeben, inwieweit die Mehrbeträge durch über- und außerplanmäßige Bewilligungen oder nach § 17 GemHVO oder nach § 18 GemHVO gedeckt sind.

In der Haushaltsrechnung ist ferner nachzuweisen, welche übertragbaren Ausgabemittel noch verfügbar sind (Haushaltsansätze zuzüglich Haushaltsreste aus Vorjahr abzüglich Anordnungssoll) und es ist festzustellen, in welcher Höhe diese Mittel als Haushaltsausgabereste in das folgende Jahr übertragen werden.

Die Haushaltseinnahmereste (diese sind für Kreditaufnahmen und Einnahmen nach § 1 (1) Nr. 4 GemHVO zugelassen) sind ebenfalls durch die Haushaltsrechnung festzustellen.[1]

Die Bildung von Haushaltsausgaberesten soll an einem einfachen Beispiel erläutert werden.

Im Jahr 1998 sind im Haushaltsplan der Stadt H. für einen Erweiterungsbau der Grundschule 800 000,00 DM veranschlagt worden. Bedingt durch einen sehr frühen Winter ist die Baumaßnahme zum Jahresende nicht wie erwartet vorangeschritten. Es sind daher 1998 nur 500 000,00 DM zur Zahlung angeordnet und gezahlt worden.

---

1 Vgl. zur Übertragbarkeit von Haushaltsmitteln auf Folgejahre Kurs III, Kap. 4.4.3.3.

Das entsprechende Konto des Sachbuchs für den Vermögenshaushalt ist unten abgebildet.

| Haushalts-stelle: *2100.9400 Erweiterungs-bau Grundschule* | Kassenreste aus Vorjahr: *0.-* | Haushalts-reste aus Vorjahr: *0.-* | **Verfügbare Mittel:** Haushaltsansatz: *800.000* Nachtragsplan-änderung: Deckung durch | Vergleich -Ansatz zu Anordnungs-soll: *0.-* |
| | Kassenreste auf Nachjahr: *0.-* | Haushalts-reste auf Nachjahr: *300.000.-* | üpl/apl Bewilligung: Deckung durch Mehreinnahmen nach § 17 GemHVO: Änderung nach § 18: | |

Lfd. Nr.	Tag der Buchung	Name des Einzahlers oder Empfängers	Grund der Zahlung	Anordnungs-soll	Ist-zahlung	Hinweis auf Zeitbuch-Nr.
1	08.09...	Fa. P. Schmidtke	Rechn. 483	180.000.-		
2	10.09...	Fa. Baumann	Rechn. 81/72	320.000.-		
3	18.09...	Fa. Baumann	Rechn. 81/72		320.000.-	4381
4	07.10...	Fa. P. Schmidtke	Rechn. 483		180.000.-	4712
5	05.02...	Bildung des Haushaltrests		H 300.000.-		
				800.000.-	500.000.-	

Die Gegenüberstellung von Haushaltsansatz (800 000,— DM) und Anordnungssoll (500 000,— DM) ergibt vor dem Abschluß dieses Kontos eine Differenz von 300 000,— DM. Dieser Betrag ist noch verfügbar. Da die Baumaßnahme noch nicht abgeschlossen ist, sondern sich lediglich verzögert hat, und die Mittel im Folgejahr ausgegeben werden sollen, wird in dieser Höhe ein Haushaltsausgaberest gebildet und auf das Nachjahr übertragen. Die Übertragbarkeit ist nach § 19 (1) GemHVO gegeben, da es sich hier um eine Ausgabe des Vermögenshaushalts handelt und die Ausgabeansätze des Vermögenshaushalts bis zur Fälligkeit der letzten Zahlung für ihren Zweck verfügbar bleiben[1].

Im Jahr 1999 wird die Baumaßnahme fortgesetzt und im Sommer des Jahres abgeschlossen. Die Abschlußrechnung der Firma Baumann über 295 000,00 DM wird am 6. Juli 1999 zum Soll gestellt und am 6. August 1999 beglichen. Der noch verfügbare Betrag in Höhe von 5 000,00 DM gilt als erspart, er wird, da die Baumaßnahme abgeschlossen ist, nicht in das Folgejahr übertragen. Der Haushaltsvergleich weist daher einen Betrag von − 5 000,00 DM aus.

---

1 Bei Baumaßnahmen und Beschaffungen längstens jedoch zwei Jahre nach Schluß des Haushaltsjahres, in dem der Gegenstand oder Bau in seinen wesentlichen Teilen in Benutzung genommen werden kann.

18 Grommas/Bartels – ISBN 3-8120-0430-5

| Haushalts-stelle: 2100.9400 Erweiterungsbau Grundschule | Kassenreste aus Vorjahr: 0.- | Haushalts-reste aus Vorjahr: 300.000.- | **Verfügbare Mittel:** Haushaltsansatz: 0.- Nachtragsplan-änderung: Deckung durch üpl/apl Bewilligung: | Vergleich Ansatz zu Anordnungs-soll: – 5.000,- |
| | Kassenreste auf Nachjahr: 0.- | Haushalts-reste auf Nachjahr: 0.- | Deckung durch Mehreinnahmen nach § 17 GemHVO: Änderung nach § 18: | |

Lfd. Nr.	Tag der Buchung	Name des Einzahlers oder Empfängers	Grund der Zahlung	Anordnungs-soll	Ist-zahlung	Hinweis auf Zeitbuch-Nr.
1	05.02...	Vortrag Haushaltsrest		H –300.000.-		
2	06.07...	Fa. Baumann	H Bschleußbescht ..1148	295.000.-		
3	06.08...	Fa. Baumann	Rechn...1148		295.000.-	3017

Während sich die Kassenreste „automatisch" allein aufgrund des rechnerischen Unterschieds zwischen Anordnungssoll und Istzahlung ergeben, ist bei der Bildung von Haushaltsresten eine Entscheidung erforderlich. Es muß nach der Ermittlung der noch verfügbaren Mittel erst bestimmt werden, inwieweit die Beträge auch im Folgejahr verfügbar bleiben sollen. Bei dieser Entscheidung sind vor allem die Regelungen des § 19 GemHVO zur Übertragbarkeit zu beachten.

Die Haushaltsrechnung zeigt somit für jede Haushaltsstelle:

1. Soll-Einnahmen bzw. Soll-Ausgaben
2. Ist-Einnahmen bzw. Ist-Ausgaben
3. Kasseneinnahmereste bzw. Kassenausgabereste
4. Haushaltsansätze einschl. Veränderungen durch Nachtrag, Deckungsfähigkeit, üpl./apl. Ausgaben
5. Haushaltseinnahmereste bzw. Haushaltsausgabereste
6. Haushaltsvergleich

Die Muster für die Haushaltsrechnung, die als Muster zu § 42 GemHVO vorgeschrieben sind, sind auf der folgenden Seite abgebildet.

Blatt 1

Muster
für die Haushaltsrechnung
DM

— Verwaltungshaushalt — Einnahmen —

| Haushaltsstelle (Ziffern- u. textmäßige Bezeichnung) | Kasseneinnahmereste vom Vorjahr | | Soll-Einnahmen | Ist-Einnahmen | Neue Kasseneinnahmereste | Haushaltsansatz | Mehr/Weniger Soll-Einnahmen |
	insgesamt	in Abgang					
1	2	3	4	5	6	7	8

Verwaltungshaushalt — Ausgaben —

| Haushaltsstelle (Ziffern- u. textmäßige Bezeichnung) | Kassenausgabereste vom Vorjahr | | Haushaltsreste vom Vorjahr | | | Soll-Ausgaben | Ist-Ausgaben | Neue Kassenausgabereste | Haushaltsansatz | Mehr/ Weniger Sollausgaben | Vom Mehrbetrag sind üpl. od. apl. bewilligt oder nach §17 oder nach §18 GemHVO gedeckt | Vom Weniger-Betrag sind als neue Hhaltsausgabereste zu übertragen |
	insgesamt	in Abgang	insgesamt	Anordnungen	in Abgang (Spalte 4 ./. 5)							
1	2	3	4	5	6	7	8	9	10	11	12	13

275

**Muster
für die Haushaltsrechnung
DM**

Blatt 2

— Vermögenshaushalt — Einnahmen —

Haushaltsstelle (ziffern- u. textmäßige Bezeichnung)	Kasseneinnahmereste vom Vorjahr			Haushaltseinnahmereste vom Vorjahr			Soll-Einnahmen	Ist-Einnahmen	Neue Kasseneinnahmereste	Haushaltsansatz	Mehr/Weniger Soll-Einn.	Neue Haushaltseinnahmereste
	insgesamt	in Abgang	insgesamt	Anordnungen	in Abgang (Sp. 4 ./. 5)						
1	2	3	4	5*	6	7	8	9	10	11	12

— Vermögenshaushalt — Ausgaben —

Haushaltsstelle (ziffern- u. textmäßige Bezeichnung)	Kassenausgabereste vom Vorjahr			Haushaltsausgabereste vom Vorjahr			Soll-Ausgaben	Ist-Ausgaben	Neue Kassenausgabereste	Haushaltsansatz	Mehr/Weniger Soll-Ausg.	Vom Mehrbetrag sind üpl. oder apl. bewilligt oder nach § 17 oder § 18 GemHVO gedeckt	Bei noch nicht abgeschlossenen Maßnahmen. Neue Hausgabereste vom Weniger-Betrag
	insgesamt	in Abgang	insgesamt	Anordnungen	ins nächste Haushaltsjahr zu übertragen							
1	2	3	4	5	6	7	8	9	10	11	12	13	14

**Muster
für die Haushaltsrechnung
Verkürzte Form der Haushaltsrechnung
DM**

Blatt 4

| Haushaltsstelle (Ziffern- u. textmäßige Bezeichnung) | Reste vom Vorjahr (K) = Kassenreste (H) = Haushaltsreste | Soll ─Einnahmen ─Ausgaben ./. Abgang von Vorjahresresten (K = Kassenreste) 1) + Sollstellung neuer Haushaltsreste | Ist | In das folgende Jahr zu übertragende Reste (K = Kassenreste, H = Haushaltsreste) | Haushaltsansatz | Soll ─Einnahmen ─Ausgaben höher (+) weniger (─) als der Haushaltsansatz | üpl. oder apl. bewilligte Ausgaben oder nach § 17 oder § 18 GemHVO gedeckt |
| 1 | 2 | 3 | 4 | 5 | 6 | 7 | 8 |

Erläuterung: 1) Sofern die alten Reste nicht durch Gegenbuchung bereinigt werden

276

Von den vorgeschriebenen Mustern darf abgewichen werden, wenn bei der Haushaltsrechnung EDV-Anlagen eingesetzt werden. Das veränderte Schema muß aber dieselben Aussagen ermöglichen. Nachfolgend ist ein Blatt einer per EDV-Anlage erstellten Haushaltsrechnung abgebildet.

```
69
70  5000 STADT H.                  HAUSHALTSRECHNUNG -  VERMÖGENSHAUSHALT        08.03...   HAUSHALTSJAHR 19 . BLATT  211
71
    EINZELPLAN      6      BAU- UND WOHNUNGSWESEN, VERKEHR
 1
 2  UNTERABSCHNITT 6300   GEMEINDESTRASSEN
 3
 4  H A U S H A L T S S T E L L E  ENDG.HAUSH.SOLL    RESTE      ANORDNUNGSSOLL    I S T        RESTE      HAUSH.VERGL.  X=UEPL/Z=UD
 5  NUMMER    BEZEICHNUNG          DARIN VERÄND.   AUS VORJAHR                            AUF NACHJAHR MEHR+/WENIG.-  R=DECK.RES.8
 6
 7
 8
 9  2.6300-037    RÖMERRING/BRÜCKE
10  ----------
11
12  361100.1 ZUWEISUNG VOM LAND      4000.000,00                2964.000,00  2964.000,00               -1036.000,00
13   -037 (GVFG)
14                                H4000.000,00              L2964.000,00
15
16  365000.7 ZUSCH. DEUTSCHE                                    245.000,00   245.000,00                +245.000,00
17   -037 BUNDESBAHN
18                                 H465.000,00               L245.000,00
19                                N-465.000,00
20
21  365100.3 ERST.VON              337.400,00                 180.000,00    80.000,00   100.000,00   -157.400,00
22   -037 STADTWERKEN
23                                 H570.000,00               L180.000,00              K100.000,00
24                                N-232.600,00
25
26  932000.9 GRUNDERWERB                       322.918,68                   266.617,56   56.301,12
27   -037
28                                             H322.918,68   L266.617,56              H56.301,12
29                                                           H-322.918,68
30                                                           H56.301,12
31
32  950000.7 BRÜCKENBAUKOSTEN     6000.000,00  267.600,82     6000.000,00  4796.606,73  1470.994,09
33   -037
34                                H6000.000,00 H267.600,82   L4796.606,73              H1470.994,09
35                                                           H-267.600,82
36                                                           H1470.994,09
37
38  ------------------------------------------------------------------------------------------------------------------
39
40
41  2.6300-037    GESAMTEINNAHMEN   4337.400,00                3389.000,00  3289.000,00   100.000,00  -948.400,00
42                                H5035.000,00              L3389.000,00              K100.000,00
43                                N-697.600,00
44
45  2.6300-037    GESAMTAUSGABEN    6000.000,00  590.519,50    6000.000,00  5063.224,29  1527.295,21
46                                H6000.000,00 H590.519,50   L5063.224,29              H1527.295,21
47                                                           H-590.519,50
48                                                           H1527.295,21
49
50  ------------------------------------------------------------------------------------------------------------------
51          ERGEBNIS VORHABEN                               -2611.000,00  -1774.224,29
```

Aus dem abgedruckten Blatt ist zum Beispiel folgendes ersichtlich:

Der Haushaltsansatz für die Brückenbaukosten belief sich auf 6 000 000,— DM. Aus dem Vorjahr standen noch 267 600,82 DM Haushaltsreste zur Verfügung. Ausgegeben wurden 4 796 606,73 DM und ein neuer Haushaltsrest von 1 470 994,09 DM wurde gebildet.

Als Erstattung von den Stadtwerken waren 570 000,— DM veranschlagt. Dieser Haushaltsansatz wurde durch den Nachtragsplan um 232 600,— DM reduziert. Zur Annahme angeordnet wurden 180 000,— DM. Bis zum 31. 12. gingen jedoch nur 80 000,— DM ein, so daß ein Kassenrest von 100 000,— DM in das neue Jahr vorgetragen werden mußte.

Im Rahmen der Haushaltsrechnung ist außerdem das **Rechnungsergebnis** festzustellen. Dies ergibt sich als **Differenz zwischen den Soll-Einnahmen und den Soll-Ausgaben** des Haushaltsjahres unter Berücksichtigung der Haushaltsreste. Ehe man jedoch die Differenz ermittelt, müssen die in den Soll-Einnahmen enthaltenen Kasseneinnahmereste überprüft werden. Soweit sich dabei ergibt, daß mit dem Eingang der Reste nicht gerechnet werden kann, ist eine (ggf. pauschale) Restebereinigung vorzunehmen. Das Rechnungsergebnis ist für den Verwaltungshaushalt und den Vermögenshaushalt je für sich und für beide zusammen zu ermitteln. Die Feststellung der Ergebnisse erfolgt nach dem abgebildeten Muster:

Muster für die Haushaltsrechnung in DM

Feststellung des Ergebnisses

Soll-Einnahmen Verwaltungshaushalt . . . .

Soll-Einnahmen Vermögenshaushalt . . . .

Summe der Soll-Einnahmen . . . .

\+ Neue Haushaltseinnahmereste . . . .

— Abgang alter Haushaltseinnahmereste . . . .

— Abgang alter Kasseneinnahmereste . . . .

Summe bereinigter Soll-Einnahmen . . . .

Soll-Ausgaben Verwaltungshaushalt . . . .

Soll-Ausgaben Vermögenshaushalt . . . .
(darin enthalten Überschuß nach § 42 Abs. 3
Satz 2 GemHVO) . . . .

Summe der Soll-Ausgaben . . . .

\+ Neue Haushaltsausgabereste
 Verwaltungshaushalt . . . .
 Vermögenshaushalt . . . .

— Abgang alter Haushaltsausgabereste
 Verwaltungshaushalt . . . .
 Vermögenshaushalt . . . .

— Abgang alter Kassenausgabereste . . . .

Summe bereinigte Soll-Ausgaben . . . .

Etwaiger Unterschied bereinigte Soll-Einnahmen
./. bereinigte Soll-Ausgaben (Fehlbetrag) . . . .

Ergibt sich als Rechnungsergebnis ein Sollfehlbetrag, so wird dieser in der Rechnung ausgewiesen. Ergibt sich als Rechnungsergebnis ein Sollüberschuß, so ist dieser vor Abschluß der Haushaltsrechnung der allgemeinen Rücklage zuzuführen, ein Überschuß wird demnach nicht in der Rechnung ausgewiesen.

Ein Rechnungsfehlbetrag ist gemäß § 23 GemHVO unverzüglich zu decken. Im Falle einer jährlichen Haushaltssatzung ist er spätestens im zweiten dem Haushaltsjahr folgenden Jahr zu veranschlagen. Gemäß Runderlaß des MI ist die Fehlbetragsabdeckung abweichend vom § 1 GemHVO im jeweiligen Haushaltsteil vorzunehmen, der Fehlbetrag des Verwaltungshaushalts ist im Verwaltungshaushalt und der Fehlbetrag des Vermögenshaushalts im Vermögenshaushalt (Abschnitt 92, Gruppe 992) zu veranschlagen.

Die Kasse hat beim Rechnungsabschluß zu beachten, daß ein in der Rechnung ausgewiesener Soll-Fehlbetrag des Verwaltungshaushalts als Kasseneinnahmerest aus dem Vorjahr auf einem Kassenkonto zur Haushaltsstelle 92/29 im neuen Haushaltsjahr vorzutragen ist. Ein im Vermögenshaushalt entstandener Soll-Fehlbetrag ist analog dazu auf einem Kassenkonto zur Haushaltsstelle 92/39 vorzutragen. Der Ausgleich dieses Kasseneinnahmerestes erfolgt später dadurch, daß eine Zahlung aus dem Ausgabekonto 92/892 bzw. 92/992 an das entsprechende Einnahmekonto 92/29 bzw. 92/39 vorgenommen wird. Diese Zahlung wird auf der Ausgabeseite im Soll und Ist gebucht und auf der Einnahmeseite im Ist.

Da die Gemeindehaushaltsverordnung das Sollergebnis als maßgebliches Rechnungsergebnis für den Jahresabschluß festlegt, hat das Ist-Ergebnis geringere Bedeutung. Das Ist-Ergebnis ergibt sich als Differenz zwischen der Summe der Ist-Einnahmen und der Summe der Ist-Ausgaben des jeweiligen Haushaltsteils. Ist der Differenzbetrag positiv, liegt ein Ist-Überschuß vor, ist er negativ, liegt ein Ist-Fehlbetrag vor.

Die Kasse hat die beim Jahresabschluß ermittelten Ist-Ergebnisse in die Sachbuchkonten des neuen Jahres zu übernehmen. Die Übernahme des Ist-Überschusses ist auf einem Konto zur Haushaltsstelle 92/29 bzw. 92/39 vorzunehmen. Ein Ist-Fehlbetrag ist auf einem Konto zur Haushaltsstelle 92/895 bzw. 92/995 zu übernehmen. Die Übernahme erfordert dabei jeweils eine Buchung als Rest aus Vorjahr und als Ist.

Das Ist-Ergebnis unterscheidet sich vom Soll-Ergebnis durch die Ausgabereste (Haushaltsausgabereste und Kassenausgabereste) und die Einnahmereste (Haushaltseinnahmereste und Kasseneinnahmereste). Rechnerisch ergibt sich folgender Zusammenhang:

$$\text{Soll-Ergebnis} = \text{Ist-Ergebnis} + \text{Einnahmereste} - \text{Ausgabereste}$$

Bei einem ausgeglichenen Rechnungsabschluß ist in dieser Formel als Soll-Ergebnis eine Null einzusetzen, liegt ein Soll-Fehlbetrag vor, ist dieser als negativer Betrag in die Formel einzusetzen. – Im Verwaltungshaushalt liegen meist hohe Kasseneinnahmereste vor, aber kaum Kassenausgabereste und Haushaltsausgabereste. Dies hat zur Folge, daß das Ist-Ergebnis des Verwaltungshaushalts meist negativ, also ein Ist-Fehlbetrag ist. Im Vermögenshaushalt sind dagegen die Ausgabereste häufig höher als die Einnahmereste. Deshalb schließt der Vermögenshaushalt häufig mit einem Ist-Überschuß ab.

4.1.3 Anlagen zur Jahresrechnung

Nach § 40 GemHVO sind der Jahresrechnung die folgenden Anlagen beizufügen:
1. eine Vermögensübersicht,
2. eine Übersicht über die Schulden und die Rücklagen,
3. ein Rechnungsquerschnitt und eine Gruppierungsübersicht,
4. Nebenrechnungen gemäß § 12 Abs. 2 GemHVO,
5. eine Übersicht über die in Anspruch genommenen Verpflichtungsermächtigungen,
6. ein Rechenschaftsbericht.

Die Jahresrechnung im Überblick

Der kassenmäßige Abschluß	Die Haushaltsrechnung	Anlagen
Der kassenmäßige Abschluß enthält: die Soll-Einnahmen > = < → die Ist-Einnahmen Kasseneinnahmereste die Soll-Ausgaben > = < → die Ist-Ausgaben Kassenausgabereste insgesamt und je gesondert für den VwH und den VmH sowie für die Vorschüsse und Verwahrgelder Summe der Ist-Einnahmen − Summe der Ist-Ausgaben = buchmäßiger Kassenbestand	die Beträge des kassenmäßigen Abschlusses für die einzelnen Haushaltsstellen Soll-Ausgaben je HSt ↔ Haush.-Ansatz + üpl/apl Ausgaben Festellung der verfügbaren Ausgabemittel und Bildung der Haushaltsausgabereste Soll-Einnahme je HSt ↔ Haushaltsansatz im VmH ggf. Haushaltseinnahmereste für Einnahmen aus der Aufnahme von Krediten Haushaltsvergleich Festellung des Ergebnisses Soll-Einnahmen VwH + Soll-Einnahmen VmH = Summe der Soll-Einnahmen + Neue Haushaltseinnahmereste − Abgang alter Haushaltseinnahmereste − Abgang alter Kasseneinnahmereste = Summe bereinigte Soll-Einnahmen Soll-Ausgaben VwH + Soll-Ausgaben VmH (darin Überschuß nach § 42) = Summe der Soll-Ausgaben + Neue Haushaltsausgabereste Verwaltungshaushalt Vermögenshaushalt − Abgang alter Haushaltsausgabereste Verwaltungshaushalt Vermögenshaushalt − Abgang alter Kassenausgabereste = Summe bereinigte Soll-Ausgaben Etwaiger Unterschied bereinigte Soll-Einnahmen ./. bereinigte Soll-Ausgaben (Fehlbetrag)	1. Vermögensübersicht Stand des Vermögens am Beginn und am Ende des Haushaltsjahres 2. Übersicht über die Schulden und die Rücklagen Jeweils Stand zum Beginn und zum Ende des Jahres 3. Rechnungsquerschnitt und Gruppierungsübersicht 4. Nebenrechnungen betr. Abschreibungen von leitungsgebundenen kostenrechnenden Einrichtungen 5. In Anspruch genommene Verpflichtungsermächtigungen 6. Rechenschaftsbericht wichtigste Ergebnisse der Jahresrechnung

Aus der Übersicht über die Schulden und Rücklagen muß der Stand zum Beginn und zum Ende des Haushaltsjahres ersichtlich sein. Die Schuldenübersicht ist nach den Gläubigern zu gliedern, die Rücklagenübersicht nach allgemeiner Rücklage und Sonderrücklagen.

Aus der Vermögensübersicht muß der Stand des Vermögens zum Beginn und zum Ende des Haushaltsjahres ersichtlich sein. In der Vermögensübersicht sind die Forderungen aus Geldanlagen und Darlehen mit ihrem jeweiligen Stand, Beteiligungen und Wertpapiere in der Regel mit dem für sie aufgewendeten Betrag nachzuweisen. Das Vermögen (Sachen und grundstücksgleiche Rechte) der kostenrechnenden Einrichtungen ist in der Vermögensübersicht nach Aufgabenbereichen gegliedert darzustellen. Bezüglich Sachen und grundstücksgleichen Rechten, die nicht kostenrechnenden Einrichtungen dienen, ist es der Gemeinde freigestellt, über diese Nachweise zu führen. Dementsprechend braucht dieses Vermögen nicht in der Vermögensübersicht aufgeführt zu werden.

Die Gemeinde kann nach § 40 Abs. 3 die Bestände und die Veränderungen ihres Vermögens sowie ihre Schulden und Rücklagen auch in der Jahresrechnung nachweisen.

Der der Jahresrechnung beizufügende Rechnungsquerschnitt und die Gruppierungsübersicht gleichen in ihrem Aufbau dem Haushaltsquerschnitt und der Gruppierungsübersicht des Gesamtplans (vgl. dazu Kurs III, Kap. 4.3.3.1).

Im Rechenschaftsbericht sind nach § 44 Abs. 4 insbesondere die wichtigsten Ergebnisse der Jahresrechnung und erhebliche Abweichungen der Jahresrechnung von den Haushaltsansätzen zu erläutern. Der Rechenschaftsbericht soll außerdem einen Überblick über die Haushaltswirtschaft im abgelaufenen Jahr geben.

4.2 Die Rechnungsprüfung

Die Prüfung der Jahresrechnung gehört gem. § 119 NGO zu den Pflichtaufgaben des Rechnungsprüfungsamtes. Dem Rechnungsprüfungsamt obliegt ferner die laufende Prüfung der Kassenvorgänge und Belege zur Vorbereitung der Jahresrechnung. Die Rechnungen mit ihren Unterlagen werden vom Rechnungsprüfungsamt dahingehend geprüft, ob der Haushaltsplan eingehalten ist, die Beträge sachlich und rechnerisch begründet und belegt sind, die bestehenden haushalts- und kassenrechtlichen Vorschriften eingehalten werden und ob das allgemeine Gebot der Wirtschaftlichkeit beachtet wird. Den Umfang der Prüfung kann das Rechnungsprüfungsamt nach pflichtmäßigem Ermessen festlegen.

In Gemeinden, in denen ein Rechnungsprüfungsamt nicht besteht (Gemeinden unter 30 000 Einwohner – in Nordrhein-Westfalen unter 20 000 Einwohner – brauchen kein Rechnungsprüfungsamt einzurichten), obliegt dem Rechnungsprüfungsamt des Landkreises die Durchführung der Rechnungsprüfung auf Kosten der Gemeinde.

Seine Bemerkungen über die Prüfung der Jahresrechnung faßt das Rechnungsprüfungsamt in einem Schlußbericht zusammen.

Der um die Stellungnahme der Bürgermeisterin oder des Bürgermeisters ergänzte Schlußbericht ist nach seiner Vorlage im Rat an sieben Tagen öffentlich auszulegen.

4.3 Entlastung

Die Bürgermeisterin oder der Bürgermeister hat die Jahresrechnung unverzüglich mit dem Schlußbericht des Rechnungsprüfungsamtes und ihrer oder seiner Stellungnahme zu diesem Bericht dem Rat vorzulegen. Der Rat beschließt bis spätestens 31. Dezember des auf das Haushaltsjahr folgenden Jahres über die Jahresrechnung und zugleich über die Entlastung der Bürgermeisterin oder des Bürgermeisters.

Verweigert der Rat die Entlastung oder spricht er sie mit Einschränkungen aus, so hat er dafür die Gründe anzugeben.

Der Beschluß über die Jahresrechnung und die Entlastung ist der Kommunalaufsichtsbehörde unverzüglich mitzuteilen und öffentlich bekanntzumachen. Im Anschluß an die Bekanntmachung ist die Jahresrechnung mit dem Rechenschaftsbericht an sieben Tagen öffentlich auszulegen.

Überörtliche Prüfungen werden im allgemeinen erst nach der Entlastung vorgenommen. Hält die Kommunalaufsichtsbehörde eine überörtliche Prüfung vor Erteilung der Entlastung für erforderlich, so hat sie dies der Gemeinde mitzuteilen. Gemäß § 121 NGO darf der Rat in diesem Fall über die Entlastung erst beschließen, wenn ihm das Ergebnis der überörtlichen Prüfung zugegangen und der Verwaltungsausschuß hierzu gehört worden ist.

5 Prüfungseinrichtungen

Prüfungen im Bereich des Haushalts- und Kassenwesens vorzunehmen, ist die Hauptaufgabe der Prüfungsämter. Man unterscheidet zwischen den Rechnungsprüfungsämtern als örtliche Prüfungseinrichtungen und den Kommunalprüfungsämtern als überörtliche Prüfungseinrichtungen.

Gemeinden mit mehr als 30 000 Einwohnern (in Nordrhein-Westfalen mit mehr als 20 000 Einwohnern) sind verpflichtet, ein Rechnungsprüfungsamt einzurichten. Soweit Gemeinden unter 30 000 Einwohnern ein Rechnungsprüfungsamt nicht besitzen, nehmen die Prüfer des Landkreises die Aufgaben der Rechnungsprüfung wahr.

Die überörtliche Prüfung der kreisfreien und der großen selbständigen Städte obliegt dem Kommunalprüfungsamt des Landes. Die überörtliche Prüfung der übrigen Gemeinden hat das Rechnungsprüfungsamt des Landkreises als Kommunalprüfungsamt vorzunehmen.

Aufgabe der Prüfungsämter ist hauptsächlich die Prüfung der haushalts- und kassenmäßigen Vorgänge auf Übereinstimmung mit den gesetzlichen Bestimmungen und die Überwachung des Kassenwesens.

5.1 Prüfung der Kassen der Gemeinde

Die dauernde Überwachung der Kassen der Gemeinde und ihrer Eigenbetriebe obliegt dem Rechnungsprüfungsamt. Es hat dazu sowohl regelmäßige als auch unvermutete Kassenprüfungen vorzunehmen. Soweit die Kassengeschäfte und das Rechnungswesen ganz oder zum Teil automatisiert sind, hat das Rechnungsprüfungsamt auch die Prüfung der Programme vorzunehmen.

Bei der Gemeindekasse und den Zahlstellen ist in jedem Jahr mindestens eine unvermutete Kassenprüfung vorzunehmen. Dabei ist gleichzeitig eine Kassenbestandsaufnahme vorzunehmen, sofern Bargeldverkehr stattfindet. Eine Kassenprüfung ist ferner beim Ausscheiden des Kassenverwalters vorzunehmen.

Handvorschüsse und Geldannahmestellen sind jährlich mindestens einmal unvermutet zu prüfen. Wenn nichts anderes bestimmt ist, ist diese unvermutete Prüfung vom zuständigen Dienststellenleiter vorzunehmen.

Bei der Kassenbestandsaufnahme wird geprüft, ob der Kassenistbestand (Bestand an Zahlungsmitteln beim Kassierer und die Bankkontenbestände) mit dem Kassensollbestand (dieser ergibt sich aus den Einnahmen und Ausgaben nach dem Zeitbuch) übereinstimmt.

Eine Kassenprüfung umfaßt außer einer Kassenbestandsaufnahme auch stichprobenweise Feststellungen, ob die Kassengeschäfte ordnungsmäßig und wirtschaftlich erledigt werden. Es ist dazu die Ordnungsmäßigkeit des Zahlungsverkehrs, der Buchführung und der Belege zu prüfen. Beim Verwahrgelaß ist zu prüfen, ob die lt. Buchführung verwahrten Gegenstände auch tatsächlich vorhanden sind. Ferner ist zu prüfen, ob der tägliche Bestand an Bargeld und der Bestand auf den bei den Kreditinstituten errichteten Girokonten den notwendigen Umfang nicht überschreitet.

Über jede Prüfung ist ein Prüfungsbericht zu fertigen. Der Kassenbestandsnachweis ist dem Prüfungsbericht beizufügen.

Führt das Kommunalprüfungsamt eine überörtliche Prüfung durch, so hat es festzustellen, ob das Kassenwesen der Gemeinde zuverlässig eingerichtet ist.

Fragen und Übungsaufgaben

1. a) Grenzen Sie die kaufmännische und die kameralistische Buchführung in bezug auf ihre Zielsetzungen gegeneinander ab!
   b) Warum haben einige kommunale Einrichtungen Formen der kaufmännischen Buchführung ganz oder teilweise übernommen?

2. Entscheiden Sie bei den folgenden Fällen, wie sich die Vorgänge in den Büchern gem. §§ 25–31 GemKVO auswirken!
   2.1 Anordnung zur Auszahlung an die Firma Baumann für eine Rechnung zum Umbau des Stadttheaters.
   2.2 Anordnung zur Zahlung eines Handvorschusses für das Stadtbad (aus diesem Handvorschuß werden voraussichtlich Zahlungen für mehrere Haushaltsstellen geleistet werden).

2.3 Anordnung zur „Zahlung" der Müllgebühren für das städtische Altenheim an die Stadtreinigung.

2.4 Kurt Berger zahlt den Kaufpreis für ein Grundstück, das er von der Stadt erworben hat durch Banküberweisung.

2.5 Alois Nobel spendet für das Museum der Stadt 1111,— DM durch Übergabe eines Postschecks.

2.6 Der aufgenommene Kassenkredit wird dem Bankkonto gutgeschrieben.

2.7 Paul Schusselig zahlt die Kfz-Steuer irrtümlich an die Stadtkasse. Der Betrag wird an das Finanzamt weiter überwiesen.

2.8 An einen Angestellten wird ein Gehaltsvorschuß ausgezahlt. (Die Abwicklung soll noch in diesem Jahr erfolgen.)

3. Die Stadtkasse erhält am 5. Januar 2000 noch eine Auszahlungsanordnung an den Lieferanten K. für das Jahr 1999. Aus den der Anordnung beigefügten Unterlagen ist ersichtlich, daß der Betrag am 30. Dezember 1999 fällig war. In welchem Haushaltsjahr hat die Kasse die Anordnung bezüglich Soll und Ist zu buchen?

4. Ein Mitschüler von Ihnen behauptet: „Das Verwahrbuch ist für die Einnahmen das genaue Gegenstück des Vorschußbuchs auf der Ausgabeseite." Überprüfen Sie diese Aussage! Geben Sie dabei an, inwieweit sie richtig ist und welche Fehler sie beinhaltet!

5. Fertigen Sie aufgrund der folgenden Angaben den Tagesabschluß der Gemeinde W. für den 5. April 1999. Am 5. April wurden auf das Postbank Girokonto 214 380,00 DM eingezahlt und für 180 210,00 DM Auszahlungen geleistet. Bei dem Kassierer wurden folgende Einzahlungen geleistet: in Bargeld 3 820,00 DM, in Schecks 5 840,30 DM. Darüber hinaus liefern die beiden Vollziehungsbeamten beim Kassierer 3 437,40 DM in bar und in Verrechnungsschecks ab. Bei der Kreissparkasse wurden Gutschriften über 102 820,00 DM gebucht. Die ausgeführten Überweisungsaufträge belaufen sich auf 114 840,00 DM. Der Kassensollbestand des 4. April beträgt 874 622,80 DM.

Über den Kassenistbestand des 5. April liegen folgende Informationen vor: Bargeld 9 678,23 DM, Schecks 9 142,17 DM, Postbank Giroguthaben lt. Kontogegenbuch 91 420,40 DM, Guthaben Kreissparkasse lt. Kontogegenbuch 199 629,70 DM. Festgeldanlage bei der Stadtsparkasse 600 000,00 DM.

6. Erläutern Sie, wie bei einem Kassenfehlbetrag bzw. bei einem Kassenüberschuß zu verfahren ist!

7. Unter welchen Voraussetzungen darf auf die Erstellung von Zwischenabschlüssen verzichtet werden? Wovon wird es im wesentlichen abhängen, ob der Gemeindedirektor von dieser Möglichkeit Gebrauch machen wird?

8. Erläutern Sie ausführlich den Unterschied zwischen Kassen- und Haushaltsresten.

9. Kann in den folgenden Fällen ein Haushaltsrest gebildet werden? Begründen Sie jeweils Ihre Antwort!

9.1 Bei der Haushaltsstelle 5500 6008 „Kosten der Sportförderung" sind 1998 20 000,00 DM veranschlagt worden (Veränderungen dieses Ansatzes hat es im Laufe des Jahres nicht gegeben). Es wurden 1998 nur 17 500,00 DM zur Zahlung angeordnet und gezahlt.

9.2 Für den Bau einer Mülldeponie waren 1998 300 000,00 DM veranschlagt. Der Nachtragshaushalt hat den Ansatz um 20 000,00 DM verringert. Im Laufe des Jahres wurden 240 000,00 DM angeordnet und gezahlt.

9.3 Bei der Haushaltsstelle 5710 1103 „Hallenbad Benutzungsentgelte" waren 1998 80 000,00 DM veranschlagt. Es konnten jedoch nur 75 000,00 DM angeordnet und eingenommen werden.

10. Bei der Haushaltsstelle 160 110 „Krankentransport Benutzungsgebühren" wurden 1998 im Haushaltsplan 840 000,00 DM veranschlagt. Aus dem Vorjahr (1997) war ein „schwarzer Kasseneinnahmerest" von 12 000,00 DM vorzutragen. Im Laufe des Jahres 1998 wurden Annahmeanordnungen über 800 000,00 DM zum Soll gestellt. An Zahlungen sind 1998 801 000,00 DM eingegangen. Im folgenden Jahr wurden 870 000,00 DM veranschlagt, 890 000,00 DM zum Soll gestellt und 901 000,00 DM gezahlt. Führen Sie die Sachkonten für die Haushaltsstelle 160 110 1998 und 1999! Ermitteln Sie dabei die anfallenden Reste, und führen Sie jeweils einen Haushaltsvergleich durch!

11. Wovon hängt es am Jahresende ab, ob die Soll-Einnahmen oder Soll-Ausgaben dem alten oder dem neuen Haushaltsjahr zuzuordnen sind?

12. Begründen Sie, warum in der Haushaltsrechnung als Ergebnis nur Fehlbeträge und nie Überschüsse ausgewiesen werden!

13. Wie ist bei einem Fehlbetrag in der Jahresrechnung zu verfahren?

14. Welche Gemeinden sind nicht verpflichtet, ein Rechnungsprüfungsamt einzurichten? Wer nimmt bei diesen Gemeinden die Rechnungsprüfung wahr?

KURS V Grundlagen der Buchführung der gemeindlichen Wirtschaftsbetriebe

Situation:

Der Rat der Stadt P. beabsichtigt, den Versorgungsbetrieb der Stadt, der die Einwohner mit Strom, Gas und Wasser versorgt und außerdem den öffentlichen Nahverkehr in der Stadt mit Bussen durchführt, ab 01.01. als Unternehmen (nach § 108 NGO) in der Form des Eigenbetriebs zu führen. Der Eigenbetrieb soll dann als „Stadtwerke P." die aufgezählten Leistungen erbringen.

1 Buchführung in gemeindlichen Wirtschaftsbetrieben

Problem:

Das Rechnungswesen des Versorgungsunternehmens „Stadtwerke P." muß, sobald der Betrieb als „Eigenbetrieb" geführt wird, auf der Grundlage der kaufmännischen Buchführung völlig neu organisiert werden. Es ist zunächst zu klären, welche Unterschiede zwischen kameralistischer und kaufmännischer Buchführung bestehen und welche gesetzlichen Grundlagen für die Buchführung des Eigenbetriebs gelten.

Lösung:

1.1 Kameralistische Buchführung – kaufmännische Buchführung

Vor der Umwandlung des Versorgungsunternehmens in einen Eigenbetrieb (vgl. Ausgangssituation) wurden die Einnahmen und Ausgaben des Betriebes im Haushaltsplan der Stadt veranschlagt, und die Buchführung wurde nach den Grundsätzen der kameralistischen Buchführung (vgl. Kurs IV, 3) durchgeführt.

Die Umwandlung in einen Eigenbetrieb bewirkt, daß die Buchführung auf der Grundlage der Eigenbetriebsverordnung[1] (§ 16) als kaufmännische Buchführung nach den Grundsätzen ordnungsmäßiger Buchführung zu führen ist.

Auch für Eigengesellschaften (vgl. § 108 NGO bzw. §§ 88 f. GO/NW) ist die kaufmännische Buchführung vorgeschrieben.

---

1 Eigenbetriebsverordnung vom 15. August 1989

Öffentliche Betriebe	
(Einteilung nach der Form des Rechnungswesens)	
Betriebe, deren Finanzwirtschaft integraler Bestandteil des öffentlichen Haushalts ist und deren Buchführung kameralistisch durchgeführt wird:	Betriebe mit eigenem Rechnungswesen und in kaufmännischer Weise eingerichteter Buchführung:

öffentliche Betriebe ohne Kostenrechnung, „einfache" Kameralistik (z.B. Universitäten, Sozialeinrichtungen)	öffentliche Betriebe mit Kostenrechnung, „erweiterte" Kameralistik (z.B. Müllabfuhr, Schlachthöfe ...)	Eigenbetriebe = Unternehmen ohne eigene Rechtspersönlichkeit	Eigengesellschaften = Unternehmen mit eigener Rechtspersönlichkeit
		Gegebenenfalls auch Unternehmen und Einrichtungen nach § 110 NGO	

„Bruttobetriebe": Einnahmen und Ausgaben werden unsaldiert im Haushalt des Trägers ausgewiesen.	**„Nettobetriebe":** Der Überschuß der Einnahmen über die Ausgaben (bzw. umgekehrt). wird im Haushaltsplan ausgewiesen (nach § 2 GemHVO sind von diesen Betrieben Wirtschaftspläne und die neuesten Jahresabschlüsse als Anlage dem Haushaltsplan beizufügen).

Wesentliche Unterschiede der beiden Formen der Buchführung (Kameralistik/kaufmännische Buchführung) resultieren aus den unterschiedlichen Zielen der öffentlichen Verwaltung einerseits und den nach kaufmännischen Gesichtspunkten geführten Unternehmen andererseits.

Gegenüberstellung wesentlicher Ziele der kameralistischen und der kaufmännischen Buchführung

Kameralistische Buchführung soll:	**Kaufmännische Buchführung soll:**
- die Ausführung des Haushaltsplans nachweisen (Grundlage der Jahresrechnung),	- durch Aufzeichnung der Aufwendungen und Erträge die Grundlage zur Erfolgsermittlung liefern,
- die Rückwirkungen der Haushaltsführung auf Vermögen und Schulden und deren Änderung belegen,	- einen Überblick über Vermögen und dessen Veränderung vermitteln,
- Kassenvorgänge festhalten und damit die Kassenführung kontrollieren,	- die Grundlage zur Preisberechnung (Kalkulation) zur Verfügung stellen,
- die Begleichung der Forderungen überwachen,	- die Zahlenwerte für eine wirkungsvolle Kostenkontrolle bereitstellen,
- die ordnungsgemäße Erhebung und Abführung der durchlaufenden Gelder nachweisen.	- Grundlagen für eine ordnungsgemäße Steuererhebung liefern.

Die Erfolgsermittlung als wesentliches Ziel der kaufmännischen Buchführung führt zu dem entscheidenden Unterschied der beiden Formen der Buchführung. Während die kaufmännische Buchführung Aufwendungen und Erträge festhält und gleichzeitig das Vermögen fortschreibt, um so den Gewinn/Verlust des Betriebes feststellen zu können, ist die kameralistische Buchführung vor allem darauf ausgerichtet, die Ausführung des Haushaltsplans nachzuweisen. Bei der Kameralistik stehen daher eher die Zahlungsströme (Auszahlungen/Einzahlungen) als die Erfolgsgrößen (Aufwendungen/Erträge) im Mittelpunkt.

1.2 Gesetzliche Grundlagen und Grundsätze ordnungsmäßiger Buchführung für das Rechnungswesen gemeindlicher Wirtschaftsbetriebe

Für **Eigenbetriebe** ist die **Eigenbetriebsverordnung** wesentliche Grundlage für die Gestaltung der Buchführung. Sie schreibt im § 16 vor:

„(1) Der Eigenbetrieb führt seine Rechnung nach den Regeln der kaufmännischen doppelten Buchführung. Die Buchführung muß zusammen mit der Bestandsaufnahme die Aufstellung von Jahresabschlüssen gestatten ..."

Die Eigenbetriebsverordnung verweist ferner darauf, daß mehrere Vorschriften des Handelsgesetzbuches Anwendung finden.

Für **Eigengesellschaften** ist die Regelung der Buchführungspflicht im § 238 HGB entscheidende Grundlage, hier heißt es:

„(1) Jeder Kaufmann ist verpflichtet, Bücher zu führen und in diesen seine Handelsgeschäfte und die Lage seines Vermögens nach den **Grundsätzen ordnungsmäßiger Buchführung** ersichtlich zu machen."

Als weitere wesentliche Rechtsquellen kommen hinzu:

- die weiteren Vorschriften des HGB über die Handelsbücher §§ 238 ff.,
- Vorschriften der Abgabenordnung §§ 140 ff.,
- die Regelungen der §§ 5 ff. Einkommensteuergesetz.

Die wichtigsten Vorschriften enthält das – aufgrund des Bilanzrichtliniengesetzes – neu in das HGB aufgenommene „Dritte Buch". Der erste Abschnitt dieses Buches (§§ 238–263) gilt für alle Einzelkaufleute, Personengesellschaften (OHG, KG, GmbH & Co. KG) und Kapitalgesellschaften (GmbH, AG, KGaA). Der zweite Abschnitt (§§ 264–335) gilt, differenziert nach kleinen, mittelgroßen und großen Gesellschaften, nur für Kapitalgesellschaften. Der dritte Abschnitt (§§ 336–339) gilt schließlich für Genossenschaften.

Für beide Arten gemeindlicher Wirtschaftsbetriebe (Eigenbetriebe wie Eigengesellschaften) sind nach § 16 Eigenbetriebsverordnung bzw. § 238 HGB die

„Grundsätze ordnungsmäßiger Buchführung"

Maßstab für die Organisation ihrer Buchführung.

Das geänderte HGB verlangt jetzt auch für den Jahresabschluß ausdrücklich die Aufstellung nach den GoB (§ 243 HGB).

Eine abschließende Aufzählung dieser Grundsätze ordnungsmäßiger Buchführung (GoB) gibt es nicht. Das HGB kodifiziert nur einige GoB im Gesetzestext. Zu nennen sind hier z.B. § 239 Abs. 2 („Die Eintragungen in Büchern und die sonst erforderlichen Aufzeichnungen müssen vollständig, richtig, zeitgerecht und geordnet vorgenommen werden"), § 243 Abs. 2 („Er [der Jahresabschluß] muß klar und übersichtlich sein"), § 246 Abs. 1 und 2 (Vollständigkeit, Saldierungsverbot) und § 252 (Bewertungsgrundsätze).

Darüber hinaus gibt es Umschreibungen dessen, was unter ordnungsmäßiger Buchführung zu verstehen ist. So ist z.B. nach den Einkommensteuerrichtlinien eine Buchführung ordnungsmäßig, „wenn sie den Grundsätzen des Handelsrechts entspricht. Das ist der Fall, wenn die für die kaufmännische Buchführung erforderlichen Bücher geführt werden, die Bücher förmlich in Ordnung sind und der Inhalt sachlich richtig ist ... Die Buchführung muß die zuverlässige Aufzeichnung aller Geschäftsvorfälle und des Vermögens ermöglichen und gewährleisten. Der Kaufmann und ein sachverständiger Dritter müssen jederzeit die erforderliche Übersicht über die Geschäfts- und Vermögenslage in angemessener Zeit gewinnen können ..."

Einige wichtige Einzelgrundsätze, die daraus abgeleitet werden können, sind:

> - die Buchführung muß **klar** und **übersichtlich** sein,
> - es müssen **alle Geschäftsfälle fortlaufend** und **richtig** aufgezeichnet werden,
> - es darf **keine Buchung ohne Beleg** erfolgen,
> - die ursprüngliche Buchung darf nicht unleserlich gemacht werden (Bleistifteintragungen sind unzulässig),
> - die Bücher sind Blatt für Blatt bzw. Seite für Seite fortlaufend zu numerieren,
> - leere Zwischenräume sind auszufüllen,
> - die Aufbewahrungsfristen nach § 257 HGB bzw. § 147 Abgabenordnung sind einzuhalten.

2   Inventur, Inventar und Bilanz

> **Problem:**
>
> Die Eigenbetriebsverordnung (§ 16) fordert: „Die Art der Buchungen muß die zwangsläufige Fortschreibung der Vermögens- und Schuldenteile ermöglichen." Damit die kaufmännische Buchführung dieser Forderung gerecht werden kann, muß zunächst als Grundlage der Buchführung eine entsprechende Übersicht erstellt werden.

Lösung:

2.1   Inventur und Inventar

Zur Erstellung eines Überblicks über Vermögen und Schulden eines Wirtschaftsunternehmens muß zunächst eine **Bestandsaufnahme** aller Vermögensteile und Schulden erfolgen. Diese Bestandsaufnahme bezeichnet man als **Inventur**.

> Inventur = Bestandsaufnahme

Bei der Inventur werden alle Vermögensteile und alle Schulden nach

- Art (genaue Bezeichnung),
- Menge (Stück, Gewicht ...),
- Wert (DM-Betrag)

erfaßt, und zwar durch:

körperliche Bestandsaufnahme	buchmäßige Bestandsaufnahme
bei materiellen Wirtschaftsgütern, wie Maschinen, Vorräte usw. - zählen, - messen, - wiegen und - bewerten.	bei immateriellen Wirtschaftsgütern, wie Forderungen, Bankguthaben, Verbindlichkeiten usw. - Ermittlung und - Bewertung anhand von Unterlagen (Rechnungen, Kontoauszügen usw.)

19 Grommas/Bartels – ISBN 3-8120-0430-5

Nach dem Zeitpunkt der Durchführung der Inventur unterscheidet man nach §§ 240, 241 HGB:

- Die **Stichtagsinventur** zum Ende des Geschäftsjahres (in der Regel zum 31. 12.).

  (Die umfangreichen Inventurarbeiten müssen allerdings nicht alle am 31. 12. erledigt werden. Sie müssen aber **zeitnah** vorgenommen werden, d. h. in einer Frist von ca. 10 Tagen vor oder nach dem Stichtag.)

- Die **zeitverlegte Inventur** zu einem Zeitpunkt innerhalb der letzten 3 Monate vor bzw. bis zu 2 Monaten nach dem Bilanzstichtag.

  (Die ermittelten Bestände sind dann wertmäßig fortzuschreiben bzw. zurückzurechnen.)

- Die **permanente (dauernde) Inventur** mit Hilfe einer laufend geführten Lagerkartei, die jederzeit bei Bestandsveränderungen fortgeschrieben wird.

  (Zu einem beliebigen Zeitpunkt innerhalb eines Jahres muß allerdings auch bei dieser Form eine körperliche Bestandsaufnahme zur Überprüfung der Kartei erfolgen.)

Die Ergebnisse der Inventur werden in einem **Bestandsverzeichnis**, dem **Inventar**, festgehalten.

> Inventar = Bestandsverzeichnis

Das Inventar enthält demnach alle Vermögensteile und Schulden eines Unternehmens zu einem bestimmten Zeitpunkt nach Art, Menge und Wert.

Nach § 240 HGB ist jeder Kaufmann (und dazu zählen auch die Eigengesellschaften z. B. in der Rechtsform der GmbH oder AG) verpflichtet, bei der Eröffnung des Handelsgewerbes und für den Schluß eines jeden Geschäftsjahres ein Inventar aufzustellen. Eigenbetriebe müssen nach § 18 Abs. 5 Eigenbetriebsverordnung ebenfalls jährlich eine Bestandsaufnahme durchführen und ein Bestandsverzeichnis erstellen. Die Bestandsverzeichnisse (Inventare) sind 10 Jahre aufzubewahren.

Inventur =	mengen- und wertmäßige **Bestandsaufnahme** aller Vermögensteile und Schulden eines Unternehmens.
Inventar =	mengen- und wertmäßiges **Bestandsverzeichnis** aller Vermögensteile und Schulden eines Unternehmens.

Beispiel:

Die Inventur bei den „Stadtwerken P." hat zu dem auf der Folgeseite abgebildeten **Inventar**[1] geführt.

---

1 Das hier dargestellte Inventar ist verkürzt, denn alle Einzelverzeichnisse (z. B. das Verzeichnis 1 der Grundstücke) sind Bestandteil des Inventars.

INVENTAR der Stadtwerke P. für den 31.12.1999		
A. VERMÖGEN	DM	DM
I. Anlagevermögen		
1. Gebäude		
Verwaltungsgebäude 1	820 000,00	
Verwaltungsgebäude 2	680 000,00	
Kfz-Halle, Betriebshof	320 000,00	
Trafo- und Reglerstationen	410 000,00	
Gebäude der Wasserversorgung	310 000,00	2 540 000,00
2. Grundstücke lt. Verzeichnis 1		640 000,00
3. Leitungsnetz und Abnehmeranschlüsse lt. Karte und Verzeichnis 2		48 210 500,00
4. Zähler und Meßgeräte lt. Verzeichnis 3		470 800,00
5. Fahrzeuge für den Personenverkehr lt. Verzeichnis 4		1 810 000,00
6. Maschinen und maschinelle Anlagen lt. Verzeichnis 5		6 330 200,00
7. Betriebs- und Geschäftsausstattung lt. Verzeichnis 6		995 700,00
II. Umlaufvermögen		
1. Roh-, Hilfs- und Betriebsstoffe lt. Verzeichnis 7		1 286 300,00
2. Forderungen aus Lieferungen und Leistungen lt. Verzeichnis 8		16 482 900,00
3. Kassenbestand		49 200,00
4. Postbank Guthaben		240 100,00
5. Guthaben bei Kreditinstituten		
Stadtsparkasse	640 900,00	
Kreissparkasse	207 100,00	
Bank A	40 000,00	
Bank B	184 200,00	1 072 200,00
Summe des Vermögens		80 127 900,00
B. SCHULDEN		
I. Langfristige Schulden		
1. Hypothek der Stadtsparkasse		3 695 400,00
2. Darlehen über 4 Jahre		
Kreissparkasse	22 418 600,00	
Bank B	7 625 300,00	30 043 900,00
II. Kurzfristige Schulden		
1. Verbindlichkeiten aus Lieferungen und Leistungen lt. Verzeichnis 9		6 184 800,00
2. Verbindlichkeiten bei Kreditinstituten lt. Verzeichnis 10		1 673 800,00
Summe der Schulden		41 597 900,00
C. ERMITTLUNG DES REINVERMÖGENS		
Summe des Vermögens		80 127 900,00
− Summe der Schulden		41 597 900,00
= Reinvermögen (Eigenkapital)		38 530 000,00
P., den 8. Januar 2000		

Das Inventar ist, wie das Beispiel zeigt, in drei Teile gegliedert.

Im **Teil A** ist das **Vermögen** nach Art, Menge und Wert aufgeführt und nach der Liquidität (Flüssigkeit, „Nähe zum Bargeld") geordnet.

Das Vermögen ist in zwei Gruppen von Vermögensteilen gegliedert: das **Anlagevermögen** und das **Umlaufvermögen**. Nach § 247 (2) HGB zählen zum Anlagevermögen „nur die Gegenstände . . ., die bestimmt sind, dauernd dem Geschäftsbetrieb zu dienen". Dem Umlaufvermögen sind dementsprechend die Teile des Vermögens zuzurechnen, die kurzfristig im Unternehmen verbleiben und laufend umgesetzt werden.

Der **Teil B** weist die **Schulden** geordnet nach Fälligkeiten aus. Zunächst sind die langfristigen Schulden (Schulden mit einer vertraglichen Laufzeit von vier Jahren und länger), anschließend die kurzfristigen Schulden aufzuführen.

Im **Teil C** wird das **Reinvermögen (Eigenkapital)** als Unterschied zwischen Vermögen und Schulden ermittelt. Das Eigenkapital weist den Teil des Vermögens aus, der mit eigenen Mitteln und nicht mit fremden Mitteln (Kredite) finanziert ist.

Aufbau des Inventars:

A. VERMÖGEN
    I. Anlagevermögen
    II. Umlaufvermögen

B. SCHULDEN
    I. Langfristige Schulden
    II. Kurzfristige Schulden

C. REINVERMÖGEN
    A Vermögen
  − B Schulden
  = C Reinvermögen (Eigenkapital)

2.2   Vom Inventar zur Bilanz

Das Inventar ist ein ausführliches, oft sehr umfangreiches Verzeichnis der Vermögensteile und Schulden. Für die Leitung eines Unternehmens, für Banken, die dem Unternehmen Kredite zur Verfügung stellen und bei gemeindlichen Wirtschaftsbetrieben für die gesamte Öffentlichkeit ist es häufig wichtig, sich schnell einen Überblick über die Höhe und die Zusammensetzung des Vermögens und der Schulden verschaffen zu können. Dazu ist das umfangreiche Inventar wenig geeignet. Auch für die nach § 2 GemHVO erforderliche Wiedergabe des Jahresabschlusses als Anlage zum Haushaltsplan ist ein derart umfangreiches Zahlenwerk ungünstig.

Eine **kurzgefaßte, übersichtliche Gegenüberstellung der Vermögensteile und Schulden**, die diesen Anforderungen genügt, ist die **Bilanz**. Sie ist lt. § 242 HGB und § 18 Eigenbetriebsverordnung neben dem Inventar jährlich aufzustellen.

Aus dem Inventar im Abschnitt 2.1 kann die folgende Bilanz der Stadtwerke P. hergeleitet werden:

Beispiel:

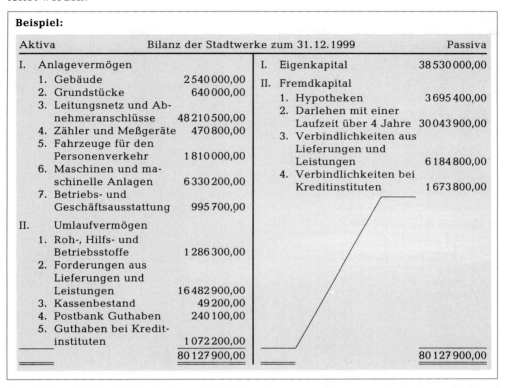

Aktiva	Bilanz der Stadtwerke zum 31.12.1999		Passiva
I. Anlagevermögen		I. Eigenkapital	38 530 000,00
1. Gebäude	2 540 000,00	II. Fremdkapital	
2. Grundstücke	640 000,00	1. Hypotheken	3 695 400,00
3. Leitungsnetz und Abnehmeranschlüsse	48 210 500,00	2. Darlehen mit einer Laufzeit über 4 Jahre	30 043 900,00
4. Zähler und Meßgeräte	470 800,00	3. Verbindlichkeiten aus Lieferungen und Leistungen	6 184 800,00
5. Fahrzeuge für den Personenverkehr	1 810 000,00	4. Verbindlichkeiten bei Kreditinstituten	1 673 800,00
6. Maschinen und maschinelle Anlagen	6 330 200,00		
7. Betriebs- und Geschäftsausstattung	995 700,00		
II. Umlaufvermögen			
1. Roh-, Hilfs- und Betriebsstoffe	1 286 300,00		
2. Forderungen aus Lieferungen und Leistungen	16 482 900,00		
3. Kassenbestand	49 200,00		
4. Postbank Guthaben	240 100,00		
5. Guthaben bei Kreditinstituten	1 072 200,00		
	80 127 900,00		80 127 900,00

Das folgende Schaubild zeigt vereinfacht den Zusammenhang von Inventar und Bilanz.

INVENTAR

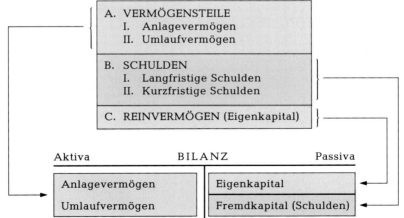

A. VERMÖGENSTEILE
  I. Anlagevermögen
  II. Umlaufvermögen

B. SCHULDEN
  I. Langfristige Schulden
  II. Kurzfristige Schulden

C. REINVERMÖGEN (Eigenkapital)

Aktiva   BILANZ   Passiva

Anlagevermögen   Eigenkapital

Umlaufvermögen   Fremdkapital (Schulden)

Aufbau und Gliederung der Bilanz

Die linke Seite der Bilanz umfaßt die Vermögensteile, gegliedert nach Anlagevermögen und Umlaufvermögen. Sie wird als Aktivseite bezeichnet. Die einzelnen Positionen nennt man Aktivpositionen bzw. Aktiva. Die Aktivseite gibt Auskunft über die Verwendung der Mittel, die im Unternehmen vorhanden sind.

Die rechte Seite umfaßt das Eigenkapital und die Schulden. Sie wird als Passivseite bezeichnet. Die einzelnen Positionen nennt man Passivpositionen bzw. Passiva. Die Passivseite gibt Auskunft über die Herkunft der Mittel, die im Unternehmen vorhanden sind.

Die Bilanz zeigt also die vorhandenen Mittel aus zwei verschiedenen Blickrichtungen.

Aktivseite = Mittelverwendung	Passivseite = Mittelherkunft

Die Summen der beiden Bilanzseiten müssen demnach gleich sein, sie befinden sich im Gleichgewicht wie eine ausgeglichene Waage (bilancia, ital. = Waage).

Aktiva	BILANZ		Passiva
Gliederung nach der Flüssigkeit (Liquidität)	Vermögen (Anlagevermögen + Umlaufvermögen)	Kapital (Eigenkapital + Fremdkapital)	Gliederung nach der Fälligkeit
von illiquiden Vermögensgegenständen[1]	Mittelverwendung (Welche Werte sind im Unternehmen vorhanden?)	Mittelherkunft (Wie wurden die vorhandenen Werte finanziert?)	vom langfristigen Kapital
zu liquiden Vermögensgegenständen[2]			zum kurzfristigen Kapital

Für große und mittelgroße Kapitalgesellschaften schreibt der § 266 HGB das auf der Folgeseite abgebildete Gliederungsschema vor.

Kleineren Gesellschaften werden Zusammenfassungen gestattet, sie brauchen nur eine verkürzte Bilanz aufzustellen.

Dieses Gliederungsschema ist auch für Eigengesellschaften in der Rechtsform der AG bzw. GmbH je nach ihrer Größe verbindlich vorgeschrieben.

---

1 illiquide: „weit vom Bargeld entfernt"

2 liquide: „dem Bargeld nah"

A. Anlagevermögen:

   I. Immaterielle Vermögensgegenstände:

      1. Konzessionen, gewerbliche Schutz-
rechte und ähnliche Rechte und Werte
sowie Lizenzen an solchen Rechten und
Werten;

      2. Geschäfts- oder Firmenwert;

      3. geleistete Anzahlungen;

   II. Sachanlagen:

      1. Grundstücke, grundstücksgleiche Rechte
und Bauten einschließlich der Bauten
auf fremden Grundstücken;

      2. technische Anlagen und Maschinen;

      3. andere Anlagen, Betriebs- und
Geschäftsausstattung;

      4. geleistete Anzahlungen und Anlagen
im Bau;

   III. Finanzanlagen:

      1. Anteile an verbundenen Unternehmen;

      2. Ausleihungen an verbundene Unter-
nehmen;

      3. Beteiligungen;

      4. Ausleihungen an Unternehmen, mit
denen ein Beteiligungsverhältnis besteht;

      5. Wertpapiere des Anlagevermögens;

      6. sonstige Ausleihungen.

B. Umlaufvermögen:

   I. Vorräte:

      1. Roh-, Hilfs- und Betriebsstoffe;

      2. unfertige Erzeugnisse, unfertige
Leistungen;

      3. fertige Erzeugnisse und Waren;

      4. geleistete Anzahlungen;

   II. Forderungen und sonstige Vermögensgegenstände:

      1. Forderungen aus Lieferungen und
Leistungen;

      2. Forderungen gegen verbundene Unter-
nehmen;

      3. Forderungen gegen Unternehmen, mit
denen ein Beteiligungsverhältnis
besteht;

      4. sonstige Vermögensgegenstände;

   III. Wertpapiere:

      1. Anteile an verbundenen Unternehmen;

      2. eigene Anteile;

      3. sonstige Wertpapiere;

   IV. Schecks, Kassenbestand, Bundesbank- und
Postbank Guthaben, Guthaben bei Kreditinstituten.

C. Rechnungsabgrenzungsposten.

A. Eigenkapital:

   I. Gezeichnetes Kapital;

   II. Kapitalrücklage;

   III. Gewinnrücklagen:

      1. gesetzliche Rücklage;

      2. Rücklage für eigene Anteile;

      3. satzungsmäßige Rücklagen;

      4. andere Gewinnrücklagen;

   IV. Gewinnvortrag/Verlustvortrag;

   V. Jahresüberschuß/Jahresfehlbetrag.

B. Rückstellungen:

      1. Rückstellungen für Pensionen und ähnliche
Verpflichtungen;

      2. Steuerrückstellungen;

      3. sonstige Rückstellungen.

C. Verbindlichkeiten:

      1. Anleihen, davon konvertibel;

      2. Verbindlichkeiten gegenüber Kredit-
instituten;

      3. erhaltene Anzahlungen auf Bestellungen;

      4. Verbindlichkeiten aus Lieferungen und
Leistungen;

      5. Verbindlichkeiten aus der Annahme
gezogener Wechsel und der Ausstellung
eigener Wechsel;

      6. Verbindlichkeiten gegenüber verbundenen
Unternehmen;

      7. Verbindlichkeiten gegenüber Unter-
nehmen, mit denen ein Beteiligungsverhältnis besteht;

      8. sonstige Verbindlichkeiten, davon aus
Steuern, davon im Rahmen der sozialen
Sicherheit.

D. Rechnungsabgrenzungsposten.

Vergleicht man Inventar und Bilanz, so sind die folgenden wesentlichen Unterschiede festzustellen:

Inventar	Bilanz

− Staffelform (Anordnung untereinander)
Inventargleichung:
  Vermögen
  − Schulden
  = Eigenkapital
− ausführliche und genaue Wiedergabe aller einzelnen Vermögensteile und Schulden
− Angabe von Mengen und Werten
	− Kontenform (Gegenüberstellung)
	Bilanzgleichung:
	Vermögen = Eigenkapital + Schulden
	− kurzgefaßte Wiedergabe aller Vermögensteile und Schulden (Zusammenfassung gleichartiger Posten)
	− Angabe der Werte

Fragen und Übungsaufgaben

1. Welche öffentlichen Betriebe führen ihre Bücher nach den Grundsätzen der kaufmännischen Buchführung?

2. Welche unterschiedlichen gesetzlichen Grundlagen in bezug auf die Buchführung gelten für Eigenbetriebe und für Eigengesellschaften?

   Welche Maßgabe für die Organisation der Buchführung gilt für beide Formen?

3. Grenzen Sie die Begriffe ab, indem Sie Unterschiede deutlich machen:

   Inventur − Inventar
   Inventar − Bilanz

4. Nach welchen Gliederungsgesichtspunkten sind die Aktiv- und die Passivseite der Bilanz gegliedert? Erläutern Sie diese Gliederungsgesichtspunkte!

   Ordnen Sie die folgenden Aktiv- und Passivpositionen nach diesen Gliederungskriterien:

Aktivpositionen	Passivpositionen
− Guthaben bei Kreditinstituten	− Hypotheken
− Roh-, Hilfs- und Betriebsstoffe	− Verbindlichkeiten mit einer Laufzeit unter 4 Jahren
− Gebäude	− Eigenkapital
− Kassenbestand	− Verbindlichkeiten aus Lieferungen und Leistungen
− Forderungen aus Lieferungen und Leistungen	− Darlehen mit einer Laufzeit von mehr als 4 Jahren
− Grundstücke	
− Maschinen und maschinelle Anlagen	
− Betriebs- und Geschäftsausstattung	

5. Ergänzen Sie die fehlenden Begriffe:

INVENTAR

A. ....

   I. Anlagevermögen

   II. ....

B. Schulden

   I. ....

   II. ....

C. Reinvermögen

   ....

   − ....

   = ...

6. Wie hoch sind das Umlaufvermögen und das Eigenkapital, wenn folgende „Bilanz" vorliegt?

Aktiva	Bilanz		Passiva
Anlagevermögen	1 832 400,00	Eigenkapital	. . . .
Umlaufvermögen	. . . .	Fremdkapital	917 680,00
	. . . .		2 614 840,00

7. Die Inventur der Stadtwerke S. zum 31. 12. hat folgende Bestände ergeben. Erstellen Sie Inventar und Bilanz!

   Maschinen und maschinelle Anlagen 3 165 100,00 DM; Kassenbestand Kasse 1: 20 600,00 DM, Kasse 2: 4 000,00 DM; Verbindlichkeiten aus Lieferungen und Leistungen lt. Verzeichnis 3 092 400,00 DM; Verwaltungsgebäude 750 000,00 DM; Kfz-Halle 160 000,00 DM; sonstige Gebäude lt. Verzeichnis 360 000,00 DM; Hypothek bei der Bank A 847 700,00 DM; Hypothek bei der Stadtsparkasse 1 000 000,00 DM; Leitungsnetz lt. Verzeichnis 24 425 250,00 DM; Guthaben bei Kreditinstituten: Bank A 544 100,00 DM, Stadtsparkasse 112 050,00 DM; Darlehen über 4 Jahre Laufzeit Bank B 15 021 850,00 DM; Zähler und Meßgeräte lt. Verzeichnis 836 900,00 DM; Roh-, Hilfs- und Betriebsstoffe 643 150,00 DM; Fahrzeuge für den Personenverkehr 905 000,00 DM; Forderungen aus Lieferungen und Leistungen 8 241 450,00 DM.

8. Die Gemeinnützige Baugesellschaft der Stadt R. ermittelte bei der Inventur zum 31. 12. folgende Bestände:

   Roh-, Hilfs- und Betriebsstoffe 832 480,00 DM; Wohnhäuser: Bachstr. 644 500,00 DM, Goethestr. 1 832 460,00 DM, Berliner Allee 1 418 600,00 DM, Bernsteinstr. 614 790,00 DM; Verbindlichkeiten aus Lieferungen und Leistungen 924 840,37 DM; Hypotheken: Bank A 800 000,00 DM, Stadtsparkasse 1 280 000,00 DM, Kreissparkasse 620 000,00 DM; Forderungen aus Lieferungen und Leistungen 784 380,23 DM; Bankguthaben: Bank B 184 240,86 DM, Stadtsparkasse 56 640,80 DM; Kassenbestand 41 312,90 DM; Grundstücke: Ringstr. 112 400,00 DM, Dammstr. 195 800,00 DM; Verbindlichkeiten bei Kreditinstituten, Laufzeit über 4 Jahre 1 682 400,00 DM; Maschinen und maschinelle Anlagen 714 320,00 DM; Fuhrpark 1 317 260,00 DM.

   Erstellen Sie das Inventar und die Bilanz!

9. Stellen Sie die Bilanz eines Versorgungsunternehmens auf! Die folgenden Angaben sind zu beachten, alle weiteren Positionen und Beträge können Sie selbst bestimmen.
   - Das Vermögen soll aus acht Positionen bestehen.
   - Die Passivseite soll vier Positionen enthalten.
   - Das Eigenkapital soll 10 000 000,00 DM betragen.
   - Das Vermögen ist zur Hälfte mit Fremdkapital finanziert.
   - Das Anlagevermögen ist viermal so hoch wie das Umlaufvermögen.
   - Die flüssigen Mittel sind so hoch wie die kurzfristigen Schulden.

2.3 Wertänderungen in der Bilanz

Problem:

Die Bilanz, die aufgrund des Inventars bei der Errichtung des Eigenbetriebs „Stadtwerke P." zum 01. 01. erstellt wurde, gibt die Höhe und Zusammensetzung von Vermögen und Schulden für diesen Termin richtig wieder. Bereits in den ersten Tagen des Jahres ereignen sich jedoch unter anderem die folgenden vier Geschäftsfälle:

(1) Der Bestand an Bargeld wird um 20 000,00 DM verringert, dieser Betrag wird auf das Bankkonto eingezahlt.

(2) Ein Darlehen über 2 000 000,00 DM mit einer Laufzeit von 5 Jahren wird in eine langfristige Hypothek umgewandelt.

(3) Wir erhalten eine Lieferung Treibstoffe für unsere Busse im Wert von 14 000,00 DM. Die Rechnung ist in 30 Tagen fällig.

(4) Wir zahlen einen kurzfristigen Bankkredit durch eine Überweisung vom Postbank Girokonto zurück, Kreditbetrag 86 000,00 DM.

Diese Geschäftsfälle führen dazu, daß bereits nach wenigen Tagen die „Zeitpunkt-Darstellung" Bilanz zum 01.01. die Zusammensetzung und die Höhe von Vermögen und Schulden nicht mehr richtig wiedergibt.

Es muß daher geklärt werden, welche Auswirkungen diese vier Geschäftsfälle auf Vermögen und Schulden und damit auf die Bilanz haben.

Lösung:

Ausgangspunkt für unsere Überlegungen ist die Eröffnungsbilanz der Stadtwerke zum 01.01.19..

Aktiva	Eröffnungsbilanz Stadtwerke P. 01.01.19..		Passiva
Gebäude	2 540 000,00	Eigenkapital	38 530 000,00
Grundstücke	640 000,00	Hypotheken	3 695 400,00
Leitungsnetz/Anschlüsse	48 210 500,00	Darlehen über 4 Jahre	30 043 900,00
Zähler/Meßgeräte	470 800,00	Verbindlichkeiten aus	
Fahrzeuge	1 810 000,00	Lieferungen und Leistungen	6 184 800,00
Maschinen	6 330 200,00	Verbindlichkeiten bei Banken	1 673 800,00
Betriebs- und			
Geschäftsausstattung	995 700,00		
Roh-, Hilfs- und Betriebsstoffe	1 286 300,00		
Forderungen aus Lieferungen			
und Leistungen	16 482 900,00		
Kasse	49 200,00		
Postbank Guthaben	240 100,00		
Bankguthaben	1 072 200,00		
	80 127 900,00		80 127 900,00

Zur Klärung der Auswirkungen der Geschäftsfälle auf die Bilanz ist in folgenden Schritten vorzugehen:

① Welche Positionen in der Bilanz werden durch diesen Geschäftsfall verändert?

② Wie ändern sich diese Bilanzpositionen?

③ Welche Auswirkungen hat der Geschäftsfall auf die Bilanzsumme?

1. Fall

Verringerung des Bargeldbestandes um 20 000,00 DM und Einzahlung auf das Bankkonto.

① Verändert werden die Bilanzpositionen: Kasse und Bankguthaben

② Der Bestand der Kasse wird um   20 000,00 DM verringert.

Der Bestand des Bankguthabens wird um   20 000,00 DM vermehrt.

③ Die Bilanzsumme bleibt unverändert bei   80 127 900,00 DM.

Aktiva	Bilanz Stadtwerke P.		Passiva
Gebäude	2 540 000,00	Eigenkapital	38 530 000,00
Grundstücke	640 000,00	Hypotheken	3 695 400,00
Leitungsnetz/Anschlüsse	48 210 500,00	Darlehen über 4 Jahre	30 043 900,00
Zähler/Meßgeräte	470 800,00	Liefererverbindlichkeiten	6 184 800,00
Fahrzeuge	1 810 000,00	Bankverbindlichkeiten	1 673 800,00
Maschinen	6 330 200,00		
Betriebs- u. Geschäftsausstattung	995 700,00		
Roh-, Hilfs- und Betriebsstoffe	1 286 300,00		
Kundenforderungen	16 482 900,00		
Kasse 49 200,00 − 20 000,00 =	29 200,00		
Postbank Guthaben	240 100,00		
Bankguthaben			
1 072 000,00 + 20 000,00 =	1 092 200,00		
	80 127 900,00		80 127 900,00

Vorgänge dieser Art, bei denen eine Aktivposition um den gleichen Betrag erhöht wird, um den eine weitere Aktivposition vermindert wird, so daß die Bilanzsumme unverändert bleibt, bezeichnet man als „Aktivtausch".

eine Aktivposition	+	
eine Aktivposition	−	} Aktivtausch
Bilanzsumme		

2. Fall

Ein Darlehen über 2 000 000,00 DM mit einer Laufzeit von 5 Jahren wird in eine Hypothek umgewandelt.

① Verändert werden die Bilanzpositionen: Hypotheken und Darlehen über 4 Jahre

② Der Bestand an Hypotheken wird um   2 000 000,00 DM vermehrt.
Der Bestand an Darlehen über 4 Jahre wird um   2 000 000,00 DM vermindert.

③ Die Bilanzsumme bleibt unverändert bei   80 127 900,00 DM.

Aktiva	Bilanz der Stadtwerke P.		Passiva
Gebäude	2 540 000,00	Eigenkapital	38 530 000,00
Grundstücke	640 000,00	Hypotheken	
Leitungsnetz/Anschlüsse	48 210 500,00	3 695 400,00 + 2 000 000,00 =	5 695 400,00
Zähler/Meßgeräte	470 800,00	Darlehen über 4 Jahre	
Fahrzeuge	1 810 000,00	30 043 900,00 − 2 000 000,00 =	28 043 900,00
Maschinen	6 330 200,00	Liefererverbindlichkeiten	6 184 800,00
Betriebs- u. Geschäftsausstattung	995 700,00	Bankverbindlichkeiten	1 673 800,00
Roh-, Hilfs- und Betriebsstoffe	1 286 300,00		
Kundenforderungen	16 482 900,00		
Kasse	29 200,00		
Postbank Guthaben	240 100,00		
Bankguthaben	1 092 200,00		
	80 127 900,00		80 127 900,00

Vorgänge dieser Art, bei denen eine Passivposition um den gleichen Betrag erhöht wird, um den eine weitere Passivposition vermindert wird, so daß die Bilanzsumme unverändert bleibt, bezeichnet man als „Passivtausch".

eine Passivposition	+	
eine Passivposition	−	} Passivtausch
Bilanzsumme	=	

3. Fall

Wir erhalten eine Lieferung Treibstoffe für unsere Busse im Wert von 14 000,00 DM. Die Rechnung ist in 30 Tagen fällig.

① Verändert werden die Bilanzpositionen: Roh-, Hilfs- und Betriebsstoffe und Liefererverbindlichkeiten

② Der Bestand an Roh-, Hilfs- und Betriebsstoffen wird um   14 000,00 DM vermehrt.

Der Bestand an Liefererverbindlichkeiten wird um   14 000,00 DM vermehrt.

③ Die Bilanzsumme wird um   14 000,00 DM vermehrt.

Aktiva	Bilanz Stadtwerke P.		Passiva
Gebäude	2 540 000,00	Eigenkapital	38 530 000,00
Grundstücke	640 000,00	Hypotheken	5 695 400,00
Leitungsnetz/Anschlüsse	48 210 500,00	Darlehen über 4 Jahre	28 043 900,00
Zähler/Meßgeräte	470 800,00	Liefererverbindlichkeiten	
Fahrzeuge	1 810 000,00	6 184 800,00 + 14 000,00 =	6 198 800,00
Maschinen	6 330 200,00	Bankverbindlichkeiten	1 673 800,00
Betriebs- u. Geschäftsausstattung	995 700,00		
Roh-, Hilfs- und Betriebsstoffe			
1 286 300,00 + 14 000,00 =	1 300 300,00		
Kundenforderungen	16 482 900,00		
Kasse	29 200,00		
Postbank Guthaben	240 100,00		
Bankguthaben	1 092 200,00		
80 127 900,00 + 14 000,00 =	80 141 900,00	80 127 900,00 + 14 000,00 =	80 141 900,00

Vorgänge dieser Art, bei denen jeweils eine Aktiv- und eine Passivposition um den gleichen Betrag erhöht wird und damit auch die Bilanzsumme um diesen Betrag vergrößert wird, bezeichnet man als „Aktiv-Passivmehrung".

eine Aktivposition	+	
eine Passivposition	+	} „Aktiv-Passivmehrung" (Bilanzverlängerung)
Bilanzsumme	+	

4. Fall

Wir zahlen einen kurzfristigen Bankkredit durch eine Überweisung vom Postbank Girokonto zurück; Kreditbetrag 86 000,00 DM.

① Verändert werden die Bilanzpositionen: Postbank Guthaben und Bankverbindlichkeiten

② Der Bestand an Postbank Guthaben wird um   86 000,00 DM vermindert.

Der Bestand an Bankverbindlichkeiten wird um   86 000,00 DM vermindert.

③ Die Bilanzsumme wird um   86 000,00 DM vermindert.

Aktiva		**Bilanz Stadtwerke P.**	Passiva
Gebäude	2 540 000,00	Eigenkapital	38 530 000,00
Grundstücke	640 000,00	Hypotheken	5 695 400,00
Leitungsnetz/Anschlüsse	48 210 500,00	Darlehen über 4 Jahre	28 043 900,00
Zähler/Meßgeräte	470 800,00	Liefererverbindlichkeiten	6 198 800,00
Fahrzeuge	1 810 00,00	Bankverbindlichkeiten	
Maschinen	6 330 200,00	1 673 800,00 − 86 000,00 =	1 587 800,00
Betriebs- u. Geschäftsausstattung	995 700,00		
Roh-, Hilfs- und Betriebsstoffe	1 300 300,00		
Kundenforderungen	16 482 900,00		
Kasse	29 200,00		
Postbank Guthaben			
240 100,00 − 86 000,00 =	154 100,00		
Bankguthaben	1 092 200,00		
80 141 900,00 − 86 000,00 =	80 055 900,00	80 141 900,00 − 86 000,00 =	80 055 900,00

Vorgänge dieser Art, bei denen jeweils eine Aktiv- und eine Passivposition um den gleichen Betrag vermindert wird und damit auch die Bilanzsumme um diesen Betrag verringert wird, bezeichnet man als „Aktiv-Passivminderung".

eine Aktivposition	−		„Aktiv-Passivminderung"
eine Passivposition	−		(Bilanzverkürzung)
Bilanzsumme	−		

Die vier dargestellten Arten von Bilanzveränderungen haben eines gemeinsam, sie bringen die Bilanz nie aus dem „Gleichgewicht". Die Summe aller Aktiva bleibt stets gleich der Summe aller Passiva. Verändert wird jedoch die Zusammensetzung der Aktiv- und/oder der Passivseite der Bilanz.

---

1. Jede Form der Bilanzänderung verändert mindestens zwei Bilanzpositionen.

2. Es sind vier verschiedene Arten von Änderungen der Bilanz zu unterscheiden:

Aktivtausch:

A	Bilanz	P
+		=
−		
=		=

Passivtausch:

A	Bilanz	P
	=	+
		−
	=	=

Aktiv-Passivmehrung:

A	Bilanz	P
+		+
+		+

Aktiv-Passivminderung:

A	Bilanz	P
−		−
−		−

3. Kein Geschäftsfall bringt die Bilanz aus dem „Gleichgewicht". Entweder wird lediglich die Zusammensetzung auf einer Seite durch einen Tauschvorgang (Aktivtausch/Passivtausch) verändert oder einer Mehrung (Minderung) auf der einen Bilanzseite steht eine Mehrung (Minderung) in gleicher Höhe auf der anderen Bilanzseite gegenüber (Aktiv-Passivmehrung/Aktiv-Passivminderung).

Fragen und Übungsaufgaben

1. Prüfen Sie, welche Art von Bilanzänderung bei den folgenden Geschäftsfällen jeweils vorliegt! Gehen Sie dabei jeweils in den drei dargestellten Schritten vor!

   a) Kauf eines neuen Busses gegen Banküberweisung   184 000,00 DM

   b) Ein Kunde begleicht eine Stromrechnung durch Postbank Überweisung   182,60 DM

   c) Lieferung von Betriebsstoffen auf Kredit   1 319,40 DM

   d) Rückzahlung eines Darlehens durch Banküberweisung   446 000,00 DM

   e) Ein kurzfristiger Bankkredit wird in ein Darlehen mit einer Laufzeit über 4 Jahren umgewandelt   178 600,00 DM

   f) Wir begleichen die Rechnung eines Hilfsstofflieferers 10 Tage nach der Lieferung durch Banküberweisung   2 148,78 DM

2. Suchen Sie für jede Art der Bilanzänderung ein eigenes Beispiel!

3. Was unterscheidet Aktiv- und Passivtausch einerseits von Aktiv-Passivmehrung bzw. Aktiv-Passivminderung andererseits, und was haben alle vier Arten der Bilanzänderung gemeinsam?

4. Warum bringt keine der Bilanzänderungen die Bilanz aus dem Gleichgewicht?

3 Die Bestandskonten

Problem:

Am 02.01. haben sich bei den Stadtwerken der Stadt P. die folgenden fünf Geschäftsfälle ergeben, die die Bilanzposition „Bankguthaben" verändert haben.

Datum: Geschäftsfälle:

02.01.   Einzahlung von 20 000,00 DM aus der Geschäftskasse auf das Bankkonto.

02.01.   Eine Rechnung eines Rohstofflieferers über 23 580,00 DM wird durch Banküberweisung beglichen.

02.01.   Ein neuer kurzfristiger Bankkredit über 50 000,00 DM wurde aufgenommen, der Betrag wurde dem Bankkonto gutgeschrieben.

02.01.   Kauf eines neuen Busses für den Personenverkehr gegen Bankscheck, Kaufpreis 130 000,00 DM.

02.01.   Mehrere Abnehmer von Strom, Gas und Wasser begleichen ihre Rechnungen durch Banküberweisung, Gesamtbetrag 7 438,00 DM.

Die Änderungen des Bestandes auf dem Bankkonto müssen in geeigneter Form festgehalten werden, und der Schlußbestand nach diesen Veränderungen muß ermittelt werden (vgl. 3.1).

Außerdem müssen auch die Auswirkungen auf die anderen Bilanzpositionen betrachtet und buchhalterisch festgehalten werden (vgl. 3.2).

Schließlich soll der Stand aller Bilanzpositionen nach diesen Änderungen ermittelt werden (vgl. 3.3).

Lösung:

3.1 Buchungen auf Bestandskonten

Die Erfassung der Änderungen des Bankkontos durch eine fortlaufende Änderung der Position in der Bilanz, wie das im Abschnitt 2.3 durchgeführt wurde (Durchstreichen und Einsetzen der neuen Werte), ist unmöglich. Der Platz würde dazu nicht ausreichen, und die Bilanz würde bald unübersichtlich.

In der Praxis der kaufmännischen Buchführung haben sich vor allem zwei Formen der Buchung von Veränderungen bei einzelnen Bilanzpositionen entwickelt:

(1) die Buchung auf T-Konten und

(2) die Buchung auf Reihenkonten.

3.1.1 Buchungen auf T-Konten

① Der Anfangsbestand der Bilanzposition, deren Änderungen festgehalten werden sollen, wird auf dem Konto auf der Seite eingetragen, auf der die Position in der Bilanz steht. Bei Konten, die für Aktivpositionen eingerichtet werden, also auf der linken Seite des Kontos, bei Passivpositionen auf der rechten Seite. Da das Bankguthaben eine Position der Aktivseite der Bilanz ist, muß hier der Anfangsbestand links eingetragen werden. Bei Konten haben die Seiten andere Bezeichnungen als bei der Bilanz. Die linke Seite heißt Soll-Seite, die rechte Haben-Seite.

② Die Vorgänge, die den Bestand der Bilanzposition erhöhen, werden auf der Seite des Anfangsbestandes eingetragen (hier also auf der Soll-Seite).

③ Die Vorgänge, die den Bestand vermindern, werden auf der entgegengesetzten Seite (hier also auf der Haben-Seite) eingetragen.

④ Vor dem Betrag der Änderung wird das Datum der Änderung vermerkt, und es wird festgehalten, welche weitere Bilanzposition durch diesen Vorgang betroffen ist.

⑤ Durch die Rechnung: Anfangsbestand + Mehrungen − Minderungen = Schlußbestand wird der Schlußbestand ermittelt. Diese Größe wird als Saldo (Ausgleichsgröße) auf der dem Betrage nach kleineren Seite eingetragen.

⑥ Freibleibende Räume auf dem Konto werden durch einen Schrägstrich („Buchhalternase") entwertet.

Soll		Bankguthaben	Haben	
①	Anfangsbestand	1 072 200,00	02.01. Liefererverbindlichk. 23 580,00	③
	02.01. Kasse	20 000,00	02.01. Fahrzeuge 130 000,00	
②	02.01. Bankverbindlichk.	50 000,00	Schlußbestand 996 058,00	⑤
	02.01. Kundenforderungen	7 438,00		
			⑥	
	④	1 149 638,00	1 149 638,00	

3.1.2 Buchungen auf Reihenkonten

Das Reihenkonto, das in der Praxis häufig benutzt wird, ist nur in der äußeren Form anders aufgebaut als das T-Konto. Der Inhalt der beiden Kontenformen ist gleich.

Bei einem Reihenkonto werden die Buchungen fortlaufend untereinander eingetragen. Lediglich der Betrag der jeweiligen Buchung wird wie beim T-Konto der jeweils „richtigen" Seite (Soll bzw. Haben) zugeordnet. Wie auf der folgenden Seite zu erkennen ist, beinhaltet das Reihenkonto für die Beträge praktisch ein „kleines" T-Konto.

Datum	Text	SOLL	HABEN
01.01.	Anfangsbestand	1 072 200,00	
02.01.	Kasse	20 000,00	
02.01.	Liefererverbindlichkeiten		23 580,00
02.01.	Bankverbindlichkeiten	50 000,00	
02.01.	Fahrzeuge		130 000,00
02.01.	Kundenforderungen	7 438,00	
02.01.	Schlußbestand		996 058,00
		1 149 638,00	1 149 638,00

Auch für das Reihenkonto gilt:

– der Anfangsbestand steht bei Aktivkonten links (Soll-Seite) und bei Passivkonten rechts (Haben-Seite),
– die Mehrungen stehen unter dem Anfangsbestand,
– die Minderungen auf der entgegengesetzten Seite,
– der Schlußbestand ergibt sich als Saldo auf der dem Betrage nach kleineren Konto-seite.

Freie Zeilen können bei einem Reihenkonto nicht auftreten. Buchhalternasen zur Entwertung von Freiräumen sind also nicht erforderlich.

Fragen und Übungsaufgaben

1. Buchen Sie die folgenden Änderungen der Position Kasse auf einem T-Konto und ermitteln Sie den Schlußbestand! Anfangsbestand 49 200,00 DM.

    1.1 Verringerung des Bargeldbestandes durch Entnahme aus der Kasse und Einzahlung auf das Bankkonto   2 000,00 DM

    1.2 Ein Kunde begleicht eine Rechnung für Strom und Wasser durch Barzahlung   154,70 DM

    1.3 Wir kaufen einen neuen Bürostuhl gegen Barzahlung für   934,20 DM

2. Buchen Sie die beiden folgenden Änderungen der Position Verbindlichkeiten aus Lieferungen (Passivposition!) auf einem Reihenkonto, und ermitteln Sie den Schlußbestand! Anfangsbestand 6 184 800,00 DM.

    2.1 Eine Rechnung eines Rohstofflieferers über wird durch Banküberweisung beglichen.   23 580,00 DM

    2.2 Lieferung von Rohstoffen auf Kredit (auf Ziel) für   42 480,30 DM

3. Buchen Sie die Änderungen der Aktivposition Postbank Guthaben auf einem T-Konto, und schließen Sie das Konto ab! Anfangsbestand 240 100,00 DM.

    3.1 Mehrere Abnehmer begleichen Rechnungen durch Überweisung auf das Postbank Girokonto   4 817,83 DM

    3.2 Kauf neuer Zähler gegen Postbank Überweisung für   14 360,00 DM

    3.3 Überweisung vom eigenen Bankkonto auf das Postbank Girokonto   20 000,00 DM

    3.4 Wir zahlen an einen Lieferer durch Postbank Überweisung   25 000,00 DM

4. Vergleichen Sie das T-Konto mit dem Reihenkonto! Nennen Sie Unterschiede und Gemeinsamkeiten!

3.2 Von der Eröffnungsbilanz zum Schlußbilanzkonto

Auflösung der Bilanz in Konten

Zur Erfassung aller Änderungen, die durch die Geschäftsfälle (vgl. Beispiel zu Beginn des Abschnitts 3) verursacht werden, muß für alle Bilanzpositionen eine Einzelabrechnung wie für das Bankguthaben im Abschnitt 3.1 erfolgen. Es ist daher erforderlich, für alle Bilanzpositionen ein eigenes Konto zu führen. Die Bilanz ist in Konten aufzulösen. Die Anfangsbestände, die sich aus der Eröffnungsbilanz ergeben, sind auf der entsprechenden Kontenseite – bei Aktivkonten auf der Soll-Seite, bei Passivkonten auf der Haben-Seite – einzutragen (vgl. Schaubild S. 320 und 321).

Buchungen auf den Bestandskonten

Nachdem die Bestandskonten durch die Eintragung der Anfangsbestände eingerichtet wurden, können die Geschäftsfälle nach den Regeln, die im Abschnitt 3.1 erarbeitet wurden, gebucht werden. Die Buchungsregeln lauteten:

---

1. Geschäftsfälle, die den Bestand erhöhen, sind unter dem Anfangsbestand zu buchen

bei **Aktivkonten** gilt:	bei **Passivkonten** gilt:
Mehrungen stehen **links**	**Mehrungen** stehen **rechts**
(auf der Soll-Seite)	(auf der Haben-Seite)

2. Geschäftsfälle, die den Bestand vermindern, sind auf der Gegenseite des Anfangsbestandes zu buchen

bei **Aktivkonten** gilt:	bei **Passivkonten** gilt:
Minderungen stehen **rechts**	**Minderungen** stehen **links**
(auf der Haben-Seite)	(auf der Soll-Seite)

Um mit Hilfe dieser Buchungsregeln korrekt buchen zu können, müssen bei jedem Geschäftsfall die folgenden vier Fragen beantwortet werden:

① Welche Konten werden von diesem Geschäftsfall betroffen?
② Um welche Kontenart handelt es sich jeweils?
③ Führt der Vorgang zu einer Mehrung oder zu einer Minderung des Bestandes?
④ Auf welcher Kontenseite ist daher zu buchen?

1. Fall

Einzahlung von 20 000,00 DM aus der Geschäftskasse auf das Bankkonto.

① Es sind betroffen:	das Konto Bankguthaben	das Konto Kasse
② Es handelt sich um:	ein Aktivkonto	ein Aktivkonto
③ Der Vorgang führt zu:	einer Mehrung	einer Minderung
④ Es ist daher zu buchen:	auf der Soll-Seite	auf der Haben-Seite

2. Fall

Eine Rechnung eines Rohstofflieferers über 23 580,00 DM wird durch Banküberweisung beglichen.

① Es sind betroffen:	das Konto Liefererverbindl.	das Konto Bankguthaben
② Es handelt sich um:	ein Passivkonto	ein Aktivkonto
③ Der Vorgang führt zu:	einer Minderung	einer Minderung
④ Es ist daher zu buchen:	auf der Soll-Seite	auf der Haben-Seite

20 Grommas/Bartels – ISBN 3-8120-0430-5

3. Fall

Ein neuer kurzfristiger Bankkredit über 50000,00 DM wurde aufgenommen, der Betrag wurde dem Bankkonto gutgeschrieben.

- ① Es sind betroffen: das Konto Bankguthaben   das Konto Bankverbindl.
- ② Es handelt sich um: ein Aktivkonto   ein Passivkonto
- ③ Der Vorgang führt zu: einer Mehrung   einer Mehrung
- ④ Es ist daher zu buchen: auf der Soll-Seite   auf der Haben-Seite

4. Fall

Kauf eines neuen Busses für den Personenverkehr gegen Bankscheck, Kaufpreis 130000,00 DM.

- ① Es sind betroffen: das Konto Fahrzeuge   das Konto Bankguthaben
- ② Es handelt sich um: ein Aktivkonto   ein Aktivkonto
- ③ Der Vorgang führt zu: einer Mehrung   einer Minderung
- ④ Es ist daher zu buchen: auf der Soll-Seite   auf der Haben-Seite

5. Fall

Mehrere Abnehmer von Strom, Gas und Wasser begleichen ihre Rechnungen durch Banküberweisung, Gesamtbetrag 7438,00 DM.

- ① Es sind betroffen: das Konto Bankguthaben   das Konto Kundenford.
- ② Es handelt sich um: ein Aktivkonto   ein Aktivkonto
- ③ Der Vorgang führt zu: einer Mehrung   einer Minderung
- ④ Es ist daher zu buchen: auf der Soll-Seite   auf der Haben-Seite

Alle fünf Geschäftsfälle hatten eines gemeinsam, es wurde jeweils ein Konto im Soll und ein Konto im Haben betroffen. Später kommen Geschäftsfälle hinzu, bei denen mehr als zwei Konten betroffen sind. Es bleibt jedoch stets so, daß der Betrag, der auf einem oder mehreren Konto(en) im Soll gebucht wird, auch im Haben zu buchen ist.

Zur Vorbereitung der Buchungen auf den Konten wird in der Praxis aufgrund der vier Überlegungen, wie wir sie bei den fünf Beispielfällen angestellt haben, zunächst ein **Buchungssatz** formuliert und im Grundbuch (vgl. Kapitel 7.3) festgehalten. In diesen Buchungssätzen wird als erstes das Konto genannt, das im Soll betroffen ist und anschließend das Konto, auf dem im Haben zu buchen ist. Zwischen die beiden Konten setzt man das Wort **„an"**.

Die Buchungssätze für die fünf Beispielfälle lauten demnach:

Datum	Text	SOLL	HABEN
02.01.	Bankguthaben an Kasse	20000,00	20000,00
02.01.	Verbindlichkeiten bei Lieferern an Bankguthaben	23580,00	23580,00
02.01.	Bankguthaben an Verbindlichkeiten bei Banken	50000,00	50000,00
02.01.	Fahrzeuge an Bankguthaben	130000,00	130000,00
02.01.	Bankguthaben an Forderungen aus Lieferungen	7438,00	7438,00

Die Buchungssätze bilden die Grundlage für die Buchungen auf den T-Konten (vgl. Schaubild S. 308).

Abschluß der Bestandskonten

Nach der Übertragung aller Buchungen auf die Konten – in der Praxis nach Abschluß des Geschäftsjahres – sind die Schlußbestände der einzelnen Bilanzpositionen zu ermitteln.

Die Ermittlung erfolgt durch die Rechnung:

$$\text{Anfangsbestand} + \text{Mehrungen} - \text{Minderungen} = \text{Schlußbestand}$$

Der Schlußbestand wird auf den Bestandskonten als Saldo (Ausgleichsposition) auf der Seite der Minderungen eingetragen. Gleichzeitig erfolgt auf dem „Schlußbilanzkonto" eine Gegenbuchung. Die Buchung auf dem Schlußbilanzkonto erfolgt auf der entgegengesetzten Seite, so daß die Schlußbestände der Aktivkonten auf der Soll-Seite des Schlußbilanzkontos gebucht werden und die Schlußbestände der Passivkonten auf der Haben-Seite (vgl. Schaubild S. 308).

Buchungsregeln für das Buchen auf Bestandskonten:

1. Eröffnung der Konten: Die Anfangsbestände aus der Eröffnungsbilanz stehen bei Aktivkonten links (Soll-Seite), weil sie in der Bilanz ebenfalls links (Aktiv-Seite) stehen.

   Die Anfangsbestände aus der Eröffnungsbilanz stehen bei Passivkonten rechts (Haben-Seite), weil sie in der Bilanz ebenfalls rechts (Passiv-Seite) stehen.

2. Buchung der Geschäftsfälle: Bei der Buchung der Geschäftsfälle sind stets (mindestens) zwei Konten betroffen. Er erfolgt jeweils eine Buchung im Soll und eine vom Betrag her gleich große Buchung im Haben. Mehrungen der Bestände sind unter dem Anfangsbestand zu buchen, Minderungen auf der Gegenseite.

3. Abschluß der Konten: Der Schlußbestand (Anfangsbestand + Mehrungen − Minderungen = Schlußbestand) ist als Saldo auf der Seite der Minderungen zu buchen. Die Gegenbuchung erfolgt auf dem Schlußbilanzkonto.

S	Aktivkonten	H	S	Passivkonten	H
Anfangsbestand	Minderungen		Minderungen	Anfangsbestand	
Mehrungen	Schlußbestand		Schlußbestand	Mehrungen	

Von der Eröffnungsbilanz zum Schlußbilanzkonto

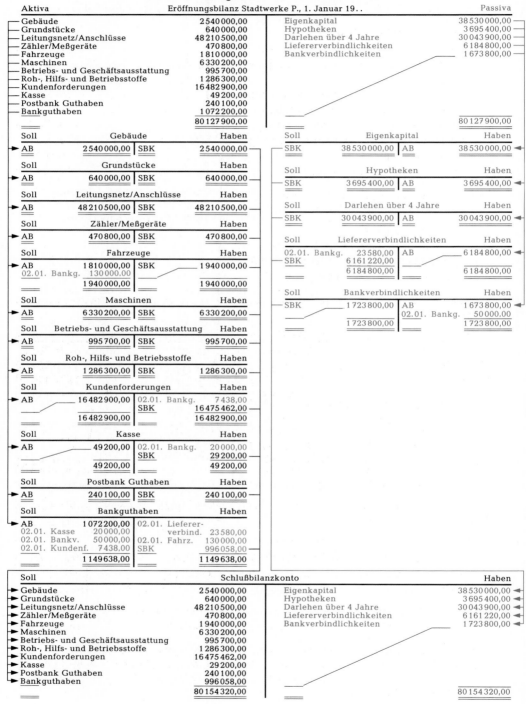

Aktiva	Eröffnungsbilanz Stadtwerke P., 1. Januar 19..		Passiva
Gebäude	2 540 000,00	Eigenkapital	38 530 000,00
Grundstücke	640 000,00	Hypotheken	3 695 400,00
Leitungsnetz/Anschlüsse	48 210 500,00	Darlehen über 4 Jahre	30 043 900,00
Zähler/Meßgeräte	470 800,00	Liefererverbindlichkeiten	6 184 800,00
Fahrzeuge	1 810 000,00	Bankverbindlichkeiten	1 673 800,00
Maschinen	6 330 200,00		
Betriebs- und Geschäftsausstattung	995 700,00		
Roh-, Hilfs- und Betriebsstoffe	1 286 300,00		
Kundenforderungen	16 482 900,00		
Kasse	49 200,00		
Postbank Guthaben	240 100,00		
Bankguthaben	1 072 200,00		
	80 127 900,00		80 127 900,00

Soll	Gebäude		Haben
AB	2 540 000,00	SBK	2 540 000,00

Soll	Grundstücke		Haben
AB	640 000,00	SBK	640 000,00

Soll	Leitungsnetz/Anschlüsse		Haben
AB	48 210 500,00	SBK	48 210 500,00

Soll	Zähler/Meßgeräte		Haben
AB	470 800,00	SBK	470 800,00

Soll	Fahrzeuge		Haben
AB	1 810 000,00	SBK	1 940 000,00
02.01. Bankg.	130 000,00		
	1 940 000,00		1 940 000,00

Soll	Maschinen		Haben
AB	6 330 200,00	SBK	6 330 200,00

Soll	Betriebs- und Geschäftsausstattung		Haben
AB	995 700,00	SBK	995 700,00

Soll	Roh-, Hilfs- und Betriebsstoffe		Haben
AB	1 286 300,00	SBK	1 286 300,00

Soll	Kundenforderungen		Haben
AB	16 482 900,00	02.01. Bankg.	7 438,00
		SBK	16 475 462,00
	16 482 900,00		16 482 900,00

Soll	Kasse		Haben
AB	49 200,00	02.01. Bankg.	20 000,00
		SBK	29 200,00
	49 200,00		49 200,00

Soll	Postbank Guthaben		Haben
AB	240 100,00	SBK	240 100,00

Soll	Bankguthaben		Haben
AB	1 072 200,00	02.01. Lieferer- verbind.	23 580,00
02.01. Kasse	20 000,00	02.01. Fahrz.	130 000,00
02.01. Bankv.	50 000,00	SBK	996 058,00
02.01. Kundenf.	7 438,00		
	1 149 638,00		1 149 638,00

Soll	Eigenkapital		Haben
SBK	38 530 000,00	AB	38 530 000,00

Soll	Hypotheken		Haben
SBK	3 695 400,00	AB	3 695 400,00

Soll	Darlehen über 4 Jahre		Haben
SBK	30 043 900,00	AB	30 043 900,00

Soll	Liefererverbindlichkeiten		Haben
02.01. Bankg.	23 580,00	AB	6 184 800,00
SBK	6 161 220,00		
	6 184 800,00		6 184 800,00

Soll	Bankverbindlichkeiten		Haben
SBK	1 723 800,00	AB	1 673 800,00
		02.01. Bankg.	50 000,00
	1 723 800,00		1 723 800,00

Soll	Schlußbilanzkonto		Haben
Gebäude	2 540 000,00	Eigenkapital	38 530 000,00
Grundstücke	640 000,00	Hypotheken	3 695 400,00
Leitungsnetz/Anschlüsse	48 210 500,00	Darlehen über 4 Jahre	30 043 900,00
Zähler/Meßgeräte	470 800,00	Liefererverbindlichkeiten	6 161 220,00
Fahrzeuge	1 940 000,00	Bankverbindlichkeiten	1 723 800,00
Maschinen	6 330 200,00		
Betriebs- und Geschäftsausstattung	995 700,00		
Roh-, Hilfs- und Betriebsstoffe	1 286 300,00		
Kundenforderungen	16 475 462,00		
Kasse	29 200,00		
Postbank Guthaben	240 100,00		
Bankguthaben	996 058,00		
	80 154 320,00		80 154 320,00

Übungsaufgaben

1. Schreiben Sie die Buchungssätze auf:

   1.1 Kauf einer Schreibmaschine gegen Barzahlung 920,00 DM

   1.2 Wir nehmen ein Darlehen auf; der Betrag wird dem Bankkonto gutgeschrieben 5 000,00 DM

   1.3 Kauf eines neuen Pkw gegen Bankscheck 18 000,00 DM

   1.4 Überweisung vom Bankkonto auf das Postbank Girokonto 4 000,00 DM

   1.5 Bankabhebung zur Erhöhung des Kassenbestandes 2 500,00 DM

   1.6 Eingang einer Rechnung eines Betriebsstofflieferers 17 300,00 DM

   1.7 Ein Kunde begleicht eine Rechnung bar 780,00 DM

   1.8 Verkauf einer gebrauchten Rechenmaschine gegen Barzahlung 170,00 DM

2. Welche Geschäftsfälle könnten den folgenden Buchungssätzen zugrunde liegen?

   2.1 Kasse an Bank

   2.2 Bank an Postbank

   2.3 Kasse an Forderungen aus Lieferungen

   2.4 Rohstoffe an Verbindlichkeiten aus Lieferungen

   2.5 Darlehen über 4 Jahre an Bank

3. Die Eröffnungsbilanz der Gemeinnützigen Baugesellschaft der Stadt R. zeigt die folgenden Werte:

Aktiva	Eröffnungsbilanz zum 1. Januar 19...		Passiva
Grundstücke	308 200,00	Eigenkapital	4 366 784,79
Gebäude	4 510 350,00	Hypotheken	2 700 000,00
Fuhrpark	1 317 260,00	Darlehen	1 682 400,00
Maschinen	714 320,00		
Roh-, Hilfs- und Betriebsstoffe	832 480,00		
Forderungen aus Lieferungen	784 380,23		
Kasse	41 312,90		
Bankguthaben	240 881,66		
	8 749 184,79		8 749 184,79

Richten Sie die entsprechenden Konten ein!

Buchen Sie die Geschäftsfälle sowohl in Grundbuchform (Buchungssätze) als auch auf den Konten!

Schließen Sie die Konten ab, und erstellen Sie das Schlußbilanzkonto!

   3.1 Kauf eines neuen Grundstücks gegen Banküberweisung 86 000,00 DM

   3.2 Aufnahme einer Hypothek und Gutschrift auf Bankkonto 38 000,00 DM

   3.3 Kauf von Baumaterial auf Ziel (auf Kredit) 14 380,00 DM

   3.4 Begleichung einer Liefererrechnung durch Banküberweisung 7 450,00 DM

   3.5 Rückzahlung einer Darlehensrate durch Banküberweisung 5 000,00 DM

4. Erstellen Sie aufgrund der folgenden Angaben die Eröffnungsbilanz der Stadtwerke B., und eröffnen Sie die Konten! Schreiben Sie die Buchungssätze für die Geschäftsfälle auf, und übertragen Sie die Buchungen auf die Konten! Schließen Sie die Konten ab, und erstellen Sie das Schlußbilanzkonto!

A. Anfangsbestände

Maschinen	1 500 000,00 DM	Bankguthaben	54 680,00 DM
Fahrzeuge	312 000,00 DM	Kasse	24 233,00 DM
Leitungsnetz	8 800 000,00 DM	Darlehen	970 000,00 DM
Zähler usw.	83 000,00 DM	Verbindlichkeiten	743 820,00 DM
Betriebsstoffe	79 000,00 DM	EK	?
Forderungen	214 700,00 DM		

B. Geschäftsfälle

4.1 Kauf einer Maschine gegen Bankscheck	22 000,00 DM
4.2 Mehrere Kunden begleichen Rechnungen durch Barzahlung	4 320,00 DM
4.3 Rückzahlung einer Darlehensrate durch Banküberweisung	20 000,00 DM
4.4 Wir erhalten eine Rechnung über Treibstofflieferungen für die Busse	18 140,00 DM
4.5 Bareinzahlung aus der Kasse auf das Bankkonto	5 000,00 DM
4.6 Kauf einer Rechenmaschine gegen Barzahlung	1 200,00 DM

5. Tragen Sie auf den beiden folgenden Konten die Begriffe auf der jeweils richtigen Seite ein: Anfangsbestand, Mehrungen, Minderungen, Schlußbestand

Soll	Aktivkonto	Haben	Soll	Passivkonto	Haben

4 Die Erfolgskonten

Problem:

Im Laufe des Monats Januar haben sich bei den Stadtwerken P. unter anderem die folgenden Geschäftsfälle ereignet:

15.01.	Belieferung der Stromabnehmer mit Strom auf Rechnung, Rechnungsbetrag	1 158 683,20 DM
20.01.	Verbrauch von Treibstoffen für die Busse der Stadtwerke lt. Materialentnahmeschein im Wert von	28 750,00 DM
23.01.	Zinsgutschrift der Bank für unser Guthaben	3 320,40 DM
31.01.	Zahlung von Löhnen und Gehältern durch Banküberweisung für den Monat Januar	658 058,60 DM

Die Auswirkungen dieser vier Geschäftsfälle auf die Bilanz sollen betrachtet werden. Außerdem soll eine geeignete Form der buchhalterischen Erfassung dieser Vorgänge erarbeitet werden.

Lösung:

4.1 Die Wirkung von Erfolgsvorgängen

Der erste der vier Geschäftsfälle – Belieferung von Kunden mit Strom auf Rechnung – erhöht die Aktivposition „Kundenforderungen", da keine weitere Aktivposition durch diesen Geschäftsfall betroffen ist, kann es sich hier nicht um einen Aktivtausch handeln. Weil aber die Bilanz nie aus dem „Gleichgewicht" kommt, muß sich eine Passivposition ebenfalls erhöhen (Aktiv-Passivmehrung). Positionen des Fremdkapitals werden durch diesen Fall nicht berührt, also muß durch diesen Vorgang das Eigenkapital vergrößert werden.

Vorgänge dieser Art, die das Eigenkapital unternehmensbedingt erhöhen, bezeichnet man als Erträge. Auch der 3. Geschäftsfall – Zinsgutschrift der Bank für unser Bankguthaben – erhöht das Eigenkapital unternehmensbedingt und stellt damit einen Ertrag dar.

> Erträge sind unternehmensbedingte Mehrungen des Eigenkapitals.

Der 2. Geschäftsfall – Verbrauch von Treibstoffen für die Busse – vermindert zunächst den Bestand an Treibstoffen (Aktivkonto) und stellt damit einen unternehmensbedingten Verzehr von Gütern dar, gleichzeitig wird durch diesen Vorgang das Eigenkapital vermindert.

Vorgänge dieser Art, die das Eigenkapital unternehmensbedingt mindern, bezeichnet man als Aufwendungen. Auch der 4. Geschäftsfall – Zahlung von Löhnen und Gehältern – mindert das Eigenkapital unternehmensbedingt und stellt somit eine Aufwendung dar.

> Aufwendungen sind unternehmensbedingte Minderungen des Eigenkapitals.

Wichtige Aufwendungen eines Versorgungsunternehmens sind:	Wichtige Erträge eines Versorgungsunternehmens sind:
Rohstoffaufwendungen	Umsatzerlöse für
Hilfsstoffaufwendungen	– Elektrizitätsversorgung
Betriebsstoffaufwendungen	– Gasversorgung
Löhne und Gehälter	– Wasserversorgung
Soziale Abgaben	– Verkehrsleistungen
Zinsaufwendungen	Mieterträge
Steuern	Zinserträge

Erträge sind als Mehrungen des Eigenkapitals (Passivkonto) auf der Haben-Seite dieses Kontos zu erfassen, Aufwendungen als Minderungen auf der Soll-Seite. Die vier Geschäftsfälle wirken sich auf dem Eigenkapitalkonto also wie folgt aus:

Soll		Eigenkapital		Haben
20.01.	Treibstoffe	28 750,00	01.01. Anfangsbestand	38 530 000,00
31.01.	Bank	658 058,60	15.01. Kundenforderungen	1 158 683,20
31.01.	Schlußbestand	39 005 195,00	23.01. Bank	3 320,40
		39 692 003,60		39 692 003,60

Der Erfolg des Unternehmens (Gewinn oder Verlust) ergibt sich aus der Gegenüberstellung von Erträgen und Aufwendungen.

Sind die Erträge   >   als die Aufwendungen, hat das Unternehmen einen Gewinn erwirtschaftet.

Sind die Erträge   <   als die Aufwendungen, hat das Unternehmen einen erwirtschaftet.

In unserem Beispiel gilt:

	Erträge	=	1 162 003,60 DM
–	Aufwendungen	=	686 808,60 DM
=	Gewinn	=	475 195,00 DM

4.2 Das Gewinn- und Verlustkonto und die Erfolgskonten als Unterkonten des Eigenkapitalkontos

Die Buchung der Aufwendungen und Erträge auf dem Eigenkapitalkonto (siehe 4.1) hat einige Nachteile.

1. Der Gewinn (bzw. Verlust) wird nicht unmittelbar ausgewiesen. Er ergibt sich aus der Rechnung Erträge – Aufwendungen.
2. Das Eigenkapitalkonto wird unübersichtlich.
3. Die Buchungen auf dem Eigenkapitalkonto lassen im nachhinein nicht erkennen, wofür die Erträge erzielt wurden und welche Aufwendungen entstanden sind.
4. Eine Analyse und Kontrolle der Aufwendungen und Erträge ist nur mit erheblichem Arbeitsaufwand möglich.

Um diese Nachteile zu vermeiden, wird dem Konto Eigenkapital zunächst das Unterkonto „Gewinn und Verlust" vorgeschaltet. Bucht man auf diesem Konto alle Erträge und Aufwendungen, so ist es möglich, auf einen Blick den Gewinn bzw. Verlust abzulesen.

Da das Konto Gewinn und Verlust (GuV) ein Unterkonto des Eigenkapitals ist, gelten für dieses Konto die gleichen Buchungsregeln wie für das Eigenkapitalkonto selbst.

Erträge als **Mehrungen** sind demnach im **Haben** zu buchen, **Aufwendungen** als **Minderungen** im **Soll** des GuV-Kontos.

Der Gewinn bzw. Verlust ergibt sich auf dem GuV-Konto als Saldo. Sind die Erträge größer als die Aufwendungen, erscheint der Saldo (Gewinn) im Soll. Die Gegenbuchung erfolgt im Haben des Eigenkapitalkontos (Gewinn = Mehrung des Eigenkapitals).

Sind die Erträge kleiner als die Aufwendungen, erscheint der Saldo (Verlust) im Haben des GuV-Kontos. Die Gegenbuchung erfolgt im Soll des Eigenkapitalkontos (Verlust = Minderung des Eigenkapitals).

Soll	Eigenkapital			Haben
31.01. Schlußbestand	39 005 195,00	01.01. Anfangsbestand	38 530 000,00	
		31.01. Gewinn	475 195,00	
	39 005 195,00		39 005 195,00	

Soll	Gewinn und Verlust			Haben
20.01. Treibstoffe	28 750,00	15.01. Kundenforderungen	1 158 683,20	
31.01. Bank	658 058,60	23.01. Bank	3 320,40	
31.01. Gewinn (Saldo)	475 195,00			
	1 162 003,60		1 162 003,60	

Die beiden oben unter 1. und 2. aufgeführten Nachteile wären bei diesem Vorgehen behoben. Es blieben jedoch die weiteren Nachteile bestehen. Aus diesem Grund wird auch das GuV-Konto weiter untergliedert.

Für jede Art von Aufwendung bzw. Ertrag wird ein spezielles Unterkonto des GuV-Kontos und damit des Eigenkapitalkontos eingerichtet.

Als **Aufwandskonten** werden z.B. eingerichtet:

Rohstoffaufwendungen, Hilfsstoffaufwendungen, Betriebsstoffaufwendungen, Löhne und Gehälter, Sozialabgaben, Zinsaufwendungen, Steuern usw.

Als **Ertragskonten** werden z. B. geführt:

Umsatzerlöse für Elektrizitätsversorgung, – für Gasversorgung, – für Wasserversorgung, – für Verkehrsleistungen, Zinserträge, Mieterträge usw.

Alle Aufwands- und Ertragskonten zusammen bezeichnet man als Erfolgskonten. Da die Erfolgskonten Unterkonten vom Eigenkapitalkonto sind, gelten hier die Buchungsregeln, die auch für das Eigenkapitalkonto gelten.

> Die Aufwendungen sind als Minderungen des Eigenkapitals im Soll der Aufwandskonten zu buchen.
>
> Die Erträge sind als Mehrungen des Eigenkapitals im Haben der Ertragskonten zu buchen.

Die vier Erfolgsvorgänge (siehe Beispiel zu Beginn des Abschnitts 4) sind demnach wie folgt zu buchen:

Datum	Text	SOLL	HABEN
15.01.	Kundenforderungen an Umsatzerlöse Elektrizitätsversorgung	1 158 683,20	1 158 683,20
20.01.	Betriebsstoffaufwendungen an Betriebsstoffe	28 750,00	28 750,00
23.01.	Bankguthaben an Zinserträge	3 320,40	3 320,40
31.01.	Löhne und Gehälter an Bankguthaben	658 058,60	658 058,60

Die Erfolgskonten sind nach Abschluß der Buchungen über das GuV-Konto abzuschließen. Nach Abschluß der Erfolgskonten zeigt das GuV-Konto zum einen den Gewinn (bzw. Verlust) des Unternehmens und außerdem sehr übersichtlich die Quellen des Erfolges. Eine Analyse und Kontrolle der Aufwendungen und Erträge ist jetzt wesentlich erleichtert.

Die Nachteile, die sich bei einer Buchung von Erfolgsvorgängen direkt auf dem Eigenkapitalkonto ergeben hatten, sind somit beseitigt.

Das GuV-Konto wird anschließend über das Eigenkapitalkonto abgeschlossen.

> Die Abschlußbuchungssätze lauten:
>
> für Aufwandskonten: GuV an Aufwandskonten
>
> für Ertragskonten: Ertragskonten an GuV
>
> für das GuV-Konto: bei einem Gewinn: GuV an EK
> bei einem Verlust: EK an GuV

Buchungen auf Erfolgskonten und deren Abschluß

Soll	Eigenkapital		Haben
31.01. Schlußbestand	39 005 195,00	01.01. Anfangsbestand	38 530 000,00
	39 005 195,00		39 005 195,00

Soll	Gewinn und Verlust		Haben
Betriebsstoffaufwendungen	28 750,00	Umsatzerlöse	
Löhne und Gehälter	658 058,60	Elektrizitätsversorgung	
		Zinserträge	
	1 162 003,60		1 162 003,60

S	Betriebsstoffaufwendungen	H	S		H
20.01. Betriebsstoffe 28 750,00	GuV	28 750,00	GuV	1 158 683,20	

S	Löhne und Gehälter	H	S		H
31.01. Bank 658 058,60	GuV	658 058,60	GuV	3 320,40	

1. Aufwendungen (unternehmensbedingte Minderungen des Eigenkapitals) und Erträge (unternehmensbedingte Mehrungen des Eigenkapitals) werden auf Unterkonten des Eigenkapitalkontos, den Aufwands- und Ertragskonten (Erfolgskonten) gebucht.
2. Die Erfolgskonten werden über das GuV-Konto abgeschlossen.
3. Das GuV-Konto sammelt als Unterkonto des Eigenkapitalkontos alle Aufwendungen und Erträge zur Ermittlung des Unternehmenserfolges.
4. Das GuV-Konto wird über das Eigenkapitalkonto abgeschlossen.

Einordnung der Erfolgskonten in das System der Konten

Aktiva	Eröffnungsbilanz	Passiva
Gebäude	....	Eigenkapital ....
Fahrzeuge	....	Darlehen ....
Maschinen	....	Verbindlichkeiten bei Lieferern ....
Kasse	....	
Bankguthaben	....	

Aktive Bestandskonten

Soll	Gebäude	Haben
Anfangsbestand		Schlußbestand

Soll	Fahrzeuge	Haben
Anfangsbestand		Schlußbestand

Soll	Maschinen	Haben
Anfangsbestand		Schlußbestand

Soll	Kasse	Haben
Anfangsbestand		Schlußbestand

Soll	Bankguthaben	Haben
Anfangsbestand		Schlußbestand

Passive Bestandskonten

Soll	Darlehen	Haben
Schlußbestand		Anfangsbestand

Soll	Verbindlichkeiten b. Lieferern	Haben
Schlußbestand		Anfangsbestand

Soll	Eigenkapital	Haben
Schlußbestand		Anfangsbestand

Soll	GuV	Haben
....		....
....		....
....		....

Saldo (Gewinn) **oder** Saldo (Verlust)

S	Löhne	H
.....	Saldo	
.....		

S	Umsatzerl. Gas	H
Saldo		.....

S	Aufw. f. Rohst.	H
.....	Saldo	
.....		

S	Mieterträge	H
Saldo		.....

S	Zinsaufwend.	H
.....	Saldo	
.....		

S	Zinserträge	H
Saldo		.....

Aufwandskonten

Ertragskonten

Soll	Schlußbilanzkonto	Haben
Gebäude	....	Eigenkapital ....
Fahrzeuge	....	Darlehen ....
Maschinen	....	Verbindlichkeiten bei Lieferern ....
Kasse	....	
Bankguthaben	....	

Übungsaufgaben

1. Richten Sie die Bestandskonten Bank (Anfangsbestand 82 000,00 DM) und Eigenkapital (Anfangsbestand 145 000,00 DM) und die erforderlichen Erfolgskonten ein!

Geschäftsfälle:

1.1	Banküberweisung für Löhne und Gehälter	8 600,00 DM
1.2	Wir erhalten eine Bankgutschrift für Zinsen	360,00 DM
1.3	Wir überweisen Gewerbesteuer vom Bankkonto	2 520,00 DM
1.4	Wir erhalten Miete für vermietete Büroräume durch Banküberweisung	6 400,00 DM

   a) Buchen Sie die vier Geschäftsfälle (Buchungssätze und T-Konten)!
   b) Schließen Sie die Konten ab!
   c) Ermitteln Sie den Erfolg des Unternehmens!

2. Buchen Sie die Geschäftsfälle in Grundbuchform (Buchungssätze)!

Im Unternehmen sind die folgenden Konten eingerichtet:

Gebäude, Fahrzeuge, Maschinen, Leitungsnetz, Rohstoffe, Hilfsstoffe, Betriebsstoffe, Kundenforderungen, Kasse, Bank, Postbank, Eigenkapital, Darlehen, Lieferverbindlichkeiten, GuV, Umsatzerlöse Strom, Gas, Wasser, Verkehrsbetrieb, Mieterträge, Zinserträge, Mietaufwendungen, Zinsaufwendungen, Büromaterial, Löhne und Gehälter, Gebühren, Rohstoffaufwendungen, Hilfsstoffaufwendungen, Betriebsstoffaufwendungen, Steuern.

2.1	Belieferung der Gasabnehmer mit Gas auf Rechnung für	246 869,70 DM
2.2	Überweisung von Zinsen an einen Darlehensgeber vom Bankkonto	880,00 DM
2.3	Wir erhalten Miete für vermietete Büroräume im eigenen Gebäude durch Überweisung auf das Postbank Girokonto	2 800,00 DM
2.4	Verkauf von Monatsfahrkarten für unsere Busse gegen bar	1 760,00 DM
2.5	Kauf einer neuen Maschine auf Ziel (Kredit) für	28 600,00 DM
2.6	Wir kaufen Büromaterial bar für	568,00 DM
2.7	Kauf von Hilfsstoffen auf Ziel	1 386,00 DM
2.8	Wir überweisen vom Bankkonto die Monatsgehälter	36 438,40 DM
2.9	Die Bank bucht von unserem Konto die Kontoführungsgebühr ab	138,30 DM
2.10	Verbrauch von Betriebsstoffen laut Materialentnahmeschein	794,00 DM

3. Die Eröffnungsbilanz der Gemeinnützigen Baugesellschaft der Stadt R. zeigt die folgenden Werte:

Grundstücke 308 200,00 DM, Gebäude 4 510 350,00 DM, Fuhrpark 1 317 260,00 DM, Maschinen 714 320,00 DM, Roh-, Hilfs- und Betriebsstoffe 832 480,00 DM, Kundenforderungen 784 380,23 DM, Kasse 41 312,90 DM, Bankguthaben 240 881,66 DM, Hypotheken 2 700 000,00 DM, Darlehen 1 682 400,00 DM, Eigenkapital ?

Geschäftsfälle:

3.1	Überweisung von Miete auf unser Bankkonto	44 360,00 DM
3.2	Kauf von Rohstoffen gegen Bankscheck	27 650,00 DM
3.3	Überweisung von Zinsen an unseren Darlehensgläubiger	5 500,00 DM
3.4	Kauf von Büromaterial bar	770,00 DM
3.5	Verkauf eines Grundstücks gegen Banküberweisung	82 500,00 DM
3.6	Kauf einer neuen Maschine gegen Bankscheck	14 480,00 DM

   a) Erstellen Sie die Eröffnungsbilanz!
   b) Buchen Sie die Geschäftsfälle (Buchungssätze und T-Konten)!
   c) Erstellen Sie das SBK!

4. Nennen Sie Geschäftsfälle, die den folgenden Buchungssätzen zugrunde liegen könnten!

4.1	Löhne und Gehälter	32 500,00 DM	
	an Postbank Girokonto		32 500,00 DM
4.2	Bank	6 400,00 DM	
	an Mieterträge		6 400,00 DM
4.3	Kundenforderungen	12 346,00 DM	
	an Umsatzerlöse Gas		12 346,00 DM
4.4	Liefererverbindlichkeiten	2 630,00 DM	
	an Bank		2 630,00 DM
4.5	Betriebsstoffaufwendungen	2 798,00 DM	
	an Betriebsstoffe		2 798,00 DM
4.6	Büromaterial	750,00 DM	
	an Kasse		250,00 DM
	an Bank		500,00 DM

5. Beantworten Sie die folgenden Fragen:

5.1 Warum werden Erfolgsvorgänge als Veränderungen des Eigenkapitals nicht direkt auf dem Eigenkapitalkonto gebucht?

5.2 Wie lauten die Buchungssätze für den Abschluß
a) aller Aufwandskonten,
b) aller Ertragskonten,
c) des GuV bei einem Verlust?

5.3 Der Saldo des GuV-Kontos steht auf der Soll-Seite. Handelt es sich hier um einen Gewinn oder Verlust?

5 Abschreibungen auf Anlagegüter

Problem:

Im Rahmen der Inventur zum Ende des Geschäftsjahres muß unter anderem die Bewertung der Anlagegüter erfolgen. Dem Mitarbeiter, der mit dieser Arbeit beauftragt ist, liegt auch die abgebildete Anlagekarteikarte vor.

Anlagenbezeichnung: Schub-Gelenk-Omnibus / Linienbus für den
Einmannbetrieb PN - ER - 777   Nr. 826

Betriebszweig:	VERKEHRSBETRIEBE	Abschreibungsart:	linear
Anlagegruppe:	04 Fahrzeuge	Nutzungsdauer:	8 Jahre
Untergruppe:	042 Personenverkehr	Kostenstelle: 791 Fahrzeuge für den Personenverkehr	Abschreibungssatz: 12,5 %

Bau- bzw. Ansch.-Jahr	Menge (Stück) (m) (kg)	Beschreibung	Anschaffungswert			Wertberichtigung einschl. Wertberichtigungen zum 31.6.48				Buchrestwert	Bemerkungen
			Zugang	Abgang	Endstand	Datum	Zugang	Abgang	Endstand		
19..	1	Schub-Gelenk-Omnibus	240 000 00			31.12..	30 000 00		30 000 00	210 000 00	
						31.12..	30 000 00		60 000 00	180 000 00	
						31.12..	30 000 00		90 000 00	150 000 00	
						31.12..	30 000 00		120 000 00	120 000 00	

Er hat die Aufgabe, das auf der Anlagekarteikarte verzeichnete abnutzbare Anlagegut zum Ende des Jahres 05 zu bewerten und die Karte auf den neuesten Stand zu bringen.

Lösung:

Um die Bewertung des Anlagegutes vornehmen zu können und die Karte zu aktualisieren, muß zunächst der Inhalt der Karte geklärt werden.

Im Jahr 01 wurde ein Schub-Gelenk-Omnibus für den Linienverkehr zu einem Anschaffungspreis von 240 000,00 DM angeschafft. Der Bus hat wie alle abnutzbaren Güter des Anlagevermögens im Laufe der Jahre an Wert verloren.

Wesentliche Ursachen für Wertminderungen bei abnutzbaren Anlagegegenständen sind:
- Abnutzung durch Gebrauch,
- natürlicher Verschleiß,
- technischer Fortschritt.

Zur Bewertung eines abnutzbaren Gutes des Anlagevermögens zum Ende eines Jahres muß die Wertminderung des Jahres ermittelt und vom Wert des Gutes zu Beginn des Jahres abgezogen werden. Um den Wert der Anlagegegenstände in der Bilanz richtig ausweisen zu können, müssen die Wertminderungen buchhalterisch erfaßt werden. Die Erfassung der Wertminderungen erfolgt durch Abschreibungen.

> Abschreibungen dienen der buchhalterischen Erfassung von Wertminderungen bei abnutzbaren Anlagegütern.

5.1 Methoden zur Ermittlung der Abschreibungsbeträge

Zur Berechnung der jährlichen Abschreibungsbeträge sind verschiedene Methoden möglich:
1. die lineare Abschreibung vom Anschaffungs- bzw. Herstellwert,
2. die degressive Abschreibung vom Buch- oder Restwert,
3. die Abschreibung nach Leistungseinheiten.

5.1.1 Lineare Abschreibung

Die auf Seite 328 abgebildete Anlagekarteikarte enthält zur Abschreibungsmethode die folgenden Angaben:

Abschreibungsart:	linear
Nutzungsdauer:	8 Jahre
Abschreibungssatz:	12,5 %

Bei der linearen Abschreibung werden die Anschaffungskosten (Preis des Anlagegutes zuzüglich Anschaffungsnebenkosten wie Überführungskosten u. ä.) gleichmäßig über die Jahre der Nutzung verteilt.

Für den jährlichen **Abschreibungsbetrag** ergibt sich daher:

$$\text{Abschreibungsbetrag} = \frac{\text{Anschaffungskosten}}{\text{Nutzungsdauer}}$$

Für das Beispiel gilt also:

$$\text{Abschreibungsbetrag} = \frac{240\,000}{8} = 30\,000{,}00 \text{ DM}$$

Der **Abschreibungssatz** kann bei gegebener Nutzungsdauer wie folgt ermittelt werden:

$$\text{Abschreibungssatz} \quad = \quad \frac{100}{\text{Nutzungsdauer}}$$

Für das Beispiel ergibt sich daher ein Abschreibungssatz von 12,5 %.

$$\text{Abschreibungssatz} \; = \; \frac{100}{8} \; = \; 12,5\,\%$$

Der jeweilige Buchrestwert ergibt sich schließlich aus folgender Rechnung:

$$
\begin{aligned}
\text{Buchrestwert}_1 \; &= \; \text{Anschaffungskosten} \; - \; \text{Abschreibungsbetrag} \\
\text{Buchrestwert}_2 \; &= \; \text{Buchrestwert}_1 \quad\quad\;\; - \; \text{Abschreibungsbetrag} \\
\vdots \quad\quad & \quad\quad\quad\; \vdots \quad\quad\quad\quad\quad\quad\quad \vdots
\end{aligned}
$$

Für das Beispiel gilt also:

$$
\begin{aligned}
\text{Buchrestwert}_1 \,(01) \; &= \; 240\,000 \; - \; 30\,000 \; = \; 210\,000,00 \text{ DM} \\
\text{Buchrestwert}_2 \,(02) \; &= \; 210\,000 \; - \; 30\,000 \; = \; 180\,000,00 \text{ DM} \\
\vdots \quad\quad\quad & \quad\quad \vdots \quad\quad\quad \vdots \quad\quad\quad \vdots \\
\text{Buchrestwert}_5 \,(05) \; &= \; 120\,000 \; - \; 30\,000 \; = \quad 90\,000,00 \text{ DM}
\end{aligned}
$$

Das Anlagegut (Schub-Gelenk-Omnibus, siehe Problem zu Beginn des Abschnitts 5) ist daher zum Ende des Jahres 05 mit 90 000,00 DM zu bewerten.

Voraussetzung für die Ermittlung von Abschreibungsbeträgen, Abschreibungssätzen und damit auch von den jeweiligen Restwerten ist die Schätzung der zu erwartenden Nutzungsdauer. Grundlagen dieser Schätzung sind einerseits Erfahrungswerte und andererseits Abschreibungstabellen (AfA-Tabellen; AfA = **A**bsetzung **f**ür **A**bnutzung) der Finanzverwaltung.

Auszug aus einer AfA-Tabelle

AfA-Sätze für allgemein verwendbare Anlagegüter
BdF-Erlaß IV C/5 – S 1478 – 140/68; IV A/1 – S 1478 – 61/69
Entnommen aus NWB-Buchhaltungs-Briefen, Fach 13, Seite 323 bis 326

Lfd. Nr.	Anlagegüter	Nutzungsdauer (ND) in Jahren	Linearer AfA-Satz v. H.
	A. Einrichtungen an Grundstücken		
1.	Straßen- und Wegebrücken sowie Überwege		
	a) Stahl und Beton	33	3
	b) Holz	15	7
2.	Fahrbahnen, Parkplätze, Gehsteige u. Hofbefestigungen		
	a) mit schwerer Packlage	15	7
	b) ohne schwere Packlage	10	10
	c) in Kies, Schotter und Schlacken		
	(ohne schwere Packlage)	5	20
	⋮		
	B. Betriebsanlagen allgemeiner Art		
	I. Krafterzeugungsanlagen		
1.	Dampferzeugung (Dampfkessel mit Zubehör, Speise-wasseraufbereitungsanlage usw.)	15	7
2.	Stromerzeugung (Gleichrichter, Ladeaggregate, Strom-generatoren, Stromumformer usw.)		
	a) Großanlagen (AfA-Tabelle für den Wirtschaftszweig „Energie- und Wasserversorgung")	20	5
	b) andere	15	7

Lfd. Nr.	Anlagegüter	Nutzungsdauer (ND) in Jahren	Linearer AfA-Satz v. H.
3.	Hilfsanlagen		
	a) Heißluft, Kälteanlagen, Kompressoren, Venti-latoren usw.	10	10
	b) Wasser-, Druckwasserkessel	15	7
	II. Verteilungsanlagen		
1.	für Dampf (Leitungen, Speicher, Ventile, Heizungs-körper und Meßgeräte)	15	7
2.	für Gas und Luft (Leitungen einschl. der Ventile, Hähne usw.)	15	7
3.	für Strom		
	a) Frei- und Kabelleitungen	20	5
	b) Innenleitungen und Schalt- und Umspannanlagen	15	7
	c) Zähler	15	7
4.	für Wasser		
	a) Leitungen einschl. Ventile, Hähne	20	5
	b) Pumpen	15	7
	III. Antriebsanlagen		
1.	Benzinmotoren	5	20
2.	Diesel- und Elektromotoren	8	12
3.	Dampfmaschinen und Turbinen	15	7

5.1.2 Degressive Abschreibung

Neben der im Beispiel (unter 5.1) unterstellten linearen Abschreibung (gleichbleibende Abschreibungsbeträge) kann auch degressiv (fallende Abschreibungsbeträge) abgeschrieben werden.

Der Abschreibungsbetrag wird hier nur im ersten Jahr vom Anschaffungswert ermittelt und in den folgenden Jahren vom jeweiligen Buchrestwert. Hier gilt:

$$\text{Abschreibungsbetrag} = \frac{\text{Buchrestwert} \cdot \text{Abschreibungssatz}}{100}$$

Da der Abschreibungsbetrag hier vom jeweiligen Restbuchwert errechnet wird, nimmt er von Jahr zu Jahr ab. Bei der Wahl der degressiven Abschreibungsmethode ist es in bestimmten Grenzen erlaubt, höhere Abschreibungssätze als bei der linearen Abschreibung anzusetzen.

Als Grenzen bei der Festsetzung des Abschreibungssatzes gelten nach dem Einkommensteuerrecht:

> Abschreibungssatz bei degressiver Abschreibung:
> 1. nicht höher als das 3fache des Prozentsatzes der linearen AfA,
> 2. nicht höher als 30%.

Für den angeschafften Bus (siehe Beispiel) ergäbe sich als maximaler Abschreibungssatz bei degressiver Abschreibung also 30%. Das Dreifache des linearen Satzes wäre 37,5% (3 · 12,5%), da aber 30% nicht überschritten werden dürfen, kann maximal 30% des Buchrestwertes jährlich abgeschrieben werden.

Der Abschreibungsverlauf bei degressiver Abschreibung ergibt sich im einzelnen aus der Tabelle im Anschluß an Abschnitt 5.1.3.

Da bei degressiver Abschreibung die Abschreibungsbeträge nach einigen Jahren sehr gering werden und der Buchrestwert nie auf 0,00 DM zurückgehen kann, ist es möglich, von der degressiven Abschreibung zur linearen Abschreibung zu wechseln (nicht umgekehrt!). Bei einem Wechsel ist der Restwert auf die verbleibende Restnutzungsdauer gleichmäßig zu verteilen.

5.1.3 Leistungsabschreibung

Als dritte Methode der Berechnung der Abschreibungsbeträge kommt die Berechnung nach Leistungseinheiten in Frage. Voraussetzung für die Berechnung der Abschreibungsbeträge ist hier die Schätzung der zu erwartenden Gesamtleistung der Anlage (z.B. km-Leistung, Maschinenstunden).

Der Abschreibungsbetrag kann bei der Abschreibung nach Leistungseinheiten wie folgt berechnet werden:

$$\text{Abschreibungsbetrag} = \frac{\text{Anschaffungswert} \cdot \text{Leistung des Jahres}}{\text{geschätzte Gesamtleistung}}$$

oder

$$\text{Abschreibungsbetrag} = \text{Leistung des Jahres} \cdot \text{Abschreibungsbetrag je Einheit}$$

Unterstellt man bei dem Bus (siehe Beispiel) eine gesamte Fahrleistung von 320 000 km, so ergibt sich für jeden gefahrenen km ein Abschreibungsbetrag von 0,75 DM.

$$\text{Abschreibungsbetrag je Einheit} = \frac{\text{Anschaffungswert}}{\text{geschätzte Gesamtleistung}} = \frac{240\,000}{320\,000} = 0,75 \text{ DM}$$

Wenn im ersten Jahr der Nutzung mit diesem Bus 50 000 km gefahren wurden, wären demnach 37 500,00 DM abzuschreiben.

$$\text{Abschreibungsbetrag} = 50\,000 \cdot 0,75 = 37\,500,00 \text{ DM}.$$

Die Abschreibung nach Leistungseinheiten ist allerdings nur dann sinnvoll, wenn die Leistungen des betreffenden Anlagegutes von Jahr zu Jahr erheblich schwanken.

Vergleich der Abschreibungsverläufe für die ersten vier Jahre bei den drei verschiedenen Abschreibungsmethoden			
	lineare Abschreibung	degressive Abschreibung	Abschreibung nach Leistung[1]
Anschaffungswert	240 000,00 DM	240 000,00 DM	240 000,00 DM
Abschreibung nach dem 1. Jahr	30 000,00 DM	72 000,00 DM	37 500,00 DM
Buchrestwert nach dem 1. Jahr	210 000,00 DM	168 000,00 DM	202 500,00 DM
Abschreibung nach dem 2. Jahr	30 000,00 DM	50 400,00 DM	60 000,00 DM
Buchrestwert nach dem 2. Jahr	180 000,00 DM	117 600,00 DM	142 500,00 DM
Abschreibung nach dem 3. Jahr	30 000,00 DM	35 280,00 DM	26 250,00 DM
Buchrestwert nach dem 3. Jahr	150 000,00 DM	82 320,00 DM	116 250,00 DM
Abschreibung nach dem 4. Jahr	30 000,00 DM	24 696,00 DM	45 000,00 DM
Buchrestwert nach dem 4. Jahr	120 000,00 DM	57 624,00 DM	71 250,00 DM
⋮	⋮	⋮	⋮

Aufgabe: Stellen Sie die drei Abschreibungsverläufe in einem Kurvendiagramm dar.

---

1 Bei der Abschreibung nach Leistung wurden die folgenden km-Leistungen in den ersten vier Jahren unterstellt:
   1. Jahr 50 000 km, 2. Jahr 80 000 km, 3. Jahr 35 000 km, 4. Jahr 60 000 km.

21 Grommas/Bartels – ISBN 3-8120-0430-5

5.2 Buchung der Abschreibungen

Durch Abschreibungen werden die Wertminderungen bei abnutzbaren Anlagegütern erfaßt. Bei der Buchung der Abschreibungen muß demnach auf dem Anlagekonto (Aktivkonto) die Minderung im Haben festgehalten werden.

Die Wertminderung stellt gleichzeitig einen Aufwand (Verteilung der Anschaffungskosten auf die Nutzungsdauer) dar, der auf dem speziellen Aufwandskonto „Abschreibungen" zu erfassen ist. Der Buchungssatz für die Abschreibungen lautet also für das Beispiel:

Abschreibungen	30 000,00	
an Fahrzeuge für den Personenverkehr		30 000,00

S	Fahrzeuge f. d. Personenverkehr	H		S	Abschreibungen	H
10.01. Bank	240 000,00	31.12. Abschr. 30 000,00		31.12. Fahrzeuge f. d.	31.12. GuV	
		SBK 210 000,00		Personenv. 30 000,00		30 000,00
	240 000,00	240 000,00				

S	Schlußbilanzkonto	H		S	GuV	H
⋮				⋮		
Fahrzeuge f. d.				Abschrei-		
Personenv. 210 000,00				bungen 30 000,00		

5.3 Der „Abschreibungskreislauf"

Die Abschreibungen wirken sich, wie bei der Buchung dargestellt, als Aufwand in der GuV-Rechnung gewinnmindernd aus. Gleichzeitig werden sie als Kosten (betriebsbedingter Werteverzehr) in die Preisberechnung (Kalkulation) einbezogen. Sie wirken sich also erhöhend auf die kalkulierten Preise aus. Gelingt es, die kalkulierten Preise zu realisieren und die erwarteten Mengen an Gütern abzusetzen, fließen die Abschreibungsgegenwerte über die Umsatzerlöse dem Unternehmen wieder zu. Die Abschreibungsgegenwerte wirken sich dann bei den Umsatzerlösen in der GuV-Rechnung als Ertrag aus.

Gleichzeitig gehen die Abschreibungsgegenwerte als Zahlungsmittel dem Unternehmen wieder zu (Buchungssatz z.B.: Kasse an Umsatzerlöse).

Werden die Abschreibungsgegenwerte im Unternehmen gesammelt,[1] stehen sie nach Ablauf der Nutzungsdauer unter bestimmten Voraussetzungen (richtige Schätzung der Nutzungsdauer, Durchsetzung der kalkulierten Absatzmengen und Absatzpreise) in Höhe der ursprünglichen Anschaffungskosten dem Unternehmen zur Ersatzbeschaffung wieder zur Verfügung.[2]

---

1 Finanzwirtschaftlich ist es allerdings nicht sinnvoll, die Mittel bis zur Ersatzbeschaffung zu sammeln, sie können in der Zwischenzeit häufig sinnvoll anderweitig genutzt werden.

2 Zu bedenken ist, daß die Wiederbeschaffungskosten in der Regel über den ursprünglichen Anschaffungswerten liegen werden, um diesen Betrag zur Verfügung zu haben, muß bei der Kalkulation (nicht in der Buchführung!) dann von erhöhten Werten ausgegangen werden, wenn die Preissteigerungsraten über der Verzinsungsmöglichkeit der erworbenen Abschreibungsgegenwerte liegen.

Diese Zusammenhänge sind zusammenfassend im folgenden Schaubild dargestellt.

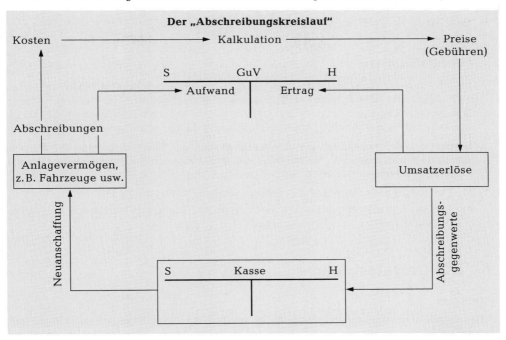

Fragen und Übungsaufgaben

1. Die Stadtwerke P. kaufen zum 03.02. des Jahres eine neue Datenverarbeitungsanlage. Die Anschaffungskosten betragen netto 46 000,00 DM. Die erwartete Nutzungsdauer beträgt 6 Jahre.

   a) Ermitteln Sie den jährlichen Abschreibungsbetrag bei linearer Abschreibung!

   b) Wieviel könnte maximal im ersten Jahr abgeschrieben werden?

   c) Kommt für diese Anlage auch die Abschreibung nach Leistung in Frage? Begründen Sie Ihre Antwort!

   d) Stellen Sie den Abschreibungsverlauf bei linearer und bei degressiver Abschreibung in einem Schaubild (Kurvendiagramm) dar!

   Tragen Sie dazu die Zeit in Jahren auf der Abszisse (x-Achse) und die Abschreibungsbeträge sowie die Buchrestwerte auf der Ordinate (y-Achse) ab.

2. Erläutern Sie, unter welchen Voraussetzungen die Abschreibungsgegenwerte nach Ablauf der Nutzungsdauer wieder zur Reinvestition zur Verfügung stehen!

3. Der Betrieb für Müllbeseitigung der Stadt O. (Eigenbetrieb der Stadt) kauft zu Beginn des Jahres einen neuen Lkw für netto 142 000,00 DM. Die Nutzungsdauer wird mit 5 Jahren angenommen.

   a) Wie lautet der Buchungssatz zur Buchung der Abschreibungen am Ende des Jahres?

   b) Welchen Buchrestwert hat der Lkw am Ende des Jahres 04 bei linearer Abschreibung bzw. bei degressiver Abschreibung mit dem höchstmöglichen Betrag?

4. Die Eröffnungsbilanz der Gemeinnützigen Wohnungsbaugesellschaft der Stadt B. enthält unter anderem die folgenden Aktivpositionen:

Gebäude	3 418 000,00 DM
Fuhrpark	920 400,00 DM
Maschinen	308 020,00 DM
Geschäftsausstattung	96 080,00 DM

Der Abschreibungssatz beträgt für die Gebäude linear 2 % der Herstellkosten in Höhe von 4 870 000,00 DM. Beim Fuhrpark wird degressiv mit 30 % abgeschrieben (Neuanschaffungen gab es hier im vergangenen Jahr nicht). Die Maschinen (Anschaffungskosten 540 800,00 DM) werden linear abgeschrieben; die Nutzungsdauer wird hier mit 5 Jahren angenommen.

Bei der Geschäftsausstattung wird eine Nutzungsdauer von 10 Jahren unterstellt, es ist soviel wie möglich abzuschreiben. Im vergangenen Jahr wurden zu Beginn des Jahres Ausstattungsgegenstände für 17 020,00 DM neu angeschafft.

a) Ermitteln Sie die Endbestände der angegebenen Bilanzpositionen!

b) Welcher Betrag wirkt sich bedingt durch die Abschreibungen in der Gewinn- und Verlustrechnung aus?

6 Die Umsatzsteuer

Problem:

Die abgebildete Rechnung ist am 30.06.19.. an den Abnehmer G. Wiedemann abgesandt worden. Es ist zu klären, was es mit der in der Rechnung ausgewiesenen **Umsatzsteuer** auf sich hat und welche Buchungen dieser Beleg bei den Stadtwerken P. bewirkt.

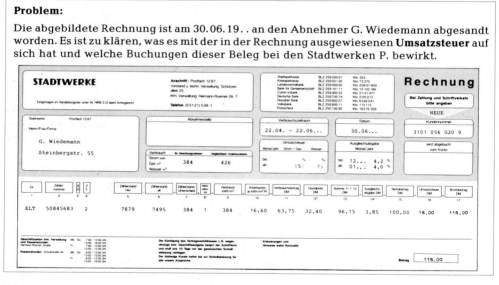

Lösung:

6.1 Die Umsatzsteuer als indirekte Steuer

Die oben abgebildete Rechnung lautet über:

	Nettobetrag	100,00 DM
+	16 % Umsatzsteuer	16,00 DM
=	Bruttobetrag	116,00 DM

Dem Verbraucher (im Beispiel dem Stromabnehmer G. Wiedemann) werden 16% Umsatzsteuer[1] (hier 16,00 DM) zusätzlich zu dem Nettobetrag von 100,00 DM in Rechnung gestellt.

Nach dem Umsatzsteuergesetz ist es der Endverbraucher, der allein durch die Umsatzsteuer belastet werden soll. Der Verbraucher zahlt diese Steuer jedoch nicht direkt an das Finanzamt. Umsatzsteuerschuldner gegenüber dem Finanzamt ist vielmehr der Unternehmer, der die Umsätze tätigt, in diesem Beispiel also die Stadtwerke P. Sie sind verpflichtet, die dem Abnehmer in Rechnung gestellte Umsatzsteuer an das Finanzamt abzuführen. Die **Umsatzsteuer** ist demnach eine **indirekte Steuer**, denn es fallen auseinander einerseits derjenige, der mit der Steuer belastet werden soll (Endverbraucher) und andererseits derjenige, der an das Finanzamt zu zahlen hat (Unternehmen).

6.2 Die Umsatzsteuer in der Form der Mehrwertsteuer

Steuerbare Umsätze sind nach dem Umsatzsteuergesetz (UStG):[2]

1. Lieferungen und Leistungen,
2. der Eigenverbrauch.

Da grundsätzlich alle Lieferungen und Leistungen zu den steuerbaren Umsätzen gehören,[3] müssen auch die Stadtwerke auf die Einkäufe, die sie bei ihren Lieferern tätigen, Umsatzsteuer bezahlen. Die Kraftwerke z.B., die die Stadtwerke mit Strom beliefern, stellen den Stadtwerken ebenfalls den vollen Umsatzsteuersatz in Rechnung.

Die **Umsatzsteuer**, die die Stadtwerke von ihrem Kunden erhalten, stellen eine **Verbindlichkeit** (Schuld) bei dem zuständigen Finanzamt dar (im Beispiel 16,00 DM). Die Stadtwerke haben aber bereits beim Bezug des Stroms an das Kraftwerk ebenfalls Umsatzsteuer bezahlt. Unterstellt man, daß die Stadtwerke für diese Strommenge 60,00 DM (netto) zahlen mußten, so betrug die Umsatzsteuerzahlung an den Vorlieferer 9,60 DM. Weil nur der Endverbraucher mit der Umsatzsteuer belastet werden soll und damit es nicht zu einer doppelten Besteuerung kommt, dürfen die Stadtwerke ihre an den Vorlieferer geleistete Steuerzahlung als **Vorsteuer** von der Steuerschuld **(Umsatzsteuer)** abziehen und müssen nur die Differenz als **Zahllast** an das Finanzamt abführen. Die an Vorlieferer gezahlte **Vorsteuer** (VoSt) stellt damit eine **Forderung** an das zuständige Finanzamt dar.

	Umsatzsteuer	im Beispiel	16,00 DM
−	Vorsteuer	im Beispiel	9,60 DM
=	Zahllast	im Beispiel	6,40 DM

Das jeweilige Unternehmen (hier die Stadtwerke) überweist nur 16% der Differenz zwischen dem Wert des Gutes beim Verkauf (hier 100,00 DM) und dem Wert der dafür erforderlichen Güter beim Einkauf (hier 60,00 DM). Diese Differenz (hier 40,00 DM) bezeichnet man als **Mehrwert**, so daß die USt nur als prozentualer Anteil des jeweiligen Mehrwerts als **Mehrwertsteuer** an das Finanzamt abgeführt wird.

---

1 Der allgemeine Steuersatz der USt beträgt seit dem 1. April 1998 16%. Für bestimmte Lebensmittel und einige andere Umsätze gilt der ermäßigte Steuersatz von 7%. Bei Versorgungsunternehmen ist z.B. die Belieferung mit Wasser mit dem ermäßigten Steuersatz belegt.

2 Grundsätzlich ist auch die Einfuhr von Erzeugnissen ein „Steuertatbestand". Für den innergemeinschaftlichen Handel in der EG gelten seit dem 01.01.1993 Sonderregeln, die diesen Steuertatbestand aufheben. Auf die Darstellung der Regelungen im internationalen Handel wird hier verzichtet.

3 Einige Lieferungen und Leistungen sind durch § 4 UStG allerdings von der USt befreit, z.B. Vermietung und Verpachtung, Umsätze aus der Tätigkeit der Ärzte und Zahnärzte, Umsätze des Post- und Fernmeldeverkehrs ...

Die Zahllast (Differenz zwischen Umsatzsteuer und Vorsteuer) ist bis zum 10. des jeweils folgenden Monats an das Finanzamt abzuführen.

Das Beispiel zeigt, daß die Unternehmen (hier die Stadtwerke) durch die Mehrwertsteuer letztlich nicht belastet werden:

Die Stadtwerke erhalten vom Endverbraucher	16,00 DM
Sie zahlen an den Vorlieferer (Kraftwerk)	9,60 DM
Sie zahlen an das Finanzamt (Zahllast)	6,40 DM
Belastung durch die Mehrwertsteuer	0,00 DM

Die hier erläuterten Zusammenhänge sind noch einmal im Schaubild auf der folgenden Seite dargestellt.

6.3 Die Buchung der Umsatzsteuer (Mehrwertsteuer)

Die Umsatzsteuer, die dem Kunden in Rechnung gestellt wird, stellt eine Schuld gegenüber dem Finanzamt dar, sie ist demnach als kurzfristige Verbindlichkeit auf einem passiven Bestandskonto („Umsatzsteuer") zu erfassen.

Der Buchungssatz für die auf Seite 336 abgebildete Ausgangsrechnung lautet daher:

Kundenforderungen	116,00 DM	
an Umsatzerlöse Elektrizitätsversorgung		100,00 DM
an Umsatzsteuer		16,00 DM

Die Stadtwerke dürfen aber die Vorsteuer, die sie an Vorlieferer, z. B. an die Kraftwerke, gezahlt haben, mit der Umsatzsteuerschuld verrechnen. Die geleisteten Vorsteuerzahlungen stellen somit eine Forderung an das Finanzamt dar und sind entsprechend auf einem aktiven Bestandskonto, dem Konto „Vorsteuer", zu buchen.

Unterstellt man, daß den Stadtwerken für die gelieferte Strommenge 60,00 DM netto zuzüglich 9,60 Umsatzsteuer, also brutto 69,60 DM, in Rechnung gestellt wurden, so wurde die entsprechende Eingangsrechnung[1] wie folgt gebucht:

Energiebezug und	60,00 DM	
Vorsteuer	9,60 DM	
an Liefererverbindlichkeiten		69,60 DM

Auf den Konten „Vorsteuer" und „Umsatzsteuer" haben die Geschäftsfälle des Beispiels die folgenden Buchungen ausgelöst:

S	Vorsteuer	H	S	Umsatzsteuer	H
Liefererverb. 9,60				Kundenford. 16,00	

---

1 Selbstverständlich werden die Stadtwerke keine Eingangsrechnung über eine so geringe Stromlieferung erhalten, die Beträge stellen hier nur einen Teil einer möglichen Rechnung dar.

Das System der Mehrwertsteuer

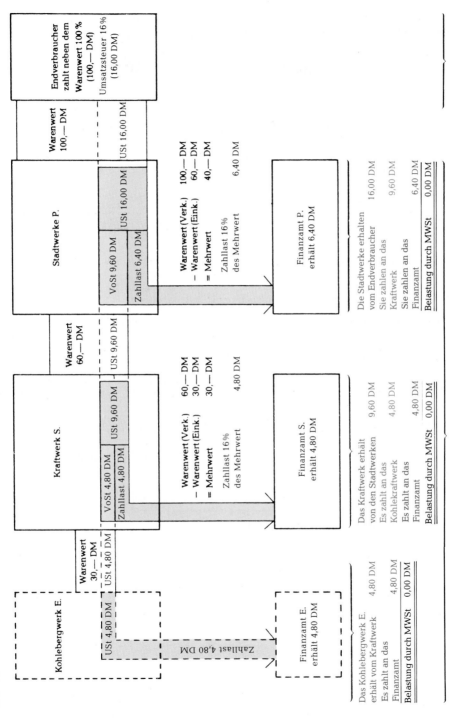

327

Zur buchhalterischen Ermittlung der Zahllast wird am Monatsende der Saldo des Kontos Vorsteuer (hier 9,00 DM) zur Verrechnung mit der Umsatzsteuerschuld auf das Konto Umsatzsteuer übertragen.

Buchungssatz: Umsatzsteuer	9,60 DM	
an Vorsteuer		9,60 DM

Auf dem Umsatzsteuerkonto kann jetzt die Zahllast als Saldo (Umsatzsteuer – Vorsteuer) ermittelt werden (hier 6,40 DM). Dieser Betrag wird dann am 10. des Folgemonats an das Finanzamt abgeführt.

Buchungssatz: Umsatzsteuer	6,40 DM	
an Bankguthaben		6,40 DM

S	Vorsteuer	H		S	Umsatzsteuer	H
Liefererverb.	9,60	Umsatzsteuer 9,60		Vorsteuer	9,60	Kundenford. 16,00
				Bank (Zahllast)	6,40	
					16,00	16,00

Die Zahllast des Monats Dezember, die zum Bilanzstichtag (31.12.) nicht abgeführt wurde, ist als kurzfristige Verbindlichkeit auf dem passiven Bestandskonto Umsatzsteuer in der Bilanz aufzuführen (Passivierung der Zahllast).

Übersteigt ausnahmsweise die Summe der Vorsteuerzahlungen in einem Monat die Höhe der Umsatzsteuer, so kommt es zu einem „Vorsteuerüberhang". Der Vorsteuerüberhang stellt eine Forderung gegenüber dem Finanzamt dar. Diese Forderung kann sich das Unternehmen unter bestimmten Voraussetzungen auszahlen lassen oder mit anderen Steuerschulden verrechnen. Besteht ein Vorsteuerüberhang zum Bilanzstichtag, so wäre er als Forderung zu aktivieren.

Übungsaufgaben

1. Ermitteln Sie die Zahllast, indem Sie auf den Konten Vorsteuer und Umsatzsteuer die entsprechenden Beträge buchen (Steuersatz 16%)!

1.1 Einkauf von Rohstoffen für netto	83 480,00 DM
1.2 Lieferung an Abnehmer	
Strom für brutto	56 260,00 DM
Gas für brutto	61 108,80 DM
Wasser für brutto (7%)	27 216,52 DM
1.3 Einkauf von Betriebsstoffen für netto	21 232,00 DM
1.4 Sonstige Eingangsrechnungen, in denen 16% MWSt enthalten sind	9 372,00 DM

2. Bilden Sie die Buchungssätze zu den folgenden Geschäftsfällen:

2.1 Kauf von Betriebsstoffen auf Ziel, Rechnungsbetrag	2 900,00 DM
2.2 Verbrauch von Betriebsstoffen laut Materialentnahmeschein	1 460,00 DM
2.3 Belieferung von Abnehmern auf Rechnung	
Strom für brutto	16 912,80 DM
Gas für brutto	21 576,00 DM
Wasser für brutto (7%)	10 280,56 DM
2.4 Kauf von Büromaterial einschl. MWSt bar	429,20 DM
2.5 Kunden begleichen Rechnungen durch Banküberweisung	29 568,90 DM

2.6	Überweisung der Zahllast des Vormonats vom Bankkonto	8566,00 DM
2.7	Kauf einer neuen Maschine auf Ziel, Nettobetrag	35560,00 DM
2.8	Banküberweisung für eine Maschinenreparatur	700,60 DM
	(Die Eingangsrechnung wurde bereits gebucht.)	

3. Anfangsbestände:
   Gebäude 980000,00 DM, Leitungsnetz 1400700,00 DM, Zähler und Meßgeräte 80360,00 DM, Fahrzeuge 120400,00 DM, Maschinen 640200,00 DM, Betriebs- und Geschäftsausstattung 86100,00 DM, Betriebsstoffe 94880,00 DM, Kundenforderungen 934620,00 DM, Kasse 12200,00 DM, Bank 133900,00 DM, Hypotheken 400000,00 DM, Darlehen 914680,00 DM, Liefererverbindlichkeiten 114270,00 DM, Umsatzsteuer 17620,00 DM, Eigenkapital ?

   Erstellen Sie die Eröffnungsbilanz!

   Kontenplan:
   Bestandskonten wie in der Eröffnungsbilanz und zusätzlich das Konto Vorsteuer, Erfolgskonten: Betriebsstoffaufwendungen, Löhne, Gehälter, Zinsaufwendungen, Abschreibungen, Büromaterial, Kfz-Kosten, Umsatzerlöse Strom, Gas, Wasser und Mieterträge.

   Richten Sie die Konten entsprechend dem Kontenplan ein!

   Geschäftsfälle:

1.	Kunden begleichen Rechnungen durch Banküberweisungen	34837,80 DM
2.	Begleichung der Rechnung einer Kfz-Werkstatt für die Reparatur eines Betriebsfahrzeuges durch Banküberweisung, Nettobetrag (Die Eingangsrechnung wurde noch nicht gebucht.)	870,80 DM
3.	Eingangsrechnung für Betriebsstoffe, Bruttobetrag	6728,00 DM
4.	Verbrauch von Betriebsstoffen lt. Materialentnahmeschein	1400,00 DM
5.	Lieferung an Abnehmer auf Rechnung	
	Strom Rechnungsbeträge	27840,00 DM
	Gas Rechnungsbeträge	26100,00 DM
	Wasser Rechnungsbeträge	13482,00 DM
6.	Überweisung von Zinsen für unser Darlehen vom Bankkonto	2400,00 DM
7.	Kauf neuer Meßgeräte auf Ziel, Nettobetrag	1760,00 DM
8.	Überweisung der Zahllast des Vormonats vom Bankkonto	17620,00 DM
9.	Kauf von Büromaterial, Rechnungsbetrag einschl. MWSt, bar	556,40 DM
10.	Wir erhalten Miete für vermietete Büroräume auf Bankkonto	4800,00 DM
11.	Überweisung vom Bankkonto: Löhne	4600,00 DM
	Gehälter	9200,00 DM

   Buchen Sie die Geschäftsfälle in Grundbuchform (Buchungssätze) und auf Konten!

   Abschlußangaben:

Abschreibungen auf Gebäude	1600,00 DM
Leitungsnetz	11600,00 DM
Zähler und Meßgeräte	700,00 DM
Fahrzeuge	1000,00 DM
Maschinen	5000,00 DM
Geschäftsausstattung	700,00 DM

   Die Zahllast ist zu passivieren.

   Schließen Sie die Konten unter Berücksichtigung der Abschlußangaben ab, und erstellen Sie das Schlußbilanzkonto!

4. Beantworten Sie die folgenden Fragen:

   4.1 Wie wirkt sich die Mehrwertsteuer auf den Gewinn des Unternehmens aus? Begründen Sie Ihre Antwort!

4.2 Warum darf ein Unternehmen auch die MWSt, die z.B. beim Kauf von Büromaterial zu zahlen ist, als Vorsteuer von seiner Umsatzsteuer abziehen, obwohl das Büromaterial nicht weiterverkauft wird?

4.3 Unter welchen Voraussetzungen kommt es in einem Unternehmen zu einem Vorsteuerüberhang, und wie wäre dieser am Bilanzstichtag zu behandeln?

7 Organisation der kaufmännischen Buchführung

Problem:

Einem Mitarbeiter der Abteilung Rechnungswesen der Stadtwerke P. liegen unter anderem die beiden abgebildeten Belege zur Bearbeitung vor.

STADTWERKE

Anschrift: Postfach 1287.
Vorstand u. techn. Verwaltung: Schützenallee 25
Kfm. Verwaltung: Hermann-Roemer-Str. 7
Eingetragen im Handelsregister unter Nr. HRB 312 beim Amtsgericht
Telefon (05121) 508-1

Stadtsparkasse	BLZ 259 500 01 Kto. 323
Kreissparkasse	BLZ 259 501 30 Kto. 73 370
Landeszentralbank	BLZ 259 000 00 Kto. 259/01 800
Bank für Gemeinwirtschaft	BLZ 259 101 11 Kto. 10 102 186
Commerzbank	BLZ 259 400 33 Kto. 21/31 977
Deutsche Bank	BLZ 259 700 74 Kto. 2/05 013
Dresdner Bank	BLZ 259 800 27 Kto. 6 042 041
Volksbank	BLZ 259 900 11 Kto. 113 115
Postscheck	BLZ 250 100 30 Kto. 163 76-309

Rechnung

Bei Zahlung und Schriftverkehr bitte angeben

NEUE

Stadtwerke Postfach 1287

Herrn/Frau/Firma

Peter Wilke
Berliner Ring 77

Abnahmestelle

Verbrauchszeitraum	Datum	Kundennummer
22.04... – 22.06...	30.06...	3101 056 030 9

wird abgebucht vom Konto

Verbrauch	bis Abrechnungszeitraum	Vergleichbarer Vorjahreszeitraum
Strom kWh		
Gas m³	873	699
Wasser m³	52	68

Umsatzsteuer

Monat/Jahr	Strom · Gas	Wasser
bis	%	%
ab	16%	7%

Ausgleichsabgabe Monat/Jahr

bis	12. ...	4,2 %
ab	01....	4,0 %

für	Zähler-nummer	A	Z	Zählerstand neu	Zählerstand alt	Zählerstand-Unterschied	Multi-pli-ka-tor	Verbrauch kWh/m³	Arbeitspreis je kWh/m³	Verbrauchsbetrag DM	Grundpreis DM	Summe 11 + 12 DM	Ausgleichs-abgabe DM	Nettobetrag DM	Umsatzsteuer DM	Bruttobetrag DM
1	2	3'	4'	5	6	7	8'	9	10	11	12'	13	14'	15	16	17
ELT	50845863	2		14318	13445	873	1	873	16,60	144,92	32,40	177,32	7,09	184,41	29,5!	213,92
GAS	4610039	2		2592	2540	52	1	52	90,00	46,80	4,00	50,80		50,80	8,13	58,93

Geschäftszeiten kfm. Verwaltung und Kassenstunden: Hermann-Roemer-Straße
Kassenstunden: Schulstraße 40

Mo - Do 7.00 – 12.00 Uhr
13.00 – 16.00 Uhr
Fr 7.00 – 13.00 Uhr
Mo - Do 8.00 – 12.00 Uhr
13.00 – 15.00 Uhr
Fr 8.00 – 12.00 Uhr
13.00 – 16.00 Uhr

Die Kündigung des Vertragsverhältnisses z.B. wegen Umzugs bzw. Geschäftsaufgabe bedarf der Schriftform und muß 10 Tage vor der gewünschten Schlußablesung vorliegen.
Der bisherige Kunde haftet bis zur Schlußablesung für alle unsere Ansprüche.

* Erläuterungen und Hinweise siehe Rückseite

Betrag 272,85

Überweisungsauftrag an   254 004 35

Kreissparkasse

Empfänger: Name, Vorname / Firma (max. 27 Stellen)
Stadtwerke P. Berliner Ring 77-79

Konto-Nr. des Empfängers
224466

Bankleitzahl
123 456 78

bei (Kreditinstitut)
Kreissparkasse P

* Bis zur Einführung des Euro (= EUR) nur DM; danach DM oder EUR.

DM od. EUR*
DM

Betrag
138,68———————

Kunden - Referenznummer – noch Verwendungszweck, ggf. Name und Anschrift des Auftraggebers - (nur für Empfänger)
Kundennummer 3101 057 040 9

noch Verwendungszweck   (insgesamt max. 2 Zeilen à 27 Stellen)

Kontoinhaber: Name, Vorname/Firma, Ort   (max. 27 Stellen, keine Straßen- oder Postfachangaben)
Fritz Schmidtberger

Konto- Nr. des Kontoinhabers
192837

20

01.03.19... Fr. Schmidtberger
Datum   Unterschrift

Die Bearbeitung dieser Belege soll bis zum Abschluß der entsprechenden Buchungen verfolgt werden.

Lösung:

7.1 Belege und ihre Bearbeitung

Bei den beiden hier vorliegenden Belegen handelt es sich um:

(1) eine Ausgangsrechnung (Durchschrift), die die Stadtwerke P. an den Abnehmer Peter Wilke für die Lieferung von Strom und Gas gesandt haben,

(2) eine Gutschriftsanzeige, die den Stadtwerken in Verbindung mit einem Kontoauszug zugegangen ist und die belegt, daß der Abnehmer Fritz Schmidtberger für eine Rechnung 138,68 DM überwiesen hat.

Grundlage aller Buchungen sind Belege, denn nur durch Belege kann die Ordnungsmäßigkeit der Buchführung z.B. gegenüber dem Finanzamt nachgewiesen werden. Es gilt daher der Grundsatz:

> **Keine Buchung ohne Beleg.**

Die beiden im Beispiel vorliegenden Belege unterscheiden sich dadurch, daß die Ausgangsrechnung ein **Eigenbeleg** ist, ein Beleg, der im eigenen Unternehmen erstellt wurde. Die Gutschriftsanzeige dagegen stellt einen **Fremdbeleg** dar. Ein Abnehmer hat diesen Beleg erstellt.

Zu diesen beiden Arten von Belegen, die beide in Geschäftsverbindungen mit Außenstehenden (hier Kunden) ihren Ursprung haben (externe Belege), kommen Belege hinzu, denen rein innerbetriebliche Vorgänge zugrunde liegen (interne Belege).

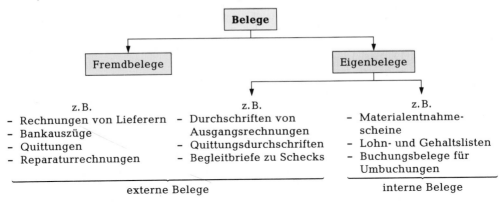

Die Bearbeitung der Belege erfolgt in der Regel in drei Schritten:

1. Schritt: Vorbereitung der Belege

Eingehende Belege sind zunächst auf die rechnerische Richtigkeit zu prüfen. Zur Vereinfachung der Buchung und zur ordnungsgemäßen Ablage sind alle Belege anschließend zu sortieren und fortlaufend zu numerieren. Die Belege werden dann häufig mit einem Buchungsstempel versehen und vorkontiert (siehe S. 344).

2. Schritt: Buchung der Belege

Aufgrund der Vorkontierung kann im zweiten Schritt die eigentliche Buchung im Grundbuch (Buchungssätze) und im Hauptbuch (Konten) und gegebenenfalls in Nebenbüchern (vgl. 7.3) erfolgen.

3. Schritt: Ablage

Um jederzeit einen schnellen Zugriff auf die Belege zu haben und damit sie für Beweiszwecke stets zur Verfügung stehen, müssen sie im Anschluß an die Buchung geordnet abgelegt und aufbewahrt werden. (Die Aufbewahrungsfrist für Belege beträgt 6 Jahre.)

Im Rahmen der Vorbereitung der Belege zur Buchung erfolgt die Vorkontierung z. B. in Kontierungsstempeln.

Beleg:			} Angabe der Belegnummer
Konto:	SOLL	HABEN	
			} Eintragung des Buchungssatzes
Gebucht:			} Buchungsvermerk: Seite des Grundbuchs und Namenszeichen des Buchhalters

Der Buchhalter, der in unserem Beispiel mit der Vorbereitung der Belege beauftragt ist, kommt für die beiden Belege zu folgenden Buchungssätzen:

		SOLL	HABEN
(1)	Kundenforderungen	272,85	
	an Umsatzerlöse Elektrizitätsversorgung		184,41
	an Umsatzerlöse Gasversorgung		50,80
	an Umsatzsteuer		37,64
(2)	Guthaben bei Kreditinstituten	138,68	
	an Kundenforderungen		138,68

Er versieht die beiden Belege daher mit den beiden abgebildeten Kontierungsstempeln.

Beleg:	AR 77 831	
Konto:	SOLL	HABEN
120	272,85	
410		184,41
420		50,80
362		37,64
Gebucht:		

Beleg:	GA 61 139	
Konto:	SOLL	HABEN
174	138,68	
120		138,68
Gebucht:		

Die in den Buchungsstempeln eingetragenen Ziffern sind die Kontennummern, die sich aus dem **Kontenplan** der Stadtwerke (vgl. 7.2) ergeben.

7.2 Kontenrahmen und Kontenplan

Damit in einem Unternehmen bei der Entscheidung für die Wahl der Konten einheitlich von allen Buchhaltern und auch einheitlich über die Jahre verfahren wird, benötigt jedes Unternehmen für die Vielzahl der Konten eindeutige Abgrenzungen der Inhalte der Konten und ein gegliedertes System aller Konten. Nur so ist eine ordnungsmäßige und wirtschaftliche Buchführung möglich und nur so sind Vergleiche der Ergebnisse verschiedener Jahre sinnvoll zu erstellen.

Aus diesen Gründen erstellt jedes Unternehmen einen **Kontenplan**, der alle für das Unternehmen erforderlichen Konten systematisch aufführt und in der Regel nach dem dekadischen System klassifiziert und durchnumeriert ist.

Um innerhalb eines Wirtschaftszweiges Einheitlichkeit zu erreichen und so z.B. Betriebsvergleiche zu ermöglichen, gibt es für viele Wirtschaftszweige einen einheitlichen **Kontenrahmen**, der Grundlage für den betriebsindividuellen Kontenplan der Unternehmen ist.

Für Versorgungs- und Verkehrsunternehmen steht der

„Gemeinschaftskontenrahmen für Versorgungs- und Verkehrsunternehmen"

zur Verfügung.[1]

Aufbau des Gemeinschaftskontenrahmens für Versorgungs- und Verkehrsunternehmen

Der Gemeinschaftskontenrahmen ist nach dem dekadischen System aufgebaut. Die Kontenklassen 0–8 dienen der Geschäftsbuchführung. Die Kontenklasse 9 ist frei und steht für die Kostenstellenrechnung zur Verfügung, sofern die Kostenrechnung (vgl. 8) nicht ausgegliedert ist.

Die Kontenklassen sind nach dem Abschlußgliederungsprinzip eingeteilt, das macht die folgende Übersicht, die den Kontenrahmen verkürzt wiedergibt, deutlich.

In der Übersicht sind die Bestandskonten dem SBK und die Erfolgskonten dem GuV-Konto zugeordnet.

SOLL   **Schlußbilanzkonto**   HABEN

Kontenklasse	Kontengruppen	Kontengruppen	Kontenklasse
0 Ausstehende Einlagen, Aufwendungen für Ingangsetzung und Anlagevermögen	00 Ausstehende Einlagen auf das gezeichnete Kapital sowie Aufwendungen für Ingangsetzung 01 Immaterielle Vermögensgegenstände 02 Grundstücke, grundstücksgleiche Rechte und Bauten einschl. Bauten auf fremden Grundstücken 03 Technischen Anlagen und Maschinen ... 07 Andere Anlagen, Betriebs- und Geschäftsausstattung 08 Geleistete Anzahlungen und Anlagen im Bau 09 Finanzanlagen	20 Gezeichnetes Kapital 21 Kapitalrücklage 22 Gewinnrücklage 23 Rücklagen bei Eigenbetrieben 24 Sonderposten mit Rücklagenanteil 25 Förderungsmittel und Zuschüsse von Dritten 26 Empfangene Ertragszuschüsse 27 Gesondert auszuweisende Rückstellungen 28 Sonstige Rückstellungen 29 Frei	2 Eigenkapital, Zuschüsse und Rücklagen
1 Kernbrennelemente, Umlaufvermögen und aktive Rechnungsabgrenzungsposten	10 Kernbrennelemente 11 Vorräte 12 Forderungen aus Lieferungen und Leistungen 13 Forderungen gegen verbundene Unternehmen und Unternehmen mit Beteiligungsverhältnis sowie gegenüber Gesellschaftern 14 Forderungen aus eingefordertem Kapital und eingeforderten Nachschüssen 15 Sonstige Vermögensgegenstände 16 Wertpapiere 17 flüssige Mittel 18 Aktive Rechnungsabgrenzungsposten 19 Frei	30 Verbindlichkeiten mit einer Laufzeit von mindestens 4 Jahren 31 Verbindlichkeiten gegenüber Kreditinstituten 32 Empfangene Anzahlungen 33 Verbindlichkeiten aus Lieferungen und Leistungen 34 Wechselverbindlichkeiten 35 Verbindlichkeiten gegenüber verbundenen Unternehmen und der Gemeinde 36 Sonstige Verbindlichkeiten 37 Passive Rechnungsabgrenzungsposten 38 Frei 39 Frei	3 Verbindlichkeiten und passive Rechnungsabgrenzungsposten bei Eigenbetrieben

1 Der vollständige Kontenrahmen mit den Erläuterungen zum Inhalt der einzelnen Kontenklassen und Kontengruppen ist in: „Gemeinschaftskontenrahmen für Versorgungs- und Verkehrsunternehmen", ZfGW-Verlag, Frankfurt/Main 1986, abgedruckt.

Kontenklasse	Kontengruppen	Kontengruppen	Kontenklasse

5
Andere
Betriebsauf-
wendungen
	54 Materialaufwand
	55 Löhne und Gehälter
	56 Soziale Abgaben und Aufwen-
	    dungen für Altersversorgung
	    und für Unterstützung
	57 Abschreibungen
	58 Einstellungen in Sonderposten
	    mit Rücklagenanteil, Abgaben-
	    verluste u. ä.
	59 Übrige betriebliche Aufwendun-
	    gen, soweit nicht außerordent-
	    lich
		40 Gemeinsame Umsatzerlöse
		41 Umsatzerlöse Elektrizitäts-
		    versorgung
		42 Umsatzerlöse Gasversorgung
		43 Umsatzerlöse Wasserversorgung
		44 Umsatzerlöse Fernwärme-
		    versorgung
		45 Umsatzerlöse Verkehrsbetriebe
		    (ohne Eisenbahn)
		46 Frei für Gliederung nach
		47 Betriebszweigschlüssel
		48 Umsatzerlöse Eisenbahn
		49 Umsatzerlöse sonstiger
		    Betriebszweige
			4
			Umsatz-
			erlöse

6
Geschäfts-
auf-
wendungen
	63 Abschreibungen auf Finanz-
	    anlagen und auf Wertpapiere
	    des Umlaufvermögens
	64 Aufwendungen aus Verlust-
	    übernahme
	65 Zinsen und ähnliche Aufwen-
	    dungen
	66 Außerordentliches Ergebnis
	67 Steuern vom Einkommen und
	    vom Ertrag
	68 Sonstige Steuern
	69 Aufwendungen aus Gewinnab-
	    führungen
		50 Bestandsveränderungen
		51 Andere aktivierte Eigen-
		    leistungen
		52 Erträge aus der Auflösung von
		    Sonderposten mit Rücklagen-
		    anteil
		53 Übrige betriebliche Erträge,
		    soweit nicht außerordentlich
			5
			Andere
			Betriebs-
			erträge

		60 Erträge aus Beteiligungen und
		    anderen Verbundformen
		61 Erträge aus anderen Wert-
		    papieren und Ausleihungen des
		    Finanzanlagevermögens
		62 Sonstige Zinsen und ähnliche
		    Erträge
			6
			Geschäfts-
			erträge

Zu den in den Abschlußkonten (SBK und GuV) dargestellten Kontenklassen kommt die Kontenklasse 7 mit den folgenden Kontengruppen hinzu:

70 Verrechnete Erträge aus Lieferungen und Leistungen an andere Betriebszweige
71 Verrechnete Aufwendungen aus Lieferungen und Leistungen von anderen Betriebszweigen
72 Sonstige innerbetriebliche Leistungsverrechnungen (Aufwandsminderungen)
73 Sonstige innerbetriebliche Leistungsverrechnungen (Aufwandserhöhungen)
74 Kalkulatorische Kosten
75 Verrechnete kalkulatorische Kosten
76 Sonstige Verrechnungs- und Abgrenzungskonten
77 Ergebniskonten
78 Ergebnisverwendung
79 Eröffnungsbilanz/Schlußbilanz, Bilanzvermerke

Die Kontenklasse 8 steht für die Auftragsabrechnung und die Kontenklasse 9 für eine integrierte Kostenstellenrechnung zur Verfügung.

Der dargestellte Kontenrahmen gibt den einzelnen Versorgungsunternehmen bei der Gestaltung der Kontenpläne Spielraum für Erweiterungen nach den jeweiligen Bedürfnissen.

Beispiel für die Erweiterungsmöglichkeiten des Kontenrahmens:[1]

im Kontenrahmen weitgehend vorgegeben	Kontenklasse	(= 1 Ziffer)	4	Umsatzerlöse
	Kontengruppe	(= 2 Ziffern)	41	Umsatzerlöse Elektrizitätsversorgung
	Kontenuntergruppe	(= 3 Ziffern)	413	Niederspannung

mögliche Erweiterung durch den betriebsinternen Kontenplan		(= 4 Ziffern)	4131	Gemeinde A
	Weitere Untergliederung (Konten)		4132	Gemeinde B
		(= 5 Ziffern)	41311	Tarifkunden
			41312	Sondervertragskunden

Der Gemeinschaftskontenrahmen für Versorgungs- und Verkehrsunternehmen bildet für die Unternehmen dieser Branche eine einheitliche Grundlage zur Erstellung betriebsindividueller Kontenpläne.

Die Erstellung betrieblicher Kontenpläne und deren Vereinheitlichung durch den Kontenrahmen erleichtert

- die Buchungsarbeit (Vorkontierung, Buchung),
- die Analyse von Jahresabschlüssen (eigene und veröffentlichte andere Jahresabschlüsse),
- Betriebs- und Zeitvergleiche und
- den Einsatz von ADV-Anlagen.

Für kaufmännisch geführte Einrichtungen nach § 116a Abs. 3 NGO hat der Nds. Minister des Innern Muster für die Bilanz und die Gewinn- und Verlustrechnung und einen Kontenrahmen erlassen (vgl. RdErl. d. MI vom 09. 12. 87).

Diese Muster und der Kontenrahmen sind nachfolgend abgedruckt.

Bilanz

Lfd. Nr.	Aktiva[2]	Lfd. Nr.	Passiva[2]
1	Ausstehende Einlagen auf das festgesetzte Kapital	1	Festgesetztes Kapital
2	Anlagevermögen	2	Rücklagen
2.1	Grundstücke und grundstücksgleiche Rechte mit Betriebsbauten	2.1	Erneuerungsrücklage
		2.2	Freie Rücklagen
2.2	Grundstücke und grundstücksgleiche Rechte mit Wohnbauten	3	Gewinn/Verlust
			Gewinn/Verlust der Vorjahre ...
2.3	Grundstücke und grundstücksgleiche Rechte ohne Bauten		Verwendung für .../Ausgleich durch ...
			Jahresgewinn/-verlust ...
2.4	Bauten auf fremden Grundstücken, die nicht zu Nr. 2.1 oder 2.2 gehören	4	Wertberichtigungen
2.5	Technische Anlagen	4.1	Wertberichtigungen zu Sachanlagen
2.6	Einrichtungen und Ausstattungen	4.2	Wertberichtigungen zu Wertpapieren des Anlagevermögens
2.7	Anlagen im Bau und Anzahlungen auf Anlagen		
2.8	Finanzanlagen	5	Beiträge
3	Umlaufvermögen	6	Zuweisungen/Zuschüsse Dritter
3.1	Vorräte	7	Rückstellungen
3.2	Geleistete Anzahlungen, soweit nicht unter Nr. 2.7 auszuweisen	8	Verbindlichkeiten
3.3	Forderungen aus Lieferungen und Leistungen	8.1	Verbindlichkeiten gegenüber Kreditinstituten
3.4	Wertpapiere des Umlaufvermögens	8.2	Erhaltene Anzahlungen auf Lieferungen und Leistungen
3.5	Kassenbestand, Schecks und Postbank Guthaben	8.3	Verbindlichkeiten aus Lieferungen und Leistungen
3.6	Guthaben bei Kreditinstituten	8.4	Sonstige Verbindlichkeiten
3.7	Sonstige Vermögensgegenstände und Forderungen		
4	Aktive Rechnungsabgrenzung	9	Passive Rechnungsabgrenzung

1 Vgl. „Gemeinschaftskontenrahmen für Versorgungs- und Verkehrsunternehmen", a. a. O.

2 Abweichungen und eine weitere Untergliederung sind zulässig, wenn der Gegenstand der Einrichtung dies erfordert. Eine abweichende Gliederung muß gleichwertig sein.

Gewinn- und Verlustrechnung

Lfd. Nr.	Aufwand[1]	Lfd. Nr.	Ertrag[1]
1	Dienstbezüge	1	Erträge aus Leistungen der Einrichtung
1.1	Beamte	1.1	Benutzungsgebühren, Pflegesätze
1.2	Angestellte	1.2	Verkaufserlöse
1.3	Arbeiter	1.3	Übrige
1.4	Beschäftigungsentgelte für Sonstige	2	Erträge aus Hilfs- und Nebenbetrieben
2	Versorgungsbezüge	3	Erstattungen, Rückvergütungen[2]
3	Beiträge zu Versorgungskassen	4	Zuweisungen/Zuschüsse von Dritten[2]
3.1	Beamte	4.1	für Investitionen
3.2	Angestellte	4.2	für den lfd. Betrieb
3.3	Arbeiter	5	Beiträge
4	Beiträge zur gesetzlichen Sozialversicherung	6	Erträge aus der Auflösung von Sonderposten
4.1	Angestellte	7	Erträge aus Finanzanlagen
4.2	Arbeiter	8	Sonstige Zinsen und ähnliche Erträge[2]
5	Aufwendungen für Beihilfen und Unterstützungen	9	Erträge aus dem Abgang von Gegenständen des Anlagevermögens und aus Zuschreibungen zu Gegenständen des Anlagevermögens
6	Sonstige Personalaufwendungen	10	Erträge aus der Herabsetzung der Pauschalwertberichtigung zu Forderungen
7	Aufwendungen für Verbrauchsmittel u.ä.		
8	Wasser, Energie, Brennstoffe	11	Erträge aus der Auflösung von Rückstellungen
9	Wirtschaftsbedarf	12	Sonstige ordentliche Erträge
9.1	Haltung von Fahrzeugen	12.1	Vermietung und Verpachtung
9.2	Übriger Wirtschaftsbedarf	12.2	Übrige ordentliche Erträge
10	Verwaltungsbedarf	13	Außerordentliche Erträge
11	Aufwendungen für zentrale Dienstleistungen[2]	14	Jahresverlust
12	Geringwertige Wirtschaftsgüter i.S.d. Steuerrechts	15	Erträge aus der Auflösung von Rücklagen
13	Instandhaltung, Instandsetzung	16	Bilanzverlust
14	Steuern, Abgaben, Versicherungen		
15	Zinsen und ähnliche Aufwendungen[2]		
16	Abschreibungen und Zuführungen zu Wertberichtigungen		
17	Sonstige ordentliche Aufwendungen		
17.1	Sachaufwand der Aus- und Fortbildung		
17.2	Mieten und Pachten		
17.3	Übrige ordentliche Aufwendungen		
18	Außerordentliche Aufwendungen		
18.1	Zuweisungen/Zuschüsse an Dritte, Spenden[2]		
18.2	Übrige außerordentliche Aufwendungen		
19	Jahresgewinn		
20	Zuführung zur Erneuerungsrücklage		
21	Bilanzgewinn		

---

1 Abweichungen und eine weitere Untergliederung sind zulässig, wenn der Gegenstand der Einrichtung dies erfordert. Eine abweichende Gliederung muß gleichwertig sein.

2 Soweit betragsmäßig besetzt, ist eine weitere Unterteilung nach „Bereichen" (Herkunft der Zahlungen bzw. Empfänger) erforderlich:

0 von/an Bund, LAF, ERP-Sondervermögen
1 von/an Land
2 von/an Gemeinden und Gemeindeverbände(n)
3 von/an Zweckverbände(n) und dgl.
4 von/an sonstigen öffentlichen Bereich
5 von/an öffentliche wirtschaftliche Unternehmen
6 von/an private(n) Unternehmen   } beim Zinsaufwand = 8 (Kreditmarkt)
7 von/an übrige(n) Bereiche(n)
9 von/an Träger

Kontenrahmen

Kontenklasse 0:

Ausstehende Einlagen und Anlagevermögen

00 Ausstehende Einlagen auf das festgesetzte Kapital
01 Grundstücke und grundstücksgleiche Rechte mit Betriebsbauten
010 Bebaute Grundstücke
011 Betriebsbauten
012 Außenanlagen
02
03 Grundstücke und grundstücksgleiche Rechte mit Wohnbauten
030 Bebaute Grundstücke
031 Wohnbauten
032 Außenanlagen
04 Grundstücke und grundstücksgleiche Rechte ohne Bauten
05 Bauten auf fremden Grundstücken
050 Betriebsbauten
051 Wohnbauten
052 Außenanlagen
06 Technische Anlagen
060 in Betriebsbauten
061 in Wohnbauten
062 Außenanlagen
07 Einrichtungen und Ausstattungen
070 in Betriebsbauten
071 in Wohnbauten
072 Festwerte in Betriebsbauten
073 Festwerte in Wohnbauten
08 Anlagen im Bau und Anzahlungen auf Anlagen
080 Betriebsbauten
081 Wohnbauten
09 Finanzanlagen

Kontenklasse 1:

Umlaufvermögen, aktive Rechnungsabgrenzung

10 Vorräte
101 Vorräte an Betriebsstoffen
102 Vorräte des Wirtschaftsbedarfs
103 Vorräte des Verwaltungsbedarfs
104 Sonstige Vorräte
11 Geleistete Anzahlungen (soweit nicht in Kontengruppe 08 auszuweisen)
12 Forderungen aus Lieferungen und Leistungen
13 Kassenbestand und Postbank Guthaben
130 Kassenbestand
135 Postbank Guthaben
14 Guthaben bei Kreditinstituten
15 Wertpapiere des Umlaufvermögens
16 Sonstige Vermögensgegenstände
17 Aktive Rechnungsabgrenzung
18 Bilanzverlust

Kontenklasse 2:

Festgesetztes Kapital, Beiträge, Zuschüsse Dritter, Rücklagen, Wertberichtigungen, langfristige Verbindlichkeiten

20 Festgesetztes Kapital
21 Rücklagen
210 Erneuerungsrücklage
211 Freie Rücklage
22 Wertberichtigungen zu Sachanlagen
23 Wertberichtigungen zu Beteiligungen und zu Wertpapieren des Anlagevermögens
24 Pauschalwertberichtigungen zu Forderungen
25 Beiträge
26 Zuweisungen/Zuschüsse Dritter
27 Rückstellungen
28 Verbindlichkeiten mit einer (vertraglichen) Laufzeit von mindestens 4 Jahren

Kontenklasse 3:

Andere Verbindlichkeiten, passive Rechnungsabgrenzung, Bilanzgewinn

30 Erhaltene Auszahlungen
31 Verbindlichkeiten aus Lieferungen und Leistungen
32 Verbindlichkeiten gegenüber Kreditinstituten, soweit nicht in 28
33 Sonstige Verbindlichkeiten
38 Passive Rechnungsabgrenzung
39 Bilanzgewinn

Kontenklasse 4:

Betriebliche Erträge

40 Erträge aus Leistungen der Einrichtung
400 Benutzungsgebühren, Pflegesätze
401 Verkaufserlöse
402 Übrige
41 Erträge aus Hilfs- und Nebenbetrieben
410 aus Hilfsbetrieben
411 aus Nebenbetrieben
42 Erstattungen, Rückvergütungen[1]
43 Zuweisungen/Zuschüsse von Dritten[1]
430 für Investitionen
431 für den lfd. Betrieb
44 Beiträge
45 Erträge aus der Auflösung von Sonderposten (Nr. 5 und 6 der Anlage 3 – Passiva –)

Kontenklasse 5:

Andere Erträge

50 Erträge aus Beteiligungen und Finanzanlagen
51 Sonstige Zinsen und ähnliche Erträge[1]
52 Erträge aus dem Abgang von Gegenständen des Anlagevermögens und aus Zuschreibungen zu Gegenständen des Anlagevermögens
53 Erträge aus der Herabsetzung der Pauschalwertberichtigung zu Forderungen
54 Erträge aus der Auflösung von Rückstellungen
55 Erträge aus der Auflösung von Rücklagen

22 Grommas/Bartels – ISBN 3-8120-0430-5

56	Sonstige ordentliche Erträge
560	Vermietung und Verpachtung
561	Übrige ordentliche Erträge
57	Außerordentliche Erträge

Kontenklasse 6:

Aufwendungen

60	Dienstbezüge
600	Beamte
601	Angestellte
602	Arbeiter
603	Beschäftigungsentgelte für Sonstige
61	Versorgungsbezüge
62	Beiträge zu Versorgungskassen
620	Beamte
621	Angestellte
622	Arbeiter
63	Beiträge zur gesetzlichen Sozialversicherung
630	Angestellte
631	Arbeiter
64	Aufwendungen für Beihilfen und Unterstützungen
65	Sonstige Personalaufwendungen
66	Aufwendungen für Verbrauchsmittel u. ä.
67	Wasser, Energie, Brennstoffe
68	Wirtschaftsbedarf
680	Haltung von Fahrzeugen
681	Übriger Wirtschaftsbedarf
69	Verwaltungsbedarf

Kontenklasse 7:

Aufwendungen

70	Aufwendungen für zentrale Dienstleistungen[1]
700	Zentraler Verwaltungsdienst
701	Zentraler Gemeinschaftsdienst
71	Geringwertige Wirtschaftsgüter i.S.d. Steuerrechts
72	Instandhaltung, Instandsetzung
73	Steuern, Abgaben, Versicherungen
74	Zinsen und ähnliche Aufwendungen[1]
740	Zinsen und ähnliche Aufwendungen für Betriebsmittelkredite
741	Zinsen und ähnliche Aufwendungen für Fremdkapital
75	Abschreibungen und Zuführungen zu Wertberichtigungen

76	Sonstige ordentliche Aufwendungen
760	Sachaufwand der Aus- und Fortbildung
761	Mieten und Pachten
762	Übrige ordentliche Aufwendungen
77	Außerordentliche Aufwendungen
770	Zuweisungen/Zuschüsse an Dritte, Spenden[1]
771	Übrige außerordentliche Aufwendungen

Kontenklasse 8:

80	Eröffnungsbilanz
81	Abschluß der Gewinn- und Verlustrechnung
82	Schlußbilanz

---

1 Soweit betragsmäßig besetzt, ist eine weitere Unterteilung nach „Bereichen" (Herkunft der Zahlungen bzw. Empfänger) erforderlich:
0 von/an Bund, LAF, ERP-Sondervermögen
1 von/an Land
2 von/an Gemeinden und Gemeindeverbände(n)
3 von/an Zweckverbände(n) und dgl.
4 von/an sonst. öffentl. Bereich
5 von/an öffentl. wirtschaftl. Unternehmen } beim Zinsaufwand =
6 von/an private(n) Unternehmen
7 von/an übrige(n) Bereiche(n) } 8 (Kreditmarkt)
9 von/an Träger

Erläuterungen:

Die Gliederung der Bilanz und der Gewinn- und Verlustrechnung entspricht im wesentlichen der Gliederung, die für Große Kapitalgesellschaften (§§ 266, 275 HGB) vorgesehen ist. Die Abweichungen (§ 9 Abs. 1 der Verordnung über die Haushaltswirtschaft kaufmännisch geführter nichtwirtschaftlicher Einrichtungen) berücksichtigen die Tatsache, daß es sich hier nicht um handelsrechtliche Gesellschaften, sondern um öffentliche Einrichtungen handelt.

An die Stelle des gezeichneten Kapitals ist ein Kapital durch Beschluß festzusetzen. Bei der Festsetzung der Höhe sind der Gegenstand und der Umfang der Einrichtung zu berücksichtigen. Bei schon bestehenden Einrichtungen sollte die bisherige Art der Finanzierung berücksichtigt werden. Wegen des Gesamtdeckungsprinzips wird sich nicht mehr feststellen lassen, in welchem Umfang die Investitionen durch Kredite finanziert wurden. Hier ist zweckmäßigerweise darauf abzustellen, zu welchem Anteil für die gesamten Investitionen der einzelnen Haushaltsjahre Kredite in Anspruch genommen wurden.

Ein Kontenrahmen wird vorgegeben, um weiterhin die Vergleichbarkeit und finanzstatistische Auswertung zu ermöglichen.

7.3 Die Bücher der kaufmännischen Buchführung

Nach der Vorbereitung der Belege zur Buchführung (Vorkontierung) kann die Buchung der Belege in den verschiedenen Büchern der kaufmännischen Buchführung vorgenommen werden.

Zunächst erfolgt die **Buchung in zeitlicher Reihenfolge** im **Grundbuch** (Journal). Das Grundbuch beinhaltet im wesentlichen das Datum des Geschäftsfalles und den Buchungssatz mit den entsprechenden Beträgen, hinzu kommt die laufende Nummer der Buchung sowie die Angabe der Belegnummer, die es ermöglicht, jederzeit schnell auf den Beleg zurückzugreifen.

Grundbuch:

Lfd. Nr.	Datum	Beleg	Text	Kto.-Nr.	SOLL	HABEN
⋮						
3887	30.06.	AR 77831	Kundenforderungen	120	272,85	
			an Umsatzerlöse ELT-Vers.	410		184,41
			an Umsatzerlöse GAS-Vers.	420		50,80
			an Umsatzsteuer	362		37,64
3888	30.06.	GA 61139	Guthaben bei Kreditinstituten	174	138,68	
			an Kundenforderungen	120		138,68
⋮						

Die Buchung im Grundbuch bildet die Grundlage für die Buchung im **Hauptbuch**. Hier erfolgt die **Buchung in sachlicher Ordnung auf** den einzelnen **Konten**. In der Praxis erfolgen diese beiden Buchungen (in Grund- und Hauptbuch) in der Regel in einem Arbeitsgang (z.B. Durchschreibeverfahren oder mit ADV-Anlagen).

Hauptbuch:

```
S        120 Kundenforderungen        H       S           410 Umsatzerlöse ELT          H
01.01. AB              ... |⋮                                      ⋮
⋮                          |30.06. 174   138,68                    |30.06. 120    184,41
30.06. 410/420/            |
       362    272,85       |                  S           420 Umsatzerlöse GAS          H
                                                                   ⋮
S   174 Guthaben bei Kreditinstituten   H                          |30.06. 120     50,80
01.01. AB              ...  |
⋮                          |                  S            362 Umsatzsteuer            H
30.06. 120    138,68       |                                        01.01. AB              ...
                                                                    |⋮
                                                                    |30.06. 120     37,64
```

Zur Erläuterung einzelner Sachbuchkonten werden häufig **Nebenbücher** eingerichtet. So genügt es z.B. nicht, über den Gesamtbetrag der Forderungen und Verbindlichkeiten informiert zu sein. Man muß auch wissen, wann und welche Beträge von den einzelnen Abnehmern zu fordern sind und in welcher Höhe bei welchem Lieferer Verbindlichkeiten bestehen.

Überblick über den Zusammenhang der Bücher der kaufmännischen Buchführung

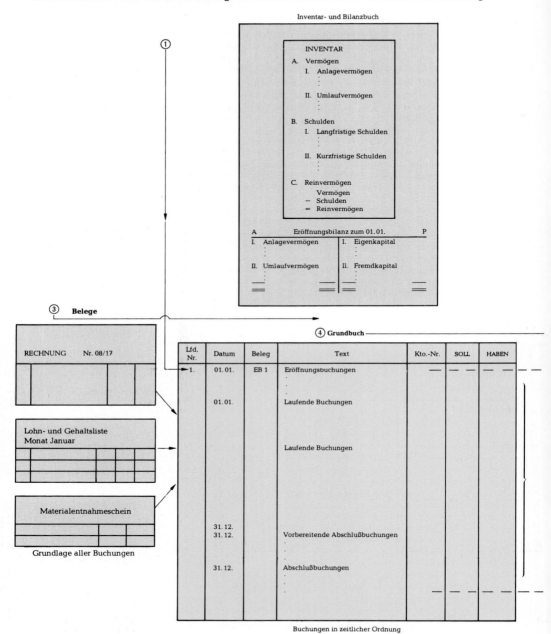

Inventar- und Bilanzbuch

INVENTAR

A. Vermögen
   I. Anlagevermögen

   II. Umlaufvermögen

B. Schulden
   I. Langfristige Schulden

   II. Kurzfristige Schulden

C. Reinvermögen
     Vermögen
   − Schulden
   = Reinvermögen

A	Eröffnungsbilanz zum 01.01.		P
I. Anlagevermögen		I. Eigenkapital	
II. Umlaufvermögen		II. Fremdkapital	

③ **Belege**

RECHNUNG   Nr. 08/17

Lohn- und Gehaltsliste
Monat Januar

Materialentnahmeschein

Grundlage aller Buchungen

④ **Grundbuch**

Lfd. Nr.	Datum	Beleg	Text	Kto.-Nr.	SOLL	HABEN
1.	01.01.	EB 1	Eröffnungsbuchungen	—	—	—
	01.01.		Laufende Buchungen			
			Laufende Buchungen			
	31.12. 31.12.		Vorbereitende Abschlußbuchungen			
	31.12.		Abschlußbuchungen			

Buchungen in zeitlicher Ordnung

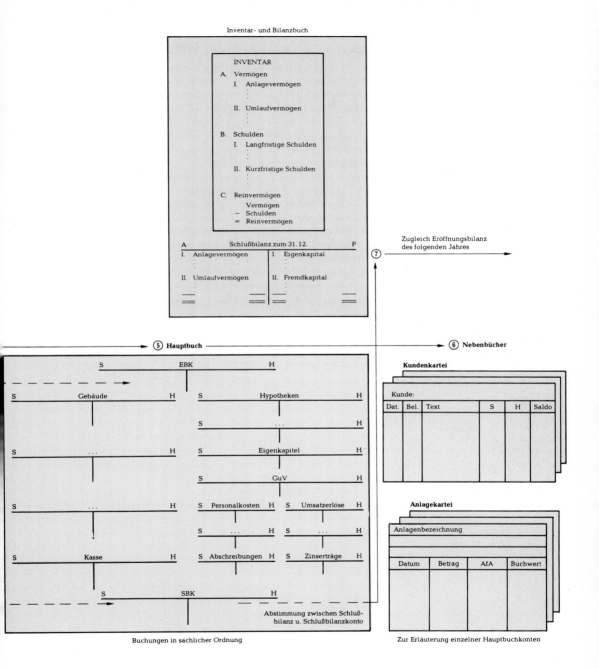

Inventar- und Bilanzbuch

INVENTAR

A. Vermögen
    I. Anlagevermögen

    II. Umlaufvermögen

B. Schulden
    I. Langfristige Schulden

    II. Kurzfristige Schulden

C. Reinvermögen
      Vermögen
  − Schulden
  = Reinvermögen

A	Schlußbilanz zum 31.12.	P
I. Anlagevermögen	I. Eigenkapital	
II. Umlaufvermögen	II. Fremdkapital	

⑦   Zugleich Eröffnungsbilanz
des folgenden Jahres

⑤ **Hauptbuch**   ⑥ **Nebenbücher**

Kundenkartei

Kunde:

Dat.	Bel.	Text	S	H	Saldo

S   EBK   H

S	Gebäude	H	S	Hypotheken	H

S   ...   H

S   Eigenkapitel   H

S   ...   H   S   GuV   H

S   Personalkosten   H   S   Umsatzerlöse   H

S   ...   H   S   ...   H

S   ...   H

S   Kasse   H   S   Abschreibungen   H   S   Zinserträge   H

Anlagekartei

Anlagenbezeichnung

Datum	Betrag	AfA	Buchwert

S   SBK   H

Abstimmung zwischen Schluß-
bilanz u. Schlußbilanzkonto

Buchungen in sachlicher Ordnung   Zur Erläuterung einzelner Hauptbuchkonten

Zur Erläuterung der Konten Forderungen bzw. Verbindlichkeiten aus Lieferungen werden daher in Nebenbüchern Personenkonten (Debitoren, Kreditoren) geführt.

In unserem Beispiel führen beide Geschäftsfälle zu Veränderungen bei den Forderungen (Debitoren), die Auswirkung der Ausgangsrechnung ist hier dargestellt.

Nebenbuch (Debitoren):

Kto.: 120/31 010 560 309		Abnehmer: Peter Wilke			
Datum	Beleg	Text	SOLL	HABEN	Saldo
01.01.		Saldovortrag	146,80		146,80
04.01.	GA 687	Überweisung		146,80	0,00
⋮		⋮			
30.06.	AR 77 831	Ausgangsrechnung	272,85		272,85

Auch zu einigen Konten des Anlagevermögens wird ein Nebenbuch (Anlagekartei) geführt. Eine Entscheidung über Abschreibungen (z.B. der Wechsel von degressiver zu linearer Abschreibung) kann nur getroffen werden, wenn alle erforderlichen Angaben zu einem Anlagegut greifbar sind und der gesamte Abschreibungsverlauf jederzeit erkennbar ist.

Die Anlagebuchführung wird häufig in Karteiform durchgeführt. Das Beispiel einer Karteikarte des Anlage-Nebenbuchs ist zu Beginn des Abschnitts 5 (S. 317) abgebildet.

Schließlich ist als weiteres Buch das Inventar- und Bilanzbuch anzusprechen, das die Inventare und Bilanzen des Unternehmens aufnimmt.

8 Grundbegriffe der Kosten- und Leistungsrechnung

Problem:

Zum Ende des Geschäftsjahres liegt der Unternehmensleitung der Stadtwerke P. die abgebildete Gewinn- und Verlustrechnung vor.

SOLL	Gewinn- und Verlustrechnung Stadtwerke P. für 19..		HABEN
Aufwendungen für Roh-, Hilfs- und Betriebsstoffe	56 874 300,00	Umsatzerlöse Elektrizitätsversorgung	45 300 500,00
Löhne und Gehälter	14 714 900,00	Umsatzerlöse Gasvers.	34 400 200,00
Soziale Abgaben	1 583 100,00	Umsatzerlöse Wasservers.	8 750 800,00
Abschreibungen	12 192 600,00	Umsatzerlöse Verkehrsbetr.	9 377 100,00
Verluste aus dem Verkauf von Anlagegegenständen	81 600,00	Erträge aus dem Verkauf von Anlagegegenständen	42 700,00
Verluste aus dem Abgang von Wertpapieren	48 200,00	Zinserträge	14 200,00
Zinsen	2 743 400,00		
Steuern	1 459 700,00		
Eigenkapital	8 187 700,00		
	97 885 500,00		97 885 500,00

Die Gewinn- und Verlustrechnung weist den Gesamterfolg des Unternehmens in Höhe von 8 187 700,00 DM aus. Die Leitung der Stadtwerke benötigt aber auch Informationen darüber, ob die einzelnen Betriebszweige bei der reinen betrieblichen Tätigkeit wirtschaftlich gearbeitet haben und ob die Preise für Strom, Gas, Wasser und die Leistungen des Verkehrsbetriebes angemessen waren, oder ob sie verändert werden müssen.

Es werden daher „Instrumente" benötigt, die helfen,

(1) die Kostenentwicklung bei den verschiedenen Kostenarten zu verfolgen,

(2) die Entwicklung der Kosten an einzelnen Stellen des Betriebes zu beobachten und

(3) die Kosten der einzelnen Produkte bzw. Leistungen zu ermitteln.

Lösung:

8.1 Kosten und Leistungen

Bevor die verschiedenen Instrumente zur Erreichung der angesprochenen Ziele erarbeitet werden können, müssen zunächst die Begriffe **Kosten** und **Leistungen** geklärt und von den Begriffen der Finanzbuchhaltung (Aufwendungen und Erträge) abgegrenzt werden.

Unter Kosten versteht man den bewerteten Verbrauch von Gütern und Dienstleistungen zur Erstellung der Betriebsleistung. Aufwand dagegen ist der gesamte Werteverzehr innerhalb einer Periode, also auch der Verbrauch von Gütern und Leistungen, der nicht unmittelbar etwas mit der Erstellung der Betriebsleistung zu tun hat.

Betrachtet man die oben abgebildete GuV-Rechnung, die die Aufwendungen und Erträge der Stadtwerke beinhaltet, so sieht man, daß der größte Teil der Aufwendungen der Erstellung der Betriebsleistungen dient (z.B. Aufwendungen für Roh-, Hilfs- und Betriebsstoffe), also auch Kosten darstellt. Diesen Teil der Aufwendungen, der kostengleich ist, bezeichnet man als „Zweckaufwand" bzw. „Grundkosten".

Es sind aber auch Aufwendungen ausgewiesen, die nicht unmittelbar der Erstellung und dem Absatz der Güter und Dienstleistungen dienen (z. B. „Verluste aus dem Abgang von Wertpapieren"). Diese „betriebsfremden Aufwendungen" stellen daher keine Kosten dar. Außerdem sind in den Aufwendungen der Geschäftsbuchführung auch solche Aufwendungen enthalten, die als „außerordentlicher Aufwand" anzusehen sind. Außerordentliche Aufwendungen sind zwar betriebsbedingt, aber entweder periodenfremd (gehören z. B. zu einer früheren Abrechnungsperiode) oder einmalig bzw. so außergewöhnlich (z. B. ungewöhnlich hohe Verluste beim Verkauf von Gegenständen des Anlagevermögens), daß sie das normale Bild des Betriebsgeschehens in der Kostenrechnung verfälschen würden und daher nicht in die Kostenrechnung eingehen dürfen.

> Die betriebsfremden und die außerordentlichen Aufwendungen werden von den Kosten als „neutrale Aufwendungen" abgegrenzt und gehen nicht in die Kostenrechnung ein.

Es gibt aber auch Kosten, die nicht (oder nicht in gleicher Höhe) in der Geschäftsbuchführung als Aufwendungen erfaßt werden.

Zur Finanzierung des betriebsnotwendigen Vermögens (Maschinen, Zähler, Leitungen, Fahrzeuge für den Personenverkehr usw.) wird Kapital (Eigenkapital und Fremdkapital) eingesetzt. Das insgesamt im Unternehmen eingesetzte Fremdkapital verursacht Zinszahlungen, die in der Geschäftsbuchführung als Aufwendungen erfaßt werden. Für das eingesetzte Eigenkapital sind keine Aufwendungen in der GuV-Rechnung enthalten. Um auch diesen ‚Werteverzehr' in der Kostenrechnung zu erfassen, sind „Zusatzkosten" (hier: kalkulatorische Zinsen) in die Kosten einzurechnen.

Aber auch die tatsächlich geleisteten Zinszahlungen können nicht ohne Korrekturen in die Kostenrechnung übernommen werden, da sie unregelmäßig und nicht klar abgegrenzt für das tatsächlich betriebsnotwendige Kapital anfallen. Also sind auch hier kalkulatorische Zinsen zu erfassen, die als „Anderskosten" von den aufwandsgleichen Kosten abweichen.

> Zusatzkosten und Anderskosten (z. B. kalkulatorische Zinsen) gehen zusätzlich zu den aufwandsgleichen Kosten in die Kostenrechnung ein.

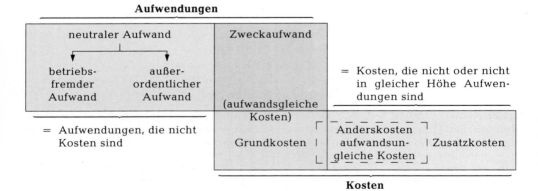

> Unter Kosten versteht man den bewerteten Verbrauch von Gütern und Dienstleistungen zur Erstellung der Betriebsleistung.

Die Leistungen eines Unternehmens sind die Ergebnisse der betrieblichen Tätigkeit. Es sind vor allem die Marktleistungen, in unserem Beispiel die Versorgung der Bevölkerung mit Strom, Gas, Wasser und Verkehrsleistungen, die sich als Umsatzerlöse (Erträge) auch in der GuV-Rechnung niederschlagen. Hinzu kommen innerbetriebliche Leistungen (z. B. selbsterstellte Maschinen).

Abzugrenzen sind, wie bei den Aufwendungen, die neutralen Erfolgsvorgänge, die sich als „betriebsfremde Erträge" (z. B. Kursgewinne bei Wertpapieren) oder „außerordentliche Erträge" (z. B. Erträge aus Anlageverkäufen über dem Buchwert) in der GuV-Rechnung ausgewirkt haben, aber nicht in die Leistungsrechnung einfließen dürfen.

> Unter Leistungen versteht man die Ergebnisse der betrieblichen Tätigkeit in Form von Marktleistungen und innerbetrieblichen Leistungen.

Die **Abgrenzungsrechnung** nimmt die beschriebene Trennung betrieblicher und neutraler Vorgänge vor und ermöglicht schließlich die Gegenüberstellung von Kosten und Leistungen zur Ermittlung des Betriebsergebnisses. Sie ist damit die Grundlage der gesamten Kosten- und Leistungsrechnung.

8.2 Aufgaben der Kosten- und Leistungsrechnung

Die Kosten- und Leistungsrechnung, die die Hilfsmittel für die Lösung der zu Beginn des Kapitels dargestellten Probleme bereitstellen soll, hat vor allem die folgenden Aufgaben:

– Betriebsüberwachung durch Kontrolle der Wirtschaftlichkeit des Gesamtbetriebes sowie der einzelnen Verantwortungsbereiche.

– Die verursachungsgemäße Zuordnung der entstandenen Kosten zu den erbrachten Leistungen. Dieses Ziel versucht man häufig in den folgenden drei Schritten zu erreichen:

    1. Schritt: Kostenartenrechnung
                Die Kostenartenrechnung beantwortet die Frage:
                „Welche Kosten sind entstanden?"

    2. Schritt: Kostenstellenrechnung
                Die Kostenstellenrechnung beantwortet die Frage:
                „Wo innerhalb des Betriebes sind die Kosten entstanden?"

    3. Schritt: Kostenträgerrechnung
                Die Kostenträgerrechnung beantwortet die Frage:
                „Welche betriebliche Leistung hat die Kosten verursacht?"

– Ermittlung der Selbstkosten je Leistungseinheit (Kostenträgerstückrechnung) als Grundlage für die Kalkulation der Angebotspreise.

Letztlich dienen alle aufgezählten Teilaufgaben der Kosten- und Leistungsrechnung der Planung und Entscheidungsfindung zur Leitung der Betriebe.

8.3 Kostenartenrechnung

Ziel der Kostenartenrechnung ist es, zunächst die Frage zu beantworten:

> „Welche Kosten sind entstanden?"

Grundlage für die Kostenartenrechnung sind die Ergebnisse der Finanzbuchhaltung (Salden der Aufwandskonten) und der Abgrenzungsrechnung (Abgrenzung der neutralen Aufwendungen und Erfassung der Zusatzkosten).

Je nach der Fragestellung der Rechnung können die Kosten in sehr unterschiedliche Kostenarten gegliedert werden.

Für Vergleichszwecke, z.B. innerbetrieblich (Vergleich mehrerer Jahre) oder zwischenbetrieblich (Vergleich mehrerer gleichartiger Betriebe), ist eine **Gliederung nach dem Entstehungsgrund** von Bedeutung. Hier könnten in Anlehnung an die Konten der Finanzbuchführung und an die Abgrenzungsrechnung z.B. die folgenden Kostenarten unterschieden werden:[1]

- Energie- und Wasserbezug
- Brennstoffe
- Material
- Fremdleistungen
- Löhne und Gehälter
- Sozialkosten
- Betriebliche Steuern
- Kalkulatorische Kosten
- Sonstige Kosten
- Innerbetriebliche Leistungen

Die Anzahl der nach diesem Kriterium unterschiedenen Kostenarten hängt z.B. von der Größe des Betriebes, von der Art des Betriebes, vom angestrebten Genauigkeitsgrad der Kostenrechnung u.ä. ab.

Dient die Kostenartenrechnung auch als Grundlage für die Kostenstellen- und Kostenträgerrechnung, so ist neben der Gliederung nach dem Entstehungsgrund auch eine **Gliederung nach der Zurechenbarkeit zu den Leistungen** in

- Kostenträgereinzelkosten und
- Kostenträgergemeinkosten

erforderlich.

Unter **Kostenträgereinzelkosten** sind diejenigen Kosten zu verstehen, die den einzelnen Leistungen eines Betriebes eindeutig zugerechnet werden können. So können die Kosten für den Bezug von Strom und die Kosten für Arbeitskräfte, die ausschließlich in einem Umspannwerk der Stadtwerke tätig sind, eindeutig der Leistung „Belieferung der Kunden mit Strom" zugerechnet werden. Diese Kosten sind daher Einzelkosten des genannten Kostenträgers. **Kostenträgergemeinkosten** werden durch mehrere Leistungen des Betriebes gemeinsam verursacht. Die Kosten, die das Verwaltungsgebäude der Stadtwerke verursacht, fallen z.B. für alle Leistungen (Belieferung der Abnehmer mit Strom, Gas und Wasser und für den Verkehrsbetrieb) gemeinsam an.

Eine Zurechnung dieser Gemeinkosten zu den einzelnen Leistungen kann nur über Umlageverfahren erfolgen (vgl. Kostenstellen- und Kostenträgerrechnung).

Für bestimmte Fragen in bezug auf die Auslastung der Betriebskapazität und das Verhältnis Kosten zu Beschäftigungsgrad ist die **Gliederung nach der Abhängigkeit von der Beschäftigung** in

- feste (fixe) Kosten und
- bewegliche (variable) Kosten

von Bedeutung.

---

1 Vgl. Kostenrechnung der Energie- und Wasserversorgungsunternehmen, Hrsg. Vereinigung Deutscher Elektrizitätswerke u.a., Frankfurt 1972, S. 13. Die aufgeführte Gliederung der Kostenarten wird hier als Mindestgliederung für die Kostenartenrechnung empfohlen. Eine weitergehende Gliederung findet sich auf S. 31 des genannten Buches.

Fixe Kosten sind vom Grad der Beschäftigung unabhängig. Innerhalb der Kapazitätsgrenzen (Leistungsgrenzen) des Betriebes fallen diese Kosten in gleicher Höhe an, und zwar unabhängig davon, ob die Kapazität (z. B. höchstmögliche Transportleistung des Verkehrsbetriebes) voll ausgelastet oder nur teilweise genutzt wird. Fixe Kosten sind in diesem Zusammenhang z. B. die Kosten der Halle des Betriebshofes (Miete bzw. Abschreibungen). Sie ändern sich nur dann, wenn die Kapazität ausgeweitet wird (z. B. beim Bau einer weiteren Halle). Sie steigen dann sprunghaft an, sind aber innerhalb der neuen Kapazitätsgrenze wieder fest, man spricht in diesem Zusammenhang von „sprungfixen Kosten".

Variable Kosten sind vom Beschäftigungsgrad abhängig. Eine stärkere Auslastung der Busse zum Beispiel im Bedarfsverkehr (zusätzliche Fahrten außerhalb des Linienverkehrs) führt zu einem Anstieg der Kosten für Treibstoffe. Die Treibstoffe sind hier variable Kosten, sie ändern sich mit der Anzahl der gefahrenen km.

Die Kostenartenrechnung beantwortet die Frage:		
Welche Kosten sind entstanden?		
Die Kostenarten werden je nach der Fragestellung unterschiedlich gegliedert.		
Gliederung nach dem Entstehungsgrund	Gliederung nach der Zurechenbarkeit zu den Leistungen	Gliederung nach der Abhängigkeit von der Beschäftigung
– Energie- und Wasserbezug – Brennstoffe – Material – Fremdleistungen – Löhne und Gehälter ⋮	– Kostenträgereinzelkosten – Kostenträgergemeinkosten	– fixe Kosten – variable Kosten

8.4 Kostenstellenrechnung

Der Kostenstellenrechnung liegt die Frage zugrunde:

> „Wo innerhalb des Betriebes sind die Kosten entstanden?"

In bezug auf die Aufgaben, die die Kostenrechnung zu lösen hat, soll die Kostenstellenrechnung
– die Grundlage für die Kostenkontrolle in den Verantwortungsbereichen liefern und
– einen Beitrag zur verursachungsgemäßen Zurechnung der Kosten zu den Leistungen erbringen.

Um die Kostenentwicklung in den Verantwortungsbereichen einzelner Mitarbeiter kontrollieren zu können, müssen die Kostenstellen (= abgegrenzte Bereiche des Gesamtbetriebes, in denen die Kosten entstehen) entsprechend der Zuständigkeit eingerichtet werden. Bei diesen Kostenstellen kann dann durch einen Zeitvergleich bzw. durch einen Vergleich von Plankosten zu Istkosten die Kostenkontrolle erfolgen.

Soweit die Kostenstellenrechnung als Vorstufe der Kostenträgerrechnung dient, ist es zweckmäßig, die Kostenstellen entsprechend dem „Durchlauf der Erzeugnisse" durch den Betrieb einzurichten. Da die verschiedenen Leistungen die einzelnen Kostenstellen unterschiedlich stark beanspruchen, kann so die Grundlage für eine verursachungsgemäße Zurechnung der Gemeinkosten geschaffen werden. Zur Einrichtung der Kostenstellen wird der Betrieb zunächst in Kostenstellenbereiche eingeteilt. Diese Einteilung folgt, wie bereits festgehalten, dem betrieblichen Ablauf. Man unterscheidet bei Versorgungsunternehmen z. B.:

Kostenstellenbereich	BESCHAFFUNG (Erzeugung, Gewinnung, Bezug)
Kostenstellenbereich	FORTLEITUNG und VERTEILUNG
Kostenstellenbereich	VERWALTUNG
Kostenstellenbereich	VERTRIEB

Diesen vier Bereichen wird häufig ein allgemeiner Bereich vorgeschaltet, der Kosten umfaßt, die gemeinsam für alle vier Bereiche anfallen (z. B. Kosten des Sozialwesens u. ä.).

Je nach der angestrebten Genauigkeit der Kostenstellenrechnung können innerhalb der Bereiche die einzelnen Kostenstellen eingerichtet werden. Innerhalb des Kostenstellenbereichs Beschaffung können z. B. für Stromversorgungsunternehmen folgende Kostenstellen eingerichtet werden:[1]

1 Kostenstellenbereich Beschaffung

Erzeugung
Wärmekraftwerk

1.1 Allgemeine Kostenstelle
1.2 Brennstofflagerung und -bewegung
1.3 Speisewasserversorgung
1.4 Kessel
1.5 Entaschung
1.6 Turbinen und Generatoren
1.7 Rohrleitungen
1.8 Kühlwasserversorgung
1.9 Schalt- und Meßwesen
1.10 Maschinentransformatoren
1.11 Hilfskostenstellen

Bezug

1.12 Allgemeine Kostenstellen
1.13 Höchstspannung
1.14 Hochspannung
1.15 Mittelspannung
1.16 Niederspannung
1.17 Hilfskostenstellen

In gleicher Weise können auch für die weiteren Kostenstellenbereiche die einzelnen Kostenstellen eingerichtet werden. Die so gebildeten Kostenstellen werden in einem Kostenstellenplan zusammengefaßt.

Kostenstellenplan

Kostenstellenbereiche			
1. Beschaffung	2. Fortleitung und Verteilung	3. Verwaltung	4. Vertrieb
1.1 1.2 1.3 ...	2.1 2.2 2.3 ...	3.1 3.2 3.3 ...	4.1 4.2 4.3 ...
Kostenstellen			

---

1 Vgl. Kostenrechnung der Energie- und Wasserversorgungsunternehmen, a.a.O., S. 37 f.

Für kleinere Betriebe kann es ausreichen, für jeden Kostenstellenbereich eine Kostenstelle einzurichten. Davon soll hier vereinfachend ausgegangen werden.[1]

Die Kostenträgergemeinkosten, die aus der Kostenartenrechnung übernommen werden, lassen sich zum Teil aufgrund von Belegen der Geschäftsbuchführung direkt auf die einzelnen Kostenstellen zurechnen. Dazu werden die Belege häufig gleich bei der Kontierung auch mit Kostenstellenvermerken versehen. Diese direkte Zuordnung ist z. B. möglich bei:

- Materialverbrauch aufgrund von Materialentnahmescheinen bzw. Fremdrechnungen,
- Löhnen und Gehältern aufgrund von Lohn- und Gehaltslisten, in denen die Lohn- und Gehaltsempfänger nach Kostenstellen aufgeführt sind.

In Fällen, in denen eine direkte Zuordnung nicht möglich ist, müssen die Gemeinkosten mit Hilfe von Verteilungsschlüsseln indirekt den Kostenstellen zugeordnet werden. Nach Schlüsseln zu verteilen sind beispielsweise die

- Sozialkosten, z. B. nach dem Schlüssel der Lohn- und Gehaltskosten je Kostenstelle,
- betrieblichen Steuern, z. B. die Gewerbesteuer nach den anteiligen Vermögenswerten der Kostenstellen.

Die Wahl des Verteilungsschlüssels soll so weit wie möglich dem Prinzip der Kostenverursachung folgen.

Hilfsmittel für die Durchführung der Kostenstellenrechnung ist der Betriebsabrechnungsbogen (BAB).

Der BAB übernimmt aus der Kostenartenrechnung die Gemeinkosten (senkrechte Gliederung) und verteilt sie entsprechend der Kostenverursachung direkt bzw. indirekt auf die Kostenstellen (waagerechte Gliederung).

Beispiel eines einstufigen BAB

Gemein-kostenart	Werte der Kostenarten-rechnung	Verteilungs-grundlage	Kostenstellen			
			1. Beschaf-fung	2. Fortleitung Verteilung	3. Verwal-tung	4. Vertrieb
Brennstoff-Bezugskosten (Eigenverbrauch)	322 000,00	Verbrauchs-stellenzähler	52 000,00	136 700,00	94 300,00	39 000,00
Materialkosten	240 000,00	Materialent-nahmescheine	20 160,00	141 270,00	40 660,00	37 910,00
Fremdleistungen	114 800,00	Fremdrechnungen	12 000,00	66 500,00	13 340,00	22 960,00
Löhne/Gehälter	1 380 400,00	Lohn- und Gehaltslisten	165 648,00	552 160,00	483 140,00	179 452,00
Sozialkosten	345 100,00	Löhne/Gehälter	41 412,00	138 040,00	120 785,00	44 863,00
Steuern, Beiträge	239 400,00	Schlüssel Vermögenswerte 3 : 12 : 8 : 4	26 600,00	106 400,00	70 933,00	35 467,00
Abschreibungen	614 200,00	Anlagekartei	68 240,00	283 970,00	159 230,00	102 760,00
Werbung	86 000,00	Einzelbelege	—	—	—	86 000,00
Sonstige Kosten	138 300,00	Einzelbelege	27 270,00	68 412,00	32 840,00	9 778,00
Summe der Gemeinkosten	3 480 200,00	—	413 330,00	1 493 452,00	1 015 228,00	558 190,00

1 Für einen Betrieb wie die Stadtwerke, die hier als Beispiel dienen, dürfte diese Einteilung sicherlich zu grob sein. Aus didaktischen Gründen wird hier allerdings darauf verzichtet, eine weitere Untergliederung vorzunehmen. Eine praxisnahe Aufteilung der Kostenstellen findet sich z. B. in „Kostenrechnung der Energie- und Wasserversorgungsunternehmen", a. a. O., S. 37.

Ergebnis des BAB ist der Ausweis der entstandenen Gemeinkosten je Kostenstelle (hier je Kostenstellenbereich).

Die Kostenstellenrechnung beantwortet die Frage:

Wo, an welcher Kostenstelle sind die Kosten entstanden?

Die Kostenstellenrechnung ermittelt mit Hilfe des BAB durch direkte bzw. indirekte Zuordnung (Schlüsselung) die Gemeinkosten je Kostenstelle.

8.5 Kostenträgerrechnung

Kernproblem der Kostenträgerrechnung ist die Beantwortung der Frage:

"Welche betrieblichen Leistungen haben die Kosten verursacht?"

Dabei sind zu unterscheiden:

1. Die **Kostenträgerzeitrechnung**, die zur Ermittlung der Gesamtkosten der verschiedenen Kostenträger für einen bestimmten Zeitraum dient.
2. Die **Kostenträgerstückrechnung**, die die Ermittlung der Kosten einer Leistungseinheit des Kostenträgers zum Ziel hat.

Kostenträger sind die von einem Betrieb hervorgebrachten wirtschaftlichen Leistungen.

Die wesentlichen Leistungen sind in unserem Beispiel (Stadtwerke P.) die nach Spannungs-, Druckstufen- bzw. Zählerbelastungen zu unterscheidenden Kostenträger Strom, Gas, Wasser sowie die Transportleistungen des Verkehrsbetriebes.

8.5.1 Kostenträgerzeitrechnung

Die Kostenträgerzeitrechnung erfaßt alle Kostenarten differenziert nach den Kostenträgern für einen bestimmten Zeitraum (z. B. Monat) und stellt sie den entsprechenden Leistungen dieses Zeitraums gegenüber.

Die Zuordnung der Kosten auf die einzelnen Kostenträger erfolgt je nach Art und Organisation der Fertigung mit Hilfe von Zuschlagssätzen (vgl. 8.5.2.2), mit Maschinenstundensatz-, Divisions- und Stufendivisionskalkulation ggf. mit Äquivalenzziffern.

Die Verfahren für die Kostenträgerrechnung in der Energie- und Wasserwirtschaft sind sehr komplex und erfordern weitergehende Vorkenntnisse in der Kostenrechnung. Hier soll daher auf die **Darstellung dieser Verfahren verzichtet** werden. Es wird auf die Fachliteratur, insbesondere auf „Kosten- und Leistungsrechnung der Energie- und Wasserwirtschaft", ZfGW Verlag, Frankfurt 1987, verwiesen.

Das **Ergebnis einer Kostenträgerrechnung** für einen Abrechnungsmonat könnte wie folgt aussehen (Angaben in 1 000,00 DM):

	Summe aller Kostenträger	Strom-versorgung	Gas-versorgung	Wasser-versorgung
Selbstkosten des Umsatzes	10 968	6 984	2 586	1 398
Umsatzerlöse	11 874	7 548	3 066	1 260
Betriebs-ergebnis	+906	+564	+480	−138

8.5.2 Kostenträgerstückrechnung

Die Kostenträgerstückrechnung (Kalkulation) dient vor allem der Ermittlung der Selbstkosten der Kostenträger je Leistungseinheit und ist damit eine wesentliche Grundlage für die Preisgestaltung des Unternehmens.

Für die Kostenträgerstückrechnung sind in Abhängigkeit vom jeweiligen Produktionsprozeß in den verschiedenen Unternehmen sehr unterschiedliche Methoden gebräuchlich (einstufige und mehrstufige Divisionskalkulation, Kalkulation mit Äquivalenzziffern, Zuschlagskalkulation, Kalkulation mit Maschinenstundensätzen).

8.5.2.1 Divisionskalkulation

In einem Unternehmen, das nur ein **einheitliches Produkt** herstellt, ist die Ermittlung der Kosten je Produktionseinheit sehr einfach im Wege der Divisionskalkulation möglich.

Für das eine Produkt kann gerechnet werden:

$$\text{Selbstkosten je Einheit des Kostenträgers} = \frac{\text{Gesamtkosten des Kostenträgers}}{\text{Produktionsmenge des Kostenträgers}}$$

Ist es in einem Mehrproduktunternehmen – z.B. in einem mehrstufigen Betriebsabrechnungsbogen (vgl. 8.5.3) – möglich, die Kosten durch Umlageverfahren den einzelnen Leistungen des Unternehmens zuzurechnen, so kann auch in einem Mehrproduktunternehmen die Divisionskalkulation eingesetzt werden (siehe S. 354 f.).

Ausgehend von den Ergebnissen der Kostenträgerzeitrechnung (siehe 8.5.1) und bei den unten angegebenen Absatzmengen, ergeben sich die folgenden Selbstkosten je Leistungseinheit.

Absatzmengen des Berichtsmonats:
Stromversorgung: 35 Mio. kWh
Gasversorgung: 8,3 Mio. m^3
Wasserversorgung: 0,56 Mio. m^3

Berechnung der Selbstkosten je Einheit des Kostenträgers:

Stromversorgung: Kosten je kWh $= \dfrac{6\,984\,000}{35\,000\,000} = 0,20$ DM

Gasversorgung: Kosten je m^3 $= \dfrac{2\,586\,000}{8\,300\,000} = 0,31$ DM

Wasserversorgung: Kosten je m^3 $= \dfrac{1\,398\,000}{560\,000} = 2,50$ DM

8.5.2.2 Zuschlagskalkulation

In vielen Betrieben, z. B. solchen mit Einzel- und Serienfertigung, kommt die Divisionskalkulation als Verfahren der Kostenträgerstückrechnung nicht in Frage. Hier wird häufig die Zuschlagskalkulation angewandt.

Bei diesem Verfahren werden zunächst zur Ermittlung von Zuschlagssätzen die Gemeinkosten des BAB zu entsprechenden Einzelkosten, die in einem ursächlichen Zusammenhang mit den Gemeinkosten stehen, in Beziehung gesetzt.

Ausgehend von einem BAB mit den Kostenstellenbereichen: Material, Fertigung, Verwaltung und Vertrieb werden die Materialgemeinkosten auf die Materialeinzelkosten, die Fertigungsgemeinkosten auf die Fertigungseinzelkosten und die Verwaltungs- und Vertriebsgemeinkosten auf die Herstellkosten[1] bezogen.

Zur Berechnung der Gemeinkostenzuschläge aus den Vergangenheitswerten des BAB folgt daraus:

$$\text{Materialgemeinkostenzuschlagssatz} = \frac{\text{Materialgemeinkosten} \cdot 100}{\text{Materialeinzelkosten}}$$

$$\text{Fertigungsgemeinkostenzuschlagssatz} = \frac{\text{Fertigungsgemeinkosten} \cdot 100}{\text{Fertigungseinzelkosten}}$$

$$\text{Verwaltungsgemeinkostenzuschlagssatz} = \frac{\text{Verwaltungsgemeinkosten} \cdot 100}{\text{Herstellkosten}}$$

$$\text{Vertriebsgemeinkostenzuschlagssatz} = \frac{\text{Vertriebsgemeinkosten} \cdot 100}{\text{Herstellkosten}}$$

Auf der Grundlage der ermittelten Zuschlagssätze können dann die Selbstkosten der einzelnen Leistungen nach folgendem Kalkulationsschema[2] ermittelt werden:

1.		Materialeinzelkosten
2.	+	Materialgemeinkosten
3.	=	Materialkosten
4.		Fertigungseinzelkosten
5.	+	Fertigungsgemeinkosten
6.	+	Sondereinzelkosten der Fertigung
7.	=	Fertigungskosten
8.		Herstellkosten (3.+7.)
9.	+	Verwaltungsgemeinkosten
10.	+	Vertriebsgemeinkosten
11.	+	Sondereinzelkosten des Vertriebs
12.	=	Selbstkosten

Das dargestellte Kalkulationsschema und die Zuschlagssätze werden auch zur Vorkalkulation neuer Aufträge eingesetzt. Aus diesem Grunde müssen die aus Vergangenheitswerten ermittelten Zuschlagssätze regelmäßig überprüft und korrigiert werden.

---

1 Auf eine Einbeziehung von Bestandsveränderungen und der damit verbundenen Unterscheidung von Herstellkosten der Erzeugung und des Umsatzes wird hier vereinfachend verzichtet.

2 Das hier dargestellte Kalkulationsschema hat die „Leitsätze für die Preisermittlung aufgrund von Selbstkosten" für Betriebe mit öffentlichen Aufträgen zur Grundlage.

Beispiel:

Die Kostenartenrechnung einer Eigengesellschaft der Stadt A. weist folgende Werte aus:

Einzelkosten: **Gemeinkosten:**

Materialeinzelkosten   34 000,00 DM   Summe aller Gemeinkosten   86 816,00 DM
Fertigungseinzelkosten   46 800,00 DM

Der BAB zeigt nach Verteilung der Gemeinkosten auf die Kostenstellenbereiche die folgenden Werte:

Materialgemeinkosten   2 720,00 DM   Verwaltungsgemeinkosten   20 952,00 DM
Fertigungsgemeinkosten   56 160,00 DM   Vertriebsgemeinkosten   6 984,00 DM

Die **Gesamtkalkulation** (Nachkalkulation) zeigt auf dieser Grundlage folgende Ergebnisse:

1.	Materialeinzel-kosten	34 000,00	
2. +	Materialgemein-kosten lt. BAB	2 720,00	
3. =	Materialkosten		36 720,00

$$MGKZS = \frac{MGK \cdot 100}{MEK} = \frac{2720 \cdot 100}{34000} = 8$$

Der Materialgemeinkostenzuschlagssatz beträgt 8 %

4.	Fertigungseinzel-kosten	46 800,00	
5. +	Fertigungsgemein-kosten lt. BAB	56 160,00	
6. =	Fertigungskosten		102 960,00

$$FGKZS = \frac{FGK \cdot 100}{FEK} = \frac{56160 \cdot 100}{46800} = 120$$

Der Fertigungsgemeinkostenzuschlagssatz beträgt 120 %

7.	Herstellkosten (3. + 6.)		139 680,00

$$VwGKZS = \frac{VwGK \cdot 100}{HerstellK} = \frac{20952 \cdot 100}{139680} = 15$$

Der Verwaltungsgemeinkostenzuschlagssatz beträgt 15 %

8. +	Verwaltungsgemein-kosten lt. BAB		20 952,00

$$VtGKZS = \frac{VtGK \cdot 100}{HerstellK} = \frac{6984 \cdot 100}{139680} = 5$$

9. +	Vertriebsgemein-kosten lt. BAB		6 984,00
10. =	Selbstkosten		167 616,00

Der Vertriebsgemeinkostenzuschlagssatz beträgt 5 %

Die ermittelten Zuschlagssätze können jetzt für die Vorkalkulation eines neuen Auftrags zur Ermittlung der Selbstkosten eingesetzt werden.

Beispiel:

Für einen neuen Auftrag sind die Selbstkosten zu ermitteln. Die Materialeinzelkosten dieses Auftrags werden 8 420,00 DM betragen. Die Fertigungseinzelkosten werden 12 100,00 DM betragen.

Vorkalkulation:

1.	Materialeinzelkosten	8 420,00 DM
2. +	8 % Materialgemeinkosten	673,60 DM
3. =	Materialkosten	9 093,60 DM
4.	Fertigungseinzelkosten	12 100,00 DM
5. +	120 % Fertigungsgemeinkosten	14 520,00 DM
6. =	Fertigungskosten	26 620,00 DM
7.	Herstellkosten (3. + 6.)	35 713,60 DM
8. +	15 % Verwaltungsgemeinkosten	5 357,04 DM
9. +	5 % Vertriebsgemeinkosten	1 785,68 DM
10. =	Selbstkosten	42 856,32 DM

8 %
120 %
15 %
5 %

23 Grommas/Bartels – ISBN 3-8120-0430-5

Auf der Grundlage der Gemeinkostenzuschlagssätze ergeben sich für diesen Auftrag Selbstkosten in Höhe von 42 856,32 DM.

8.5.3 Der mehrstufige BAB in kostenrechnenden Einrichtungen von Kommunen

In kostenrechnenden Einrichtungen der Kommunen wird häufig ein mehrstufiger BAB eingesetzt, der eine Doppelfunktion hat. Er dient einerseits als Instrument der **Kostenstellenrechnung** und andererseits zur **Kostenträgerrechnung**.

Der Aufbau dieses Instruments ist im Schaubild auf S. 356 schematisch dargestellt. Ein vereinfachtes Beispiel aus der Praxis kommunaler Kostenrechnung (BAB „Abwasserbeseitigung") ist auf S. 357 abgebildet.

Ausgangspunkt sind die Haushaltsansätze ① im Haushalt des jeweiligen Trägers. Da diese Werte Planwerte darstellen, sind sie zur Kostenrechnung nicht geeignet. Auch die angeordneten Beträge ② können nicht unkorrigiert in die Kostenrechnung einfließen, da kostenrechnerische Korrekturen vorzunehmen sind. Ursachen für **kostenrechnerische Korrekturen** liegen vor allem in der erforderlichen **zeitlichen Abgrenzung** ③. Im Gegensatz zur zahlungsstromorientierten Kameralistik ist hier die zeitliche Zuordnung nach der wirtschaftlichen Zugehörigkeit erforderlich.

In der „Neutralen Rechnung" können, falls das erforderlich ist, neben den zeitlichen Korrekturen auch betragliche Korrekturen bei „Anderskosten" vorgenommen werden.

Im Beispiel auf S. 356 waren im Unterabschnitt 7000 Abwasserbeseitigung Ausgaben in Höhe von 19 985 419 DM veranschlagt worden. Dabei ist zu beachten, daß es sich bei den Haushaltsansätzen „680 Abschreibungen" und „685 Kalkulatorische Zinsen" um kalkulatorische Ansätze handelt, die als „Zusatzkosten" (hier: auszahlungslose Kosten) gemäß Kommunalabgabengesetz veranschlagt wurden. Die Anordnungen beliefen sich auf insgesamt 20 827 529 DM. Durch kostenrechnerische Korrekturen ergab sich eine Kostengesamtsumme in Höhe von 20 361 182 DM.

Die Werte der Wirtschaftsrechnung ④ je Kostenart (Ergebnis der Kostenartenrechnung) können jetzt möglichst verursachungsgerecht auf die Kostenstellen verteilt werden (vgl. auch Kostenstellenrechnung). Die Besonderheit der Kostenstellenbildung liegt hier darin, daß die Kostenstellen so gebildet werden, daß die **Endkostenstellen** ⑤ den Marktleistungen der jeweiligen Einrichtung entsprechen. Die Kostenträgereinzelkosten können diesen Kostenstellen somit unmittelbar zugerechnet werden. Soweit es sich bei den Kosten um Gemeinkosten handelt, werden sie über Verteilungsschlüssel sowohl den End- als auch den Vorkostenstellen zugerechnet.

Die **Vorkostenstellen** ⑥ nehmen die Kostenträgergemeinkosten auf, die zwar aufgrund von Belegen oder verursachungsgerechten Schlüsseln den Vorkostenstellen zurechenbar sind, jedoch nicht unmittelbar den Endkostenstellen.

Nach Aufteilung der gesamten Kosten auf End- und Vorkostenstellen ist die Kostenstellenrechnung beendet.

In dem vereinfachten BAB (S. 356) wurden die Endkostenstellen „Schmutzwasserbeseitigung" und „Regenwasserbeseitigung" gebildet, die den „Marktleistungen" der Einrichtung entsprechen. Als direkt zurechenbare Kosten entfiel auf die Schmutzwasserbeseitigung ein Betrag von 997 668 DM und auf die Regenwasserbeseitigung 334 479 DM. Die restlichen Kosten wurden zunächst auf die Vorkostenstellen verteilt.

Der BAB in dieser Form dient aber gleichzeitig der **Kostenträgerrechnung**. Die Kosten der Vorkostenstellen werden im nächsten Schritt mit Hilfe geeigneter Umlageschlüssel ⑦ den Endkostenstellen und damit den Kostenträgern zugerechnet.

> Im Beispiel auf S. 356 verursachte die Verwaltung, die für alle Kostenstellen tätig wurde, Kosten in Höhe von 941 132 DM. Im Verhältnis der aufgezeichneten Lohnstunden wurden die Kosten auf die anderen Vorkostenstellen verteilt. Nach Schlüsseln bzw. nach Belegen wurden auch die weiteren Vorkostenstellen durch Umlage auf die anderen Vor- bzw. die Endkostenstellen aufgelöst.

Nach Abschluß dieses Vorgangs sind alle Kosten (Einzel- und Gemeinkosten) auf die Kostenträger verrechnet. Aus dem BAB kann jetzt abgelesen werden, wieviel Kosten die jeweilige Leistung im Abrechnungszeitraum verursacht hat ⑧. Die Erlöse bei diesen Leistungen können den Kosten gegenübergestellt werden ⑨, das Betriebsergebnis als Differenz dieser Werte ist jetzt für jede Leistung getrennt ermittelbar ⑩.

> Nach Umlage aller Kosten auf die Endkostenstellen ergibt sich im Beispiel (S. 356) für die Schmutzwasserbeseitigung ein Gesamtkostenbetrag von 13 675 085 DM. Die Regenwasserbeseitigung hat im Abrechnungszeitraum 6 686 097 DM Kosten verursacht. Den Kosten stehen Erlöse von 12 512 702 DM bzw. 6 218 070 DM gegenüber. Das Betriebsergebnis beträgt bei der Schmutzwasserbeseitigung demnach − 1 162 383 DM und bei der Regenwasserbeseitigung − 468 027 DM.

Der BAB kann schließlich auch zur **Kostenträgerstückrechnung** genutzt werden.

Da jetzt die Kosten (Einzel- **und** Gemeinkosten) den Leistungen zugerechnet wurden, ist eine einfache Divisionskalkulation möglich.

$$\frac{\text{Selbstkosten je}}{\text{Leistungseinheit}} = \frac{\text{Summe der Selbstkosten der Leistung (Endkostenstelle)}}{\text{Leistungsmenge insgesamt}}$$

> Unterstellt man für das Beispiel (S. 356), daß die Gebühren für die Schmutzwasserbeseitigung nach der verkauften Frischwassermenge bemessen werden und im vergangenen Abrechnungszeitraum 5 470 034 m^3 Frischwasser verkauft wurden, so lassen sich die Kosten je m^3 ermitteln.
>
> $$\text{Selbstkosten je m}^3 = \frac{13\,675\,085}{5\,470\,034} = 2,50 \text{ DM}$$

Systematik des BAB

Kostenarten

| ① Haushaltssoll | ② Anordnungssoll | +/– Neutrale Rechnung ③ Jahreszeitliche Abgrenzung | = Wirtschaftsr. ④ Grundlage für weitere Kostenrechnung |

Kostenstellen

Endkostenstellen ⑤ — Vorkostenstellen ⑥

Verteilung der Kosten auf Kostenstellen

Kostenumlage ⑦

Umlageschlüssel

Gesamtkosten ⑧

Erlösarten

Verteilung der Erlöse auf Kostenstellen

Gesamterlöse ⑨

Feststellung des Betriebsergebnisses ⑩

aus: „KLR – Stadt Hildesheim" 1984

BAB Unterabschnitt 7000 Abwasserbeseitigung

Kostenart (Haushaltsstelle)	Haushalts-soll	Anordnungs-soll	+/− neutrale Rechnung Vorjahr	+/− neutrale Rechnung Folgejahr	Wirtschafts-rechnung (Kosten)	Endkostenstellen Schmutzw.-Beseitigung	Endkostenstellen Regenw.-Beseitigung	RW Ablt. RWPumpst.	SW Ablt. SWPumpst.	MW Ablt. MWPumpst.	Kläranlage	Spülwagen	Verwaltung
400 Personalkosten	3764780	3729013	1706	60	3727367	661108	236914	164549	347505	357479	1453471	32794	473547
500 Unterh. Grundst. und baul. Anl.	7171	4380	717	708	4371	—	—	—	—	3521	850	—	—
510 Unterh. Abwasserkanal	1089993	1132331	13298	62622	1181655	—	—	41093	390265	150964	599333	—	—
52−59 div. Kosten	853837	843593	65887	96631	874337	—	—	47457	117700	42570	562267	47500	56843
600 Beseitigung Klärschlamm	384000	374175	5564	14210	382821	—	—	—	—	—	377774	—	5047
640 Abgaben nach Abwasserges.	810000	755801	755801	201828	201828	201828	—	—	—	—	—	—	—
65−67 div. Kosten	1146438	1241372	234996	235563	1241939	134732	97565	52376	333714	133822	114398	25786	349546
680 Abschreibungen	7406600	7180020	—	—	7180020	—	—	1861463	1417666	850652	2970935	29244	50060
685 Kalk. Zinsen	4522600	5566844	—	—	5566844	—	—	1598540	1169754	601838	2179573	11050	6089
Summe der Kosten	19985419	20827529	1077969	611622	20361182	997668	334479	3765478	3776604	2140846	8258601	146374	941132
Verteilung nach Lohnstunden						—	—	182314	194312	54198	497200	13108	—
Verteilung nach Einsatzstunden						—	—	28312	57904	73266	—	159482	—
Verteilung nach %-Anteilen						7617547	1138254				8755801		
Verteilung nach km SW/RW-Kanal						1031050	1237260			2268310			
100% Schmutzwasser						4028820			4028820				
100% Regenwasser							3976104	3976104					
Summe der Kosten						13675085	6686097						
Summe Erlöse (Benutzungsgebühren)						12512702	6218070						
Betriebsergebnis (+ Überdeckung/− Unterdeckung)						−1162383	−468027						

357

Übungsaufgabe

Sachverhalt:

Als Mitarbeiter der Stadtkämmerei der Stadt S. sind Sie u. a. für die Kostenrechnung der kostenrechnenden Einrichtung „Abfallbeseitigung" zuständig. Der Betriebsabrechnungsbogen (siehe folgende Seite) ist bis auf die Umlage der allgemeinen Kostenstelle „Verwaltung" sowie der weiteren Vorkostenstellen bereits erstellt worden.

Aufgaben:

1. Ermitteln Sie die Kosten der Hauptkostenstellen (Marktleistungen)! Ergänzen Sie dazu den BAB entsprechend den folgenden Angaben:

   Verteilung der Kosten der allgemeinen Kostenstelle **„Technische Verwaltung"** nach einem Prozentschlüssel: Hausmüllabfuhr 45 %, Abfallgroßbehälter 25 % usw. 3 %, 4 %, 5 %, 10 %, 6 % und 2 %.

   Verteilung der Kosten der **„Deponie"** nach Anfahrten (mit Mengenfaktoren gewichtet): Sperrmüllabfuhr 680, Hausmüllabfuhr Fahrzeuge 3620, Großbehälterabfuhr Fahrzeuge 2760, Container Fahrzeuge 1850.

   Verteilung der Kosten der **„Container Fahrzeuge"** aufgrund von Einzelbelegen: Abfallannahmestelle 15 840 DM, Sperrmüllabfuhr 5 200 DM, der Rest entfällt auf die Abfallcontainer.

   Verteilung der Kosten der **„Großbehälterabfuhr Fahrzeuge"** nach gefahrenen km, für die Sperrmüllabfuhr wurden 4 840 DM ermittelt, der Rest ist der Endkostenstelle Abfallgroßbehälter zuzurechnen.

   Verteilung der Kosten der **„Hausmüllabfuhr Fahrzeuge"**: Die Kosten sind in voller Höhe der Endkostenstelle Hausmüllabfuhr zuzurechnen.

   Verteilung der Kosten der **„Sperrmüllabfuhr"**: Die Kosten sind nach der Zahl der entleerten Abfallbehälter auf die ersten drei Endkostenstellen zu verteilen. Hausmüll 16 977 Behälter, Großbehälter 5 260, Container 140.

2. 2.1 Ermitteln Sie die Kosten je regelmäßig geleerte Abfalltonne bei der Hausmüllabfuhr! (16 977 Tonnen wurden regelmäßig geleert.)

   2.2 Begründen Sie, warum die Erstellung des BAB erforderlich war, um die Aufgabe 2.1 lösen zu können!

   2.3 Ermitteln Sie das jeweilige Betriebsergebnis! Die Erlöse belaufen sich auf:

Hausmüllabfuhr	2 471 044,00 DM
Abfallcontainer	352 120,00 DM
Abfallgroßbehälter	1 522 341,00 DM
Abfallannahmestelle	52 810,20 DM

3. Im kommenden Jahr sollen erstmals „Umleer-Abfallgroßbehälter 4 400 l" eingeführt werden.

   3.1 Welche Veränderungen folgen daraus für den BAB des kommenden Jahres?

   3.2 In einer vergleichbaren Stadt wurde das einzuführende System seit einigen Jahren eingesetzt. Die dort erhobene Benutzungsgebühr beträgt pro Jahr und Behälter 2 100 DM. Wir rechnen vorläufig mit fixen Kosten in Höhe von 50 000,00 DM und variablen Kosten je Behälter von 830,00 DM.

   Ermitteln Sie rechnerisch und zeichnerisch, bei welcher Kapazitätsauslastung die Gebühren der vergleichbaren Stadt auch hier kostendeckend wären! Die Gesamtkapazität beträgt zunächst 80 Großbehälter bei wöchentlich 2 Leerungen.

Betriebsabrechnungsbogen zur Übungsaufgabe BAB „Abfallbeseitigung"

Kostenart	Kosten	Endkostenstellen				Vorkostenstellen					
		Hausmüllabfuhr	Abfallgroßbehälter	Abfallcontainer	Abfallannahmestelle	Sperrmüllabfuhr	Hausmüllabfuhr Fahrzeuge	Großbehälterabfuhr Fahrzeuge	Container Fahrzeuge	Deponie	Allgem. KoSt. Techn. Verw.
Personalkosten	1 686 500	589 900	283 200	28 000	57 000	99 300	283 000	180 500	65 000	—	100 600
Arbeitsgeräte/ Maschinen	9 800	2 700	4 800	2 100	200	—	—	—	—	—	—
Gas, Wasser, Strom	2 600	1 200	1 400	—	—	—	—	—	—	—	—
Haltung der Fahrzeuge	87 900	—	—	—	—	7 400	47 600	22 400	10 500	—	—
Verbrauchsmaterial	5 300	—	300	2 200	—	—	1 400	1 200	200	—	—
Bürobedarf	1 400	—	—	—	550	—	200	—	—	—	650
Bekanntmachung	950	20	100	120	140	—	—	—	—	—	570
Deponie an LK	1 140 480	—	—	—	—	—	—	—	—	1 140 480	—
Fuhrparkleistung innere Verrechn.	243 500	—	100	150	—	24 200	101 500	74 750	22 000	—	20 800
Abschreibungen	796 200	155 000	182 400	19 200	3 400	42 100	265 600	121 100	—	—	7 400
Verzinsung des Anlagekapitals	274 500	50 300	68 200	4 000	4 500	13 960	89 540	36 800	—	—	7 200
Summe der Kosten	4 249 130	799 120	540 500	55 770	65 790						
Uml. Allgem. KSt											
Uml. Deponie											
Container Fahrz.											
Großbeh. Fahrz.											
Hausmüll Fahrz.											
Sperrmüllabfuhr											
Summe der Kosten											
Summe der Erlöse											
Betriebsergebnis											

Fragen und Übungsaufgaben

1. Warum ist neben der Erfolgsrechnung der Finanzbuchhaltung auch eine Kosten- und Leistungsrechnung erforderlich? Gehen Sie bei Ihrer Antwort auch auf die Abgrenzung von „Aufwendungen" und „Kosten" ein!

2. Erläutern Sie die Begriffe neutrale Aufwendungen, betriebsfremde Aufwendungen, außerordentliche Aufwendungen, Zweckaufwand, Zusatzkosten, und nennen Sie je zwei Beispiele!

3. Nach welchen Kriterien können Kostenarten eingeteilt werden?

4. Erläutern Sie kurz die wesentlichen Aufgaben der Kostenarten-, Kostenstellen- und Kostenträgerrechnung, und verdeutlichen Sie den Zusammenhang dieser drei Teilbereiche der Kostenrechnung!

5. a) Grenzen Sie ab: Fixe Kosten – Variable Kosten!
   b) Nennen Sie für die folgenden Eigengesellschaften der Stadt R. typische fixe Kosten und typische variable Kosten: Stadtwerke, Stadttheater, Baugesellschaft, Müllverbrennungsbetrieb.

6. Welche Schlüssel für die Verteilung der folgenden Gemeinkostenarten auf die Kostenstellen (Beschaffung, Fortleitung, Verwaltung, Vertrieb) halten Sie für sinnvoll? Begründen Sie Ihre Antwort!

   – Heizkosten, – Sozialkosten, – Löhne für Putzfrauen, – Steuern und Beiträge, – Abschreibungen.

7. Die Finanzbuchhaltung und die Abgrenzungsrechnung hat bei den Stadtwerken M. folgende Gemeinkosten ergeben:

   Heizkosten 31 500,00 DM, Fremdleistungen 128 600,00 DM, Löhne und Gehälter 1 420 800,00 DM, Sozialkosten 390 000,00 DM, Abschreibungen 824 700,00 DM, Steuern und Beiträge 222 250,00 DM, Sonstige Kosten 246 000,00 DM.

   Stellen Sie den BAB nach folgenden Verteilungsschlüsseln auf, und ermitteln Sie die Gemeinkosten je Kostenstellenbereich!

Gemeinkostenart	Verteilungsschlüssel	Beschaffung	Fortleitung	Verwaltung	Vertrieb
Heizkosten	m³ beheizter Raum	750 m³	320 m³	1 820 m³	610 m³
Fremdleistungen	Schlüssel	3 :	6 :	3 :	4
Löhne / Gehälter	Lohn-/Gehaltslisten	204 300,00	618 100,00	444 000,00	154 400,00
Sozialkosten	Löhne und Gehälter				
Abschreibungen	Anlagekartei	71 400,00	448 800,00	212 000,00	92 500,00
Steuern/Beiträge	Schlüssel/Vermögenswert	3 :	12 :	6 :	4
Sonstige Kosten	Einzelbelege	32 860,00	134 100,00	56 620,00	22 420,00

8. Der BAB einer Eigengesellschaft einer Stadt hat folgende Gemeinkosten ergeben: Materialgemeinkosten 50 400,00 DM, Fertigungsgemeinkosten 877 800,00 DM, Verwaltungsgemeinkosten 317 280,00 DM, Vertriebsgemeinkosten 84 608,00 DM.

   An Einzelkosten weist die Buchführung aus: Materialeinzelkosten 560 000,00 DM, Fertigungseinzelkosten 627 000,00 DM.

   a) Ermitteln Sie die Gemeinkostenzuschlagssätze!
   b) Kalkulieren Sie die Selbstkosten für einen Auftrag, der 4 280,00 DM Materialeinzelkosten und 8 790,00 DM Fertigungseinzelkosten verursacht!

9. Die kostenrechnende Einrichtung „Datenverarbeitung" des Landkreises H. hat einen BAB erstellt, der noch unvollständig ist. In diesem BAB sind nach Verteilung der Kosten auf Vor- und Endkostenstellen vorläufig die folgenden Werte ausgewiesen:

Vorkostenstellen	Kosten
Verwaltung	274 301,00 DM
Systemplanung/Programmierung	83 628,00 DM
div. Nebenkostenstellen	
(z. B.) Dialogverarbeitung	73 301,00 DM

Endkostenstellen

Datenerfassung	166 859,00 DM
Datenverarbeitung	545 549,00 DM
Verfahrensentwicklung	503 279,00 DM

a) Die Gesamtkosten der Endkostenstellen sind zu ermitteln.

Für die Stufenumlage der Hilfskostenstellen gilt:

Verwaltung

Verfahrensentwicklung	133 946,00 DM
Datenverarbeitung	62 380,00 DM
Datenerfassung	62 380,00 DM
Systemplanung/Programmierung	15 595,00 DM

Systemplanung/Programmierung

Verfahrensentwicklung	39,732 %
Datenverarbeitung	50,223 %
Datenerfassung	10,045 %

(Es ist jeweils auf volle DM zu runden.)

diverse Nebenkostenstellen

Verfahrensentwicklung	1 415,00 DM
Datenverarbeitung	39 966,00 DM
Datenerfassung	34 920,00 DM

b) Die Kosten je Betriebsstunde der **Datenverarbeitung** (ohne Datenerfassung) sind zu ermitteln. Im vergangenen Abrechnungszeitraum wurden 2 573 Betriebsstunden geleistet.

c) Auch für die **Verfahrensentwicklung** ist ein entsprechender Stundensatz zu errechnen. Hier wurden 15 068 Betriebsstunden geleistet.

d) Für das Kreiskrankenhaus soll im folgenden Jahr ein Programm für die Personalverwaltung erarbeitet und dann eingesetzt werden. Für die Programmierung (Verfahrensentwicklung) wird mit 560 Arbeitsstunden gerechnet. Die Datenerfassung erfolgt durch Krankenhauspersonal. Die Datenverarbeitung verursacht voraussichtlich 248 Betriebsstunden.

Mit wieviel DM ist das Krankenhaus zu belasten, wenn von einer unveränderten Kostensituation auszugehen ist?

EXKURS: Auswirkungen neuerer Steuerungssysteme in der Kommunalverwaltung auf das Haushalts- und Rechnungswesen

Situation:

Das Stadttheater der Stadt G. wurde bislang als „Bruttobetrieb" geführt. Einnahmen und Ausgaben wurden nach den Regeln des klassischen Haushaltsrechts veranschlagt und vom Kulturamt bewirtschaftet. Im Rahmen der Überlegungen zur Einführung neuer Steuerungssysteme in der Verwaltung der Stadt G. werden unterschiedliche Vorschläge für die weitere Führung und das Finanzwesen dieser Einrichtung erörtert.

Es soll geklärt werden, wie sich die einzelnen vorgeschlagenen Alternativen auf das Haushalts- und Rechnungswesen auswirken werden. Außerdem soll überlegt werden, welche weiteren Konsequenzen mit den Alternativvorschlägen verbunden wären.

Vorgeschlagen wird:

Alternative I

Flexible Haushaltsführung für das Stadttheater

Dem Stadttheater wird ein maximaler Zuschuß vorgegeben. Die Veranschlagung aller Einnahmen und Ausgaben im Haushaltsplan wird beibehalten. Es werden weitgehende Freiheitsspielräume bei der Bewirtschaftung der Haushaltsmittel geschaffen. Der vorgegebene „Globalhaushalt" soll dem Theater weitgehend zur „Selbstbewirtschaftung" zur Verfügung stehen, d.h., eingehende Mehreinnahmen sollen diesem Betrag zufließen und die sachliche Bindung an bestimmte Einzelzwecke sowie die zeitliche Bindung an das Haushaltsjahr sollen aufgehoben werden. Die Buchführung soll unverändert nach den Regeln der Kameralistik durch die Kasse der Stadt erfolgen.

Alternative II

Einführung der „Outputsteuerung", der „Budgetierung", der „erweiterten Kameralistik" und einer Leistungs- und Kostenrechnung

Dem Stadttheater wird durch den Rat der Stadt ein bestimmter Leistungskatalog mit qualitativen und quantitativen Vorgaben zu den zu erbringenden Leistungen vorgegeben. Gleichzeitig erfolgt die Festlegung eines maximalen Zuschusses aus dem Haushalt der Stadt.

Das Stadttheater wird als „kostenrechnende Einrichtung" unter Anwendung der erweiterten Kameralistik geführt. Es wird eine Leistungs- und Kostenrechnung mit Hilfe eines Betriebsabrechnungsbogens durchgeführt.

Alternative III

Umwandlung des Stadttheaters in eine GmbH, Einführung der kaufmännischen Buchführung und einer Leistungs- und Kostenrechnung

Es wird eine „Stadttheater GmbH G." gegründet, die den Bestimmungen des HGB unterliegt. Die Bücher werden daher nach den Regeln der kaufmännischen Buchführung geführt, und es wird eine Leistungs- und Kostenrechnung durchgeführt.

Sachdarstellung:

1 Neuere Steuerungssysteme für die Kommunalverwaltung – ein erster Überblick

Internationale Entwicklungen, die Finanznot des Bundes, der Länder und vieler deutscher Kommunen sowie die vielfach vertretene Auffassung, daß Behörden zu bürokratisch, zu unflexibel und nicht wirtschaftlich geführt werden, haben in den letzten Jahren die Diskussion über neuere Steuerungssysteme für die Verwaltung belebt.

Einige Stichworte sollen hier zeigen, welche „Trends" die Entwicklung vorwiegend kennzeichnen:

- Betrachtung öffentlicher Einzelwirtschaften als „Dienstleistungsunternehmen",
- verstärkte Kundenorientierung,
- Dezentralisierung der Verwaltung mit Delegation der Ressourcenverantwortung auf die Fachbereiche,
- Streben nach flacheren Hierarchien,
- geringere Fertigungstiefe („outsourcing"),
- Steuerung öffentlicher Einzelwirtschaften (öffentliche Betriebe und Verwaltungen) über Leistungsvorgaben,
- produktorientiertes Controllingsystem.

Die **Wirtschaftlichkeit** des Verwaltungshandelns hat als Zielgröße an Bedeutung gewonnen. Sie ist festes Element des Zielsystems vieler öffentlicher Einzelwirtschaften geworden und das nicht mehr nur auf dem Papier (z.B. § 82 NGO/§ 7 LHO), sondern mit spürbaren Auswirkungen auf das Verwaltungshandeln insbesondere in der Kommunalverwaltung.

Das Verhältnis von Wirtschaftlichkeit zur Rechtmäßigkeit wird vielfach neu gesehen.

ZIELE	NEBENBEDINGUNGEN
(1) übergeordnete **Sachziele** (Leistungsziele/wirkungsorientiert)	(1) **Rechtmäßigkeit** des Verwaltungshandelns[1]
(2) **Wirtschaftlichkeit i.w.S. (Effektivität)** Leistung als Beiträge zur Erreichung = von Sachzielen (outcome) ――――――――――――― bewerteter Verbrauch von Prod. Fakt. (input)[2]	(2) Aufrechterhaltung der **Liquidität**
operative Ziele: z.B. – Menge der produzierten und abgesetzten Produkte – Qualitätsstandards f. d. Produkte (Bearbeitungsdauer...)	

In diesem Exkurs soll es jedoch weniger um diese Steuerungsmodelle gehen, dazu wird auf Bücher und Fachaufsätze verwiesen.[3] Exemplarisch sollen hier nur die wesentlichen Elemente neuerer Steuerungssysteme aufgezeigt werden, die Auswirkungen auf

---

1 Diese Nebenbedingung hat eine herausragende Bedeutung. Sie darf wegen des Grundsatzes der Gesetzmäßigkeit (Art. 20 GG) nie verletzt werden.

2 Für die Erreichung dieses Ziels ist ein hohes Maß an Effizienz des Verwaltungshandelns als Verhältnis von Produktionsmenge zu Faktorverbrauch eine wesentliche Voraussetzung.

3 Eine anschauliche Darstellung findet sich bei: Friedel Brückmann, Ein neues Steuerungssystem für die Kommunalverwaltung in Fragen und Antworten, Verlag E. Brückmann, An der Ziegelhütte 4, 35435 Wettenberg. Vgl. z.B. auch Reichard, C., Umdenken im Rathaus, Neue Steuerungsmodelle in der deutschen Kommunalverwaltung, 4. Auflage, Berlin 1995.
Vgl. auch Gutachten der KGSt, z.B. 8/94, 9/94, 8/95.

das Haushalts- und Rechnungswesen haben. Es muß dabei beachtet werden, daß die Veränderungen im Haushalts- und Rechnungswesen nur einen – allerdings wichtigen – Teilaspekt ausmachen.

F. Brückmann identifiziert z.B. 8 „Elemente des neuen Steuerungssystems", die sich m.E. zu 5 Bereichen zusammenfassen lassen:[1]

Veränderungsbereiche neuer Steuerungssysteme	
Veränderungsbereich	Element, Bestandteile, Merkmale
1. Bereich: Verhältnis von Verwaltung i.w.S. zum Bürger	Kundenorientierung, Qualitätsmanagement …
2. Bereich: Verhältnis von Politik und Verwaltung	Die Politik entscheidet über das „Was", die Verwaltung über das „Wie".
3. Bereich: Neues Steuerungsinstrumentarium	Steuerung über Ziele, **Vorgabe des Outputs statt des Inputs, Budgetierung**
4. Bereich: Organisation/Personalwirtschaft, „innere Führung"	Dezentralisierung/weniger Querschnittsaufgaben, Kombination von Fach- und Finanzverantwortung, leistungsorientiertes Personalmanagement, Prozeß-Reengineering
5. Bereich: Verhältnis von Verwaltung zum „Markt" bzw. Wettbewerb	Aufgabenkritik/outsourcing/ Bemühen um mehr Wettbewerb (z.B.: „make or buy?"), interkommunale Vergleiche

2 Auswirkungen neuer Steuerungsmodelle auf das Haushalts- und Rechnungswesen in der Kommunalverwaltung

Der Haushaltsplan ist ein wesentliches Steuerungselement der gegenwärtigen Verwaltungspraxis. Das Beschlußorgan (Rat/Kreistag) legt mit dem Haushaltsplan fest, welche **Ausgaben** für welchen Zweck zur Verfügung stehen sollen. Kennzeichnend dafür ist der **Grundsatz der Einzelveranschlagung** in Verbindung mit den **Grundsätzen der sachlichen, betraglichen und zeitlichen Bindung.**

Der Haushaltsplan und damit das darauf aufbauende kameralistische Rechnungswesen ist **inputorientiert!** Durch die Festlegung der Ausgabeansätze für jeden Ausgabezweck (Grundsatz der Einzelveranschlagung, § 7 GemHVO) wird festgelegt, welche Produktionsfaktoren (Arbeit, Betriebsmittel, Werkstoffe) in welchem Umfang beschafft werden dürfen.

Im Rahmen der Rechnungslegung wird dann durch den Vergleich von:

Haushaltssoll ⟵————⟶ **Anordnungssoll** ⟵————⟶ **Kassenist**

nachgewiesen, in welchem Umfang dieser Plan realisiert wurde. Das **Rechnungswesen** hat bei dieser Struktur vor allem **Kontroll- und Dokumentationsfunktion.**

Die Alternativen I bis III der Ausgangssituation führen hier zu unterschiedlich starken Veränderungen.

---

1 Vgl. F. Brückmann, a.a.O., S. 19.

Für die einzelnen **Alternativen** der Ausgangssituation sind Überlegungen anzustellen, wie sie

- mit dem aktuellen Haushaltsrecht in Einklang stehen,
- sich auf das Rechnungswesen auswirken,
- die Steuerungsmöglichkeiten von Verwaltungshandlungen verbessern und vor allem
- in der Lage sind, die Wirtschaftlichkeit zu beeinflussen.

Im Mittelpunkt wird dabei das **Rechnungswesen als Element der Verwaltungssteuerung** stehen.

Wenn die Steuerung öffentlicher Einzelwirtschaften (Betriebe und Verwaltungen) zur Förderung der Wirtschaftlichkeit im oben definierten Sinn dienen soll, dann müssen die Informationen, die das Rechnungswesen liefert, zunächst einmal Aussagen über die Wirtschaftlichkeit ermöglichen.

Das Rechnungswesen muß demnach vor allem Daten zu den erbrachten **Leistungen** und den **Kosten,** die bei der Leistungserstellung entstanden sind, liefern. Steuerungsgeeignete Daten werden von den in öffentlichen Einzelwirtschaften eingesetzten verschiedenen Formen des Rechnungswesens in sehr unterschiedlicher Weise bereitgestellt.

Für die drei in der Ausgangssituation aufgezeigten Alternativen wird daher vor allem betrachtet, in welchem Umfang das jeweilige Rechnungswesen geeignet ist, als Steuerungsinstrument zur Zielerreichung beizutragen.

2.1 Alternative I: „Flexible Haushaltsführung für das Stadttheater"

Bei der Alternative I bleibt der organisatorische Rahmen für das Stadttheater unverändert. Es bleibt als eine „öffentliche Einrichtung" eingebunden in das Organisationsgefüge der Stadtverwaltung. Es wird nicht zu einem Unternehmen oder einer Einrichtung im Sinne von §§ 108 ff. NGO.

Die **Alternative I** (siehe Ausgangssituation) versucht allerdings ein **höheres Maß an Deckung zwischen „Fachverantwortung" und „Finanzverantwortung"** herbeizuführen.

Die Veranschlagung der Mittel für das Stadttheater könnte so erfolgen, wie es auf Seite 366 dargestellt ist.

Wenn die Verantwortung für den Einsatz der Mittel in das Fachamt verlagert wird, erwartet man, daß eine größere Identifikation mit dem „Dienstleistungsbetrieb Theater" und seiner finanziellen Entwicklung erreicht wird.

Außerdem wird mit der in der Alternative I vorgesehenen Nutzung der Möglichkeit der beweglichen Haushaltsführung erwartet, daß negative Konsequenzen traditioneller haushaltsrechtlicher Regelungen abgebaut werden können.

Einzelplan 3 Wissenschaft, Forschung, Kulturpflege
Unterabschnitt 3300 Stadtthater

Haushaltsstelle			Ansatz		Rechnung	Bew.
Nummer	Bezeichnung	Kenn-zeichnung	1996	1995	1994	Stelle
	EINNAHMEN					
1.3300						
1100	Theatereinnahmen	UD	2 904 300			
1300	Erlöse aus dem Verkauf von Programmen	UD	73 100			
1301	Erlöse aus Veräußerungen bewegl. Sachen	UD	21 700			
1400	Erlöse aus Vermietung	UD	17 100			
1710	Zuweisungen des Landes	UD	5 602 700			
1770	Spenden	UD	62 400			
			------------			
			8 681 300			
	AUSGABEN					
4000	Personalausgaben	UE/GD	16 015 600			
5000	Unterhaltung Grundstücke u. Baul. Anl.	UE/GD	380 400			
5300	Mieten	UE/GD	28 000			
5420	Wasser, Heizung, Beleuchtung	UE/GD	220 400			
5500	Haltung von Fahrzeugen	UE/GD	12 300			
5730	Provisionen	UE/GD	48 600			
6300	Werbung	UE/GD	164 100			
6430	Versicherungen	UE/GD	117 100			
6500	Bürobedarf	UE/GD	64 700			
6520	Post/Fernmeldegebühren	UE/GD	75 900			

	AUSGABEN		17 127 100			
	EINNAHMEN		8 681 300			

	ZUSCHUSSBEDARF		8 445 800			

UE = die Ausgabeansätze sind zeitlich übertragbar
UD = die Einnahmen sind zweckgebunden für die
     Ausgaben dieses Unterabschnitts
GD = die Ausgabeansätze sind gegenseitig
     deckungsfähig

■ Sind die Haushaltmittel in vollem Umfang in das Folgejahr übertragbar, gibt es keinen Grund mehr für das als „Dezemberfieber" gekennzeichnete Ausgabeverhalten, das darin besteht, kurz vor dem Jahresende die noch verfügbaren Mittel auszugeben, damit sie nicht am Jahresende als erspart gelten („verfallen").

■ Fließen erzielte Mehreinnahmen (evtl. auch nur zum Teil) dem Budget der Einrichtung zu, so besteht ein Anreiz, die Einnahmen zu steigern (im Einstiegsbeispiel durch Erhöhung der Attraktivität des Theaters oder durch Erhöhung der Eintrittspreise).

■ Besteht Deckungsfähigkeit zwischen allen Ausgabeansätzen (evtl. sogar unter Einbeziehung des VmH), so werden Anträge auf üpl/apl-Ausgaben entbehrlich, soweit Einsparungen an anderer Stelle vorliegen. Ergebnisse laufender Wirtschaftlichkeitsüberlegungen können leichter auch innerhalb des Jahres umgesetzt werden.

Das hier vorgeschlagene Modell der Nutzung der Möglichkeiten beweglicher Haushaltsführung stand allerdings zum Teil **im Widerspruch zum traditionellen Haushaltsrecht.** Die folgenden Probleme sind dabei zu nennen:

- Der Grundsatz der Gesamtdeckung wird evtl. ausgehöhlt/§ 16 GemHVO.
- Die unechte Deckungsfähigkeit wird über das bisher in § 17 GemHVO erlaubte Maß hinaus ermöglicht.
- Die Deckungsfähigkeit wird über das bisher in § 18 GemHVO erlaubte Maß hinaus geschaffen.
- Die Übertragbarkeit wird über das bisher in § 19 GemHVO zugelassene Maß ermöglicht.

Für Niedersachsen wurden durch die dritte Verordnung zur Änderung der GemHVO vom 10. Oktober 1995 sowie durch die Neufassung der Gemeindehaushaltsverordnung vom 17. März 1997 zahlreiche Lockerungen bezüglich der Bewirtschaftung der Haushaltsmittel geschaffen. Die Anbringung von Deckungsvermerken und Vermerken für zeitliche Übertragbarkeit ist in erheblich größerem Umfang zulässig.

Erklärt man nach § 8 Abs. 2 GemHVO einen Aufgabenbereich zum Budget, können nach § 8 Abs. 3 nahezu uneingeschränkt Vermerke für unechte und echte Deckungsfähigkeit sowie für zeitliche Übertragbarkeit angebracht werden.

Lediglich Sammelnachweishaushaltsstellen dürfen nicht mit den anderen Ausgaben des Budgets für deckungsfähig erklärt werden.

Die Abschaffung von Sammelnachweisen ist erklärtes Ziel bei der Schaffung von Budgets im Rahmen des neuen Steuerungsmodells. In der Praxis stellt sich die Abschaffung der Sammelnachweise allerdings als problematisch heraus, weil dadurch die Vorteile einer zentralen Mittelbewirtschaftung verloren gehen können. Das Bearbeitungswissen für eine bestimmte Ausgabenart muß evtl. mehrfach vorhanden sein und dadurch können sich höhere Anforderungen an die Wissensbreite der Mitarbeiter ergeben, Hilfsmittel wie Gesetzestexte, Verfahrensbeschreibungen, Vordrucke usw. müssen ebenfalls evtl. mehrfach vorhanden sein und es droht evtl. der Wegfall von Mengenrabatten.

In der Summe der Maßnahmen (Zweckbindung + Deckungsfähigkeit + Übertragbarkeit) wird im aufgeführten Beispiel ein hohes Maß an Flexibilität geschaffen. Auf veränderte Rahmenbedingungen und auf neue Erkenntnisse bezüglich der Wirtschaftlichkeit kann flexibel reagiert werden. Die Möglichkeiten der beweglichen Haushaltsführung, die hier geschaffen wurden, dürften die Notwendigkeit von Anträgen auf überplanmäßige Ausgaben wesentlich verringern und könnten dem Dezemberfieber den Nährboden entziehen.

Das **kameralistische Rechnungswesen** – das bei dieser Alternative beibehalten werden soll – ist darauf ausgerichtet, die Ausführung des Haushaltsplans, bezogen auf die anfallenden Zahlungsströme, nachzuweisen.

Dieser Aufgabe wird es dadurch gerecht, daß es auf den kameralistischen Sachbuchkonten folgende Gegenüberstellung für jede „Haushaltsstelle" vornimmt.

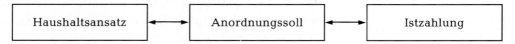

Das Ergebnis der kameralistischen Buchführung, wie es sich in der Haushaltsrechnung darstellt, könnte für ausgewählte Haushaltsstellen dieses Unterabschnitts wie folgt aussehen:

EINZELPLAN	3	WISSENSCHAFT; FORSCHUNG;KULTURPFLEGE					
UNTERABSCHNITT	3300 STADTTHEATER						
HAUSHALTSSTELLE NUMMER BEZEICHN	ENDG.H.SOLL DARIN VERÄN	RESTE A.VJ	ANORDN. SOLL	IST	RESTE A. NJ	H.VGL ÜPL/UD + ./.	
1100 THEATER-EINNAHMEN	2 904 300	K 820	3 120 387	3 098 712	K 22 495	+ 216 087	
...							
5420 WASSER; HEIZUNG BELEUCHTUNG	220 400 D - 5 000		209 200 H 6 200	209 200	H 6 200	- 5 000 D - 5000	
6300 WERBUNG	164 100		168 100	168 100		+ 4 000 UD 4 000	

Auswirkungen der erhöhten Flexibilität sind hier an mehreren Stellen zu erkennen.

– Bei der Haushaltsstelle 5420 wurden gegenüber der ursprünglichen Veranschlagung 11 200,00 DM eingespart. Diese Mittel konnten zu 5 000,00 DM im Rahmen der Deckungsfähigkeit einer anderen Haushaltsstelle zur Verfügung gestellt und wegen der ausgeweiteten Übertragbarkeit zu 6 200,00 DM als Haushaltsrest in das Folgejahr übertragen werden.

– Die gestiegenen Ausgaben für Werbung konnten im Rahmen der unechten Deckungsfähigkeit aus den gestiegenen Theatereinnahmen finanziert werden.

Die Ermittlung des „Haushaltsvergleichs", der „Haushaltsreste" und der „Kassenreste" zeigt, in welchem Umfang die Verwaltung das ausgeführt hat, was das Beschlußorgan im Haushaltsplan vorgesehen hat, und in welchem Umfang die Kasse die Anordnungen in Zahlungen umgesetzt hat.

Das kameralistische Rechnungswesen zeigt somit vor allem, in welchem Umfang Auszahlungen geleistet wurden und wie sich diese Größen zu denen der Planung verhalten. Aussagen über die verursachten **Kosten** (bewerteter Güterverbrauch zum Zweck der Leistungserstellung) können aus diesen Aufzeichnungen der Kameralistik nicht abgelesen werden.

- Kosten, die nicht mit Auszahlungen verbunden sind (Abschreibungen, Verzinsung des eingesetzten Kapitals, Kosten, die dadurch entstehen, daß andere Ämter der Stadt Leistungen für das Theater erbringen, z. B. „Querschnittsämter"), werden durch diese Form der Buchführung nicht erfaßt.[1]

- Kosten, die dieser Periode zuzurechnen sind, aber in einer anderen Rechnungsperiode zu Zahlungen führen, werden nicht einbezogen.

- Auszahlungen, die in dieser Periode anfallen, aber einer anderen Periode als Kosten zuzurechnen sind, werden jedoch in dieser Periode ausgewiesen.

Aussagen über den **Output,** die erbrachte Leistung, enthält die Haushaltsrechnung ebenfalls nicht. Das einzige Indiz für den Umfang der Leistungserbringung ist die Höhe der veranschlagten und der realisierten Einnahmen z. B. in Form von Eintrittsgeldern.

Die Höhe der Einnahmen ist allerdings ein problematischer Indikator für Umfang und Qualität der Leistungserstellung, denn sie zeigt nur die absolute Höhe der Einnahmen. Die Auslastung des Theaters ist nicht zu erkennen. Aussagen über die Qualität der Vorstellungen sind auf der Basis dieser Werte ebenfalls nicht möglich.

> **Als Steuerungsinstrument zur Erhöhung der Wirtschaftlichkeit ist das kameralistische Rechnungswesen daher wenig geeignet, denn die relevanten Daten zu Leistungen und Kosten werden nicht erfaßt.**

Informationen zur Wirtschaftlichkeit des Verwaltungshandelns in der abgelaufenen Periode können aus der Buchführung demnach nicht entnommen werden. Steuerungsprozesse in Richtung auf mehr Wirtschaftlichkeit können also von den Ergebnissen der Kameralistik nicht unmittelbar ausgelöst werden.

Die Informationen zum Verhältnis von Planung zu Ausführung, die die Kameralistik ausweist, werden dem Beschlußorgan (Rat/Kreistag) außerdem in der Regel so spät (nach Ablauf des Haushaltsjahres) vorgelegt, daß das Instrument auch keinerlei „Frühwarnfunktion" für das Beschlußorgan erfüllen kann, wenn Entwicklungen im Laufe des Jahres zu erheblichen Abweichungen von der Planung führen.

Durch die Aufzeichnung der Zahlungsströme, das Prinzip der „Einheitskasse" und den Grundsatz der Gesamtdeckung ist allerdings eine wirkungsvolle Steuerung der Liquidität möglich.

---

1 Die Neuregelung des § 14 GemHVO gibt die Möglichkeit, die Erstattung von Verwaltungskosten und sonstigen Gemeinkosten zwischen Unterabschnitten zu veranschlagen, wenn für diese Bereiche eine Kostenrechnung geführt wird. Vgl. dazu die beiden folgenden Abschnitte 2.2. und 2.3.

24 Grommas/Bartels – ISBN 3-8120-0430-5

2.2 Einführung der „Outputorientierung" und der „Budgetierung" in einer „kostenrechnenden Einrichtung Stadttheater"

Folgt man der **Alternative II** (siehe Ausgangssituation), bei der

- dem Stadttheater durch den Rat der Stadt ein bestimmter Leistungskatalog mit qualitativen und quantitativen Vorgaben zu den zu erbringenden Leistungen vorgeben werden soll,

- ein maximaler Zuschuß aus dem Haushalt der Stadt festgeschrieben (budgetiert) wird und

- das Rechnungswesen kostenrechnender Einrichtungen eingesetzt wird,

so ergeben sich Änderungen in der Organisationsform, bei der Steuerung des Betriebes durch die Organe der Gemeinde, Veränderungen bezüglich der finanziellen Ausstattung, und vor allem im Rechnungswesen.

Das Stadttheater würde bei dieser Variante als „(kostenrechnende) Einrichtung" geführt. Einrichtungen sind Teilbereiche (regelmäßig Unterabschnitte) des Haushalts, die eine spezielle wirtschaftliche Leistung für den Benutzer erbringen.[1] Es wäre so eine rechtlich unselbständige Anstalt des öffentlichen Rechts. Die Leistungsfunktionen des Betriebes sind hier an die Organe des allgemeinen öffentlichen Verwaltungsapparates gebunden, die Willensbildung erfolgt durch die Instanzen der Trägerkörperschaft.[2]

Die angestrebte Delegation von Ressourcenverantwortung auf die Mitarbeiter des Stadttheaters setzt voraus, daß ein aussagefähiges Berichtswesen installiert wird. Verwaltungsführung und Rat (Ausschüsse) müssen regelmäßig (z.B. Vierteljahresberichte) mit Informationen über den Vollzug und die voraussichtliche Entwicklung versorgt werden, wenn ein rechtzeitiges Gegensteuern bei Abweichungen bzw. bei unvorhergesehenen Entwicklungen ermöglicht werden soll.

Die bei dieser Variante angestrebte Steuerung über den „Output" erfordert es, daß die vom Stadttheater zu erbringenden Produkte (Leistungen) klar abgegrenzt werden.[3]

> **„Ein Produkt ist eine Leistung oder eine Gruppe von Leistungen, die von Stellen außerhalb des jeweils betrachteten Fachbereichs (innerhalb oder außerhalb der Verwaltung) benötigt werden."[4]**

---

1 Vgl. dazu H. Bernhardt u.a., Kommunales Haushaltsrecht NW, 5. Aufl. Witten 1986, S. 338.
2 Vgl. Schnaudigel S. 45 ff.
3 Vgl. dazu KGSt-Bericht 8/1994, Das Neue Steuerungsmodell: Definition und Beschreibung von Produkten.
4 Vgl. ebenda S. 11.

Für das Stadttheater müßte zunächst ein Produktplan erstellt werden, der alle Produkte abgrenzt, die zur Erfüllung der Ziele und Aufgaben des Theaters erbracht werden.

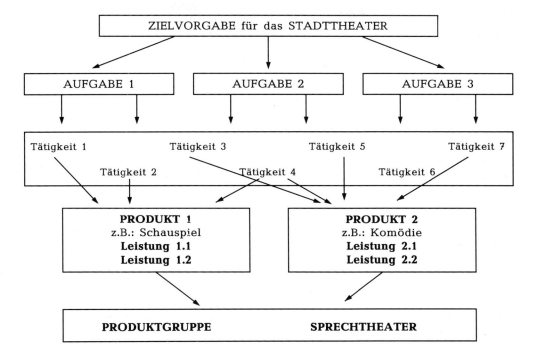

Im KGSt-Bericht 8/1994 sind auf S. 11 ff. Kriterien dargelegt, die bei der Abgrenzung von Produkten zu beachten sind. Es sind dies sinngemäß:

Kriterien für die Abgrenzung von Produkten

- Erstellung einer für die Bürger transparenten und nachvollziehbaren Produkt·palette,
- Zusammenfassung möglichst vieler Einzelleistungen/Teilleistungen zu einem Produkt,
- vollständige Erfassung aller Leistungen des jeweiligen Fachbereichs,
- Zuordnung eines Produkts zu nur einem Fachbereich,
- Beachtung der „Fachlichkeit" bei der Zuordnung zu einem Fachbereich (Teilleistungen, die von anderen Einheiten der Verwaltung zu erbringen sind, sollten als verwaltungsinterne Produkte erfaßt werden),
- Abgrenzung der Produkte so, daß eine eindeutige Zuordnung der Kosten und Erlöse möglich wird.

Damit die Überschaubarkeit bei der Fülle von Produkten gewahrt bleibt, dürfte es je nach Größe des „Fachbereichs" erforderlich sein, die Produkte zu Produktgruppen und evtl. zu größeren Produktbereichen zusammenzufassen.

Diese Differenzierung soll es ermöglichen, sowohl bei der Steuerung durch Vorgaben als auch bei der laufenden Kontrolle und letztlich der Erfolgskontrolle das geeignete Maß an Verdichtung der Fülle von Daten zu finden.

Für das Stadttheater soll hier von einer Differenzierung in die **drei Produktgruppen:**

Musiktheater — Sprechtheater — Kinder- und Jugendtheater

und eine weitere Untergliederung nach Produkten entsprechend der abgebildeten Übersicht ausgegangen werden.

Produktgruppen:	Musiktheater	Sprechtheater	Kinder- u. Jugendtheater
Produkte:	Oper Operette Musical Ballett	Schauspiel Komödie	Weihnachts- märchen Jugendtheater

Zur Steuerung über diese Produkte ist es erforderlich, ein System von Kennziffern zu entwickeln, mit deren Hilfe Quantität und Qualität der Leistungserstellung zunächst vorgegeben werden und mit denen schließlich die Zielerreichung dokumentiert werden kann.

Ein Element einer Vorgabe der zu erbringenden Leistungen könnte wie folgt aufgebaut sein:

Produkt	Vorstellungen	Besucher	Platzausnutzung in %
Oper	60	32 000	75
Operette	40	24 230	90
Musical	60	38 500	95
Ballett	10	4 300	65
Schauspiel	60	26 900	65
Komödie	45	26 300	90
Kinder-/Jugendtheater	45	28 300	95

Hinzu kommen könnten **weitere quantitative und qualitative Indikatoren,** wie z.B.:

Neuinszenierung Gastspiele in auswärtigen Häusern		Anzahl
Kritiken	Anzahl	Tenor
– in den Printmedien – in Rundfunk und Fernsehen – durch zufällige Kommentare von Besuchern („Meckerkasten") – durch systematische Besucherbefragung		

Schließlich könnten Vorgaben zum anzustrebenden Kostendeckungsgrad gemacht und auf der Basis einer Leistungs- und Kostenrechnung überprüft werden.

Produktgruppe	Anzustrebender Kostendeckungsgrad	erreichter Kostendeckungsgrad
Musiktheater	60%	?
Sprechtheater	50%	?
Kinder-/ Jugendtheater	60%	?

Gegenüber der Alternative I würde sich auch die Veranschlagung der Haushaltsmittel bei dieser Variante grundlegend ändern.

Gem. § 12 GemHVO sind für kostenrechnende Einrichtungen im Verwaltungshaushalt auch

1. angemessene Abschreibungen,
2. eine angemessene Verzinsung des Anlagekapitals

zu veranschlagen.

Diese Rechtsnorm gilt zwingend nur für Einrichtungen, deren Kosten in der Regel zu mehr als der Hälfte aus speziellen Entgelten finanziert werden. Bei Einrichtungen mit geringerem Kostendeckungsgrad ist die Veranschlagung von kalkulatorischen Kosten zulässig, wenn Kostenrechnungen geführt werden.

Bei der Alternative II ist beabsichtigt, Kostenrechnung zu betreiben. Die Veranschlagung von kalkulatorischen Kosten erscheint daher sinnvoll, selbst wenn die Entgelte nicht zu einer überwiegenden Finanzierung der Einrichtung führen. Ferner empfiehlt es sich, die Erstattung von Gemeinkosten gemäß § 14 (3) GemHVO wegen der vorhandenen Kostenrechnung zu veranschlagen. Leistungen, die das Personalamt, die zentrale Datenverarbeitung, die Kasse, das Gartenamt usw. für das Stadttheater erbringen, sollten als „innere Verechnungen" veranschlagt und dann als Kosten verrechnet werden.

Die Veranschlagung des Budgets könnte bei der Alternative II wie folgt aussehen:

	1996
Budget 330 **Verwaltungshaushalt**	**8 795 000**
Ausgaben VwH	**17 495 000**
– Personalausgaben	**16 100 000**
– Betriebs- und Geschäftsausgaben	**1 110 000**
Unterhaltung Grundstücke	380 000
Mieten	28 000
Wasser, Heizung	220 000
Haltung von Fahrzeugen	12 000
Gebäudeversicherungen	117 000
Werbung	165 000
Bürobedarf	65 000
Post- und Fernmeldegebühren	75 000
Innere Verrechnung Geschäftsausgaben	48 000
– Kalkulatorische „Kosten"	**285 000**
Abschreibungen	170 000
Verzinsung des Anlagekapitals	115 000
Einnahmen VwH	**8 700 000**
Budget 330 **Vermögenshaushalt**	**495 000**
– Ausgaben VmH	**495 000**
Fundus	130 000
Anlagen im Bau	346 000
Büroeinrichtungen	12 000
Orchesterinstrumente	7 000
Einnahmen VmH	**–,–**

Die **Alternative II** würde bezüglich des **Rechnungswesens** vor allem dazu führen, daß im Rahmen der erweiterten Kameralistik Aufzeichnungen über auszahlungslose bzw. -ungleiche Kosten (Abschreibungen, kalkulatorische Zinsen, innere Verrechnungen) erfolgen würden und eine zeitliche Abgrenzung mit der Zuordnung von Kosten nach der wirtschaftlichen Verursachung und nicht nach dem Zeitpunkt des Zahlungsstroms erfolgte.

Diese Form des Rechnungswesens könnte somit einen wichtigen Schritt auf dem Weg zu einer Wirtschaftlichkeitskontrolle leisten, indem durch die „Abgrenzungsrechnung" von Auszahlungen zu Kosten die erste Stufe der Kostenrechnung, die Kostenartenrechnung, wesentlich erleichtert wird.

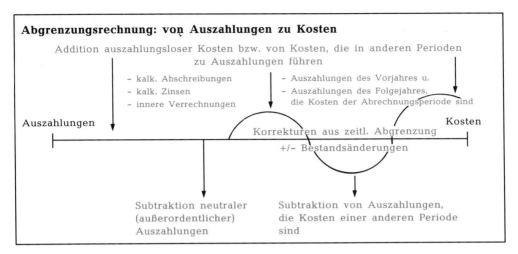

Abgrenzungsrechnung: von Auszahlungen zu Kosten

Addition auszahlungsloser Kosten bzw. von Kosten, die in anderen Perioden zu Auszahlungen führen

– kalk. Abschreibungen
– kalk. Zinsen
– innere Verrechnungen

– Auszahlungen des Vorjahres u.
– Auszahlungen des Folgejahres, die Kosten der Abrechnungsperiode sind

Auszahlungen

Kosten

Korrekturen aus zeitl. Abgrenzung

+/– Bestandsänderungen

Subtraktion neutraler (außerordentlicher) Auszahlungen

Subtraktion von Auszahlungen, die Kosten einer anderen Periode sind

Auf der Basis dieser Abgrenzungsrechnung ließe sich eine komplette Kostenrechnung aufbauen, die die folgenden Fragen beantwortet:

Welche Kosten sind entstanden? ——————▶ KOSTENARTENRECHNUNG

Wo innerhalb des Betriebes sind diese Kosten entstanden? ——————▶ KOSTENSTELLENRECHNUNG

Welche Produkte haben diese Kosten verursacht? ——————▶ KOSTENTRÄGERRECHNUNG

Auf der Folgeseite ist ein BAB abgebildet, der diese Elemente der Kostenrechnung miteinander verbindet.

Die **Kostenartenrechnung** ermöglicht die Feststellung der Höhe der Kosten nach den Entstehungsursachen und zeigt im Vergleich zu vorherigen Abrechnungsperioden die Entwicklung bei den Kostenarten.

Mit Hilfe der **Kostenstellenrechnung** ist es möglich, erkennbar zu machen, in welchen Verantwortungsbereichen hohe Kosten verursacht wurden. Dazu erscheint es besonders wichtig, daß die Kostenstellen mit Verantwortungsbereichen möglichst deckungsgleich sind.

Da die Endkostenstellen hier so eingerichtet wurden, daß sie den Produktgruppen entsprechen, ermöglicht der BAB auch eine **Kostenträgerrechnung** bezogen auf die Produktgruppen.[1]

Der BAB zeigt, daß das Musiktheater im letzten Abrechnungszeitraum Kosten von 11 687 977,00 DM verursacht hat (Kostenträgerzeitrechnung) und diese Kosten zu 51 % durch die Eintrittsgelder gedeckt werden konnten.

Für das Sprechtheater gilt, daß 32 % der Kosten (4 070 730,00 DM) durch die Eintrittsgelder gedeckt werden konnten. Das Kinder- und Jugendtheater hat mit 63 % Kostendeckungsgrad die beste Kostendeckung erreicht.

---

1 Eine weitere Differenzierung nach Produkten wäre möglich. Dann könnte eine Kostenträgerrechnung bezogen auf die Produkte vorgenommen werden.

BAB Stadttheater

HSt Kostenart	Kosten	Musiktheater	Sprechtheater	Kinder-+Jugendth.	Bühne/Saal	Orchester	Maske/Kostüme	Dekoration/Malersaal	Beleuchtung/Bühnentechnik	Verwalt./Intendanz	Grundst./Gebäude
4000 Personalkosten	15 840 280	3 119 128	1 100 869	183 478	—	1 834 781	1 467 825	1 712 462	2 507 535	2 568 696	1 345 506
5000 Unterh. Grundst.	378 420	—	—	—	69 300	39 600	39 600	49 500	19 800	59 400	101 220
5300 Mieten	28 000									28 000	
5420 Wasser/Heizung	204 860				21 438	21 438	37 516	26 797	10 719	32 156	54 796
5500 Haltung Fahrzeuge	12 130						1 220	1 860	980	6 560	1 510
6300 Werbung	168 420	92 387	49 631	26 402							
6430 Versicherungen	116 920				17 538	23 384	5 846	9 354	14 030	18 707	28 061
6500 Bürobedarf	62 410					8 320	1 820	3 840	1 260	62 410	
6520 Post/Fernmeldegeb.	76 250									61 010	
6800 Abschreibungen	172 400				25 860	12 930	8 620	10 344	24 136	38 790	51 720
6850 Kalk. Zinsen	115 000				17 250	8 630	5 750	6 900	16 100	25 870	34 500
6791 Inn. Verrechn. VwK	44 220	8 707	3 073	512		5 122	4 098	4 780	7 000	7 171	3 757
Summe der Kosten	17 219 310	3 220 222	1 153 573	210 392	151 386	1 954 205	1 572 295	1 825 837	2 601 560	2 908 770	1 621 070
Umlage nach m²		1 427 433	881 650	377 850	405 268	231 581	231 581	289 477	115 791	347 372	
Aufzeichnungen + Vorstellungen		1 511 174	933 372	400 017	84 012	114 896	97 212	145 877	127 212	3 256 142	
n. Anzahl der Vorstellungen		1 568 990	484 541	207 660					2 844 563		
n. Anzahl d. Vorst./Musikth. 2*		1 319 122	407 376	174 590			1 901 088	2 261 191			
n. Anzahl d. Vorst./Musikth. 2* Musiktheater		2 300 682				2 300 682					
n. Anzahl d. Vorstellungen		340 354	210 218	90 094	640 666						
Summe		11 687 977	4 070 730	1 460 603							
Einnahmen aus Eintrittsgeldern		5 960 868	1 302 634	920 180							
Deckungsgrad		51 %	32 %	63 %							

Mit Hilfe der Divisionskalkulation ist auch ermittelbar, bei welchem durchschnittlichen Preis je Eintrittskarte in den einzelnen Produktgruppen Kostendeckung erreicht worden wäre.

Kostenträgerstückrechnung (Divisionskalkulation)

Kosten je Besucher
Musiktheater
$$= \frac{11\,687\,977}{170 \cdot 842} = 81{,}65 \text{ DM}$$

Kosten je Besucher
Sprechtheater
$$= \frac{4\,070\,730}{105 \cdot 743} = 52{,}18 \text{ DM}$$

Kosten je Besucher
Kinder-/Jugendtheater
$$= \frac{1\,460\,603}{45 \cdot 911} = 35{,}63 \text{ DM}$$

Zur Ermittlung der Wirtschaftlichkeit ist neben einer **Erfassung** der Kosten eine Messung der **Leistungen** erforderlich.

In einer Mengenrechnung kann festgehalten werden, wie viele Vorstellungen stattgefunden haben und wie viele Besucher die einzelnen Produkte nachgefragt haben.

Die Umsatzerlöse (Einnahmen aus Eintrittsgeldern) zeigen die Summe der erzielten Marktpreise und geben damit einen Anhaltspunkt dafür, wieviel die Abnehmer bereit waren, für die Leistungen des Theaters zu zahlen.

Soweit die Leistungen umfassender bewertet werden sollen und neben dem monetären Erfolg auch der gesellschaftliche Nutzen der Kultureinrichtung dokumentiert werden soll, ist keine unmittelbare Information aus der kameralistischen Buchführung oder der Kosten- und Leistungsrechnung zu gewinnen. Um auch diese Größen quantifizieren zu können, müßte ein System von Berichtsziffern entwickelt werden, das über die Messung von Indikatoren Aussagen über den gesellschaftlichen Nutzen ermöglicht. Indikatoren, wie sie auf S. 372 dargestellt sind, bieten einen ersten Ansatzpunkt für Berichtsziffern, die über den monetären Erfolg hinausgehen.

2.3 Umwandlung des Stadttheaters in eine GmbH und Einführung der kaufmännischen Buchführung sowie einer Leistungs- und Kostenrechnung

Die **Alternative III** sieht eine Ausgliederung des Stadttheaters vor. Es soll eine **Stadttheater GmbH** gegründet werden.

Die Wahl der Rechtsform gehört im Rahmen der Organisationshoheit zum Kern kommunaler Selbstverwaltung. Die Gemeinden können grundsätzlich frei wählen, ob sie ihre Einrichtungen in öffentlich-rechtlicher oder in privatrechtlicher Rechtsform betreiben. Dabei müssen jedoch die Bedingungen von §§ 108 ff. NGO eingehalten werden.

Will die Gemeinde ein Unternehmen oder eine Einrichtung in einer Rechtsform des privaten Rechts (also z.B. in Form einer GmbH oder AG) gründen, hat sie insbesondere die Bestimmungen in § 109 NGO zu beachten. Danach muß die Gemeinde ein wichtiges Interesse an der Gründung haben, und in einem Bericht zur Vorbereitung des Ratsbeschlusses für die Gesellschaftsgründung muß dargelegt sein, daß die Aufgabe im Vergleich zu den sonst zulässigen Organisationsformen des öffentlichen Rechts wirtschaftlicher durchgeführt werden kann.

Die Einzahlungsverpflichtungen der Gemeinde an das privatrechtliche Unternehmen müssen in einem angemessenen Verhältnis zu ihrer Leistungsfähigkeit stehen, und die Gemeinde darf sich nicht zur Übernahme von Verlusten in unangemessener Höhe verpflichten. Die Gemeinde muß sich ferner Entscheidungsrechte über alle wichtigen Angelegenheiten der Gesellschaft sichern. Die Gründung einer solchen Gesellschaft muß der Kommunalaufsichtsbehörde angezeigt werden, und es muß dargelegt werden, daß die gesetzlichen Voraussetzungen erfüllt sind.

Der Wirtschaftsplan einer gegründeten Stadttheater GmbH wäre dem Haushaltsplan gemäß § 2 GemHVO lediglich als Anlage beizufügen. Der Ausweis im Haushaltsplan könnte sich auf die folgende Veranschlagung reduzieren:

Einzelplan 3 Wissenschaft, Forschung, Kulturpflege							
Unterabschnitt 3300 Stadttheater							
Haushaltsstelle			Ansatz		Rechnung	Bew.	
Nummer	Bezeichnung	Kenn-zeichnung	1996	1995	1994	Stelle	
1.3300	AUSGABEN						
713100.3	ZUWEISUNG AN STADTTHEATER GMBH		9 290 000	10 860 000	9 486 000	410	
	AUSGABEN		9 290 000	10 860 000	9 486 000		
	EINNAHMEN		0	0	0		
	ZUSCHUSSBEDARF		9 290 000	9 290 000	9 486 000		

Das Rechnungswesen der Eigengesellschaft wäre nach den Regeln der kaufmännischen Buchführung zu organisieren (vgl. Kurs V S. 286 ff.) und würde im Ergebnis zu einer Bilanz und einer GuV-Rechnung führen.

Auf den Folgeseiten sind eine Bilanz und eine Gewinn- und Verlustrechnung abgebildet, wie sie sich nach Einführung dieses Rechnungswesens ergeben könnten.

Stadttheater GmbH

Gewinn- und Verlustrechnung

für die Zeit vom 1. bis zum 31. ...

		19.. DM	19.. DM
1.	Umsatzerlöse	2 937 274,53	2 636 038,98
2.	Sonstige betriebliche Erträge	6 250 417,81	5 708 480,18
3.	Materialaufwand		
	a) Aufwendungen für Roh-, Hilfs- und Betriebsstoffe für bezogene Waren	− 588 465,07	− 623 099,16
	b) Aufwendungen für bezogene Leistungen	− 373 939,34	− 590 416,44
4.	Personalaufwand		
	a) Löhne und Gehälter	− 13 347 815,42	− 13 185 122,58
	b) soziale Abgaben und Aufwendungen für Altersversorgung und für Unterstützung	− 2 666 774,25	− 2 633 189,02
	− davon für Altersversorgung 40 774,60 DM		
5.	Abschreibungen auf Sachanlagen	− 164 089,97	− 142 351,44
6.	Sonstige betriebliche Aufwendungen	− 1 974 766,90	− 1 498 356,24
7.	Sonstige Zinsen und ähnliche Erträge	31 682,92	− 19 801,29
8.	Ergebnis der gewöhnlichen Geschäftstätigkeit	− 9 896 529,69	− 10 308 214,43
9.	Einstellung in die Bilanzposition „Zweckgebundene Rücklagen"	− 332 808,35	− 182 488,44
10.	Jahresfehlbetrag	− 10 229 338,04	− 10 490 702,87
11.	Zuschüsse der Gesellschafter	10 229 338,04	10 490 702,87
12.	Jahresüberschuß/Jahresfehlbetrag	0,00	0,00

Stadttheater GmbH
Bilanz zum 31. ...

Aktiva

	Stand am: 31. ... DM	Stand am: 31. ... DM
A. Anlagevermögen		
I. Sachanlagen		
1. Grundstücke, grundstücksgleiche Rechte und Bauten einschließlich der Bauten auf fremden Grundstücken	2 212 518,00	2 259 359,00
2. Andere Anlagen, Betriebs- und Geschäftsausstattung	477 780,00	442 703,00
3. Geleistete Anzahlungen und Anlagen im Bau	489 495,63	137 434,28
	3 179 793,63	2 839 496,28
II. Finanzanlagen		
Sonstige Ausleihungen	50 000,00	50 000,00
	3 229 793,63	2 889 496,28
B. Umlaufvermögen		
I. Vorräte	165 419,00	172 908,00
II. 1. Forderungen aus Lieferungen und Leistungen	0,00	3 700,00
– davon mit einer Restlaufzeit von mehr als einem Jahr 0,00 DM		
2. Sonstige Vermögensgegenstände	31 377,51	47 165,41
– davon mit einer Restlaufzeit von mehr als einem Jahr 10 749,00 DM		
III. Sonstige Wertpapiere	400,00	400,00
IV. Kassenbestand, Guthaben bei Kreditinstituten	2 475 394,33	3 060 405,82
C. Rechnungsabgrenzungsposten	34 670,52	31 735,02
	5 937 054,99	6 205 810,53

Passiva

	Stand am: 31. ... DM	Stand am: 31. ... DM
A. Eigenkapital		
I. Gezeichnetes Kapital	50 000,00	50 000,00
II. Zweckgebundene Rücklage	3 325 160,63	2 992 352,28
	3 375 160,63	3 042 352,28
B. Sonstige Rückstellungen	987 687,93	162 850,79
C. Verbindlichkeiten		
1. Verbindlichkeiten aus Lieferungen und Leistungen	17 672,51	74 080,75
– davon mit einer Restlaufzeit bis zu einem Jahr 17 672,51 DM		
2. Sonstige Verbindlichkeiten	1 309 301,57	1 987 630,71
– davon aus Steuern 0,00 DM		
– davon im Rahmen der sozialen Sicherheit 0,00 DM		
– davon mit einer Restlaufzeit bis zu einem Jahr 1 309 301,57 DM		
D. Rechnungsabgrenzungsposten	247 232,35	938 896,00
	5 937 054,99	6 205 810,53

Die GuV-Rechnung enthält Aufwendungen und Erträge und somit nicht die für Wirtschaftlichkeitsüberprüfungen notwendigen Aussagen über Kosten und Leistungen.[1]

Demnach ist auch auf der Basis der kaufmännischen Buchführung zunächst eine Abgrenzungsrechnung erforderlich, um die Kosten zu ermitteln. Weil bei der Erfassung der Aufwendungen (erfolgswirksam periodisierte Ausgaben) bereits in der Buchführung die zeitliche Abgrenzung vorgenommen wurde und auch die „auszahlungslosen Aufwendungen" (Abschreibungen, Bildung von Rückstellungen) erfaßt wurden, ist der Weg von den Ergebnissen der Buchführung zu den Kosten kürzer.

Es sind nur noch:

- **neutrale Aufwendungen zu eliminieren**
  (z.B. Abgrenzung betriebsfremder Aufwendungen),
- **Anderskosten zu korrigieren**
  (z.B. Bemessung der Abschreibungen nach dem tatsächlichen Verbrauch des jeweiligen Produktionsfaktors und nicht nach dem Handels- bzw. Steuerrecht) und
- **Zusatzkosten hinzuzurechnen**
  (z.B. Einbeziehung einer Verzinsung des eingesetzten Eigenkapitals).

Am Ende einer entsprechenden Abgrenzungsrechnung würden sich dann – eine gleiche Kostensituation wie bei der Alternative II unterstellt – die identischen Werte wie dort ergeben. Die Kostenarten-, Kostenstellen- und Kostenträgerrechnung, die sich z.B. im BAB dokumentiert, wäre dann identisch mit den entsprechenden Daten der Alternative II (siehe S. 376f.).

Vergleich der Alternativen I bis III

Die Gegenüberstellung von Vor- und Nachteilen (siehe Seite 382) zeigt einige wichtige Aspekte, die die Entscheidung des Rates beeinflussen könnten.

Übungsaufgabe:

Überlegen Sie, ob eine Vorgehensweise wie bei den Alternativen I, II und III auch bei den folgenden kommunalen Einrichtungen denkbar ist.

a) Museum der Stadt, das Dauer- und Sonderausstellungen durchführt,

b) Sportamt der Stadt, das die Sportplätze, Sporthallen sowie Hallen- und Freibäder betreibt,

c) Jugendhilfe der Kommune mit Kindertagesbetreuung, allgemeine Förderung von jungen Menschen und ihren Familien, familienergänzende und familienersetzende Hilfe für junge Menschen und ihre Familien in besonderen Problemlagen.[2]

Sie sollen sich jeweils Gedanken machen über:

- die Möglichkeiten bezüglich der Organisationsform (Einsatzmöglichkeit der Alternativen I, II und III),
- die Produkte (Kostenträger) dieser Einrichtung,
- die mögliche Grobstruktur eines Betriebsabrechnungsbogens dieser Einrichtung,
- den besonderen Nutzen, den die Kosten- und Leistungsrechnung (KLR) in der konkreten Einrichtung haben könnte, welche „Steuerungshilfen" die KLR für die Verwaltungssteuerung liefern könnte,
- die besonderen Probleme, die bei einer Einführung einer Kosten- und Leistungsrechnung in der konkreten Einrichtung entstehen könnten.

---

1 Zur Abgrenzung von Aufwendungen und Kosten vgl. S. 343 ff.

2 Zur Abgrenzung von Produkten und zur outputorientierten Steuerung der Jugendhilfe vgl. KGSt-Bericht 9/94.

	VORTEILE	NACHTEILE
Alternative I (flexible Haushalts-führung/traditionelles Rechnungswesen)	– größere Flexibilität in der Bewirtschaftung der Haus-haltsmittel – Verringerung der Notwendig-keit von Anträgen auf üpl/apl Ausgaben – Vertrautheit aller Entschei-dungsträger mit dem System – Nachweis der Ausführung des Haushaltsplans ist in gewohnter Weise möglich – die Steuerung der Finanzwirt-schaft, insbesondere der Liqui-dität, der Kommune als Ganzes wird nicht beeinträchtigt – es ist nicht erforderlich, neben den Aufzeichnungen der Kame-ralistik weitere Aufzeichnungen zu machen, die erneut Ver-waltungsaufwand verursachen	– keine bzw. nur sehr geringe Informationen über die Lei-stungen (den Output) – keine Informationen über die Gesamthöhe der Kosten des Theaters – kein geeignetes Hilfsmittel für eine auf Wirtschaftlich-keit ausgerichtete Steuerung des Theaters

Alternative II (Outputsteuerung/ erweiterte Kamera-listik/KLR)	– umfassende Flexibilität in der Bewirtschaftung der Haushalts-mittel
	– weitgehende Deckungsgleich-heit von Fach- u. Finanzver-antwortung
	– Informationen über Leistungen u. Kosten und damit:
	  – bessere Steuerungsmöglich-keit nach der Wirtschaftlich-keit
	  – Möglichkeit zu Leistungs- und Kostenvergleichen
	  – Hilfen bei der Beantwortung der Frage:
	  „Stimmt die Quantität und die Qualität unserer Leistungen?"
	  – Hilfen bei der Preisgestaltung
		– Entscheidungsträger und Mit-arbeiter müssen ein neues Instrumentarium akzeptieren und sich darauf umstellen
		– bei der Einführung müssen neue Steuerungsinstrumente eingeführt werden:
		  – Produktplan
		  – Kostenartenrechnung
		  – Kostenstellenrechnung
		  – Kostenträgerrechnung
		  – neben den Aufzeichnungen der Kameralistik sind lau-fende Aufzeichnungen zu den Kosten erforderlich
		– die Mitarbeiter müssen Aufzeichnungen vorneh-men, zu ihrer Tätigkeit in den Kostenstellen und/ oder zu den Kostenträgern

Alternative III (Stadttheater GmbH/ kaufmännische Buchf./KLR)	– Bindungen des Haushaltsrechts entfallen – Informationen über die Erfolgs- und Vermögenslage durch GuV-Rechnung und Bilanz – Nutzungsmöglichkeit für viele EDV-Instrumente kaufmännischer Praxis – leichtere Ableitung der Kosten aus den Ergebnissen kaufmän-nischer Buchführung – Vorteile der KLR wie bei II.	– Umstellung auf ein völlig neues Rechnungswesen – weitere Probleme bei der Ein-führung der KLR wie bei II.

Abkürzungen (Gesetze, Verordnungen)

AktG	Aktiengesetz
AO	Abgabenordnung
BGB	Bürgerliches Gesetzbuch
DGO	Deutsche Gemeindeordnung
EigBetrVo	Eigenbetriebsverordnung
EinrVO-Kom	Verordnung über die Haushaltswirtschaft kaufmännisch geführter kommunaler Einrichtungen
NFAG	Niedersächsisches Finanzausgleichsgesetz
GemHVO	Gemeindehaushaltsverordnung
GemKVO	Gemeindekassenverordnung
GG	Grundgesetz für die Bundesrepublik Deutschland
GmbHG	Gesetz betreffend die Gesellschaften mit beschränkter Haftung
GO/NW	Gemeindeordnung für das Land Nordrhein-Westfalen
HGB	Handelsgesetzbuch
NGO	Niedersächsische Gemeindeordnung
NKAG	Niedersächsisches Kommunalabgabengesetz
NLO	Niedersächsische Landkreisordnung
NV	Niedersächsische Verfassung
SchG	Scheckgesetz
StWG	Gesetz zur Förderung der Stabilität und des Wachstums der Wirtschaft
UStG	Umsatzsteuergesetz
VerwVO	Verwaltungsvorschriften (zur GemHVO und GemKVO)
ZPO	Zivilprozeßordnung

Stichwortverzeichnis